权威·前沿·原创

皮书系列为

“十二五”“十三五”“十四五”时期国家重点出版物出版专项规划项目

智库成果出版与传播平台

中国社会科学院创新工程学术出版资助项目

意大利发展报告

（2024~2025）

ANNUAL DEVELOPMENT REPORT OF ITALY
(2024-2025)

在西方政坛震荡中保持稳定的意大利

Italy Maintaining Stability amidst Political Volatility in the West

中国社会科学院欧洲研究所
组织编写／中国社会科学院国际合作局
中国欧洲学会意大利研究分会
主　　编／孙彦红

社会科学文献出版社
SOCIAL SCIENCES ACADEMIC PRESS (CHINA)

图书在版编目(CIP)数据

意大利发展报告.2024~2025：在西方政坛震荡中保持稳定的意大利 / 孙彦红主编.--北京：社会科学文献出版社，2025.6.--（意大利蓝皮书）.--ISBN 978-7-5228-5573-8

Ⅰ.F154.64

中国国家版本馆 CIP 数据核字第 2025XA5021 号

意大利蓝皮书

意大利发展报告（2024~2025）

——在西方政坛震荡中保持稳定的意大利

主　　编 / 孙彦红

出 版 人 / 冀祥德
责任编辑 / 王晓卿
责任印制 / 岳　阳

出　　版 / 社会科学文献出版社·文化传媒分社（010）59367156
　　　　　地址：北京市北三环中路甲 29 号院华龙大厦　邮编：100029
　　　　　网址：www.ssap.com.cn
发　　行 / 社会科学文献出版社（010）59367028
印　　装 / 三河市东方印刷有限公司

规　　格 / 开　本：787mm×1092mm　1/16
　　　　　印　张：22　字　数：330 千字
版　　次 / 2025 年 6 月第 1 版　2025 年 6 月第 1 次印刷
书　　号 / ISBN 978-7-5228-5573-8
定　　价 / 168.00 元

读者服务电话：4008918866

《意大利发展报告（2024~2025）》
编　委　会

主编简介

孙彦红　经济学博士，中国社会科学院欧洲研究所研究员，欧洲经济研究室主任，博士生导师，中国欧洲学会欧洲经济研究分会秘书长、意大利研究分会秘书长，意大利政治、经济与社会研究所（EURISPES）外籍学术委员。主要研究领域为欧洲经济、欧盟及其成员国产业政策，意大利研究、中欧/中意经贸关系。主要学术成果包括：《意大利发展报告（2023~2024）：右翼政府领导下“稳”中求“变”的意大利》（主编，2024）、《意大利发展报告（2022~2023）：俄乌冲突下艰难求“变”的意大利》（主编，2023，获第十五届优秀皮书奖“皮书国际合作奖”）、《意大利发展报告（2021~2022）：疫情下“危”中寻“机”的意大利》（主编，2022，获第十四届优秀皮书奖三等奖）、《意大利发展报告（2020~2021）：新冠肺炎疫情冲击下的意大利》（主编，2021）、《意大利发展报告（2019~2020）：中国与意大利建交50年》（主编，2020）、《新产业革命与欧盟新产业战略》（专著，2019，入选中国社会科学院创新工程2019年度重大科研成果）、《变化中的意大利》（二主编之一，2017）、《意大利公共债务问题评析》（论文，载《欧洲研究》2015年第2期）、《欧盟产业政策研究》（专著，2012）等。

摘　要

2024年西方国家政坛持续震荡，而向来以“政府更迭频繁”著称的意大利却在梅洛尼政府领导下保持了政治稳定，同时继续在政治、经济、社会、外交各领域推进一系列重要议程和新举措，并且取得了不少进展。在政治上，梅洛尼政府通过欧洲议会选举在一定程度上巩固了执政基础，得以继续推进“直选总理”改革、大区差异化自治改革和司法改革等重要议程。在经济上，通货膨胀率继续回落，但是物价水平仍处于历史高位，诸多不利因素导致经济增长进一步放缓，再次跌回新冠疫情之前的低增长轨道，加快推进结构性改革与转型变得更为紧迫。在社会方面，民生状况持续好转，就业率处于历史高位，政府继续调整社会救助措施，尝试更精准地扶助困难群体。在外交上，梅洛尼政府回归现实、务实和灵活的外交政策传统，利用七国集团轮值主席国身份积极开展主场外交，还通过推进“马泰计划”尝试与非洲建立新的伙伴关系。本年度《意大利发展报告》的总报告以“在西方政坛震荡中保持稳定的意大利”为题，从政治、经济、社会、外交、中意关系等方面勾勒出了2024年度意大利的发展概貌，对意大利国内各领域及中意关系发展做出了梳理、剖析与展望。

关于2024年意大利形势，本年度《意大利发展报告》的分报告从政治、经济、社会、外交四个方面做了较为系统的回顾与分析。在国内，梅洛尼政府在继续保持稳定的同时，还努力在政治、经济、社会等领域推进一系列新举措，并且取得了一些进展。在外交上，梅洛尼政府进一步在各方势力之间寻求平衡，同时努力提升意大利在国际舞台上的影响力。

在专题篇，本年度《意大利发展报告》重点关注的内容包括意大利视角下的2024年欧洲议会选举、意大利创新体系的演变及近年来的新发展、意大利卫生服务体系的发展历程与改革、意大利大学“第三使命”活动的发展与特点、意大利文化遗产数字化的政策与特点、数字化转型背景下意大利的人工智能治理、意大利政府推出的面向非洲的“马泰计划”等。这些专题有的涉及当前意大利国内正发生的重要变化，有的与中意关系与中意合作密切相关，对这些问题的分析有助于读者更全面深入地把握当前意大利各领域的发展状况。

2024年是中国与意大利建立全面战略伙伴关系20周年，也是中意文化交流的先驱者和标志性人物马可·波罗逝世700周年。意大利总理梅洛尼和总统马塔雷拉先后访华，两国关系在因意方未续签共同推进“一带一路”建设谅解备忘录而出现波折后再次升温，并且通过签署新的全面合作计划开启了加强务实合作的新阶段。本年度《意大利发展报告》的“中国与意大利”篇共有三篇报告，主题分别涉及中意两国马可·波罗研究的学术贡献与时代意义、半个世纪以来中国与意大利的法学交流与合作、意大利的人工智能发展战略与中意合作前景，另有一篇梳理“2024中意智库论坛”学术观点的综述，期待以此加深读者对近几年以及本年度中意关系与中意合作重要进展的了解。

总体而言，本年度《意大利发展报告》反映了意大利2024年的整体形势、重大事件以及在重要领域的进展，并且对中意关系与合作的新发展做了较为深入的阐述与分析。

最后，需要指出的是，本年度《意大利发展报告》延续中意合作的方式，除了国内学者，还邀请了来自意大利知名智库和大学的多位有分量的专家撰写了5篇报告，以便读者更加全面客观地把握意大利各领域及中意关系的发展。

关键词： 梅洛尼政府　政治改革　经济增长　外交政策　中意关系

目 录

I 总报告

B.1 在西方政坛震荡中保持稳定的意大利 …………………… 孙彦红 / 001

引 言 ……………………………………………………………… / 002

一 右翼政府继续保持稳定，积极推进多项议程 …………… / 003

二 经济重回低增长轨道，结构性转型亟待推进 …………… / 007

三 民生整体进一步向好，政府持续调整救助措施 ………… / 011

四 外交政策回归务实灵活，通过主场外交提升国际影响力 …………………………………………………………… / 015

五 中意关系再升温，开启务实合作新阶段 ………………… / 018

六 结语与展望 ……………………………………………… / 022

II 分报告

B.2 意大利政治：右翼政府平稳，两极政党格局强化……… 石 豆 / 025

B.3 意大利经济：积极因素与风险并存，逐步重回常态化发展 …………………………………………〔意〕洛伦佐·科多尼奥 / 051

B.4 意大利社会：民生持续向好，济困措施调整
…………………………………………………… 臧　宇　李宛童 / 068

B.5 意大利外交：左右逢源的枢纽角色………… 钟　准　魏康婷 / 088

Ⅲ　专题篇

B.6 意大利视角下的2024年欧洲议会选举
…………………………………………〔意〕朱塞佩·达维其诺 / 106

B.7 意大利创新体系的演变及近年来的新发展
…………………………………〔意〕弗朗切斯卡·斯皮加雷利 / 121

B.8 意大利卫生服务体系：发展历程、现状与改革
…………………………………………………… 黎　浩　何佳欣 / 144

B.9 意大利大学"第三使命"活动：现状、特点与发展趋势
………………………………………………………………… 邢建军 / 160

B.10 意大利的文化遗产数字化：政策规划与创新性特点
…………………………………………………………… 瞿姗姗 / 176

B.11 数字化转型背景下意大利的人工智能治理：
沿革、规则和走向 ………………………………………… 许剑波 / 193

B.12 "马泰计划"：意大利在非洲的战略布局与伙伴关系
……………………………………〔意〕罗伯托·里多尔菲 / 208

Ⅳ　中国与意大利

B.13 中意两国马可·波罗研究的学术贡献与时代意义
…………………………………………………… 文　铮　许盈盈 / 221

B.14 半个世纪以来中国与意大利的法学交流与合作：
历程、特点与展望 ………………………………………… 费安玲 / 239

B.15 意大利的人工智能发展战略与中意合作前景
……………〔意〕安德烈亚·卡利朱里　詹卢卡·桑保罗 / 257
B.16 “2024中意智库论坛”综述 …………………… 石　豆 / 271

附录一
2024年大事记 ………………………………… 王怡雯 / 287
附录二
统计数据 ……………………………………… 吕成达 / 307

后　记 ……………………………………………… / 315

Abstract ……………………………………………… / 317
Contents ……………………………………………… / 320

皮书数据库阅读**使用指南**

总报告

B.1
在西方政坛震荡中保持稳定的意大利

孙彦红*

摘　要： 2024年西方国家政坛持续震荡，而向来以“政府更迭频繁”著称的意大利却在梅洛尼政府领导下保持了政治稳定，并且继续在政治、经济、社会、外交各领域推进一系列重要议程和新政策举措。在政治方面，梅洛尼政府通过欧洲议会选举在一定程度上巩固了执政基础，得以继续推动“直选总理”改革、大区差异化自治改革和司法改革等重要议程。在经济方面，通货膨胀率继续回落，但是物价水平仍处于历史高位，诸多不利因素导致经济增长进一步放缓，再次跌回新冠疫情之前的低增长轨道，加快推进结构性改革与转型变得更为紧迫。在社会方面，民生状况持续好转，就业率和就业人数均处于历史高位，政府继续调整社会救助措施，尝试更精准地扶助困难群体。在外交方面，梅洛尼政府回归现实、务实和灵活的外交政策传

* 孙彦红，经济学博士，中国社会科学院欧洲研究所研究员、欧洲经济研究室主任，中国欧洲学会欧洲经济研究分会秘书长、意大利研究分会秘书长，主要研究领域为欧洲经济、欧盟及其成员国产业政策、意大利研究、中欧/中意经贸关系。

统，利用七国集团轮值主席国身份积极开展主场外交，还通过推进“马泰计划”尝试与非洲建立新的伙伴关系。2024 年是中国与意大利建立全面战略伙伴关系 20 周年，也是中意文化交流的先驱者马可·波罗逝世 700 周年。意大利总理梅洛尼与总统马塔雷拉先后访华，密集的高层外交令两国关系再次升温，并且通过签署新的全面合作计划开启了加强务实合作的新阶段。

关键词： 梅洛尼政府　政治改革　经济增长　社会救助　中意关系

引　言

2024 年，西方国家政坛持续震荡引人关注。在美国，共和党人特朗普在大选中卷土重来，冲击了美国政坛。在英国，保守党在提前举行的大选中黯然下台，工党时隔 14 年后再次执政。在德国，执政党联盟先是在欧洲议会选举中失利，之后朔尔茨政府在年底因内部党派的财税政策分歧而垮台。在法国，总统马克龙领导的复兴党支持率大跌，政治危机持续不断，年内有 4 位总理先后上台。在加拿大，总理特鲁多支持率一路暴跌，内阁摇摇欲坠。相比之下，向来以“政府更迭频繁”著称的意大利却在梅洛尼右翼政府领导下保持了政治稳定，不禁令人刮目相看。

总体而言，意大利在 2024 年延续了 2023 年的稳定态势。至 2024 年底，梅洛尼右翼政府已执政超过两年零两个月，远远超出了 1946 年意大利共和国成立后至 2022 年 10 月本届政府上台前历任政府的平均执政时长（约 13.5 个月）。在保持稳定的同时，梅洛尼政府继续在政治、经济、社会、外交各领域推进一系列重要议程和新政策举措，并且取得了不少进展。在政治方面，梅洛尼政府通过欧洲议会选举在一定程度上巩固了执政基础，得以继续推进“直选总理”改革、大区差异化自治改革和司法改革等重要议程。在经济方面，通货膨胀率继续回落，但是物价水平仍处于历史高位，诸多不利因素导致经济增长进一步放缓，再次跌回新冠疫情之前的低增长轨道，加快推进结构性改革与转型变得更为紧迫。在社会方面，民生状况持续好转，就业率和就业人数均处于历史高位，政府继续调整社会救助措施，尝试更精准地扶助困难群体，同时激发劳动力市场活力。在外交方面，梅洛尼政府回归现实、务实和灵活的外交政策传统，进一步在各方势力之间寻求平衡，利用七国集团（G7）轮值主席国身份积极开展主场外交，还通过推进“马泰计划”尝试与非洲建立新的伙伴关系。2024 年是中国与意大利建立全面战略伙伴关系 20 周年，也是中意文化交流的标志性人物马可·波罗逝世 700 周年。意大利总理梅洛尼与总统马塔雷拉先后访华，密集的高层外交令两国关系在意方未续签共同推进“一带一路”建设谅解备忘录（以下简称“一带一路”备忘录）而出现波折后再次升温，并且通过签署《中华人民共和国和意大利共和国关于加强全面战略伙伴关系的行动计划（2024—2027年）》等一系列计划和协议开启了加强务实合作的新阶段。

本文将重点从政治、经济、社会、外交等方面梳理分析 2024 年意大利的发展概貌，并对中意关系的发展与新动向做一盘点，最后对 2025 年意大利各领域及中意关系的发展做简单展望。

一　右翼政府继续保持稳定，积极推进多项议程

2022 年 10 月上台的梅洛尼右翼政府因在参众两院均拥有稳定多数席位而天然地具备了较好的稳定性。虽然政府内部三个党派在一些具体议题上也存在意见分歧，但是总体上仍能保持一致，而总理梅洛尼本人高度的政治敏锐性和出色的沟通能力也成为维护政府内部团结的重要“黏合剂”。至 2024 年底，梅洛尼政府已执政超过两年零两个月，远远超出了 1946 年意大利共和国成立后至本届政府上台前历任政府的平均执政时长（约 13.5 个月）。总体而言，2024 年，梅洛尼政府不仅保持了稳定，而且通过欧洲议会选举巩固了自身的执政基础，因而得以继续推动多项政治议程。

2024 年可谓意大利的选举大年，除大区选举和市政选举外，欧洲议会选举更是本年度意大利政党之间展开较量的“主战场”。本年度意大利有 7

个大区先后迎来换届选举，分别是撒丁岛、阿布鲁佐、巴西利卡塔、皮埃蒙特、利古里亚、翁布里亚和艾米利亚-罗马涅。选举过后，中右阵营最终执掌 4 个大区，而中左阵营在 3 个大区获胜。总体而言，中左阵营执掌的大区数量较选举前有所增加，但是从单个政党的表现来看，右翼政府内的意大利兄弟党和意大利力量党是两大赢家，在 7 个大区的得票率较上次大区选举均大幅提升，另一执政党联盟党则成为最大输家，不仅得票率大幅下降，而且其候选人没能赢得任何一个大区的主席职务。2024 年，意大利共有 3715 个市镇迎来换届选举，其中 29 个是省会城市，包括 23 个省首府和 6 个大区首府。选举结果显示，中左阵营总体上表现更优。在 29 个省会城市中，中左阵营胜选的城市从 13 个增至 17 个，中右阵营则从 12 个降至 10 个。其中在 6 个大区首府的选举中，中左阵营支持的候选人全部获胜，民主党成最大赢家，分别赢得佛罗伦萨、巴里、波坦察等市的市长职务。①

2024 年欧洲议会选举于 6 月 8 日和 9 日举行。在意大利，共选出了 76 名意大利籍欧洲议会议员（欧洲议会共有 720 名议员）。意大利此次选举的投票率仅为 48. 3%，比 2019 年欧洲议会选举时的投票率（56. 1%）大幅下降了 7. 8 个百分点，创下了该国欧洲议会选举历史上的新低，也低于欧盟的平均投票率（50. 7%），这表明过去几年意大利民众对于欧洲一体化的疏离感进一步增强。② 对于意大利国内各大政党而言，2024 年欧洲议会选举无疑是继 2022 年大选之后最重要的一场选举。特别是，对于总理梅洛尼而言，此次选举相当于对其领导的右翼政府和意大利兄弟党的一次“中期考核”。从总体得票率上看，梅洛尼领导的中右阵营相较 2022 年大选时小幅提升，右翼政府的执政基础在一定程度上得到了巩固，但是中右阵营内部三大政党的得票率和获得席位数的此消彼长值得关注。梅洛尼领导的意大利兄弟党凭借 28. 75%的得票率稳固了议会第一大党的地位，共获得 24 个欧洲议会席

① 有关 2024 年意大利大区选举和市政选举及其结果的详细分析，参见本书石豆《意大利政治：右翼政府平稳，两极政党格局强化》。

② 本文中有关 2024 年欧洲议会选举的总体结果以及在意大利的选举结果的数据，均来自欧洲议会网站，https：//results. elections. europa. eu/en，最后访问日期：2024 年 12 月 30 日。

位，比 2019 年选举后增加了 18 个席位；意大利力量党在创始人贝卢斯科尼去世后由塔亚尼领导，联合“我们温和派”参选，获得了 9.58%的选票，获得 8 个席位，比 2019 年选举后增加了 1 个席位；联盟党的得票率由 2019 年的 34.26%大幅降至 8.97%，仅获得 8 个席位，比 2019 年欧洲议会选举后大幅减少了 21 个席位。从中左阵营看，民主党表现不俗，赢得了 24.11%的选票，略高于 2019 年欧洲议会选举时的得票率（22.74%），明显高于 2022 年大选的得票率（19.07%），赢得 21 个席位，比 2019 年欧洲议会选举后增加了 2 个席位。此外，由欧洲绿党和意大利左翼党组建的绿左联盟（Alleanza Verdi e Sinistra）表现抢眼，首次参加欧洲议会选举即斩获了 6.79%的得票率，赢得 6 个席位。相比之下，五星运动得票率下降至 9.98%，仅获得 8 个席位，比 2019 年选举后减少了 6 个席位。中间阵营政党的选情更为糟糕，意大利活力党和行动党等均未能达到 4%这一进入欧洲议会的最低门槛。值得注意的是，梅洛尼还是欧洲议会右翼党团欧洲保守派和改革主义者联盟（ECR）的领导人。欧洲议会选举过后，梅洛尼不仅领导意大利兄弟党巩固了其在国内中右阵营中的领导席位，还带领欧洲保守派和改革主义者联盟由欧洲议会第五大党团“晋级”为第四大党团，该党团的得票率由 2019 年的 9.78%升至 2024 年的 10.83%，在欧洲议会的席位也由此前的 69 个提高至 78 个。虽然该党团没能进入欧盟委员会的执政联盟，但是在梅洛尼的努力下，同属该党团的意大利兄弟党党员拉斐尔·菲托（Raffaele Fitto）成功被任命为欧盟委员会负责团结与改革事务的执行副主席，与上任欧盟委员会仅安排了一位意大利籍委员而非执行副主席相比，梅洛尼的确成功地提高了意大利和意大利兄弟党在欧盟层面的影响力。

2024 年，梅洛尼政府重点推动的三项政治议程分别是关于“直选总理”改革、大区差异化自治改革和司法改革。关于“直选总理”的宪法改革由梅洛尼政府于 2023 年 11 月提出，具体涉及参议员选举与任命、总统选举与职权、政府结构、总理职权等多方面内容，其中的核心内容在于引入“直选总理”机制，以提高总理的权力和政府稳定性。具体而言，将宪法第 92 条的内容“共和国总统任命内阁总理，并根据其提名任命各部部长”改为

"总理通过普选和直接选举产生，任期 5 年，最多连任两届，若之前任期少于 7 年半，则可连任三届。议会和总理的选举同时进行"。此外，还附加了多项内容，包括"法律规定了议会和总理的选举制度，确保与总理有关联的名单和候选人在两院中获得全国范围内的多数席位奖励，同时尊重代表性原则和保护少数语言群体"、"总理在其提交候选人资格的参议院或众议院中选出"以及"共和国总统授权当选的总理组建政府，并根据其提议任命和撤销各部部长"。改革还对总统权力做了新的规定，废除共和国总统任命 5 名终身参议员的内容，同时增强了总统在总理和宪法法院法官等关键职务任命上的自主权。① 2024 年 6 月，此项改革已通过了参议院批准。大区差异化自治改革旨在进一步细化和落实宪法第五章的部分条款，即在确定全国范围内统一的最低限度的义务后，每个大区都可以分别与中央政府就 23 个事项达成协议，最终形成本大区的自治框架。2024 年 6 月，意大利政府颁布了 2024 年第 86 号法律，标题为《根据〈宪法〉第 116 条第 3 款实施普通法令大区差异化自治的规定》，意味着此项改革正式落地。② 在司法改革方面，其核心内容也是引发大量争议之处在于要分离法官和检察官的职业路径，并且分别建立承担审判职能的最高司法委员会和承担检察职能的最高司法委员会。以上三项改革都由梅洛尼政府作为重要政治议程发起和推动，又都涉及意大利政治体系和国家治理的深层次问题，不出所料地遭到在野党和部分民众的激烈反对。对于"直选总理"改革，反对派认为会过度强化政府权力进而导致政府与议会之间的权力失衡。对于大区差异化自治改革，虽然法令已开始实施，但是引起部分政治团体和民众的强烈不满，他们认为此项改革会加剧大区之间的不平等和社会不公。司法改革同样引发

① 有关"直选总理"改革的详细内容，参见本书石豆《意大利政治：右翼政府平稳，两极政党格局强化》。

② "Disposizioni per l'attuazione dell'autonomia differenziata delle Regioni a statuto ordinario ai sensi dell'articolo 116, terzo comma, della Costituzione"（24G00104）（GU Serie Generale n. 150 del 28-06-2024），*Gazzetta Ufficiale*，LEGGE 26 giugno 2024，n. 86，https：//www. gazzettaufficiale. it/atto/serie_generale/caricaDettaglioAtto/originario？atto. dataPubblicazioneGazzetta = 2024-06-28&atto. codiceRedazionale = 24G00104&elenco30giorni = true，最后访问日期：2024 年 12 月 30 日。

了激烈争论，不仅遭到了法官群体的反对，在野党还因此给梅洛尼政府贴上了“威胁司法独立”的标签。考虑到“直选总理”改革和司法改革最终通过仍面临诸多障碍，不排除未来会诉诸全民公决，其前途如何还需继续跟踪观察。

从政党格局的角度看，无论从民主党在大区选举、市政选举和欧洲议会选举中都斩获了不错的成绩，还是从包括民主党在内的在野党一致反对梅洛尼政府提出的三项重要政治议程来看，以民主党为核心的中左阵营正摆脱2022年大选时的“虚弱无力”和“一盘散沙”状态，逐步增强实力和凝聚力。特别是，2023年2月当选的民主党历史上首位女性领导人艾莉·施莱因（Elly Schlein）表现出了较为卓越的领导者气质，并且致力于打造一个团结的中左阵营，以抗衡中右阵营。2024年，中左阵营正逐步团结起来并展现出一定的韧性，意大利政党格局正在重回两极格局。随着作为中左阵营领袖的地位逐步得到巩固，施莱因很可能会在下届大选中成为梅洛尼的主要竞争对手。

二　经济重回低增长轨道，结构性转型亟待推进

自2023年起，在高通胀、高利率以及外部需求整体疲弱的共同作用下，意大利的经济增速大幅走低，2023年增长率仅为0.7%，比2022年大幅下降了3个百分点。进入2024年，在能源价格持续回落的影响下，意大利的通胀率进一步走低，但是价格水平仍处于历史高位。虽然欧洲中央银行（以下简称“欧央行”）开始通过多次降息调整货币政策，但是至2024年底利率仍处于较高水平，加之外部需求条件未显著改善，2024年全年意大利的经济复苏势头进一步趋弱。从多方面看，意大利经济似乎正在重回新冠疫情前的低增长轨道。

进入2024年，随着欧洲能源价格持续回落以及欧央行加息抑制总需求的效应逐步显现，意大利的通胀率进一步走低。2024年1~12月，意大利的月度同比通胀率一直在0.7%~1.3%之间徘徊，始终低于欧央行货币政策设

定的2%的通胀率目标，也显著低于同期欧元区的整体通胀率。2024年12月，欧元区通胀率为2.4%，而意大利仅为1.3%。2024年全年，欧元区的通胀率为2.7%，意大利为1.1%。[①] 总体来看，过去几年，意大利通胀率与欧元区整体通胀率的差异主要可归因于两者能源价格的差异。由于意大利长期高度依赖从俄罗斯进口能源，因此在2022年俄乌冲突爆发引起能源危机后，其通胀率也明显高于欧元区整体水平，2023年这一趋势得以延续。自2023年底开始，情况发生了较大变化，随着意大利能源储备更为充足，其能源价格的下降幅度以及对整体价格水平的下拉作用明显比其他欧元区国家更大，因此其通胀率在2024年始终稳定在低于欧元区整体水平的区间内。考虑到2024年底意大利的能源价格水平与欧元区平均水平已十分接近，预计未来两者通胀率的差异将更多受整体经济的供需因素影响，因而很可能会逐步趋同。虽然2024年意大利的通胀率已降至2%以内，但是考虑到2023年同期价格已达到历史高位的基数效应，2024年的价格水平无疑在2023年的基础上进一步有所攀升。根据意大利国家统计局公布的数据，2024年12月意大利的消费价格指数（NIC）为121.1，仍比俄乌冲突爆发的2022年2月（109.3）高出11.8个点；而2024年所有月份的价格水平均高于2023年同月。2024年6~12月，剔除能源和非加工食品价格变化之后的核心通胀率始终保持在2%之内，但是服务业通胀率全年都在2%之上，到12月仍为2.6%。价格水平高企不下必然会继续抑制投资和消费活动。此外，虽然随着通胀率走低欧央行在2024年连续4次降息，但是到年底边际借贷利率仍高达3.4%。可以说，2024年全年高利率仍是抑制经济活动的另一个重要因素。从对外贸易方面看，2024年意大利的贸易条件较之2023年有所改善，全部月份都实现了贸易顺差，但是受到红海危机导致货运航道受阻以及外部需求条件整体疲弱的拖累，顺差额明显低于2020年及此前多年的水平，对经济增长的拉动作用相对有限。在此背景下，2024年意大利的经济复苏势

① 本文中有关意大利经济的各项数据均来自意大利国家统计局（Istat）网站，https：//www.istat.it；有关欧元区和欧盟经济的各项数据均来自欧洲统计局（Eurostat）网站，https：//ec.europa.eu/eurostat。

头进一步趋弱，四个季度 GDP 的环比增长率分别为 0.3%、0.2%、0 和 0，同比增长率分别为 0.6%、0.6%、0.4% 和 0.5%，全年 GDP 增长率为 0.5%，低于 2023 年（0.7%），也低于年初意大利政府的预期（1.0%）。

值得注意的是，意大利经济增速在经历了 2021 年和 2022 年的“超常”表现以及 2023 年仍高于欧元区平均水平之后，于 2024 年再次回归至低于欧元区平均水平的区间。特别是，2024 年下半年，意大利经济两个季度的环比增长率都为 0，基本上失去了增长动力。众所周知，2020 年 7 月意大利被正式确定为“下一代欧盟”复苏基金的最大受益国，获批了 1916 亿欧元欧盟资金（包括赠款和低息贷款），之后又于 2023 年底经欧盟委员会批准上调至 1944 亿欧元。应欧盟要求，意大利制定了涵盖 66 个改革项目和 150 个投资项目的国家复苏与韧性计划（PNRR）。2021 年 7 月，意大利收到了来自“下一代欧盟”复苏基金的 249 亿欧元的预付款，国家复苏与韧性计划正式实施。考虑到意大利经济长期存在的诸多结构性“顽疾”始终没能真正解决，加之高通胀（高物价）、高利率以及外需疲弱等一系列制约性因素，由欧盟资金支持的国家复苏与韧性计划的推进被公认为是支撑意大利经济增速在 2021~2023 年高于欧元区平均增速的最重要因素。然而，随着时间的推移，出现了一个始料未及的问题，那就是意大利没能切实执行该计划，导致已收到的欧盟资金的使用进度严重滞后。根据意大利政府欧洲事务部向总理府提交的报告，截至 2023 年底，意大利国家复苏与韧性计划已从欧盟获得 1019.3 亿欧元的资金，约为总额的 53%，而支出仅为 456.5 亿欧元，不足欧盟拨款额的一半。其中，2021 年和 2022 年共支出 244.8 亿元，2023 年支出 211.7 亿元。① 进入 2024 年，资金“积压”现象更为严重，截至 6 月底，意大利政府收到的欧盟资金中只有约 26% 被使用，2022 年和

① “Pnrr, la spesa rendicontata ha raggiunto 46, 5 miliardi (di cui 21 nel 2023) su 191, 49 totali”, *Corriere della Sera*, 22 febbraio 2024, https://www.corriere.it/economia/finanza/24_febbraio_22/pnrr-la-spesa-rendicontata-ha-raggiunto-46-5-miliardi-di-cui-21-nel-2023-su-191-49-totali-abb6ff31-3ada-4e3f-8163-9be73ade8xlk.shtml? utm_source=chatgpt.com，最后访问日期：2024 年 12 月 30 日。

2023 年启动的投资项目中有超过 60%未完成，已中标但尚未签署合同的项目占到项目总数的 45%，[①] 这意味着大部分由国家复苏与韧性计划支持的公共工程项目被严重拖延。实际上，除了意大利，其他欧元区国家也或多或少地存在执行国家复苏与韧性计划相对滞后的问题。究其原因，一方面是各国负责落实资金和监督项目执行的行政能力不足，另一方面则是新冠疫情和俄乌冲突导致的供应链紧张以及劳动力缺乏使得大量公共基础设施工程难以按计划推进。考虑到欧盟资金支持的投资项目在中短期主要通过刺激总需求来影响经济增长，因此资金使用严重滞后必然会在经济增长数据上有所体现，也在很大程度上解释了为何 2024 年意大利经济重回低增长轨道。

就中长期而言，意大利经济要彻底摆脱低迷状态、实现可持续增长，必经之路在于切实推进一系列结构性改革和推动经济结构转型升级。欧盟资金用于投资可以刺激总需求，但是要优化经济结构则需要从总供给入手，特别是要通过落实国家复苏与韧性计划的改革项目来激发市场活力，引导资金和劳动力等经济资源流向生产率更高的部门，从而扭转自 20 世纪 70 年代以来意大利全要素生产率先是停滞不前随后开始下降的趋势。[②] 众所周知，全要素生产率主要反映技术进步与创新的贡献以及资源配置效率，后者又涉及公共基础设施的完善程度和公共机构的组织效率，等等。从技术创新的角度看，长期以来，意大利在国际市场上具备竞争优势的产业主要包括轻工业机械、家居装饰、食品饮料和服装服饰等非技术密集型的部门，因此其研发强度（研发支出与 GDP 之比）显著低于其他发达国家。进入 21 世纪以来，意大利的研发强度始终在 1.1%~1.5%之间，而德国在 2018 年即达到 3%，法国也在 2.2%左右的水平波动，与美国和日本相比更是明显落后。值得注意的是，在国家复苏与韧性计划正式实施以来的 2021 年、2022 年和 2023 年，意大利的研发强度分别为 1.41%、1.37%和 1.31%，与该计划启动之前的

---

① TEHA Club，“Osservatorio PNRR：A Tre Anni e Mezzo dal Varo”，Settembre 2024.

② 〔意〕洛伦佐·科多尼奥、詹保罗·加利：《意大利持续半个世纪的政治经济恶性循环及其原因》，载孙彦红主编《意大利发展报告（2023~2024）：右翼政府领导下“稳”中求“变”的意大利》，社会科学文献出版社，2024，第 113~127 页。

2019 年（1.46%）和 2020 年（1.5%）相比不升反降。[①] 这表明欧盟资金更多地发挥了刺激总需求进而提振中短期经济增长的作用，并未在提高研发强度进而为经济长期可持续增长积累“能量”方面做出实质性贡献。从公共基础设施的完善程度和公共机构组织效率的角度看，考虑到国家复苏与韧性计划下的诸多公共工程项目严重拖期，同时梅洛尼政府更多关注政治改革，但是在激发资本市场和劳动力市场活力方面推进的改革十分有限，短期内恐怕很难指望意大利的公共基础设施有显著改善，公共机构效率的提升也难以取得显著进展。总之，如果意大利政府不能抓住欧盟资金刺激总需求的机遇及时推进经济结构性改革和经济结构转型升级，不能将欧盟资金的“输血”效应及时转化成自身的“造血”能力，那么将很可能丧失重新提振全要素生产率进而重获结构性增长动力的良机。倘若如此，待 2026 年国家复苏与韧性计划终止后，意大利经济很可能将再次被“锁定”在缓慢增长的轨道上难以脱身。

三　民生整体进一步向好，政府持续调整救助措施

2024 年，意大利的通胀率进一步回落，但是整体价格水平仍处于历史高位，这意味着民众生活成本进一步提高。然而，随着就业状况持续改善和政府调整社会救助措施以更精准地帮扶各类困难群体，意大利的民生状况整体上进一步向好。2024 年，意大利社会秩序基本上保持了稳定。

前文述及，进入 2024 年，在能源价格继续大幅回落的影响下，意大利的通胀率在 2023 年的基础上继续走低，全年通胀率仅为 1.1%，远低于欧元区的整体通胀率（2.7%）。然而，由于 2022 年和 2023 年高通胀几乎已渗透到所有经济部门，2024 年的低通胀率仅意味着物价涨幅不大，但是仍处于上涨趋势且绝对物价水平处于历史高位。具体到与民生最密切相关的食品部

① 本文中有关意大利和其他欧洲国家研发强度的数据均来自欧洲统计局（Eurostat）网站，https：//ec. europa. eu/eurostat。

门，2024 年 1~12 月，意大利的食品通胀率由 5.8%降至 2.1%，6~8 月曾低于 2%，但是考虑到 2023 年食品通胀率高于 10%、食品价格已大幅飙升的情况，2024 年的食品价格水平无疑仍相当高，这意味着意大利民众的生活成本压力仍在攀升。从居民收入的角度看，2024 年就业状况的进一步改善和工资水平的小幅提升在一定程度上抵消了物价继续上涨对民众生活的冲击。2024 年 1~12 月，意大利的月度就业率始终处于历史高位，中间曾在 8 月、10 月和 11 月达到 62.3%，三次刷新该国有就业率数据记录以来的历史最高数值，总体上处于 2004 年以来的最高水平。相应的，失业率也继续保持了下降趋势，由 1 月的 7.2%降至 12 月的 6.2%，更在 11 月达到了 5.7%的历史最低纪录。值得一提的是，2024 年 10 月和 11 月，意大利的失业率均低于欧盟和欧元区的平均水平，改变了自 2012 年意大利卷入欧债危机后失业率始终高于欧盟平均水平的态势。此外，2024 年，意大利企业于 2023 年下半年签订的一大批新劳动合同开始履行，而新合同规定的工资水平大多出于应对高通胀的考虑有所上涨，这也使得劳动者的工资收入整体出现了小幅提高。2024 年 1~11 月，意大利的合同小时收入同比增长率在 2.7%~3.8%之间。在上述因素共同作用下，2024 年意大利的家庭可支配收入有所提升，上半年同比增幅为 3.6%。相应的，第一季度至第三季度的家庭消费支出总额呈环比连续增长趋势，且都高于 2023 年第四季度的支出水平。考虑到 2022 年 7 月以来欧央行多次加息对消费的抑制作用不容低估，2024 年意大利家庭消费支出仍呈增长趋势殊为不易。意大利储蓄基金与储蓄银行协会（ACRI）和益普索集团（IPSOS）连续多年基于社会调查跟踪意大利的民生状况，其 2024 年 10 月发布的年度报告显示，“对自身经济状况表示满意”的受访者比例为 64%，比 2023 年提高了 8 个百分点。[①] 这也从一个侧面反映出 2024 年意大利的民生状况有所好转。

2024 年，梅洛尼政府继续基于以往相关政策的效果和公共财政状况对

① 有关该报告的详细内容，参见本书臧宇、李宛童《意大利社会：民生持续向好，济困措施调整》。

社会救助措施进行了调整。自 2024 年 1 月 1 日起，从 2019 年开始实施的具有普惠性的“全民基本收入计划”正式废止，代之以“融合津贴”和“培训与工作支持计划”。梅洛尼政府认为，“全民基本收入计划”的辅助对象过于宽泛，补贴额也过高，导致部分低收入人群更加缺乏进入劳动力市场的动力，同时造成公共财政难堪重负。总体而言，“融合津贴”的目的与“全民基本收入计划”类似，都强调给困难家庭“兜底”，保证其基本的生活水准，以增强社会凝聚力。然而，出于更精准“扶贫”和节省开支的考虑，“融合津贴”为申请者设定的审核标准更为严苛，除了将家庭财产和收入作为衡量指标外，还设定了一系列用于识别“最困难家庭”的附加条件，包括家庭成员残疾或生活不能自理、家庭内部有 60 岁及以上老年人、家庭内部有未成年子女等，必须至少满足其中一项才具备申请资格。由于提高了申请门槛，2024 年成功申请到“融合津贴”的家庭数仅相当于 2023 年申请到“全民基本收入计划”津贴的家庭数的一半。“培训与工作支持计划”的出发点是作为“融合津贴”的补充，给不满足申请“融合津贴”附加条件的困难家庭提供另一种获得补贴的途径，即相关家庭内部具备劳动能力的成员需要参加政府组织的就业培训项目或者有助于进入劳动力市场的实习活动，可同时从政府领取少量补贴。以上两项新社会救助措施的理念在于帮扶最困难群体，同时试图鼓励就业和激发劳动力市场活力，然而，由于在“全民基本收入计划”实施时领取补贴的相当一部分家庭被排除在外，他们难以在短时间内依靠就业解决贫困问题，这些新措施在客观上造成了一定的“社会排斥”效应。此外，这些措施能否达成鼓励就业和增强社会凝聚力的目的还有待继续观察。除以上两项措施外，2024 年梅洛尼政府还出台了一系列针对特殊人群的补贴措施，包括给困难家庭发放专门用于购买食物和燃料的购物卡、给青年人提供首套房屋购买补贴、为处于弱势地位的职场母亲提供“妈妈补贴”、为低收入老年人提供助老购物卡等，受到目标人群的普遍欢迎。[①]

① 有关 2024 年意大利政府社会救助措施的详细梳理分析，参见本书臧宇、李宛童《意大利社会：民生持续向好，济困措施调整》。

近年来非常规移民涌入一直是意大利社会面临的一大难题，但2024年出现了一个值得关注的新变化，即通过中地中海航线（以下简称“中地线”）偷渡至意大利的移民人数大幅减少。近年来，以突尼斯和利比亚等北非国家为主要登船地、以意大利为主要登陆地的中地线一直是非常规移民涌入欧洲的重要通道。2024年，通过中地线进入意大利的非常规移民约为6.5万人，与2023年相比大幅下降了57.8%。① 出现这一变化并非因为意大利对于移民的吸引力下降，而主要应归因于意大利梅洛尼政府针对移民问题采取的新举措，即意大利与突尼斯和利比亚等国家签订协议，通过提供经济援助换取它们加强边境管控，打击偷渡。根据欧洲边防局的报告，2024年尝试以非常规途径从突尼斯和利比亚前往意大利的移民人数和船只数量并未有明显减少，但是由于这两个国家海警全力出击拦截，移民和船只成功抵达意大利的比例大大降低。② 这表明，梅洛尼政府应对非常规移民问题的思路有所改变，由此前历届政府以管控移民船在意大利登陆为主转向通过外交途径阻止移民从登船国出发，并且取得了一些成效。此外，梅洛尼政府还在阿尔巴尼亚建立了首个移民收容中心，拟将非法入境者遣返到该中心进行重新安置，但是此举在国内遭到在野党激烈批评，认为会造成财政资源过大浪费，而且无助于解决移民问题。长期来看，意大利将因其经济发展水平和地理位置等因素继续对北非国家的移民保持吸引力，梅洛尼政府采取的以在登船国拦堵为主的移民管控思路是否可持续仍存在较大不确定性，其长期效果有待跟踪观察。

---

① European Council on Refugees and Exiles (ECRE), “MEDITERRANEAN: Major fall in crossings in 2024 — Fewer deaths and disappearances in 2024 — ECtHR rules against Greece in ‘landmark’ case on pushbacks”, 16 January 2025, https://ecre.org/mediterranean-major-fall-in-mediterranean-crossings-in-2024-%E2%80%95-fewer-deaths-and-disappearances-in-mediterranean-in-2024-%E2%80%95-ecthr-rules-against-greece-in-landmark-case/，最后访问日期：2025年1月20日。

② Frontex, “EU external borders: Irregular crossings down 40%; Western African route at record high”, 13 December 2024, https://www.frontex.europa.eu/media-centre/news/news-release/eu-external-borders-irregular-crossings-down-40-western-african-route-at-record-high-MGXenj，最后访问日期：2024年12月20日。

四 外交政策回归务实灵活，通过主场外交提升国际影响力

2024 年，国际地缘政治形势动荡不安，俄乌冲突延宕，中东局势混乱，大国博弈更趋复杂。在此背景下，保持了国内政治稳定的梅洛尼政府回归现实、务实和灵活的外交政策传统，进一步在各方势力之间寻求平衡，还利用七国集团轮值主席国身份积极开展主场外交，通过推进“马泰计划”尝试与非洲建立新的伙伴关系，努力提升意大利的国际影响力。

在与欧盟关系上，意大利政府继续保持务实态度。梅洛尼一方面试图凭借意大利兄弟党在欧洲议会选举中的突出表现提升意大利在欧盟机构的影响力，另一方面领导意大利政府积极参与欧洲事务为本国争取利益。前文述及，梅洛尼领导的意大利兄弟党在欧洲议会选举中斩获了 24 个席位，她领导的欧洲保守派和改革主义者联盟也成为欧洲议会第四大党团。梅洛尼本打算与欧洲主流中右翼党团合作从而参与产生欧盟主要机构领导人的谈判，但是并没有得到冯德莱恩及其所在的欧洲人民党党团的接纳，之后其领导的欧洲保守派和改革主义者联盟也没有对冯德莱恩连任欧盟委员会主席投赞同票，造成梅洛尼与冯德莱恩的关系一度陷入尴尬。然而，梅洛尼凭借其作为意大利总理以及欧洲议会第四大党团领导人的身份，加之高超的沟通能力，成功为意大利兄弟党的拉斐尔·菲托争取到欧盟委员会执行副主席的职务，这意味着与上届欧盟委员会时相比，意大利在欧盟机构和重要事务决策上的影响力有所提升。此外，梅洛尼政府的副总理兼外交部长、意大利力量党领导人塔亚尼也是一位在欧洲有影响力的政治人物，他曾担任过欧盟委员会委员和欧洲议会议长，因此也能在处理意大利与欧盟关系的具体事务上发挥关键作用。2024 年，意大利政府继续从欧盟委员会获得“下一代欧盟”复苏基金的资助，7 月和 11 月共收到两笔拨款，金额分别为 110 亿欧

元和 87 亿欧元。[①] 虽然在资金使用上存在延误，但是欧盟资金对于意大利经济增长和社会稳定的支撑作用仍不可低估，也有利于梅洛尼政府继续获得民众支持。此外，意大利还在欧盟层面提出增加成员国国防开支的主张，并且提出欧盟发行共同债券或者动用欧洲稳定机制资金来支持国防开支的设想，虽然遭到德国等国反对，但是也在客观上促进了欧盟对相关议题的深入讨论，使得增加国防开支成为越来越多成员国的共识。

在与欧盟以外的西方国家的关系上，意大利一方面依托七国集团轮值主席国的主场外交优势尝试主导西方国家集体议事日程，另一方面则力图通过北约等渠道与美国保持良好关系。2024 年，除了意大利之外的其他六国要么大选在即，要么执政党在欧洲议会选举中支持率大跌，要么政治领导人地位不稳，唯有梅洛尼领导的意大利政府不仅稳定，而且通过欧洲议会选举夯实了执政基础，因此 2024 年 6 月在意大利普利亚举行的七国集团峰会被媒体戏称为“六个跛脚鸭与梅洛尼的聚会”，甚至被嘲讽为“最后的晚餐”。[②] 在此背景下，梅洛尼政府试图主导峰会议程以更好地实现意大利的国家利益。特别是，在意大利的提议与推动下，此次峰会通过了“非洲能源增长倡议”与“普利亚粮食体系倡议”，旨在促进七国政府与企业合作，为非洲地区提供资金和技术支持，加强与非洲国家在能源与农业领域的合作。然而，考虑到峰会后其他六国领导人的关注点再次回到国内政治和与本国利益更紧密的其他国际问题上，上述两项倡议很可能会像此前七国集团提出的“重建更美好世界”等倡议一样沦为空谈，落实前景恐不乐观。在对美关系以及对待北约的态度上，梅洛尼政府也进一步明确了其立场。梅洛尼在 2023 年访问美国期间与美国总统拜登就俄乌冲突局势达成一致意见之后，不再持模糊立场，明确承诺会向乌克兰提供军事援助，并于当年与法国共同

① 有关“下一代欧盟”复苏基金向意大利拨款进度的详细信息，参见欧盟委员会网站，https：//ec. europa. eu/commission/presscorner/detail/en/ip_24_6066，最后访问日期：2024 年 12 月 30 日。

② “6 lame ducks and Giorgia Meloni：Meet the G7 class of 2024”，*Politico*，13 June 2024，https：//www. politico. eu/article/g7-giorgia-meloni-2024-rome-emmanuel-macron-rishi-sunak-joe-biden-russia-ukraine/，最后访问日期：2024 年 12 月 30 日。

为乌克兰提供 SAMP/T 防空系统。2024 年意大利政府继续以实际行动表明立场。2 月，意大利与乌克兰签署安全合作协议，承诺在未来 10 年内继续支持乌克兰。7 月，在华盛顿举行的北约峰会上，梅洛尼再次明确表示意大利在俄乌冲突问题上站在美国与北约一边，得到北约的高度评价。然而，梅洛尼政府希望北约将更多注意力放到更临近意大利的中东北非地区的游说努力至 2024 年底并未得到积极回应。

2024 年，对地中海和非洲政策仍是意大利外交的重点方向。前文述及，为有效管控从突尼斯和利比亚登船前往意大利的非常规移民，梅洛尼政府与这两个国家的政府展开深度合作，通过向其提供经济援助换取对方拦截移民船，取得了一定成效，从中地线入境的非常规移民数量明显减少。这可以说是梅洛尼政府以外交手段应对非常规移民难题的积极尝试。从更长远的角度看，要解决非常规移民问题，切实帮助非洲发展经济、增加当地就业机会更为重要。出于这一考虑以及将意大利打造成连接欧洲与非洲的能源枢纽的目的，梅洛尼政府于 2024 年开始全面推进"马泰计划"。该计划以在非洲享有良好声誉的意大利能源巨头埃尼集团创始人恩里科·马泰（Enrico Mattei）的名字命名，自 2023 年开始酝酿，是冷战结束以来意大利出台的第一个系统性的对非洲合作计划。2024 年 1 月 29 日，意大利-非洲峰会在罗马举办，有 46 个非洲国家的代表参加，意大利政府在会上正式推出"马泰计划"，并公布了包括教育与培训、卫生、农业、能源、水资源、基础设施六大支柱的指导框架。梅洛尼本人在峰会上特别强调，"马泰计划"旨在改变以往意大利与非洲国家之间的交往方式，要构建一种真正"平等和非掠夺性"的伙伴关系。该计划首批确立了与意大利在经济和安全上关系密切的 9 个试点国家（阿尔及利亚、刚果共和国、科特迪瓦、埃及、埃塞俄比亚、肯尼亚、摩洛哥、莫桑比克和突尼斯），还确定了 21 个合作项目，意大利政府的拨款总额超过 4.2 亿欧元。为表示对该计划的重视，梅洛尼政府决定，由意大利总理府直接领导该计划的落实，所有政府部门必须配合和支持。毫无疑问，"马泰计划"体现出自冷战结束以来意大利正式将对非洲政策提升到战略地位以及努力扮演欧洲与非洲之间桥梁角色的战略雄心。然而，不可忽视的是，直至2024年底，该计划的落实仍存在几个明显的“短板”：第一，相对于非洲经济发展的需要，4.2亿欧元的资金规模显然不足，况且其中大部分资金尚未到位；第二，该计划自推出以来发布了多份文件，内容多有交叉重叠，释放的信息不够清晰连贯，导致相关非洲国家和意大利企业有些无所适从；第三，与此前意大利发展援助政策缺乏总体设计类似，该计划也缺乏顶层设计，特别是推出的一系列项目之间缺乏必要的联系和交流机制，更像是一个毫无战略性的项目“拼盘”。[①] 未来梅洛尼政府能否尽快着手完善该计划并切实推进，还需跟踪观察。

五 中意关系再升温，开启务实合作新阶段

2024年是中国与意大利建立全面战略伙伴关系20周年，也是中意文化交流的先驱和标志性人物马可·波罗逝世700周年，是中意两国关系发展的重要年份。意大利总理梅洛尼和总统马塔雷拉先后访华，通过密集高层外交努力修复因2023年底意方决定不再续签“一带一路”备忘录而对两国关系造成的负面影响，两国关系因此再次升温，并且通过签署《中华人民共和国和意大利共和国关于加强全面战略伙伴关系的行动计划（2024—2027年）》等一系列计划和协议开启了加强务实合作的新阶段。可以说，及时与中国修复关系也是意大利外交政策回归现实、务实和灵活的传统以及意大利在各方势力之间寻求平衡的一个重要体现。

总体而言，意大利梅洛尼政府在2023年底决定不再续签“一带一路”备忘录表明，地缘政治因素已在意大利对华关系决策中发挥了相当重要的作用，特别是美国持续施压是意方最终做出这一决定的最重要因素。[②] 然

① Filippo Simonelli, “The Mattei Plan One Year On”, *IAI Commentaries*, 3 February 2025, https://www.iai.it/en/pubblicazioni/c05/mattei-plan-one-year，最后访问日期：2025年2月5日。

② 孙彦红：《右翼政府领导下“稳”中求“变”的意大利》，载孙彦红主编《意大利发展报告（2023~2024）：右翼政府领导下“稳”中求“变”的意大利》，社会科学文献出版社，2024，第1~26页。

而，需要看到，梅洛尼政府并非要扮演反华“急先锋”的角色，维护与中国的务实合作大局符合意大利的国家利益。为修复未续签“一带一路”备忘录给两国关系造成的损害，同时借助中国经济发展为本国经济复苏提供助力，意大利 2024 年对华关系的主基调便是通过高层访问为两国关系发展注入新动力，并且在新形势下拓展两国务实合作的新空间。在此背景下，意大利总理梅洛尼于 7 月 27～31 日对中国进行为期 5 天的正式访问，先后到访北京与上海。访问期间，梅洛尼先后与中国国务院总理李强、全国人大常委会委员长赵乐际、国家主席习近平举行会谈，还与李强总理共同出席中意企业家委员会第七次会议开幕式，以及与中国文化和旅游部部长孙业礼共同出席“传奇之旅：马可·波罗与丝绸之路上的世界”展览开幕式。梅洛尼访华期间的最重要成果当属两国政府签署的《中华人民共和国和意大利共和国关于加强全面战略伙伴关系的行动计划（2024—2027 年）》。该计划旨在于中意建立全面战略伙伴关系 20 年之际，从多方面为两国进一步加强全面合作指明方向，以促进各自发展战略对接，深化各领域合作，密切人文交流，充分释放全面战略伙伴关系潜力。该计划确认两国优先在经贸投资、金融、科技创新和教育、绿色和可持续发展、医疗卫生、人文交流等六大领域开展合作。除了这一计划，两国政府还签署了多项双边合作文件，内容涉及工业合作、地理标识保护、食品安全、环境和教育等领域。

2024 年 11 月 7～12 日，在梅洛尼访华仅 3 个多月后，意大利总统马塔雷拉对中国进行了国事访问。在同一年的短短几个月内，意大利政府总理和国家总统先后访华，这在中意两国关系史上并不多见，表明尽管面临一些挑战，但是意大利仍十分希望积极发展与中国的关系。如果说梅洛尼总理访华旨在从政府层面推动中意两国在各领域的务实合作，那么随后的马塔雷拉总统来访，则更多地侧重于从国家层面推动中意两国赓续友好传统，夯实政治互信，加强人文交流，促进民心相通。2024 年 11 月 8 日，习近平主席在北京同马塔雷拉总统举行会谈时表示：“你是中国人民的老朋友，也是我的好朋友。近年来，我同总统先生成功实现互访，并通过电话、信函保持密切沟通，每一次交流都能够深化友谊、增进互信。”① 这一番话恰是过去多年中意两国友好关系的真实写照，也体现出中方对于夯实两国政治互信的高度重视。此次来访期间，马塔雷拉总统出席了多场重要的人文交流活动，包括游览颐和园（当前中意两国正积极推进北京颐和园与意大利蒂沃利哈德良别墅及埃斯特别墅作为世界遗产地的结对项目），参观中华世纪坛“传奇之旅：马可·波罗与丝绸之路上的世界”闭幕展览，与习近平主席共同会见出席中意文化合作机制大会和中意大学校长对话会的代表，前往天安门广场向人民英雄纪念碑敬献花圈，出席威尼斯双年展“完美之路——杭州，马可·波罗的‘天堂之城’”揭幕仪式，等等。人文交流润物无声，不仅有助于深化中意两国人民的传统友谊，也为持续提升双边合作水平奠定了坚实基础。正如马塔雷拉总统在会见中意文化合作机制大会和中意大学校长对话会的代表时所言：“马可·波罗同中国的交往佳话是东西方文明互学互鉴的写照。双方应该总结经验，传承友好，搭建更多人文交流的桥梁，加强团结，反对对抗，为意中全面战略伙伴关系发展提供坚实基础和支撑。”② 总之，马塔雷拉总统在访问期间的多个场合向欧洲和西方世界释放了一个积极信号，即虽然当前地缘政治形势错综复杂，但是意大利仍有意愿与中国加强对话和发展长期稳定友好关系，并且希望在中欧关系中发挥建设性作用。

经贸合作始终是中意两国关系的重要支柱。根据中国海关总署公布的数据，2024 年，中意双边贸易额为 725.42 亿美元，同比小幅增长 1.1%。其中，中国对意大利的出口额为 461.95 亿美元，同比提高 3.8%；中国自意大利的进口额达 263.48 亿美元，同比下降 3.2%。③ 2024 年中意双边贸易额呈

① 《独家视频丨习近平同意大利总统马塔雷拉会谈》，央广网，2024 年 11 月 8 日，https：//news.cnr.cn/native/gd/sz/20241108/t20241108_526969066.shtml，最后访问日期：2024 年 12 月 30 日。

② 《习近平同意大利总统马塔雷拉会见出席中意文化合作机制大会和中意大学校长对话会代表》，中国政府网，2024 年 11 月 8 日，https：//www.gov.cn/yaowen/liebiao/202411/content_6985672.htm，最后访问日期：2024 年 12 月 30 日。

③ 参见中国海关总署官方网页，http：//www.customs.gov.cn/customs/302249/zfxxgk/2799825/302274/302275/6312783/index.html。

同比增长，与 2024 年全球贸易整体变化趋势大体一致。联合国贸发会议在 2024 年 12 月初发布的报告预测，2024 年全球贸易额预计将同比增长 3%，其中货物贸易约增长 2%，服务贸易约增长 7%。[①] 从双边贸易平衡方面看，2024 年，中国对意大利的贸易顺差额为 198.47 亿美元，与 2023 年的顺差额（172.89 亿美元）相比增加了 25.58 亿美元。考虑到 2024 年中国和意大利的整体对外贸易顺差都出现了较大幅度增长，两国贸易平衡的小幅波动或许更多受到两国进口商存货周期变化的影响，尚不足以得出有关两国贸易平衡发展趋势的确切结论。值得一提的是，2024 年中意两国政府相关部门还深入探讨了在新形势下提升两国经贸合作层次的可能性，并达成了诸多共识。7 月 5 日，意大利企业与“意大利制造”部部长乌尔索访华期间对媒体表示，意大利企业视中国为市场和“不可或缺”的合作伙伴。开启两国关系新阶段意味着从商业伙伴关系过渡到工业伙伴关系。正是中国“推动了转型，特别是在绿色技术和电动汽车方面”。意大利欢迎中国企业在太阳能、风能、汽车等领域投资，通过与“意大利制造”的积累和优势相结合，实现互利共赢。[②] 9 月，中国商务部部长王文涛访问意大利期间在都灵会见意大利汽车工业协会主席瓦瓦索里，在罗马会见意大利企业与“意大利制造”部部长乌尔索和意大利副总理兼外交与国际合作部部长塔亚尼，重点与对方讨论了欧盟对华电动汽车反补贴案、中意电动汽车产业合作等议题，双方均表达了希望中欧通过对话磋商妥善解决电动汽车贸易争端以及促进中意两国汽车企业通过相互投资实现互利共赢的愿望。

2024 年，在意大利总理和总统相继访华的推动下，同时得益于中国面向意大利实行的短期访问免签政策，两国人员往来密切，并且联合举办了大量高规格的人文交流活动。特别是，两国为纪念马可·波罗逝世 700 周年联合举办的一系列重要文化活动几乎贯穿全年。篇幅所限，仅列举几项重要活

---

① UNCTAD, *Global Trade Update*, December 2024.

② “Ministro Adolfo Urso: Cina un mercato irrinunciabile e partenariato strategico bilaterale farà sicuramente un salto di qualità”, *CRI online*, 9 luglio 2024, http://www.italian.people.cn/n3/2024/0709/c416705-20191554.html，最后访问日期：2024 年 12 月 30 日。

动。1 月 19 日，意大利但丁协会在罗马组织“世界之惊奇——马可·波罗的非凡中国之旅”主题研讨会，意大利外交部副部长西利、但丁协会主席里卡尔迪等出席并致辞，中国驻意大利大使贾桂德应邀出席并致辞。1 月 25 日，意大利驻华大使馆举行“马可·波罗逝世 700 周年”系列纪念活动发布会，意大利驻华大使安博思表示，马可·波罗对于意中关系有重要意义，相信马可·波罗的遗产仍可对意中关系的发展产生积极作用。3 月，以“马可·波罗：艺术与发现”为主题的艺术展在意大利北部都灵市的意大利国际艺术博物馆开展。7 月 26 日至 11 月 24 日，由 135 件中意文博机构珍藏的展品构筑起的“传奇之旅：马可·波罗与丝绸之路上的世界”文物展览在中华世纪坛艺术馆展出，7 月 29 日梅洛尼访华期间在展览开幕式上致辞。10 月 23 日，“纪念马可·波罗逝世 700 周年：意中文化交流的重要性”研讨会在位于罗马的意大利众议院举行，来自中意两国的政府官员、学者及企业代表数十人齐聚一堂，深入探讨两国在文化、历史和当前合作中的一些重要话题。此外，为纪念两国建立全面战略伙伴关系 20 周年，中意学术界和智库界还通过举办论坛和研讨会积极为未来两国加强务实合作建言献策。10 月 28 日，中国社会科学院在北京成功主办了“2024 中意智库论坛：建立全面战略伙伴关系二十年背景下的中国与意大利务实合作”，来自中意两国高端智库的共约 70 位专家学者出席该论坛，围绕“全球政治经济发展与中意关系”“可持续发展与中意合作”“中意文化交流与合作”等议题展开热烈讨论。①

六　结语与展望

综上所述，2024 年，西方国家政坛持续震荡，而向来以“政府更迭频繁”著称的意大利却在梅洛尼政府领导下保持了政治稳定，颇为引人关注。

① 有关“2024 中意智库论坛”的详细情况以及专家学者发言要点，参见本书石豆《“2024 中意智库论坛”综述》。

至2024年底，梅洛尼右翼政府已执政超过两年零两个月，远远超出了1946年意大利共和国成立后至2022年10月本届政府上台前历任政府的平均执政时长。在保持稳定的同时，梅洛尼政府继续在政治、经济、社会、外交各领域推进一系列重要议程和新政策举措，并且取得了不少进展。在政治方面，梅洛尼政府通过欧洲议会选举在一定程度上巩固了执政基础，得以继续推动“直选总理”改革、大区差异化自治改革和司法改革等重要议程。在经济方面，通货膨胀率继续回落，但是物价水平仍处于历史高位，诸多不利因素导致经济增长进一步放缓，再次跌回新冠疫情之前的低增长轨道，加快推进结构性改革与转型变得更为紧迫。在社会方面，民生状况进一步好转，就业率和就业人数均处于历史高位，政府继续调整社会救助措施，尝试更精准地扶助困难群体，同时激发劳动力市场活力，社会秩序基本上保持了稳定。在外交方面，梅洛尼政府回归现实、务实和灵活的外交政策传统，进一步在各方势力之间寻求平衡，利用七国集团轮值主席国身份积极开展主场外交，还通过推进“马泰计划”尝试与非洲建立新的伙伴关系，以最大限度为本国争取现实利益。2024年是中国与意大利建立全面战略伙伴关系20周年，也是中意文化交流的先驱者和标志性人物马可·波罗逝世700周年。意大利总理与总统先后访华，两国关系在因意方未续签“一带一路”备忘录而出现波折后再次升温，并且通过签署新的全面合作计划开启了加强务实合作的新阶段。

2025年，意大利与中意关系的发展都面临一定不确定性。特别是，2025年1月特朗普重返白宫后美国的政策转向很可能会对未来意大利的内政外交产生重要影响。在经济上，2025年意大利将继续得到欧盟资金的支持，欧元区货币政策也很可能进一步宽松，这都有助于其经济复苏。然而，考虑到意大利是高度外向型的经济体、对美国出口占其全部出口额的比重长期超过10%、2023年和2024年净出口是拉动其经济增长的重要因素等情况，特朗普上台后美国对欧盟等贸易伙伴普遍加征高关税，意大利经济必然会遭受严重外部需求冲击，恐更加难以摆脱低增长困境。就外交政策而言，虽然梅洛尼本人视特朗普为政治偶像，与特朗普的私人关系也较其他欧洲主流政客更为密切，但是若美国与欧盟在贸易和应对俄乌冲突等问题上发生严重分歧，那么梅洛尼政府在处理对美关系上将陷入尴尬境地，而执政的三个党派能否在对美国态度上保持一致也存在较大不确定性。就中意关系而言，2025 年将迎来两国建交 55 周年，也将是加快落实 2024 年签署的一系列合作计划与协议的重要年份。可以预见，美国特朗普政府上台后的一系列单边主义政策及其对国际格局的扰动也将以某种方式影响中意关系。对此，中意两国领导人应有战略定力，无论国际风云如何变幻，始终坚持以全球视角和长远眼光看待双边关系，携手维护务实合作大局，共同为提高两国人民福祉和应对诸多全球性挑战做出应有贡献。

分 报 告

B.2
意大利政治：右翼政府平稳，两极政党格局强化

石　豆*

摘　要： 2024年，意大利大区选举、市政选举和欧洲议会选举先后开启。“三场选举”过后，梅洛尼政府的支持率总体稳定，意大利两极政党格局显著强化。同时，政府主导“直选总理”改革、大区差异化自治改革和司法改革，进一步加剧了意大利的政治极化。政党动态方面，意大利兄弟党巩固了议会第一大党的位置，意大利力量党则完成对联盟党的超越，后者选情下滑较为严重。反对党方面，民主党支持率有所上升，五星运动选情不佳，推动其在年末“制宪会议”上对党章做出重大修改。以意大利活力党和行动党为代表的中间派政党由于政治分裂，选情惨淡。绿左联盟表现亮眼，跃升为反对党中的第三大政治力量。展望未来，短期来看，对右翼政府稳定性的最大挑战可能并非来自反对党，

* 石豆，语言学与文学博士，南开大学意大利语系讲师，天津翻译协会理事，主要研究领域为意大利语言文化、意汉-汉意翻译、意大利政治外交。

而是来自执政党联盟内部。由于联盟党的选情走低，萨尔维尼的领导地位可能面临挑战。2025 年威尼托大区选举或将成为影响联盟党未来走势以及执政党联盟团结的关键变量。反对党方面，民主党需要与完成改造的五星运动展开更有成效的合作，以提出真正可信且有别于右翼政府的替代方案。

关键词： 欧洲议会选举　大区选举　政治极化　“直选总理”改革　司法改革

2024 年，意大利主要政党围绕“三场选举”和“三项改革”展开了激烈的争夺与交锋。梅洛尼领导的右翼政府经受住了考验，左翼政党表现同样亮眼，中间阵营政党则选情惨淡。主流政党中，五星运动在孔特的领导下迎来重大改革，“绿色和左翼联盟”（以下简称“绿左联盟”）崭露头角，意大利政治体系持续演变，左右对垒的两极政党格局显著加强。然而，“三场选举”给主要政党带来的震荡仍将延续。执政党联盟中，选情持续走低的联盟党成为不稳定因素。反对党方面，民主党如何与“蜕变”后的五星运动开展更有成效的合作，构建起更具凝聚力的中左阵营，将影响未来政党格局的走势。

一　2024年意大利政局变化

2024 年是意大利的选举大年，除贯穿全年的大区选举和市政选举外，欧洲议会选举是本年度的“重头戏”。“三场选举”过后，意大利的政党格局发生显著变化。同时，梅洛尼政府主导的三项关键改革——“直选总理”改革、大区差异化自治改革和司法改革，进一步加剧了意大利的政治极化。

（一）“三场选举”强化两极格局

2024 年，率先拉开帷幕的是大区选举，包括撒丁岛、阿布鲁佐、巴西利卡塔、皮埃蒙特、利古里亚、翁布里亚和艾米利亚-罗马涅在内的 7 个大区，先后迎来换届选举。其中，利古里亚和艾米利亚-罗马涅两个大区为提前选举。前者是因为大区主席乔瓦尼·托蒂（Giovanni Toti）涉嫌操纵选举、贪污受贿等罪名遭到拘禁，于7月底辞职；[①] 后者则由于大区主席斯特凡诺·博纳奇尼（Stefano Bonaccini）当选欧洲议会议员，两个职位无法兼顾，因此于6月底辞职。[②]

在2月率先举行的撒丁岛选举中，得到中左阵营支持的五星运动候选人亚历山德拉·托德（Alessandra Todde）险胜中右阵营候选人保罗·特鲁祖（Paolo Truzzu），最终当选大区主席。托德不仅是撒丁岛首位女性大区主席，也是五星运动历史上首位当选的大区主席。[③] 在接下来的阿布鲁佐、巴西利卡塔、皮埃蒙特的大区选举中，中右阵营连下三城。意大利兄弟党候选人马尔科·马尔西利奥（Marco Marsilio）和两位意大利力量党候选人维托·巴尔迪（Vito Bardi）、阿尔贝托·奇里奥（Alberto Cirio）均成功连任大区主席。在利古里亚大区，中右阵营支持的独立候选人马尔科·布奇（Marco Bucci）击败了中左阵营的重量级候选人——前德拉吉政府劳动和社会政策部部长、民主党前副书记安德烈·奥兰多（Andrea Orlando），再下一城。然而，在11月17~18日举行的翁布里亚和艾米利亚-罗马涅大区选举中，中右阵营未能延续强势。中左阵营支持的独立候选人、阿西西市前市长斯特凡尼娅·普罗耶蒂（Stefania Proietti），成功阻击联盟党候选人多纳泰拉·泰塞伊（Donatella Tesei），赢得翁布里亚大区选举。在另一场选举中，民主党候选人米凯莱·德·帕斯卡莱（Michele De Pascale）以较大优势战胜中右阵营支持的独立候选人埃莱娜·乌戈利尼（Elena Ugolini）。随着中左阵营在年

---

① "Giovanni Toti si dimette: La Liguria si prepara per nuove elezioni regionali", *Il Sole* 24 *Ore*, 26 luglio 2024, https: //www. ilsole24ore. com/art/liguria - toti - ha - le - dimissioni - governatore - AF107a4C，最后访问日期：2024年12月20日。

② "Bonaccini annuncia le dimissioni da presidente dell'Emilia-Romagna", *Il Fatto Quotidiano*, 26 giugno 2024, https: //www. ilfattoquotidiano. it/2024/06/26/bonaccini-annuncia-le-dimissioni-da-presidente-dellemilia-romagna/7601894/，最后访问日期：2024年12月20日。

③ "Alessandra Todde è la prima Presidente di Regione del M5S", *Movimento 5 Stelle*, 27 febbraio 2024, https: //www. movimento5stelle. eu/alessandra - todde - e - la - prima - presidente - di - regione-del-m5s/，最后访问日期：2024年12月8日。

底扳回两城，在7个大区的选举中，中右阵营与中左阵营最终战成4∶3。虽然表面上看似中左阵营落后，但实际上换届选举前，中左阵营执掌的大区仅有艾米利亚-罗马涅1个。因此，中左阵营的实际“战果”优于中右阵营。联盟党成最大输家，在撒丁岛败选的前大区主席克里斯蒂安·索利纳斯（Christian Solinas）与联盟党关系密切，联盟党人泰塞伊同样未能在翁布里亚大区连任。

从各党派相较上届大区选举的得票率变化（见表1）可以看出，联盟党同样是退步最大的政党，其在7个大区的得票率全面大幅下滑，降幅在50.3%（利古里亚）至83.4%（艾米利亚-罗马涅）之间。五星运动尽管在撒丁岛实现了大区主席零的突破，但总体得票率同样呈下降趋势，降幅在19.6%（撒丁岛）至64.5%（阿布鲁佐）之间。相比之下，大区选举表现最好的政党依然是意大利兄弟党，其得票率在7个大区的增幅在38.5%（利古里亚）至343.6%（皮埃蒙特）之间。紧随其后的是民主党，其得票率同样在全部7个大区实现增长，增幅在2.2%（撒丁岛）至82.9%（阿布鲁佐）之间。意大利力量党的表现出现分化，在撒丁岛的得票率下降21.3%，在艾米利亚-罗马涅大区的得票率却上升115.4%，尽管其在该大区的得票率并不高（5.6%）。绿左联盟在上届大区选举中尚未成立，2024年首次亮相表现亮眼，其在7个大区的得票率在3.6%（阿布鲁佐）至6.5%（皮埃蒙特）之间，在艾米利亚-罗马涅、利古里亚和皮埃蒙特三个大区的得票率甚至超过了五星运动。

表1　意大利主要党派大区选举得票率（2024年选举与上届选举比较）

单位：%

党派	艾米利亚-罗马涅		翁布里亚		利古里亚		皮埃蒙特		巴西利卡塔		阿布鲁佐		撒丁岛	
	2024年	2020年	2024年	2019年	2024年	2020年	2024年	2019年	2024年	2019年	2024年	2019年	2024年	2019年
意大利兄弟党	23.7	8.6	19.4	10.4	15.1	10.9	24.4	5.5	17.4	5.9	24.1	6.5	13.6	4.7
意大利力量党	5.6	2.6	9.7	5.5	8.0	5.3	9.9	8.4	13.0	9.1	13.4	9.0	6.3	8.0
联盟党	5.3	32.0	7.7	37.0	8.5	17.1	9.4	37.1	7.8	19.1	7.6	27.5	3.7	11.4

续表

党派	艾米利亚-罗马涅		翁布里亚		利古里亚		皮埃蒙特		巴西利卡塔		阿布鲁佐		撒丁岛	
	2024年	2020年	2024年	2019年	2024年	2020年	2024年	2019年	2024年	2019年	2024年	2019年	2024年	2019年
民主党	42.9	34.7	30.2	22.3	28.5	19.9	23.9	22.4	13.9	7.8	20.3	11.1	13.8	13.5
五星运动	3.5	4.8	4.7	7.4	4.6	7.8	6.0	12.6	7.7	20.3	7.0	19.7	7.8	9.7
绿左联盟	5.3		4.3		6.2		6.5		5.8		3.6		4.7	

资料来源：笔者根据意大利《共和国报》（*La Repubblica*）历次选举数据库（https://elezioni.repubblica.it/2024/regionali/）数据整理。

2024 年，意大利市政选举大多集中在 6 月 8~9 日举行，共有 3715 个市镇迎来换届选举。在上述市镇中，人口超过 15000 人的较大市镇有 217 个，其中 29 个是省会城市，包括 23 个省首府和 6 个大区首府，分别是巴里、卡利亚里、坎波巴索、佛罗伦萨、佩鲁贾和波坦察。在 217 个较大市镇中，选举结果与 2019 年相比没有太大变化，中左阵营与中右阵营执掌的城市数目均有所增加。其中，中左阵营从 112 个增至 113 个，中右阵营从 76 个增至 78 个。[①] 在 29 个省会城市中，中左阵营占据优势，从 13 个增至 17 个，中右阵营则从 12 个减少至 10 个。其中在 6 个大区首府的选举中，中左阵营支持的候选人全部获胜，民主党成最大赢家。其中，民主党人萨拉·富纳罗（Sara Funaro）当选佛罗伦萨市市长，进步党（Partito Progressita）主席马西莫·泽达（Massimo Zedda）连任卡利亚里市市长，民主党人维托·莱切赛（Vito Leccese）当选巴里市市长，中左阵营独立候选人维多利亚·费尔迪南迪（Vittoria Ferdinandi）当选佩鲁贾市市长，民主党人维琴佐·特雷斯卡（Vincenzo Telesca）当选波坦察市市长，中左阵营独立候选人玛利亚路易莎·福特（Marialuisa Forte）当选坎波巴索市市长。在选举之前，坎波巴索市市长来自五星运动，波坦察市前市长则来自联盟党。

① “Elezioni amministrative: il centrosinistra vince e fa meglio al 1° turno che al ballottaggio”, *CISE*, 29 giugno 2024, https://cise.luiss.it/cise/2024/06/29/elezioni-amministrative/, 最后访问日期：2024 年 8 月 29 日。

欧洲议会选举于2024年6月8~9日举行，意大利一共获得了76个欧洲议会席位（见表2）。梅洛尼领导的意大利兄弟党凭借28.75%的得票率，稳固了议会第一大党的位置，共获得24个欧洲议会席位。其得票率相较2019年欧洲议会选举提升了22.3个百分点，相较2022年意大利大选提升了2.8个百分点。紧随其后的是民主党，其得票率为24.1%，共获得21个席位；其得票率相较2019年略微提高，但多收获了2个席位。五星运动的得票率较2019年下降7.1个百分点，获得了8个席位，勉强保住第三的位置。意大利力量党则完成了对联盟党的超越，获得8个席位。联盟党的得票率从2019年最高峰34.26%滑落至8.97%，与2022年大选时的得票率基本持平，同样获得8个席位。绿左联盟表现十分亮眼，共获得6个欧洲议会席位，实现重大突破。从总体得票率上看，梅洛尼领导的中右阵营相较2022年大选时小幅提升，右翼政府的稳定性并未受到挑战；民主党领导的中左阵营的得票率也略有提升。相较而言，中间阵营政党的选情较为糟糕。2022年大选时，意大利活力党和行动党组成"第三极"，曾合力获得7.78%的选票，之后两党走向分裂，在本次欧洲议会选举中，两党均未能突破4%的最低门槛，没有议员当选。

表2　意大利主要党派欧洲议会选举情况（2024年与2019年比较）

政党	所属欧洲议会党团		得票率(%)			席位(个)	
	2024年	2019年	2024年	2019年	2022年(国内大选)	2024年	2019年
意大利兄弟党	ECR	ECR	28.75	6.44	25.98	24	6
民主党	S&D	S&D	24.11	22.74	19.04	21	19
五星运动		EFDD	9.98	17.06	15.43	8	14
意大利力量党-我们温和派	EPP	EPP	9.58	8.78	9.01	8	7
联盟党	ID	ENF	8.97	34.26	8.79	8	29
绿左联盟	Greens/EFA GUE/NGL		6.79	0	3.64	6	0

续表

政党	所属欧洲议会党团		得票率(%)			席位(个)	
	2024年	2019年	2024年	2019年	2022年(国内大选)	2024年	2019年
其他			11.81	10.72	21.11	1	1
总计			100.0	100.0	100.0	76	76

注：①欧洲议会党团缩写对应的全称分别为：EPP，欧洲人民党（European People's Party）；S&D，社会主义者和民主人士进步联盟（Progressive Alliance of Socialists and Democrats）；ID，认同与民主（Identity and Democracy）；ECR，欧洲保守派和改革主义者联盟（European Conservatives and Reformists Group）；EFDD，自由和直接民主欧洲（Europe of Freedom and Direct Democracy）；Greens/EFA，绿党/欧洲自由联盟（The Greens/European Free Alliance）；GUE/NGL，欧洲议会左翼（The Left in the European Parliament）。2024年欧洲议会选举后，五星运动并没有加入任何特定的欧洲议会党团，绿左联盟两党则分别加入绿党和欧洲议会左翼党团。

②2019年欧洲议会选举得票率（8.78%）数据为意大利力量党一党得票率，不包括“我们温和派”，2022年国内大选和2024年欧洲议会选举得票率数据为两党之和。

③2022年国内大选各党派得票率为去除瓦莱达奥斯塔和特伦蒂诺-上阿迪杰两个自治大区后的统计结果。

资料来源：笔者根据意大利内政部网站（https://dait.interno.gov.it/elezioni）和《共和国报》（*La Repubblica*）历次选举数据库（https://elezioni.repubblica.it/2024/europee/8-giugno/italia/）数据整理。

综上所述，意大利2024年“三场选举”的最大赢家无疑来自政治光谱的左右两端。右翼的意大利兄弟党不仅保持了其在中右阵营中的领导地位，巩固了现任政府的执政根基，更是凭借拉斐尔·菲托（Raffaele Fitto）当选欧盟委员会执行副主席，扩大了党派在欧盟的影响力。左翼政治力量也展示出了韧性。民主党在欧洲议会选举中表现稳健，其领导的中左阵营在大区选举和市政选举中也展现了竞争力。随着绿左联盟的快速成长，意大利两极政党格局在“三场选举”之后得到显著加强。

（二）“三项改革”加剧政治极化

关于政治极化（political polarization），学界尚未形成统一的认识。一般来说，政治极化是指一国民众或群体之间的政治主张和立场趋于对立和分化的情势。[①] 近几十年中，政治极化已成为美国政治的显著特征之一，[②] 并伴随西方民粹主义的崛起，扩展至其他西方国家。[③] 与美国的两党政治极化（party polarization）不同，在意大利的政治语境下，政治极化主要是指中右阵营与中左阵营之间政治立场的分化。然而，意大利政治极化程度在外交和内政两大领域有较大差异。跟踪观察 2016~2022 年五届意大利政府外交政策演变的研究发现，意大利外交政策显示出了高度的延续性和一致性，民粹主义崛起对外交政策的影响微乎其微。[④] 换言之，无论是中左政府、民粹政府、技术大联合政府还是当前的右翼政府执政，意大利在外交政策领域政治极化的水平都并不高。而另一项针对 2022 年意大利大选期间中右阵营领导人在社交媒体上沟通策略的研究表明，在移民、安全、教育、就业、宪法改革等国内议题上，意大利社会和政党的分裂程度更高，政治极化更为明显。[⑤] 聚焦 2024 年意大利政治，以“直选总理”改革、大区差异化自治改革和司法改革为代表的“三项改革”无疑是重中之重。梅洛尼政府与反对党围绕上述议题的交锋，加剧了意大利的政治极化。

1.“直选总理”宪法改革草案获参议院批准

推动有关“直选总理”的宪法改革，是梅洛尼政府最重要的政治主张之一。2024 年 6 月 18 日，参议院批准了有关“直选总理”的宪法改革草案。该草案最初由梅洛尼政府在 2023 年 11 月提交议会，之后参议院宪法事务委员会对其进行了大约 5 个月的审核。在此期间，草案内容经历了一些调

① 徐秀军、常方煜：《政治极化与美国“印太经济框架”实施路径》，《东北亚论坛》2024 年第 6 期。

② 节大磊：《美国的政治极化与美国民主》，《美国研究》2016 年第 2 期。

③ 周穗明：《右翼民粹主义、西方政治极化及其潜在的政治哲学逻辑》，《马克思主义与现实》2024 年第 4 期。

④ Gabusi，Giuseppe，and Anna Caffarena，“Changing and yet the Same? Italy's Foreign Policy Ideas and National Role Conceptions in a Populist Age”，*Contemporary Italian Politics*，June 2024，pp. 1-22. doi：10. 1080/23248823. 2024. 2364466.

⑤ Mariotti，Claudia，and Anna Stanziano，“The Political Communication of Polarizing Leaders. Evidence from Italy”，*Contemporary Italian Politics*，June 2024，pp. 1 - 20. doi：10. 1080/23248823. 2024. 2362487.

整，并最终在全体会议上获得通过。① 最新版的草案对意大利《宪法》进行了重大修改，涉及参议员选举与任命、总统选举与职权、总理职权、政府结构等多方面内容。

第一，关于参议员选举与任命，宪法草案在原第 57 条第 1 款增加了一项例外情况，即“宪法第 92 条规定的全国范围的多数席位奖励情况除外”。这一变更明确了在大区选举中某些特定情况下的席位分配规则，可能会对选举结果和议会的构成造成较大影响。第 59 条第 2 款废除了共和国总统任命 5 名终身参议员的内容，取消了总统任命参议员的权力。第二，关于总统选举与职权，第 83 条第 3 款将总统选举的绝对多数要求从第三次投票延长至第六次，这无疑增大了选举的难度。第 88 条删除了总统解散“其中一院”的权力，并修改了总统在任期最后 6 个月内解散权行使的条件，强调“除非解散是履行义务的行为”。此外，第 89 条第 1 款对总统行为的签署要求进行了修改，明确了哪些行为不需要部长的联署签名，从而增强了总统在关键任命（例如总理、宪法法院法官等）上的自主权。第三，在总理职权与政府结构方面，草案对第 92 条内容进行了重大调整，明确总理通过普选和直接选举产生，任期 5 年，最多连任两届，这确保了总理的民主合法性。同时，新增了与总理有关联的候选人名单的选举制度，强调了代表性原则和对少数语言群体的保护。第 94 条修改了政府信任投票的程序，规定政府在成立后 10 日内寻求议会信任，并明确了若信任动议未获批准的后果，增加了总统在政府未获信任时解散议会的权力。第四，出于保障改革过程中政治稳定的目的，新增的过渡条款确保了根据旧宪法第 59 条第 2 款任命的终身参议员继续保留其职位，直至新宪法生效。②

上述草案获参议院批准，是推进宪法改革的必要步骤之一。但在最终通

① “Modifiche alla parte seconda della Costituzione per l’elezione diretta del Presidente del Consiglio dei ministri, il rafforzamento della stabilità del Governo e l’abolizione della nomina dei senatori a vita da parte del Presidente della Repubblica”, Senato della Repubblica, 18 giugno 2024, https://www.senato.it/service/PDF/PDFServer/BGT/01421063.pdf.

② 以上内容以及与此前条款的对照，请见本文后附录。

过之前，草案还必须经过一系列的批准程序。草案首先需要经众议院审议，并在相应的委员会和全体会议上获得批准。根据意大利《宪法》第 138 条，宪法性法律，包括修改宪法的法律，必须经过两院在不少于 3 个月的间隔期内连续两次决议，并且在第二次投票中，两院的议员必须以绝对多数通过。如果草案在两院的第二次投票中均以 2/3 以上的绝对多数获得通过，则无须提交全民公决，直接视为最终批准。否则，如果满足特定条件（1/5 的议院成员、50 万选民或 5 个大区议会联合提出要求），该法律可以提交全民公决，由选民决定是否接受。截至 2024 年末，宪法改革草案尚未进入众议院审议环节。意大利制度改革与法规简化部部长伊丽莎白·卡塞拉蒂（Elisabetta Casellati）表示，希望 2025 年春季众议院能够完成对草案的“二读”。[①] 本届政府的目标是在 2027 年本届立法期结束前完成改革。

2. 大区差异化自治法案出台掀波澜

大区差异化自治法案（Legge Autonomia Differenziata）同样与宪法相关，联盟党是该法案最积极的推动者。然而，与“直选总理”宪法改革草案不同，该法案并非要修改宪法，而是要落实宪法第五章中的部分条款。2024 年 6 月 26 日，意大利政府颁布了 2024 年第 86 号法律，标题为《根据〈宪法〉第 116 条第 3 款实施普通法令大区差异化自治的规定》。[②] 因该法律由意大利大区事务和自治部部长罗伯托·卡尔德罗利（Roberto Calderoli）负责推动，意大利媒体也将其称为《卡尔德罗利法案》。该法令草案于 2024 年 1 月 23 日经参议院“一读”通过，之后于 6 月 19 日经众议院“二读”

① “Casellati, spero fine seconda lettura del Premierato in primavera”, *ANSA*, 6 dicembre 2024, https://www.ansa.it/calabria/notizie/2024/12/06/casellatispero-fine-seconda-lettura-del-premierato-in-primavera_6bc1ff98-a576-45a2-950b-01ae5da0fb34.html，最后访问日期：2024 年 12 月 22 日。

② “Disposizioni per l’attuazione dell’autonomia differenziata delle Regioni a statuto ordinario ai sensi dell’articolo 116, terzo comma, della Costituzione” (24G00104) (GU Serie Generale n. 150 del 28-06-2024), *Gazzetta Ufficiale*, LEGGE 26 giugno 2024, n. 86, https://www.gazzettaufficiale.it/atto/serie_generale/caricaDettaglioAtto/originario?atto.dataPubblicazioneGazzetta=2024-06-28&atto.codiceRedazionale=24G00104&elenco30giorni=true，最后访问日期：2024 年 12 月 22 日。

通过。

根据意大利政府发布的公告，大区差异化自治法案规定了向大区授予额外自治形式和特殊条件的一般原则，以及对这些自治形式的修改和撤销、国家与大区之间协议批准的程序。该法案的目的是发挥每个大区的潜力和特点，确保公民享受高质量和高效率的服务。[①] 具体而言，根据宪法第 116 条，[②] 普通法令大区可以被赋予额外自治权的领域包括：（1）宪法第 117 条第 3 款所涉及的事项，即“对于国家立法未予以明确保留的内容，都属于大区的立法权范围”。此外，并行立法领域（国家和大区共同拥有立法权的领域）的内容，可以成为额外自治权的对象。（2）一些国家专属职权领域的事项，如司法和程序规范、民事和刑事条例、行政审判、关于教育的普遍准则、环境、生物体系和文化财产的保护等。

然而，该法案出台后立即引起了轩然大波。其中，财产给付的基本水平（LEP）成为争议的焦点。财产给付的基本水平是意大利法律框架中的一个重要概念，指的是国家必须为所有公民提供的基本服务和权利的最低标准。[③] 这些服务包括教育、医疗、社会保障等，旨在确保全国范围内的公民享有相同的基本生活条件和权利。在落实大区差异化自治时，由于不同大区的经济、社会和文化背景各异，如何公平地设定和保障财产给付的基本水平，避免某些大区因自治权增大而降低服务水平，成为

① “Autonomia differenziata”, Dipartimento per il programma di Governo, http：//www. programmagoverno. gov. it/it/approfondimenti/riforme-di-rilievo-del-governo/riforme-di-rilievo-del-governo/riforme-costituzionali/autonomia-differenziata/，最后访问日期：2024 年 10 月30 日。

② 意大利《宪法》第 116 条第 3 款规定，普通法令大区想要获得额外的自治权，需由大区提议，在听取地方团体意见以及国家和大区协商的基础上，由国家参众两院以绝对多数通过法律后，方可授予。普通法令大区额外自治权涉及的领域，必须与第 117 条第 2 款国家专属立法领域（第 10、12、17 项）及第 3 款国家和大区协同立法领域保持一致。具体立法领域请详见意大利《宪法》第 117 条。

③ Cesare Zapperi, “Autonomia, Cosa Sono i Lep? Perché Gli Accordi Durano «solo» 10 Anni? Tutto Quello Che c'è Da Sapere Sulla Proposta Calderoli”, *Corriere della Sera*, 31 gennaio 2023, https：//www. corriere. it/politica/23_gennaio_31/autonomia-cosa-sono-lep-quando-durano-accordi-tutto-quello-che-c-sapere-proposta-calderoli-28d50fcc-a140-11ed-8104-5554690e695f. shtml，最后访问日期：2024 年 12 月 22 日。

重要问题。此外，财产给付的基本水平的实施，需要相应的财政资源支持。赋予某些大区更多的自治权，可能导致资源分配不平衡，使得一些大区在满足财产给付的基本水平时面临更大的挑战，进而扩大地区间的差距。鉴于上述争议，部分政治团体和公民团体呼吁进行全民公投，以废除《卡尔德罗利法案》。为收集民众签名、发起废除法律公投的网站上写道，“必须废除大区差异化自治法案，因为这会导致意大利分裂成许多小的独立区域，扩大地区间的不平等，加剧现有的社会不公，对整个社会造成伤害，尤其是对劳动者、退休者、青年和女性群体”。① 此外，有关该法案是否符合意大利《宪法》，也引发了全社会的广泛讨论，意大利宪法法院不得不介入审议该法案文本。2024 年 11 月 14 日，意大利宪法法院做出最终裁决，认为该法案整体不存在违宪问题，但部分规定不合法，并责成议会进行修改。②

3. 司法改革迈向“深水区”

2024 年，司法改革同样是梅洛尼政府的重要议程。2024 年 8 月 9 日，意大利通过了 2024 年第 114 号法律，涉及对意大利刑法典、刑事诉讼法典、司法制度和军事制度的修改。③ 然而，该法律只是意大利更广泛的司法改革的一部分。目前，司法部长卡洛·诺尔迪奥（Carlo Nordio）正在积极推动有关法官与检察官职业路径分离的法案，此项改革涉及对宪法第四章的修改。法案草案已于 2024 年 6 月 13 日提交众议院审议，④ 2025 年 1 月 16 日在众议院完成“一读”，随后转至参议院审议。截至 2025 年 6 月，法案尚

① “Referendum Autonomia Differenziata. Sì all’Italia unita, libera e giusta”, https://referendumautonomiadifferenziata.com/，最后访问日期：2024 年 8 月 30 日。

② “Autonomia differenziata, Consulta: ‘Illegittime alcune disposizioni’ ”, *TG24 Sky*, 14 novembre 2024, https://tg24.sky.it/cronaca/2024/11/14/autonomia-differenziata-consulta，最后访问日期：2024 年 12 月 22 日。

③ “Modifiche al codice penale, al codice di procedura penale, all’ordinamento giudiziario e al codice dell’ordinamento militare” (24G00122) (GU Serie Generale n. 187 del 10-08-2024), *Gazzetta Ufficiale*, LEGGE 9 agosto 2024, n. 114, https://www.gazzettaufficiale.it/eli/id/2024/08/10/24G00122/sg，最后访问日期：2024 年 12 月 23 日。

④ “Proposta di legge n. 1917: Disegno di Legge Costituzionale”, Camera dei deputati, 2024, https://documenti.camera.it/leg19/pdl/pdf/leg.19.pdl.camera.1917.19PDL0095000.pdf.

未在参议院完成“二读”。

具体而言，该法案草案由 8 个条款组成，分别对宪法第 87 条、第 100 条、第 102 条、第 106 条和第 107 条进行了修改，同时完全替换了宪法第 104 条和第 105 条。[①] 草案修改了宪法第 102 条，明确指出司法系统由检察官（magistrati requirenti）和法官（magistrati giudicanti）组成，并强调了司法系统的自主性和独立性，要求司法秩序规范这些职业路径。草案完全替换了现行宪法的第 104 条和第 105 条，提议设立两个不同的独立机构：最高法官委员会（Consiglio Superiore della Magistratura Giudicante）和最高检察官委员会（Consiglio Superiore della Magistratura Requirente）。这两个机构将负责各自职能领域的司法人员的招聘、分配、调动、专业评估和职能委派工作。两个最高委员会的主席都将由共和国总统担任。草案还完全重写了宪法第 105 条，提议设立一个高级纪律法院（Alta Corte Disciplinare），行使对普通法官（包括法官和检察官）专属的纪律管辖权。目前，该职能由最高司法委员会的纪律部门行使。

司法部长诺尔迪奥在不同场合强调，此项改革有利于提高司法效率，保障民主原则，避免利益冲突，促进司法独立性，实现司法公正以及减少司法错误。[②] 该草案得到许多支持者的响应。例如在“公正司法公投”网站上，支持者认为，法官职业角色频繁转换可能导致利益冲突，损害司法中立性。草案要求法官在职业生涯初期即明确选择法官或检察官角色，并坚持这一选择，有助于提升司法透明度和效率。此外，草案的实

① “Norme in materia di ordinamento giurisdizionale e di istituzione della Corte disciplinare-Giustizia”, Camera dei Deputati, 2024, https://temi.camera.it/leg19/temi/norme-in-materia-di-ordinamento-giurisdizionale-e-di-istituzione-della-corte-disciplinare.html，最后访问日期：2024 年 12 月 23 日。

② “I proclami del ministro Carlo Nordio: Separazione della carriere entro l'estate del 2025”, *Il Dubbio News*, 23 dicembre 2024, https://www.ildubbio.news/giustizia/i-proclami-del-ministro-carlo-nordio-separazione-della-carriere-entro-lestate-del-2025-do6h2re8，最后访问日期：2024 年 12 月 23 日；“‘Risarcire gli errori commessi dai pm’. Carlo Nordio traccia la strada delle riforme”, *Il Giornale*, 23 dicembre 2024, https://www.ilgiornale.it/news/governo/ora-risarcire-errori-dei-pm-carlo-nordio-traccia-strada-2415233.html，最后访问日期：2024 年 12 月 23 日。

施将解决法官与检察官职能重叠的问题，有利于促进司法权力之间的良性制约，而这是维护民主体系效率和平衡的关键。[①] 然而，该草案也遭到了法官群体的反对。对其批评主要集中在"削弱最高司法委员会中法官的代表性和选举职能"，以及将"纪律处分权"移交给新成立的高级纪律法院这两点上。部分法官担忧，司法改革的意图是削弱法官这一职业群体，剥夺其独立性，并为政府干预司法系统奠定基础。[②] 尽管如此，司法部长仍坚持改革的必要性，并希望在 2025 年 7 月之前在参众两院通过草案。他提议，如果草案未能获得议会绝对多数通过，将诉诸全民公投。[③]

上述三项改革不仅在意大利全社会引发了讨论，也激化了执政党与反对党之间的矛盾。首先，关于"直选总理"改革，在反对党中，除意大利活力党持保留态度外，其余主要党派均持反对态度。[④] 在议会审议的过程中，民主党、五星运动、绿左联盟等均投了反对票。[⑤] 其次，对于大区差异化自治法案，反对党空前团结，反应更加激烈。民主党书记施莱因痛斥梅洛尼"屈服"于联盟党，并声称意大利兄弟党应当更名为"意大利分裂党"。五

---

① "3. Separazione delle carriere dei magistrati sulla base della distinzione tra funzioni giudicanti e requirenti", *Referendum Giustizia Giusta*, https://www.referendumgiustiziagiusta.it/separazione-delle-carriere-dei-magistrati-sulla-base-della-distinzione-tra-funzioni-giudicanti-e-requirenti/，最后访问日期：2024 年 12 月 23 日。

② Luca Pons, "Cosa cambia con la separazione delle carriere e perché i magistrati stanno protestando", *Fanpage*, 30 maggio 2024, https://www.fanpage.it/politica/cosa-cambia-con-la-separazione-delle-carriere-e-perche-i-magistrati-stanno-protestando/，最后访问日期：2024 年 12 月 23 日。

③ "Separazione Delle Carriere: Quella Riforma Che Mortifica i Cittadini", *Associazione Nazionale Magistrati*, 26 giugno 2024, https://www.associazionemagistrati.it/doc/4323/separazione-delle-carriere-quella-riforma-che-mortifica-i-cittadini.htm，最后访问日期：2024 年 12 月 23 日。

④ 参见石豆《意大利政治：开启"后贝卢斯科尼时代"》，载孙彦红主编《意大利发展报告（2023~2024）：右翼政府领导下"稳"中求"变"的意大利》，社会科学文献出版社，2024，第 27~45 页。

⑤ "Premierato, ok Commissione al ddl Casellati: contrari Pd, M5s e Verdi-Sinistra, astenuta Iv", *Il Fatto Quotidiano*, 24 aprile 2024, https://www.ilfattoquotidiano.it/2024/04/24/premierato-ok-commissione-al-ddl-casellati-contrari-pd-m5s-e-verdi-sinistra-astenuta-iv/7524915/，最后访问日期：2024 年 12 月 24 日。

星运动主席、前总理孔特指出，该法案旨在分裂意大利，使南部和国家最困难的地区在卫生、教育、交通方面的情况进一步恶化。[①] 同样在 6 月众议院投票期间，五星运动议员与联盟党议员大打出手，场面一度失控。[②] 最后，在法官和检察官职业路径分离议题上，主要反对党同样持反对态度。例如，民主党众议院司法委员会组长费代里科·詹纳西（Federico Gianassi）明确表示，此项改革是对司法独立性的威胁。[③] 五星运动众议员斯特凡尼娅·阿斯卡里（Stefania Ascari）同样批判道，梅洛尼政府旨在打击司法权力的自主性和独立性，特别是企图剥夺检察官的独立性，并将他们置于政治的影响之下，以实现西尔维奥·贝卢斯科尼的梦想。[④] 综上所述，“三项改革”加剧了意大利的政治极化，并在客观上促进了反对党的团结。可以预见，梅洛尼政府想要继续推动上述改革将面临巨大阻力。

二　2024年主要政党动态

2024 年，意大利两极政党格局得到强化。执政党方面，意大利兄弟党在中右阵营中的领导地位进一步巩固，并且提升了在欧盟的影响力。欧洲议会选举过后，意大利力量党完成对联盟党的超越，塔亚尼顺利完成“后贝

---

① “L’Autonomia è legge, opposizioni pronte al referendum”, *ANSA*, 19 giugno 2024, https://www.ansa.it/sito/notizie/politica/2024/06/19/via-libera-della-camera-al-ddl-autonomia-con-172-si-e-legge.-meloni_3669b2ee-da2a-42fe-bc95-57570ce9e8fe.html，最后访问日期：2024 年 12 月 24 日。

② “Rissa Alla Camera, Donno (M5S) Finisce a Terra Colpito Da Un Deputato Leghista”, *Youtube*, 2024, https://www.youtube.com/watch?v=08mbaUj6w58，最后访问日期：2024 年 12 月 24 日。

③ “Separazione delle carriere, Pd contro governo: ‘Intento punitivo verso l’indipendenza della magistratura’ ”, *Globalist.it*, 9 dicembre 2024, https://www.globalist.it/politics/2024/12/09/separazione-delle-carriere-pd-contro-governo-intento-punitivo-verso-lindipendenza-della-magistratura/，最后访问日期：2024 年 12 月 24 日。

④ “Giustizia: Ascari (M5s), ‘separazione Carriere Sconvolgimento Che Corona Sogno Berlusconi’ ”, *Il Giornale d’Italia*, 9 dicembre 2024, https://www.ilgiornaleditalia.it/news/notiziario/667615/giustizia-ascari-m5s-separazione-carriere-sconvolgimento-che-corona-sogno-berlusconi.html，最后访问日期：2024 年 12 月 24 日。

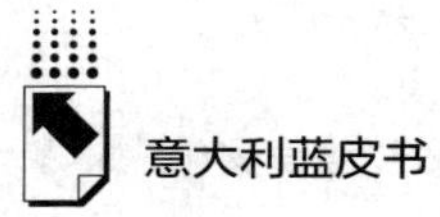

卢斯科尼时代”的第一次“大考”。萨尔维尼领导的联盟党在“三场选举”中均表现不佳，成为右翼政府中的不稳定因素。反对党方面，民主党作为中左阵营的旗手，影响力同样得到提升。施莱因被视作下届大选中梅洛尼最有力的竞争对手。五星运动虽然选情不佳，但在“制宪会议”后告别了“格里洛时代”，并坚定了其进步主义的政治路线。最后，绿左联盟崭露头角，增强了意大利左翼的力量。

（一）联盟党“挣扎”求变

2024 年对于萨尔维尼和联盟党而言，都是“挣扎”求变的一年。在党派层面，虽然表面上看，欧洲议会选举过后，联盟党的支持率几乎与 2022 年大选时持平。但由于欧洲议会选举的投票率更低,[①] 联盟党实际获得的选票减少了约 40 万张。[②] 相较 2019 年欧洲议会选举，2024 年联盟党的支持率更是下跌七成以上。然而，真正给联盟党敲响警钟的是大区选举。联盟党支持的候选人，不仅未能在撒丁岛和翁布里亚大区选举实现连任，而且在本年度全部 7 个大区的竞选中，联盟党均被意大利兄弟党超越。此外，支持率方面，在除利古里亚大区外的 6 个大区，联盟党被意大利力量党全面超越。作为一个在诞生之初以捍卫意大利北方利益为目标的政党，联盟党正在失去北方大本营的支持。在选情全面落后两大执政盟友的情况下，联盟党可能在接下来的大区选举中面临选票进一步流失的局面。

由于联盟党选情不佳，萨尔维尼的领导能力遭到质疑，并引发了党内的路线之争。萨尔维尼自 2013 年接替博西成为“北方联盟”领导人后，便努力将其改造成为一个全国性政党。最终，去掉了“北方”的“联盟党”在

---

① 2022 年大选投票率为 63.9%，2024 年欧洲议会选举投票率为 49.7%，2019 年欧洲议会选举投票率为 56.1%。

② “Swg Radar speciale elezioni 2024. Elezioni europee-analisi dei flussi di voto”, *SWG*, 10 giugno 2024, https://www.swg.it/pa/attachment/6666e60a2e297/Radar_speciale%20Elezioni%202024,%20Flussi%20di%20voto,%2010%20giugno%202024.pdf.

2018 年大选和 2019 年欧洲议会选举中取得重大突破。[①] 然而，在过去 5 年中，由于在某些关键决策上的失误，以及意大利兄弟党的崛起，联盟党的支持率持续下滑，萨尔维尼倡导的全国性路线也受到挑战。例如，以新任联盟党伦巴第大区书记马西米利亚诺·罗密欧（Massimiliano Romeo）和伦巴第大区主席阿蒂利奥·丰塔纳（Attilio Fontana）为代表的党内领导人，均主张联盟党应回归北方路线，将北方置于核心地位，重新确立其“历史身份”。[②]

除面临扭转选举颓势、维护党内团结等挑战外，萨尔维尼在影响政府议程方面的能力也有所下降。2018 年大选后，联盟党与五星运动组成“黄绿政府”。时任副总理兼内政部部长萨尔维尼凭借其强硬的反移民立场，收获了巨大的支持，但也因此留下案底。2019 年 8 月，当时西班牙非政府组织运营的“张开双臂”（Open Arms）号船在利比亚海域救助了约 120 名移民，并请求意大利或马耳他提供安全港口，以便移民上岸。然而，萨尔维尼拒绝该船在意大利兰佩杜萨岛停靠，导致船上的移民长时间滞留海上。之后，萨尔维尼被控以非法拘禁和拒绝履行公职的罪名，检察官曾要求判处他 6 年监禁。经过长达 5 年的审理后，2024 年 12 月 20 日，巴勒莫法院宣布对此案做出最终判决，裁定“事实不存在”，萨尔维尼被宣告无罪，并免除了对他的所有指控。[③]

这一判决虽说还了萨尔维尼一个公道，但在过去几年中仍然损害了萨尔维尼和联盟党的形象。尤其自 2022 年梅洛尼政府成立以来，联盟党实际上失去了在移民议题上的主导权。萨尔维尼作为副总理兼基础设施和交通部部

---

① 参见石豆《意大利政治：“民粹政府”谢幕，不确定性加剧》，载孙彦红主编《意大利发展报告（2019~2020）：中国与意大利建交 50 年》，社会科学文献出版社，2020，第 37~51 页。

② “Congresso Lega lombarda：rilanciata la lotta per il Nord e per la Padania”，*Il NordEst Quotidiano*，16 dicembre 2024，https：//www. ilnordestquotidiano. it/2024/12/16/congresso-lega-lombarda-rilanciata-la-lotta-per-il-nord-e-per-la-padania/，最后访问日期：2024 年 12 月 25 日。

③ “Processo Open Arms，Salvini assolto perché il fatto non sussiste”，*TG24 Sky*，20 dicembre 2024，https：//tg24. sky. it/cronaca/2024/12/20/salvini-open-arms-processo-sentenza，最后访问日期：2024 年 12 月 25 日。

长，虽然提出了重启“墨西拿海峡大桥”项目等一系列雄心勃勃的基建工程，但此类项目周期长、投入大、不确定性高，很难对他本人和联盟党的短期支持率产生正面影响。此外，联盟党副书记、经济部长詹卡洛·乔尔杰蒂（Giancarlo Giorgetti），由于在税收和养老金政策上与萨尔维尼观点存在分歧，在过去两年中一定程度上逆转了联盟党之前倡导的“单一税”（flat tax）和废除“福尔内罗法”（Legge Fornero）的主张。① 为扭转联盟党选情走低的趋势，萨尔维尼试图在大区差异化自治法案议题上向政府施压。如前文所述，该法案虽然最终通过，但被宪法法院裁定部分条款不合法。另外一个值得注意的细节是，该法案在6月众议院“二读”投票期间，意大利力量党大约一半的议员（共45名）没有参与投票，其中14人缺席，7人在执行任务，另有3人公开表示反对。② 由此可见，大区差异化自治法案不仅激化了右翼政府与反对党之间的矛盾，也加深了执政党之间的裂痕。联盟党所谓的“胜利”，对右翼政府的稳定性构成威胁。

（二）五星运动迎来“3.0时代”

2024年对于孔特领导的五星运动而言，同样是艰难求变的一年。自2021年8月孔特接手五星运动以来，一直在带领党派朝建制化方向转型。2022年大选，五星运动凭借15.43%的得票率，保住了议会第三大党的地位。但在此后的两年的大区选举和市政选举中，其得票率不断下滑。在2024年欧洲议会选举中，五星运动的得票率相较2022年大选下降5.5个百分点，仅为9.98%。在撒丁岛选出首位大区主席的成就，难以掩盖该党在地方选举中的整体颓势。这也让孔特痛下决心，彻底改造五星运动以扭转不

---

① “Giorgetti, Il Mr Sacrifici Che Viola i Tabù Fiscali Della Destra”, *Corriere TV*, 9 ottobre 2024, https://video.corriere.it/cronaca/palomar-antonio-polito/giorgetti-il-mr-sacrifici-che-viola-i-tabu-fiscali-della-destra/a318f143-b02b-4776-b993-bf1dfe8b1xlk，最后访问日期：2024年12月25日。

② Giulia Merlo, “L'autonomia fa esplodere Forza Italia, la Calabria guida il fronte anti-Tajani”, *Domani*, 19 giugno 2024, https://www.editorialedomani.it/politica/italia/autonomia-differenziata-forza-italia-occhiuto-tajani-bardi-lfgzfspy，最后访问日期：2024年12月25日。

利选情。2024 年 10 月 4 日，五星运动宣布启动名称为“新生”（nova）的“制宪议会”，决定对党章进行大幅修改。

2021 年孔特接手五星运动时，党章就已经历了大幅修订，但保留了党派创始人格里洛作为“担保人”的重要角色。“担保人”虽然并不直接参与党派的管理，却拥有相当大的权力。根据 2021 年党章，“担保人”既是党派价值观的守护者，也是党章解释的权威，同时还具有监督领导层和党内重大行动决策等重要职权。① 然而，这一规定为之后格里洛与孔特之间的冲突埋下隐患。实际上，自孔特出任五星运动主席以来，二人的冲突从未间断。早在 2021 年，在五星运动是否加入德拉吉政府这一决策上，二人的矛盾就已经暴露。彼时，孔特希望获得政治决策上更大的自主权，并要求格里洛后退一步，做好“担保人”的角色，否则他将拒绝领导五星运动。② 随后，二人虽达成和解，但矛盾并未真正解决。在过去两年中，二人又围绕党派名称、标志、两届任期限制等议题展开交锋，且在 2024 年五星运动“制宪会议”召开前夕，矛盾逐渐深化并公开化。在格里洛看来，名称、标志和两届任期限制是五星运动的三大基石，代表着党派的基因，是“不可谈判”的。但孔特回应道，只有通过全面改革，才能实现五星运动内部的民主化和现代化，名称、标志和组织规则都是可以讨论的对象。③ 格里洛与孔特之间的矛盾，不仅反映了五星运动党内的权力之争，更反映了二人对党派未来发展道路的严重分歧。

2024 年 11 月 24 日，五星运动“制宪会议”落幕。超过半数的合格选民通过在线协商投票的方式，做出了一系列重大改革的决定。其中，党章的修

① “Statuto del Movimento 5 Stelle”, Movimento 5 Stelle, 2021, https://www.movimento5stelle.eu/wp-content/uploads/2021/07/NUOVO-STATUTO-TESTO-DEFINTIVO.pdf.

② Massimo Chiari, “5 stelle. Ecco le tappe (e le possibili conseguenze) della guerra infinita Grillo-Conte”, *Avvenire*, 18 settembre 2024, https://www.avvenire.it/attualita/pagine/grillo-conte-guerra-infinita，最后访问日期：2024 年 12 月 25 日。

③ “Beppe Grillo contro la linea di Giuseppe Conte”, *Il Fatto Quotidiano*, 20 agosto 2024, https://www.ilfattoquotidiano.it/2024/08/20/m5s-grillo-contro-la-linea-di-conte/7663745/，最后访问日期：2024 年 12 月 25 日。

改最为关键。选民最终高票通过了取消“担保人”角色和两届任期限制的提议，并进一步明确了主席和领导机构的职权。此外，五星运动还明确了自身作为“独立的进步主义政党”的定位，并对与其他党派政治结盟亮了绿灯。① 格里洛对这一结果大为光火，并动用自身“担保人”的权力，要求再次投票。第二次投票于 12 月 5~8 日举行。最终，超过六成的合格选民参与投票，人数超过了第一次。第二次投票确认了第一次投票的结果，并且超过八成的选民同意取消“担保人”角色。第一次投票时，这一比例为 63%。第二次投票结果出来后，孔特在社交媒体上发布消息，表示“现在是翻篇的时候了”。②

两次投票的结果表明，孔特以绝对优势获得了对五星运动的领导权。如果说 2021 年孔特出任五星运动主席标志着该党“2.0 时代”的到来，③ 其特点是格里洛与孔特二人的“共治”，那么 2024 年底“制宪会议”后，彻底摆脱了格里洛的五星运动，真正迎来了“3.0 时代”。从改革的主要内容来看，孔特已经坚定了五星运动作为左翼进步主义力量的政治路线，正式为“格里洛时代”画上句号。此外，取消政治结盟限制等决定，也为未来与民主党的合作扫清了障碍。这对民主党和中左阵营而言无疑是好消息，也将影响意大利的政局走势。然而，孔特的路线也并非没有风险。如何与民主党保持“和而不同”的关系，并提出有别于民主党的政治主张，从而在左翼政治光谱中占据稳定的生态位，将是对孔特领导力的重大考验。

（三）绿左联盟崭露头角

2024 年，意大利政坛另一大显著变化同样来自政治光谱的左端，即绿左联盟的快速成长。绿左联盟是 2022 年大选前夕新成立的竞选联盟，由欧

① “Assemblea Costituente-RISULTATI”, Movimento 5 Stelle, 24 novembre 2024, https: //www.movimento5stelle.eu/assemblea-costituente-risultati/，最后访问日期：2024 年 12 月 8 日。

② “Conte Vince Su Grillo, Il Popolo M5s Conferma Abolizione Del Garante e Del Limite Dei Due Mandati”, *Rainews*, 8 dicembre 2024, https: //www.rainews.it/articoli/2024/12/il-popolo-5-stelle-conferma-labolizione-del-garante-quorum-raggiunto-col-649-35ba6403-01e9-41ad-8c9b-a05cd3c538a3.html，最后访问日期：2024 年 12 月 25 日。

③ 石豆：《意大利政治：迈向“下一代欧盟”》，载孙彦红主编《意大利发展报告（2021~2022）：疫情下“危”中寻“机”的意大利》，社会科学文献出版社，2022，第 31~34 页。

洲绿党（Europa Verde）和意大利左翼党（Sinistra Italiana）合并而成。欧洲绿党的前身可以追溯到1986年成立的意大利绿党联盟（Federazione dei Verdi），该党自1987年首次参与意大利政治选举以来，一直处于意大利政治光谱中的边缘位置。1995年，绿党联盟加入了意大利的中左阵营——“橄榄树联盟”（Ulivo），并在1996~2001年加入中左政府。然而，在此后将近20年时间里，除2006~2008年短暂加入了普罗迪政府以外，绿党联盟在国家层面和欧洲层面的选举成果乏善可陈，得票率多数情况下未能达到进入议会的最低门槛。2021年，该党正式更名为“欧洲绿党”，领导人和发言人为安杰洛·博内利（Angelo Bonelli）。他在2009~2018年一直担任绿党联盟主席。意大利左翼党成立于2017年，由“左翼生态与自由”（Sinistra Ecologia e Libertà）和“未来在左翼”（Futuro a Sinistra）两党合并而成，领导人为尼古拉·弗拉托亚尼（Nicola Fratoianni）。

2022年大选，绿左联盟获得了3.64%的选票，共选出了14名议员，表现并不突出。然而，在2024年的欧洲议会选举中，绿左联盟获得了6.79%的选票，几乎将2022年的成绩翻倍。绿左联盟在大区选举和市政选举中的表现同样不俗。该党在2024年7个大区的平均得票率为5.2%，仅略低于五星运动的5.9%。此外，该党在利古里亚、翁布里亚和艾米利亚-罗马涅大区均有议员当选，且在贝尔加莫、坎波巴索、摩德纳、佛罗伦萨、波坦察、卡利亚里和萨萨里等重要城市的选举中均取得了不错的成绩。

尽管绿左联盟取得了上述成绩，但并没有证据表明意大利政坛出现了“绿色转向”。[①] 实际上，与其他南欧国家一样，意大利政治体制中从未有过类似北欧国家的重要绿党。无论是从需求层面还是从供给层面看，意大利对环境议题的关注度历来都比欧洲其他国家低得多。[②] 有学者指出，绿左联盟

---

① Biancalana Cecilia, Riccardo Ladini and Francesco Visconti, “Climate Change in Italy: Towards the Politicization of an Issue”, *Italian Political Science*, Vol. 18, No. 3, 2023, pp. 177-193.

② Schwörer Jakob, “Mainstream Parties and Global Warming: What Determines Parties' Engagement in Climate Protection?”, *European Journal of Political Research*, Vol. 63, No. 1, 2024, pp. 303-325.

在此次欧洲议会选举中取得成功，部分应归结于该党提名了一位备受关注的候选人——伊拉里亚·萨利斯（Ilaria Salis）。① 萨利斯是一位意大利小学教师和左翼活动家。2023 年 2 月至 2024 年 5 月，她因在匈牙利攻击极右翼示威者遭到指控，并被监禁。在欧洲议会选举前的几个月，她的案件成为意大利公众关注的焦点。尤其是她被铁链锁着出庭的画面，以及可能被判处的高达 16 年的严厉刑罚，点燃了意大利民众的愤怒情绪。② 上述因素可能在一定程度上推动了绿左联盟在选举中的表现。

总体而言，绿左联盟的快速成长对于中左阵营是利好消息。首先，构成绿左联盟的两大党派在历史上一直是中左阵营的一部分。在 2024 年的大区选举和市政选举中，绿左联盟都坚定地站在了中左阵营一边。相较于意大利活力党和行动党而言，绿左联盟与民主党和五星运动之间的矛盾更少，合作的意愿更强烈。其次，尽管意大利尚未出现“绿色转向”，但倘若绿左联盟能够在意大利政治生态中占据一个稳定的位置，其有关社会正义和环境保护的政治主张，不仅能够加强中左阵营的政治多样性，也能够在气候变化和可持续发展等关键议题上对抗右翼政府的政策。③

三　结语与展望

2024 年“三场选举”过后，意大利政治光谱的左端和右端都得到了加强，中间阵营政治力量遭到削弱，两极政党格局得到强化。短期来看，意大利政府的稳定性尚未受到挑战，梅洛尼政府在国内的执政基础以及在欧盟的

---

① Newell James，“Italy the Day after the European Parliament Elections of 8 and 9 June”，*Contemporary Italian Politics*，Vol. 16，No. 3，2024，pp. 263-265.

② Nicole Winfield，“Hungary Defends Treatment of Italian Antifascist Activist，Says Left Is Hurting Italy-Hungary Ties”，*AP News*，February 1，2024，https：//apnews. com/article/italy-hungary-orban-antifascist-5d0b27302bc625374995f58c3aca5232，最后访问日期：2024 年 12 月 26 日。

③ Evi Eleonora，“How Greens Plan to Survive Italy’s Right-Wing Government”，*Green European Journal*，May 4，2023，https：//www. greeneuropeanjournal. eu/wp-content/uploads/pdf/how-greens-plan-to-survive-italys-right-wing-government. pdf.

影响力都得到一定程度的提升。随着五星运动的转型以及绿左联盟的成长，民主党领导的中左阵营也得到了加强，未来有望实现更深入的整合。与此同时，“三项改革”加剧了政治极化，成为加速反对党联合的催化剂，未来可能对右翼政府形成挑战。展望 2025 年，执政党与反对党的交锋，仍将沿着“选举”和“改革”两条主线展开。

2025 年虽然不是“选举大年”，但仍有超过 400 个市镇和 6 个大区将迎来换届选举。这 6 个大区分别是坎帕尼亚、威尼托、托斯卡纳、普利亚、马尔凯和瓦莱达奥斯塔。其中，威尼托大区选举对于右翼政府而言尤为关键。威尼托大区长期由联盟党执掌，被视作联盟党的大本营之一。该大区现任主席为卢卡·扎亚（Luca Zaia），他自 2010 年起担任该职务，并在 2020 年以 76.8%的高票赢得第三个任期，创下了大区选举候选人支持率最高纪录。但根据现行法律，扎亚可能无法竞选第四个任期，[①] 因此，中右阵营可能需要寻找新的候选人。对于联盟党而言，即便扎亚无法参与竞选，萨尔维尼也希望由其他联盟党候选人参与竞选。萨尔维尼强调，确保联盟党继续执掌威尼托大区是党派的优先事项。[②] 2024 年末，联盟党完成了伦巴第大区的党内大会，选出了新任大区党派领导人罗密欧，在一定程度上缓和了党内矛盾。按照计划，联盟党将于 2025 年初召开全国大会，届时会对萨尔维尼的领导人角色进行确认。由于过去一段时间选情不佳，萨尔维尼在党内也承受着压力。其中，弗留利-威尼斯朱利亚大区主席马西米利亚诺·费德里加（Massimiliano

---

① 意大利法律规定，大区主席在连续两次当选后，不能立即再次参选，即不能连续三次当选。扎亚曾于 2010 年和 2015 年两次当选威尼托大区主席。根据上述法律，理论上扎亚在 2020 年不应该有资格再次参选。但由于威尼托大区直到 2012 年才采纳了禁止连续三次当选大区主席的法律，扎亚在 2020 年参选并当选是合法的，但参与 2025 年选举将不再合法。参见 Salvatore Curreri，“Una（inutile?）noterella sul terzo mandato del Presidente della Regione Veneto Zaia”，*laCostituzione.info*，30 settembre 2020，https：//www.lacostituzione.info/index.php/2020/09/30/una-inutile-noterella-sul-terzo-mandato-del-presidente-della-regione-veneto-zaia/，最后访问日期：2024 年 12 月 31 日。

② “Come le Regionali 2025 anticipano le Politiche 2027”，*DiariodelWeb.it*，23 novembre 2024，https：//diariodelweb.it/politica/come-le-regionali-2025-anticipano-le-politiche-2027/，最后访问日期：2024 年 12 月 29 日。

Fedriga）和威尼托大区主席扎亚被视作萨尔维尼最有力的挑战者。[①] 对萨尔维尼而言，扎亚作为候选人继续竞选威尼托大区主席将是最优的结果。一方面，扎亚无疑仍是中右阵营最有竞争力的候选人；另一方面，倘若扎亚连任，萨尔维尼就能少一个强有力的挑战者，有利于维持其领导地位。目前，萨尔维尼在竭力争取扎亚的威尼托大区主席候选人资格，并提议推迟威尼托大区选举至2026年春天，以争取更多斡旋的时间。然而，上述提议能否被梅洛尼政府采纳尚属未知。因为无论是意大利兄弟党，还是意大利力量党，都希望巩固自己在大区选举中的增长势头。目前，意大利兄弟党候选人埃莱娜·多纳赞（Elena Donazzan）和意大利力量党候选人、维罗纳前市长弗拉维奥·托西（Flavio Tosi）在威尼托大区竞选中的呼声都很高。可以预见，围绕威尼托大区主席候选人的争夺，将成为影响右翼政府团结和稳定的关键变量。

对于反对党而言，2025年同样十分关键。首先，在大区选举中，中左阵营需要延续竞争力，确保在坎帕尼亚、托斯卡纳和普利亚大区的优势。然而，达成这一目标并非易事。以坎帕尼亚大区为例，现任大区主席、民主党人温琴佐·德·卢卡（Vincenzo De Luca）同样面临任期限制问题。德·卢卡自2015年6月18日起担任坎帕尼亚大区主席，并于2020年获得连任。按照现行法律，他无法参加第三次竞选。不过，坎帕尼亚大区于2024年11月通过了一项大区法令，允许德·卢卡第三次竞选大区主席。但民主党书记施莱因认为竞选规则应当一视同仁，并表示民主党不会支持德·卢卡再次竞选。[②] 其次，尽管2024年的“三项改革”客观上促进了中左阵营的团结，

---

① Faietti Luca，“L'agonia della Lega: Salvini tra disfatte elettorali e pressioni interne per un cambio di rotta”，*TViWeb*，19 novembre 2024，https://www.tviweb.it/lagonia-della-lega-salvini-tra-disfatte-elettorali-e-pressioni-interne-per-un-cambio-di-rotta/，最后访问日期：2024年12月24日。

② Dario Del Porto and Alessio Gemma，“Vincenzo De Luca, Ok al Terzo Mandato per Le Elezioni Regionali in Campania”，*La Repubblica*，5 novembre 2024，https://napoli.repubblica.it/cronaca/2024/11/05/news/terzo_mandato_legge_approvata_campania_de_luca_consiglieri_voti-423598820/，最后访问日期：2024年12月30日。

然而，政治极化的风险是反对党可能是“为了反对而反对”。无论是“直选总理”改革，还是司法改革，均触及意大利政治体制的“顽疾”，反对党不仅无法回避，而且需要提出不同于中右阵营的改革路径。最后，得益于五星运动的改革和绿左联盟的成长，中左阵营在一定程度上得到加强。然而，民主党打算如何加强与五星运动的合作，仍有待观察。此外，以意大利活力党和行动党为代表的中间阵营也不容忽视。尽管上述两党在欧洲议会选举中表现不佳，但其在意大利议会中仍有影响力。民主党若要在未来的选举中击败中右阵营，还是要竭力争取中间阵营的支持，而这将进一步考验施莱因的竞选策略和领导能力。

附录　“直选总理”的宪法改革草案修改内容与现有条款对照

现有条款内容	修改后的内容
第 57 条第 1 款:除了分配给国外选区的席位外,参议员以大区为单位进行选举	修改第 57 条第 1 款:在该段末尾增加一句“宪法第 92 条规定的全国范围的多数席位奖励情况除外”
第 59 条第 2 款:共和国总统可以任命在社会、科学、艺术与文学领域因其卓越的成就为国增光的五名公民为终身参议员	废除第 59 条第 2 款
第 83 条第 3 款:共和国总统的选举以秘密投票和经大会的 2/3 的多数通过的方式进行。第三次投票后获绝对多数即可	修改第 83 条第 3 款:“第三次投票后获绝对多数即可”改为“第六次投票后获绝对多数即可”
第 88 条: ·共和国总统可在听取两院主席意见后,解散两院或其中一院 ·共和国总统在其任期的最后 6 个月内不得行使该项权力,但若其与立法议会任期届满的最后 6 个月全部或部分重叠的情况除外	修改第 88 条:(1)删除第 88 条第 1 款“或其中一院”;(2)将第 88 条第 2 款“但若其与立法议会任期届满的最后 6 个月全部或部分重叠的情况除外”改为“除非解散是履行义务的行为”
第 89 条第 1 款:共和国总统的一切行为,非经提议的部长联署签名并承担其责任,概不生效。具有立法效力的行为和其他一些由法律规定的行为,亦须取得内阁总理的联署签名	第 89 条第 1 款替换为:“共和国总统的行为须由提议的部长连署签名,并由他们承担相应责任。以下行为除外:总理的任命、宪法法院法官的任命、赦免和刑罚的变更、召集选举和公投的法令、向议会的致辞以及法律的送审”

续表

现有条款内容	修改后的内容
第 92 条: ·共和国政府由组成内阁的总理和各部部长组成 ·共和国总统任命内阁总理,并根据其提名任命各部部长	第 92 条替换为: ·共和国政府由总理和部长组成,共同构成部长会议 ·总理通过普选和直接选举产生,任期 5 年,最多连任两届,若之前任期少于 7 年半,则可连任三届。议会和总理的选举同时进行 ·法律规定了议会和总理的选举制度,确保与总理有关联的名单和候选人在两院中获得全国范围内的多数席位奖励,同时尊重代表性原则和保护少数语言群体 ·总理在其提交候选人资格的参议院或众议院中选出 ·共和国总统授权当选的总理组建政府,并根据其提议任命和撤销各部部长
第 94 条: ·政府应取得两院信任 ·每一议院通过附有理由的动议,且以点名表决的方式,对政府给予或撤回信任 ·政府组建 10 日后向议会作陈述以取得其信任 ·两议院之一或两议院对政府提案的否决并不必然导致政府辞职 ·对政府的不信任动议必须由至少 1/10 的该议院成员署名,并在其提出后 3 日内不得讨论	修改第 94 条:(1)第 3 款替换为“政府在成立后 10 日内向议会寻求信任。如果对当选总理领导的政府的信任动议未获批准,共和国总统将重新委托当选总理组建政府。如果在此情况下政府仍未获得议会的信任,则共和国总统将解散议院” (2)在第 94 条末尾新增以下条款: ·如果通过有理由的信任撤销动议导致信任被撤销,当选总理辞职,共和国总统解散议会 ·由其他情形导致的辞职,当选总理在 7 日之内并经过议会通报,有权请求共和国总统解散议院,总统将做出决定。如果当选总理不行使此项权力,则共和国总统将委托辞职的总理或与总理有联系的议员组建政府,在一届立法任期只限一次 ·在当选总理丧失资格、永久性障碍或死亡的情况下,共和国总统将委托与总理有联系的议员组建政府,在一届立法任期只限一次
	过渡条款 ·根据宪法第 59 条第 2 款规定任命的终身参议员,将继续保留其职位,直至本宪法法律生效 ·本宪法法律自总理和议院选举规定生效后,适用于随后的议院首次解散或终止之日

资料来源:以上宪法条款内容来自现任意大利驻华使馆文化处主任、罗马第三大学讲师菲德利克·安东内利(Federico Antonelli)和中国政法大学陈汉副教授翻译的《意大利共和国宪法》(2018)。修改后的条款由笔者依照已公布的宪法改革草案翻译,草案原文参见:https://www.senato.it/service/PDF/PDFServer/BGT/01421063.pdf。

B.3

意大利经济：积极因素与风险并存，逐步重回常态化发展

〔意〕洛伦佐·科多尼奥*

摘　要： 2024年，意大利经济的积极因素与风险并存，正在逐步重回新冠疫情前的常态化发展轨道。虽然近两年国家复苏与韧性计划（PNRR）之下的公共支出正在逐步落实，但是意大利政府还应为国内需求状况的全面改善创造条件。然而，2024年国内需求状况的改善有些令人失望，特别是下半年经济再次陷入疲软状态，而且有可能延续到2025年。此外，在意大利国内需求复苏之前，全球贸易形势可能会进一步恶化，同时劳动力市场状况也存在转向的风险。考虑到国家复苏与韧性计划将于2026年结束，意大利经济在2027年后可能会回归新冠疫情前“微弱”的增长速度，这一风险不能低估。总之，2024年，尽管劳动力市场和公共投资出现了积极迹象，但是结构性改革并未取得令人印象深刻的进展。从中期来看，结构性改革滞后不利于意大利经济实现更强劲和可持续的增长。

关键词： 意大利　经济增长　总体生产率　财政政策　结构性改革

一　2024年：经济缓慢重回均衡

对于意大利经济而言，2024年是在遭受新冠疫情冲击、俄乌冲突后出

* 洛伦佐·科多尼奥（Lorenzo Codogno），意大利经济与财政部前首席经济学家，现为英国伦敦经济学院（LSE）欧洲研究所访问教授，主要研究领域为意大利经济、欧洲经济。

现能源价格飙升和通货膨胀，以及政府为应对这些冲击采取了一系列政策举措之后，继续回归均衡状态的一年。总体而言，2024 年，意大利经济经历了“更正常”的增长速度、低于欧元区目标的通货膨胀和逐步的财政收紧，正在重回疫情前的常态化发展轨道。

新冠疫情发生后，欧盟及其成员国实施了大规模的扩张性财政政策和相当宽松的货币政策。之后，随着俄乌冲突发生后的能源冲击，通胀率飙升，欧洲中央银行（ECB，下文简称“欧央行”）不可避免地做出了激进的货币政策反应，连续 10 次加息，将政策利率从-0.50%大幅提高至4.00%，从而导致总需求降低，随着时间推移也压低了通胀率。2024 年 12 月，欧元区通胀率降至 2.4%，而意大利仅为 1.3%（远低于欧央行的利率目标）。自 2024 年 6 月以来，随着通胀得到控制，欧央行一直在放松货币政策，连续 4 次降息，至 2024 年底存款利率降至 3.00%。自 2024 年起，欧盟整体和意大利政府的财政政策也由宽松逐步恢复到中性，随后开始适度收紧。

总体而言，新冠疫情后的两项主要政策举措有力地支持了意大利的经济增长，但也给其经济发展带来了较大的不确定性。第一项举措是意大利政府针对住宅节能改造出台的慷慨的补贴计划——“超级津贴”计划（Super Bonus 110%）。该计划支持了建筑部门，也改善了家庭住宅条件，但是未能对其他经济领域产生显著的乘数效应和溢出效应。特别是，由于事前缺乏充分估计以及管理不善，这一计划给意大利公共财政带来极大负担，包括其他类似的税收抵免计划在内，政府共需支出近 2000 亿欧元。第二项举措是欧盟委员会推出的名为“下一代欧盟”（NGEU）的重大投资计划，其核心部分是复苏与韧性工具（RRF）。意大利获得的欧盟资金总额为 1944 亿欧元（包括 718 亿欧元赠款和 1226 亿欧元贷款），几乎占到其 GDP 的 10%，实施期到 2026 年。虽然意大利大体上按照欧盟委员会批准的国家复苏与韧性计划（PNRR）中的改革与投资任务广泛采取了政策行动，但是，相应的实际支出及其对 GDP 的影响与原计划相比明显滞后，至今仍很难确定它对经济增长的贡献程度。可以说，上述两项政策对意大利 GDP 增长的实际贡献几乎不太可能测算出来。

就自 2022 年起困扰欧元区和意大利经济的通货膨胀而言，2024 年的变化值得关注。2024 年 12 月，以消费者物价调和指数（HICP）衡量的欧元区通胀率降至 2.4%，而意大利仅为 1.3%。意大利的通胀率（以消费者物价调和指数衡量）2021 年为 1.9%，2022 年为 8.8%，2023 年为 5.9%，2024 年为 1.1%，同期欧元区通胀率分别为 2.6%、8.4%、5.4%和 2.4%。总体来看，意大利通胀率与欧元区整体水平的差异体现了能源价格的影响及国内需求的变化。虽然 2023 年意大利的能源价格已显著下降，但是能源部门通胀率仍高于大多数其他欧元区国家，因此意大利通胀率高于欧元区整体水平。到 2023 年底，情况发生了逆转，意大利能源价格的大幅下降对整体物价的下拉作用比其他欧元区国家大得多，因此其通胀率在 2024 年明显低于欧元区整体水平。接近 2024 年底，意大利和欧元区的能源价格差已经很小，除非未来能源价格再次发生大的波动并且在欧盟成员国之间造成严重不平衡的影响，否则未来能源价格将不再是导致意大利与欧元区通胀率差异的重要因素。预计进入 2025 年后，意大利的通胀率将主要受总需求影响，因此其水平将逐步与欧元区整体水平趋同。自 2019 年以来，欧元区和意大利的通胀率分别上升了 20.3%和 18.5%。从居民收入角度看，由于工资增长相对较为缓慢，意大利能够保持相对于其他欧元区成员国的价格竞争力，这固然有助于改善出口表现，但是已经对工人的实际可支配收入产生了较大的不利影响，因此也会对国内需求产生负面影响。

二　国家复苏与韧性计划的进展与效果

就落实“下一代欧盟”复苏计划而言，意大利大体上成功实现了经欧盟委员会批准的国家复苏与韧性计划设定的阶段性目标，来自欧盟的大部分资金也已经拨付。然而，由于目前尚无法从意大利政府、相关部门和企业披露的信息中得到关于该计划实施的总体进展信息，实际支出数据并不透明，这不免令人担忧，也导致迄今难以对该计划对 GDP 增长的具体影响进行有效评估。

据意大利政府的消息，截至2024年6月底，意大利政府收到的欧盟资金中只有约26%被使用。意大利政府发布的第四部国家复苏与韧性计划法令要求各执行机构在工程完工后最多90天（通常为30天）内使用REGIS电子平台更新进展情况，包括支出情况。然而，截至2024年底，官方数据中仍缺少项目中标公司提供的付款数据和工程竣工数据。此外，考虑到项目资金并不是在公共工程结束时发放，而是在工程完成特定阶段后定期发放的，其支出进度是了解相关项目是否在进行及其对GDP增长影响的基础，因此这些信息一直缺失无疑会影响相关评估。根据一家报纸预测并经意大利反腐败机构ANAC证实的数据，国家复苏与韧性计划的项目执行整体上出现了严重拖延。截至2024年年中，前两年启动的投资项目中，有超过60%未完成；已中标但尚未签署的项目合同占总数的45%，这意味着大部分公共工程甚至在距离原计划完工时间不到两年的情况下还未启动。另外，截至2024年9月底，意大利政府仅向各类机构和企业支付了来自欧盟的1944亿欧元资金总额中的575亿欧元，余下的70%将在2026年年中支付完毕。①

2024年12月，意大利审计法院表示，“虽然国家复苏与韧性计划的实施路径在实现欧盟目标方面大致符合原定期限，但在支出进展方面仍与此前确定的时间表存在偏差”。② 这与其他欧盟成员国的情况类似。根据欧央行的一项研究，截至2023年底，各成员国只支出了资金总额的50%左右。③ 欧央行假设复苏与韧性工具下80%的支出相对于欧元区内其他项目具有补充效应，不会挤出其他支出，进而得出结论，“2021~2023年，与最初计划相比，大多数欧元区国家的复苏与韧性工具资助支出都严重执行不足。……

① “Corte dei Conti：obiettivi Pnrr in linea ma spesa ancora bassa”, *Il Sole 24 Ore*, 9 dicembre 2024, https：//www. ilsole24ore. com/art/corte-conti-obiettivi-pnrr-linea-ma-spesa-ancora-bassa-AGytOyeB，最后访问日期：2024年12与30日。

② Italy's Court of Accounts, *Report on the State of Implementation of the National Recovery and Resilience Plan (NRRP)*, December 2024, p. 8.

③ Krzysztof Bańkowski et al. , “Four years into the Next Generation EU programme：an updated preliminary evaluation of its economic impact”, ECB Economic Bulletin 8/2024, 2024.

这主要是因为：（1）各国负责落实支出的行政能力有限；（2）一系列冲击导致供给端出现瓶颈，同时通货膨胀率高于预期导致采购合同规模偏小”。因此，欧央行估计，“2021~2023年，复苏与韧性工具仅将欧元区GDP水平提高了0.1%~0.2%，远低于此前估计的0.5%左右的效果，后者是基于通货膨胀率并不激增且能迅速而全面地实施最初计划的假设所做的估计”。意大利获得了分配给欧元区国家全部资金的36.6%，远高于其GDP占欧元区GDP的比重，因此其预期经济效果本应更佳。该计划的长期效果在很大程度上取决于结构性改革的实施情况，以及补充性的投资项目。总体而言，尽管意大利在结构性改革方面取得了进展，但是也出现了严重拖延。

按照欧央行2021年的估计，到2026年，复苏与韧性工具对欧元区GDP水平的总体影响将比没有该工具时的情况高出0.4%~0.9%，但是至今其中大部分效果尚未显现。同样，考虑到意大利获得的资金在“下一代欧盟”复苏计划和复苏与韧性工具中所占的比重很高，其GDP的提升效应应该更大。从理论上说，在2026年之前，大部分影响与需求刺激有关，而2026~2031年，结构性改革的影响将占更高比例。而欧央行的估计是假设该工具对意大利经济的影响将在2026年底前完全发挥作用，这实际上并未充分考虑结构性改革的效应将会逐步释放的事实。

上述情况表明，如果不延长“下一代欧盟”复苏计划和复苏与韧性工具的执行期，很难想象意大利能在2026年的最后期限之前完成所有投资项目。而且，考虑到严重的供给端瓶颈，适当地延长时间表或许是必要的。许多其他欧盟成员国也面临类似情况。尽管存在这些问题，甚至正是因为存在执行滞后的情况，预计2025年和2026年，随着大规模资金的投入，相关投资活动将显著增加。

至于为何“超级津贴”计划和欧盟复苏与韧性工具支持的其他项目没有达到预期效果，可能的原因有很多，其中两个原因尤为突出。首先，只有当相关投资项目作为原有其他项目的补充，而不是取代或挤出后者时（换言之，若没有该工具，就不会有这些项目），其对GDP增长的拉动效应才会显现。尽管欧盟和意大利官方估计了补充性项目和原有项目在资金规模上的大致比例，但实际情况尚不清楚。其次，由于诸多客观原因，特别是存在基础设施建设能力不足的情况，受资助的许多项目面临严重的供给端限制，因此当“下一代欧盟”复苏计划和复苏与韧性工具推进时，会挤出其他原本可能启动的公共项目和私人项目，后者必然包括一些旨在促进数字化转型和绿色转型的项目。实际上，不论是“超级津贴”计划还是欧盟复苏与韧性工具，其执行都面临较严重的供给端瓶颈。

2023 年 12 月，意大利经济与财政部长焦尔杰蒂（Giancarlo Giorgetti）在接受《24 小时太阳报》采访时表示：“现在（国家复苏与韧性计划）进入了最重要的阶段，这需要加快实施改革计划和投资计划。随着（计划）向前推进，情况正变得更加复杂。在制定了监管框架后，我们现在必须加快推进计划中的关键举措，希望采购法等改革将对该计划的推进有所帮助。然而，我比意大利的其他官员更担心会出现供应短缺，因为从建筑到公共工程再到其他参与该计划的部门，意大利企业的供应能力总体上并不乐观。相关企业必须在现有基础上重新调整生产方向，以确保在计划规定的时间表内完成相关工作。”①

对于意大利而言，充分利用欧盟资金来提高潜在增长率和摆脱公共债务至关重要。至今国家复苏与韧性计划的执行并未在刺激需求方面达到预期，对供给侧的中期影响则更加不确定。该计划对于供给侧的影响如何主要取决于结构性改革的推进及其成效，目前这方面的数据尚无从得知。

三　意大利经济的超常表现正逐步走向终结

2024 年第三季度，意大利 GDP 环比增速与上一季度持平，同比增长 0.4%，分别低于欧元区 GDP 环比 0.4%和同比 0.9%的增长速度。虽然意大

① “Giorgetti：Nel nuovo Patto Ue molte richieste italiane. Il Superbonus finisce qui：al 2024 chiedo un cambio di rotta Bce”, inter vista, *Il Sole 24 Ore*, 31 dicembre 2023, https：//24plus.ilsole24ore.com/art/giorgetti-nel-nuovo-patto-ue-molte-richieste-italiane-superbonus-finisce-qui-al-2024-chiedo-cambio-rotta-bce-AFGw0xCC，最后访问日期：2024 年 12 月25 日。

利经济的表现在 2022 年至 2024 年上半年略优于欧元区整体及其他主要成员国，但是自 2024 年年中以来似乎已经失去了增长动力。

在经济增长表现不佳的同时，意大利的其他各项经济指标表现也相对疲软。自 2022 年 6 月至 2024 年 9 月，意大利的月度工业产值下降了近 9 个百分点。未来意大利经济面临的主要风险在于，在国内需求复苏之前，全球形势可能会进一步恶化。此外，尽管有欧盟资金的支持，但是意大利长期存在的结构性问题仍将导致其复苏滞后于欧元区其他国家。以下逐一分析这些因素。

自 2024 年 3 月“超级津贴”计划逐步退出后，建筑活动急剧减少，不再是意大利经济的提振因素。在该计划提供的经济刺激消失后，建筑业对 GDP 增长的贡献有所下降，但是并没有断崖式下滑。自国际金融危机爆发的 2008 年到新冠疫情发生的 2020 年，意大利在固定资本投资增长方面与欧元区其他国家之间出现了 30 多个百分点的差距。自 2021 年以来，随着意大利国家复苏与韧性计划的落实，这一差距已大幅缩小，尽管其中很大一部分与建筑活动有关，换言之，意大利的生产资本存量并未明显恢复。

尽管如今依靠“超级津贴”计划推动的建筑业扩张势头已彻底结束，但是要完成计划执行期间签订的全部住房翻修和建筑工程合同仍需要时间，因此建筑业得以“软着陆”。事实上，截至 2024 年第三季度，建筑业的订单数量和金额处于历史最高水平。就建筑业整体而言，国家复苏与韧性计划支持的公共工程大体上可以弥补住宅建设放缓带来的缺口，因此建筑活动在未来几个季度仍将保持较活跃的状态。尽管未来建筑业增长速度将放缓，但在 2026 年年中欧盟资助结束之前，意大利整体的固定资本投资仍将得到有效支持。

从消费方面看，得益于实际收入增加、适度的工资上涨和积极的就业趋势，家庭消费仍在逐渐复苏之中。2024 年第三季度，意大利的家庭消费环比增长 1.4%（增长主要来源于服务部门），预计 2025 年将继续扩张。此外，通胀率飙升后给居民购买力造成的巨大损失及其对家庭消费的负面影响很难在短期内被完全消除，因此意大利家庭消费的复苏动力相对有限。

2022 年俄乌冲突发生后能源价格飙升对欧洲和意大利的贸易条件造成了冲击。由于不得不为进口能源支付更多费用，意大利在对外贸易中处于十分不利的地位，而且在短期内别无选择，只能用更昂贵的能源取代廉价的俄罗斯天然气。在此背景下，政策制定者只能决定如何在劳动者和企业之间分配损失和各种不利影响。意大利政府给家庭提供了相当大规模的财政支持，但是除了低收入家庭将之转换成了消费之外，其他很大一部分被转换成了中等收入家庭的额外储蓄，并没有形成对消费和投资的支持。换言之，在新冠疫情冲击后，意大利家庭的储蓄增加，但是实际可支配收入缩水了。而意大利政府对企业的广泛财政支持，最终则变成公司股东的金融资产组合，并没有直接拉动投资。

由于初始失业率较高、工会相对软弱和工资谈判周期延迟等原因，新冠疫情发生后，意大利的实际工资下降幅度大于其他国家，因此实际可支配收入下降更多，消费也相对更为低迷。然而，随着进入 2024 年之后工资逐步上涨（2024 年 11 月，意大利的合同小时收入同比增长 3.8%），实际可支配收入和消费也在逐步走强。值得关注的是，2022 年 7 月以来的多次加息影响了总需求，尤其是家庭需求，这是实施紧缩货币政策必然出现的结果。在此背景下，预计就业增长和工资增长都将放缓，通货膨胀率也将逐渐恢复到欧央行的目标水平，因此，实际可支配收入的增长预计也将放缓。

从对外贸易方面看，自 2022 年能源价格飙升以来，意大利的名义进口受到抑制。2022 年出现 344 亿欧元的贸易赤字，2023 年转为出现 349 亿欧元贸易顺差，2024 年贸易顺差超过了 500 亿欧元。2023 年，意大利的经常账户大体实现平衡，2024 年出现约 290 亿欧元的盈余，占 GDP 的 1.3%。2024 年，意大利的国际净头寸盈余更大，相当于 GDP 的 8.5%。2023 年，净出口对意大利实际 GDP 增长贡献了 0.4 个百分点，2024 年其对实际 GDP 增长的贡献将会较高。然而，考虑到 2024 年最后两个月出口大幅下降而进口保持平稳，预计 2025 年净出口对 GDP 增长的贡献将变得非常微弱。

从供给方面看，工业仍然是意大利经济最薄弱的环节。2024 年，除建筑业外的工业部门的增加值继续萎缩，意大利正在经历持续的“去工业化”。近两年，意大利的工业部门遭受了多重打击：一是俄乌冲突引发的能源冲击；二是汽车业转型（尤其是向电动汽车转型）造成的结构性冲击，主要影响德国，但也影响意大利，因为意大利是汽车零部件的主要供应商之一；三是新冠疫情后全球消费模式转变造成的需求方冲击；四是全要素生产率一直较为低迷。此外，工业企业受到融资条件收紧的影响，资本成本显著上涨，也在很大程度上抑制了投资活动。受到这些因素叠加的影响，意大利的工业生产出现了前所未有的收缩。从 2022 年 4 月的峰值到 2024 年 11 月，工业产值下降了 8.8%。观察图 1 可发现，意大利的工业生产衰退趋势与德国类似，这一状况可能会在 2025 年持续下去。

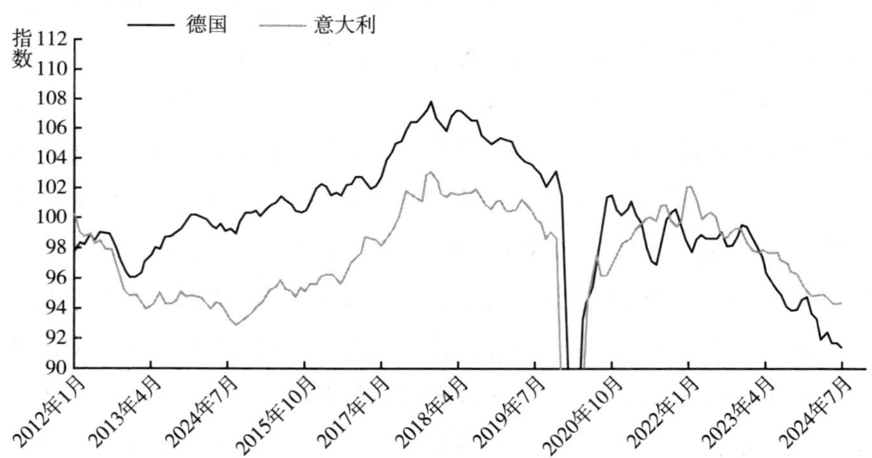

图 1　意大利和德国的工业生产指数变化趋势
（2012 年 1 月至 2024 年 7 月，2021 年 = 100）

资料来源：笔者根据意大利国家统计局（Istat）数据整理制作。

总体而言，受到前述一系列因素的制约，2024 年全年意大利经济增长率仅为 0.5%（未经季节调整）。考虑到欧盟资金的支持、欧元区货币政策将变得更加宽松（尽管其部分效果将被财政政策的逐步收紧所抵消）等有利因素，预计 2025 年和 2026 年意大利经济增长率将有所回升，2025 年约为 0.8%，2026 年约为 1.6%。

综上所述，我们可以得出基本判断：首先，在通胀率和利率下降导致国内需求改善的支持下，中短期内意大利经济将有望逐步复苏；其次，由于结构性改革进程过于保守，难以改变经济行为体的长期预期，经济结构也难以发生实质性转变，因此从 2027 年起，意大利经济的超常表现很可能会结束，再次回到新冠疫情前缓慢增长的轨道。

四　从劳动生产率变化看意大利经济的潜在增长率

由于人口老龄化趋势将随着时间推移逐步压缩劳动人口规模，意大利经济将面临巨大挑战。然而应该看到的是，当前意大利劳动力市场的参与度仍然较高，尤其是女性参与劳动力市场的意愿较高，这在过去几年中变得越发明显。此外，尽管人们对出现在美国的所谓“大辞职”现象展开了热烈讨论，但是在意大利，新冠疫情后的重新开放似乎让更多劳动者回到了劳动力市场。事实上，自新冠疫情发生以来，意大利的劳动力市场参与率稳步上升，直到 2024 年下半年才出现了一些调整。从总体上看，过去几年，意大利新增了 100 多万个就业岗位，失业率降至国际金融危机前的历史最低水平以下。这是颇为积极的现象，这无疑将转化为更高的潜在增长率，至少可以在一定程度上抵消人口结构老龄化带来的不利影响。

然而，劳动力市场的改善也可能会压低劳动生产率和全要素生产率。虽然从理论上看这种联系并不存在必然性，因为当劳动力市场改善时生产率不会必然下降，但是新进入劳动力市场的劳动者的生产率往往不如已在岗的劳动者，因此很可能引起总体生产率下滑。当然，如果加强入职和上岗培训，一段时间后新员工将与已在岗员工一样富有成效。从意大利的实际情况看，近两年劳动力市场的显著改善，加上新冠疫情后经济活动先大幅扩张又陷入低迷，很可能导致单位劳动者的生产率下降和工作时间减少。意大利国家统计局的数据显示，2023 年，意大利的劳动生产率和全要素生产率大幅下降，而且与其他欧元区国家相比严重得多（见表 1、表 2）。由于工作时间的增加超过商品和服务增加值的增长，2023 年意大利劳动生产率增速大幅下降至

-2.5%（2014~2023 年的平均值为 0.5%），在所有行业都产生了广泛影响。

2023 年，意大利商品和服务生产部门的增加值仅增长了 0.2%，增长率与 2022 年的 6.2%相比显著下滑。2024 年前三个季度，这一指标变化与 2023 年同期持平，这表明 2024 年的生产率表现并未改善。2023 年，资本投入增长率保持在 1.1%，与 2022 年持平，而劳动力投入增长有所放缓，总工作时间的同比增长率在 2022 年为 5.2%，2023 年降为 2.7%。

值得关注的是，意大利用于衡量创新、技术进步和生产过程效率的全要素生产率也在急剧下降，2023 年为-2.5%。由于生产率特别是全要素生产率是长期经济增长的源泉，这种显著的下降对意大利的潜在经济增长来说不是好兆头。

表 1　1995~2023 年意大利商品与服务增加值、生产要素和生产率指标变化

单位：%

时间	增加值	生产要素			生产率指标		
		工作时间	资本投入	资本和劳动投入综合指数	劳动生产率	资本深化	全要素生产率
1995~2023 年＊	0.5	0.5	0.5	0.7	0.4	0.4	0.1
2003~2009 年＊	-0.2	0.1	0.7	0.4	-0.4	-1.0	-0.6
2009~2014 年＊	-0.3	-1.2	-1.2	-0.9	1.0	0.9	0.7
2014~2023 年＊	1.7	1.2	0.0	1.3	0.5	1.6	0.3
2022 年	6.2	5.2	1.1	4.5	1.0	5.1	1.7
2023 年	0.2	2.7	1.1	2.6	-2.5	-0.9	-2.5

注：表中＊所在行的数字均为年均增长率。

资料来源：笔者根据意大利国家统计局（Istat）数据整理。

表 2　1995~2023 年欧盟及其主要成员国劳动生产率变化

单位：%

时间	欧盟 27 国	德国	西班牙	法国	意大利
1995~2023 年＊	1.5	1.3	0.5	1.0	0.4
2003~2009 年＊	0.8	0.2	0.6	0.6	-0.4
2009~2014 年＊	1.8	2.2	1.5	1.2	1.0

续表

时间	欧盟 27 国	德国	西班牙	法国	意大利
2014~-2023 年 *	1.1	1.0	0.6	0.0	0.5
2022 年	0.8	-0.9	2.7	-2.1	1.0
2023 年	-0.4	-0.3	0.8	1.5	-2.5

注：表中 * 所在行的数字均为劳动生产率的年均增长率。

资料来源：笔者根据意大利国家统计局（Istat）数据整理。

从理论上看，与欧盟资助“挂钩”的结构性改革旨在支持潜在的长期经济增长，而公共投资的增加应该使意大利经济更具生产力。然而，这种情况是否会发生以及是否具有实质性意义，仍存在很大的不确定性。

欧盟经济治理框架允许将长期经济增长预测与短期经济增长预测联系起来。经济合作与发展组织（OECD）、欧盟委员会和意大利政府等权威机构预测，意大利经济的潜在增长率在 2024~2025 年达到 1.1%~1.4%的峰值后，到 2033 年可能会降至约 0.2%，之后将逐步回升，在 21 世纪 40 年代末再次回到 1.1%~1.4%的水平。这种“过山车”般的轨迹体现出，国家复苏与韧性计划包含的公共投资与改革计划对经济增长的作用将经历一个“明显拉动—逐步弱化—再次释放”的过程，也表明意大利经济在经历如此多的冲击和政策举措之后面临高度不确定性，其前景如何很难预测。

现在我们从另一个角度观察劳动力市场。前文述及，在经历新冠疫情后，意大利劳动力市场表现强劲，失业率下降，就业率上升，劳动力市场参与率提高。然而，自 2023 年 10 月以来，劳动力市场参与率略有下降，2024 年夏季进一步下降，就业增长也失去了动力。实际上，2024 年底失业率下降也是劳动力市场参与率下降的结果。2024 年 11 月，失业率为 5.7%，低于 2007 年 4 月有记录以来的历史低点（5.8%）；就业率为 62.4%，与 2024 年 8 月的记录峰值一致；劳动力市场参与率为 66.3%，低于 2023 年 9 月的记录峰值（67.2%）（见图 2）。另外，自 2022 年底以来，工作岗位闲置率有所下降；自 2023 年底以来，下降速度加快。到 2024 年夏天，劳动力囤积已降至过去 10 年的平均水平，而企业利润率也在稳步下降。预计进入 2025 年就业状况将继续略有改善，而失业率将趋于稳定。然而，不容忽视的是，随着经济增长放缓以及企业长期利润不断压缩，不少企业可能在 2025 年开始裁员，预计会对劳动力市场产生不利影响。观察 2024 年底的各项指标可发现，这一风险正在上升。

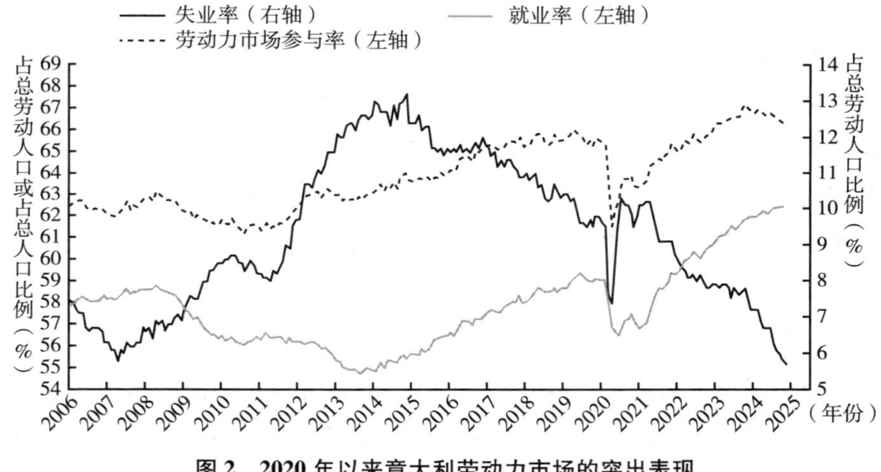

图 2　2020 年以来意大利劳动力市场的突出表现

资料来源：笔者根据意大利国家统计局（Istat）公布的经季节调整的月度数据制作。

五　潜在的关税战及对意大利经济的影响

特朗普再次当选美国总统，引发了人们对美国经济可能出现短期过热的猜想，若果真如此，将对欧元区产生积极的需求溢出效应。然而，特朗普执政后的一些政策也将对美元币值以及美国的短期和长期利率产生影响，从而影响欧元的币值和利率趋势，这将部分抵消美国经济增长强劲对欧洲经济的短期促进效应。在美国大选期间以及在当选后，特朗普都曾提议要对进口至美国的商品征收 10%～20%的普遍性关税，如果落实，必将影响欧盟和意大利对美国的出口。美国加征关税可能引发的贸易战将对欧元区经济产生重大负面冲击，对于欧元区第二大制造业国家和第二大出口国意大利来说更是如此。

多年来，美国一直是意大利第二大出口目的地，也是意大利企业对外直接投资的主要目的地。2023 年，意大利对美国的出口额约占意大利 GDP 的 4%，仅次于对德国的出口额。过去 15 年，欧盟对美国的出口额也呈现大幅增长趋势。若美国对来自欧盟和意大利的进口商品普遍性加征关税，将使欧盟和意大利商品在美国的竞争力下降，并使其面临美国国内生产商品的替代。虽然爱尔兰可能是因与美国有大量贸易和投资联系而最易受到影响的国家，但是在欧盟大国中，意大利出口对美国市场的依赖仅次于德国。意大利对美国的出口额从 2021 年的 493 亿欧元（占出口总额的 9.7%）增至 2022 年的 651 亿欧元（占出口总额的 10.4%），到 2023 年增至 672 亿欧元（占出口总额的 10.7%）。2024 年前 11 个月，意大利对美国的出口额达到 591 亿欧元，较 2023 年同期下降了 3.6%。

与对美国出口相比，2014 年前 11 个月，意大利对中国的出口仅为 140 亿欧元。相比之下，意大利在 2024 年前 11 个月向瑞士出口了 278 亿欧元，向土耳其出口了 163 亿欧元，向欧佩克国家出口了 207 亿欧元。从进口方面看，2023 年意大利从美国的进口仅为 252 亿欧元，美国是意大利进口的第十一大来源国。在过去几年，意大利对美国的贸易顺差大幅增加，美国一直是意大利最大的贸易顺差来源国，2023 年贸易顺差达到 417 亿欧元，占意大利 GDP 的 2%（见图 3）。自国际金融危机发生以来，意大利对美国的贸易顺差额几乎翻了一番。2024 年 1~11 月，这一数字为 347 亿欧元。总体而言，近几年意大利对美国的贸易顺差均超过了对中国的贸易逆差（2023 年意大利对中国的贸易逆差为 295 亿欧元）。如果特朗普政府对意大利产品加征高额关税，造船业和航空航天业将成为受美国需求下降影响最大的行业，其次是制药、珠宝、眼镜、镜片、家具、高端汽车、机械和食品。对于意大利而言，美国无疑是一个十分重要的市场，特别是对于那些没有全球分销渠道但主要在美国开展业务的中小企业而言。此外，来自美国的贸易限制举措也可能会打击与美国没有直接贸易联系，但是为位于意大利或其他地方的美国出口商提供中间产品的意大利企业。这类企业的数量及相关营业额也不可低估。

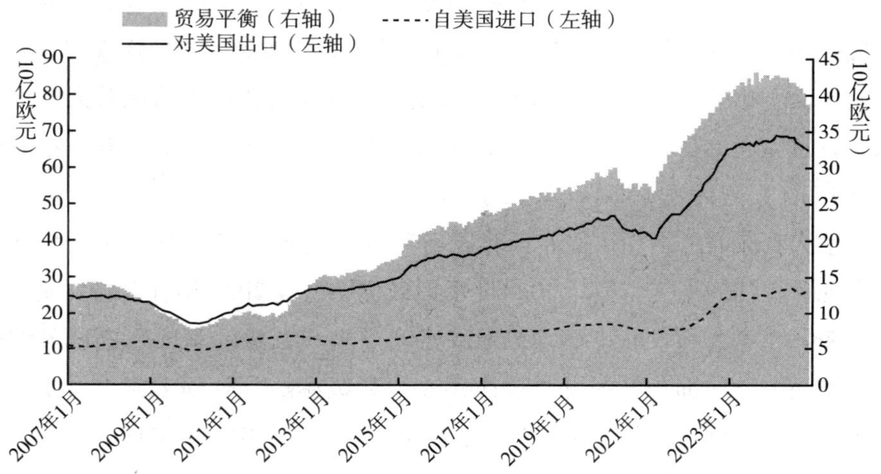

图 3　2007~2023 年意大利对美国进出口额及贸易平衡

资料来源：笔者根据意大利国家统计局（Istat）数据制作。

六　欧盟新经济治理框架与意大利的公共财政

2024 年 4 月 30 日，欧盟的新经济治理框架生效，旨在通过改革和投资确保成员国公共债务的可持续性以及实现可持续的、包容性的增长。① 按照新框架的要求，每个欧盟成员国都应向欧盟理事会和欧盟委员会提交一份中期财政与结构计划，经批准后开始执行。截至 2024 年底，大多数成员国已制定了该计划。按照欧盟的设计，成员国制定的中期财政与结构计划旨在实现两个目标：首先，确保在过度赤字程序的调整期结束后，“一般政府债务处于合理的下降轨道或保持在审慎的水平，政府赤字在中期内保持在占

① European Commission, “A New Economic Governance Framework Fit for the Future”, 30 April 2024.

GDP 3%的参考值以下”；其次，“确保实施改革和投资，以应对欧洲学期机制（European Semester）确定的主要挑战，并解决欧盟的共同优先事项”。[①]

对于意大利这样的高负债国家，欧盟的新经济治理框架意味着政府每年的实际净支出额必须减少相当于 GDP 的 0.5%，大致意味着要实现初级财政平衡。由于 2024 年由“超级津贴”计划导致的净借款需求的飙升大体上结束了，意大利的财政赤字在经历了 2020 年的峰值（9.3%）和 2023 年的高位（7.2%）之后在 2024 年降至约 3.8%。

意大利政府的长期结构性预算规划和 2025 年预算草案显示了对公共财政状况负责任的态度。虽然 2024 年的财政赤字已较 2023 年有大幅削减，但是未来几年意大利政府将继续按照欧盟的要求和自身的承诺渐进地紧缩财政。紧缩财政的部分原因是过去两年在“超级津贴”计划上支出过多，而该项支出在会计上会逐步体现在未来几年的政府支出中，因此必须压缩其他项目的开支。

2024 年，意大利政府的财政赤字降至 3.8%，同时大体上实现了初级财政盈余。为了使意大利能够按照过度赤字程序的要求减少政府净支出，焦尔杰蒂部长还进行了一项颇为隐蔽的支出审查。根据这项审查，得益于 7 年过度赤字程序期间的调整，将来一旦退出该程序，意大利的公债与 GDP 之比应该能比未被纳入该程序时额外多降低 1 个百分点。因此，除非再次发生严重冲击，否则意大利应该能随着时间推移提高其公共债务的可持续性。未来，意大利经济将面临来自公共财政领域的双重风险。一是公共债务与 GDP 之比将在未来几年内上升，之后缓慢下降，到 2029 年才可能恢复至 2023 年的水平。这意味着债务的展期风险将会增加，因而会成为影响经济增长的一个问题。二是投资者可能目光短浅，在这个关键时期意识不到意大利公共财政正在改善，或者认为风险太高，因此在投资时可能会犹豫。

---

① European Commission, “Recommendation for a COUNCIL RECOMMENDATION endorsing the national medium-term fiscal-structural plan of Italy”, COM (2024) 718 final, Strasbourg, 26 November 2024.

七　结语：积极因素与风险并存

2024 年，意大利经济面临的积极因素与风险并存，正在重回疫情前的常态化发展轨道。虽然与国家复苏与韧性计划相关的公共支出正在加速落实，但是意大利政府还应为国内需求的全面改善创造条件。然而，2024 年国内需求状况的改善有些令人失望，特别是 2024 年下半年的经济疲软有可能延续到 2025 年。此外，在意大利国内需求复苏之前，全球经贸形势可能会进一步恶化，同时劳动力市场状况也存在转向的风险。考虑到国家复苏与韧性计划将于 2026 年结束，意大利经济在 2027 年后可能会回到新冠疫情前“微弱”的增长速度，这一风险不能低估。总之，尽管 2024 年劳动力市场和公共投资复苏出现了积极迹象，但是结构性改革并未取得令人印象深刻的进展。从中期来看，结构性改革滞后不利于意大利经济实现更强劲和可持续的增长。

（孙彦红 译）

B.4

意大利社会：民生持续向好，济困措施调整

臧 宇　李宛童*

摘　要： 2024年，意大利的通胀率进一步走低，民生状况持续好转。就业率和就业人数均处于历史高位，失业率降至新低，家庭可支配收入和购买力均略有增长。然而，仍有相当一部分人群处于贫困之中，“遗传性贫困”问题依旧严重。在扶贫济困、促进就业和防止社会排斥方面，意大利政府实施重要改革，以“融合津贴”和“培训与工作支持计划”取代了“全民基本收入计划”。此外，政府还推出各类补贴以支持不同类型的弱势群体，并鼓励民众在生活方式上向绿色转型。移民问题仍然是意大利社会的关键议题。在意大利的经济援助下，突尼斯和利比亚加强了边境管控特别是对海上偷渡者的拦截，通过中地中海航线抵达意大利的非常规移民数量因此显著减少。同时，意大利仍然对来自欠发达国家特别是孟加拉国的经济移民具有强大的吸引力。2025年，预计在国家复苏与韧性计划的支持下意大利的民生状况有望进一步改善。

关键词： 意大利　民生　社会救助　减贫　非常规移民

2024年，意大利的通货膨胀得到进一步控制，就业状况持续好转，家庭可支配收入和购买力有所提升，但低收入家庭的绝对数量依旧庞大。在社

* 臧宇，文学博士，广东外语外贸大学区域国别学院副教授、国际移民研究中心研究员，中国人类学民族学研究会国际移民专委会理事，主要研究领域为中意跨文化交际、地中海移民治理；李宛童，广东外语外贸大学区域国别学院欧洲语言文学专业2023级硕士研究生。

会救助方面，“全民基本收入计划”（Reddito di Cittadinanza，RdC）成为历史，一系列替代性措施有助于提高就业能力和防止社会排斥，但为困难家庭“兜底”的功能明显弱化，其受惠面也明显变窄。此外，梅洛尼政府还施行差异化的补贴措施，有针对性地帮扶各类弱势人群，并积极引导绿色转型。通过中地中海航线（Central Mediterranean Route，下文简称“中地线”）抵达意大利的非常规移民数量大幅减少，但这主要应归功于登船国的成功拦截，而非移民偷渡意愿的下降，意大利依旧对经济移民具有特殊的吸引力。

一　就业持续改善，民生总体向好

2024 年，尽管意大利的通货膨胀得到进一步控制，但是消费品价格依然居高不下，且整体上高于 2023 年的水平，但民生状况整体上继续稳步向好。观察图 1 可发现三个趋势。其一，2024 年 1~11 月意大利消费者物价指数（CPI）在 120.1~121.4 之间小幅震荡，最大月度变化幅度仅为 0.5 点，总体保持环比缓步上涨的趋势，仅在 9 月和 11 月出现过两次小幅下跌，跌幅分别仅为 0.2 点和 0.1 点。简言之，物价有涨有跌，但变化幅度有限，总体保持上涨趋势，年末价格水平高于年初。其二，2024 年 CPI 的月度数据始终略高于上年同月，差值为 0.9~1.6 点，1~11 月均值为 120.7，较上年均值（119.6）略有上升。可见无论是同月比较，还是整体比较，2024 年的消费品价格水平均高于 2023 年，意大利消费者的生活成本有小幅上涨。其三，意大利 CPI 于 2024 年 8 月刷新历史最高纪录（121.4），年度消费品价格水平处于自 1957 年有记录以来的最高位。[1] 换言之，2024 年，意大利消费者经历了史上生活费用最高的一年。

图 2 显示，2024 年 1~11 月意大利的通胀率保持在 0.7%~1.3%之间，[2]

---

① “Italy Core Consumer Prices（CPI）”，2024，https：//tradingeconomics.com/italy/core-consumer-prices，最后访问日期：2024 年 12 月 15 日。

② “Italy Inflation Rate”，2024，https：//tradingeconomics.com/italy/inflation-cpi，最后访问日期：2024 年 12 月 15 日。

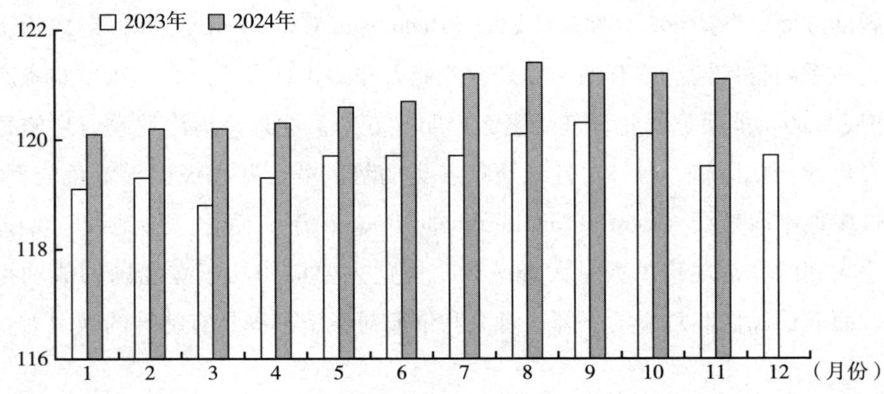

图1　2023 年和 2024 年意大利月度消费者物价指数（CPI）比较

资料来源：笔者根据 tradingeconomics 网站数据制作。

通胀率已控制在欧洲中央银行货币政策目标要求的2%以内，但是不同部门的通胀率存在差异，给民众造成的负担也不尽相同。食品价格上涨的速度明显放缓，但依旧保持同比上涨之势。2024 年 1~11 月，食品通胀率月度水平均低于 2023 年同月，也低于 2023 年最低水平；1~7 月，食品通胀率连续创新低，由 5. 8%下降至 0. 9%后，缓步回调至 11 月的 2. 8%。[①] 然而，在 2024 年 1~11 月中有 9 个月，食品通胀率始终显著高于整体通胀率。租金通胀率则相对稳定，保持在 2. 8%~3. 6%之间，[②] 为同月整体通胀率的 3~4 倍。能源通胀率持续为负数，说明 1~11 月的能源价格均低于上年同月，且跌幅较大（4. 0%~21. 2%）。[③] 简言之，与 2023 年相比，2024 年意大利吃饭变得更贵了，租房也更贵了，能源消费的负担则有所减轻。

2024 年，意大利的就业状况继续好转，达到自 2004 年以来的最佳水平。1~10 月，就业率始终处于历史高位，在 61. 9%（1 月）和 62. 3%（10

---

① “Italy Food Inflation”, 2024, https://tradingeconomics.com/italy/food-inflation, 最后访问日期：2024 年 12 月 15 日。

② “Italy Rent Inflation”, 2024, https://tradingeconomics.com/italy/rent-inflation, 最后访问日期：2024 年 12 月 15 日。

③ “Italy Energy Inflation”, 2024, https://tradingeconomics.com/italy/energy-inflation, 最后访问日期：2024 年 12 月 15 日。

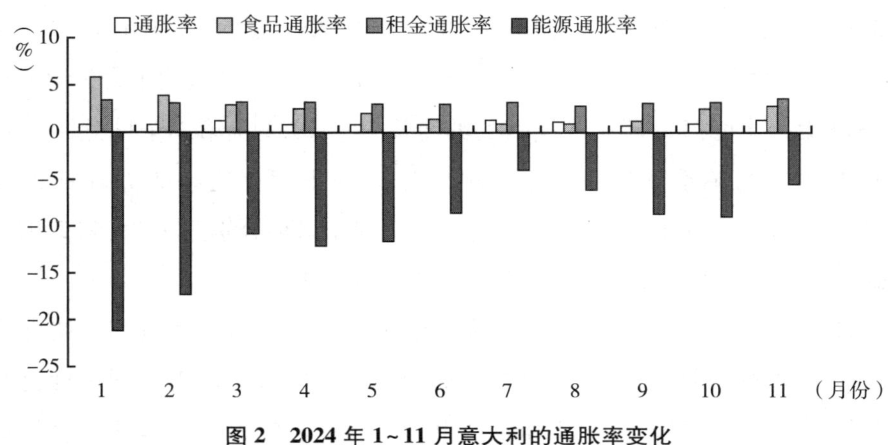

图 2　2024 年 1~11 月意大利的通胀率变化

资料来源：笔者根据 tradingeconomics 网站数据制作。

月）之间略有波动，3 次刷新有就业率数据记录以来的历史最高数值，总体上处于近 20 年来最高水平。同期的就业人数也在小幅波动中保持增长，数度打破历史最高纪录，并于 10 月达到 2409.2 万人的新高峰。相应的，失业率保持总体下降的趋势，由年初的 7.2%稳步降至 10 月的 5.7%，创造了新的历史最低纪录。失业人数亦呈现类似的变化趋势，由年初的 186 万人下降至 10 月的 147.3 万人，达到 2004 年以来的最低水平。2024 年前三个季度，意大利的长期失业率分别为 4.2%、3.6%和 2.4%，总体上处于新冠疫情发生以来的最低水平，第三季度更是刷新了历史最低纪录。更可喜的是，青年失业率终于回落到了“欧债危机”以来的最低水平，在经历了 3~7 月的平台期后，于 8~10 月实现三连降，创造了 17.7%的历史新低，但较同期欧盟平均水平仍高出 2.5 个百分点，不过两者间的差距正在持续缩小。[①] 综上可见，意大利的就业状况整体继续向好，正处于进入 21 世纪以来的最佳状态。

就业状况改善有助于家庭收入提升。2024 年上半年，意大利家庭可支配收入增长较为明显，同比增幅达 3.6%。具体而言，第一季度环比增长

① “Italy Unemployment Rate”, https://tradingeconomics.com/italy/unemployment-rate, 最后访问日期：2024 年 12 月 15 日。

3.5%，同比增长4.2%，第二季度环比、同比增幅分别为1.2%和4.1%。收入增长加之物价上涨趋缓，使得家庭购买力有所提升。家庭购买力延续了自2023年第一季度以来环比连续增长的势头，于2024年第二季度达到了自2012年以来的单季度最高水平。2024年第一季度家庭购买力环比提升3.3%，同比提升3.1%，第二季度的环比、同比增幅分别为1.2%和2.9%。2024年上半年家庭购买力较上年同期提升2.3%。①

2024年上半年，意大利的储蓄能力保持上升。根据意大利国家统计局（Istat）发布的数据，第一季度家庭储蓄率达到9.5%，较上年同季度提升2.8个百分点，比2023年第四季度高出2.6个百分点。② 第二季度家庭储蓄率再创新高，达到10.2%，比上年同季度高出3个百分点。2024年上半年家庭储蓄率较上年同期提升2.3个百分点。③ 总体而言，虽然意大利家庭无须再如新冠初期一般疯狂储蓄以备不测，但是当前经济社会的诸多不确定性决定了其储蓄率仍处于较高水平。

总体而言，意大利民众对经济形势的总体预期谈不上乐观。2024年全年，消费者信心指数（CCI）始终低于中值（100），④ 但稍高于上年。意大利储蓄基金与储蓄银行协会（ACRI）和益普索集团（IPSOS）于每年的世

① Istat, "Conto trimestrale delle Amministrazioni pubbliche, reddito e risparmio delle famiglie e profitti delle società - I Trimestre 2024", 2 luglio 2024, https://www.istat.it/wp-content/uploads/2024/07/Conto-trimestrale-delle-Amministrazioni-pubbliche-reddito-e-risparmio-delle-famiglie-e-profitti-delle-societa.pdf; Istat, "Conto trimestrale delle Amministrazioni pubbliche, reddito e risparmio delle famiglie e profitti delle società-II Trimestre 2024", 4 ottobre 2024, https://www.istat.it/wp-content/uploads/2024/10/comunicatoQSA2024Q2.pdf，最后访问日期：2024年12月26日。

② Istat, "Conto trimestrale delle Amministrazioni pubbliche, reddito e risparmio delle famiglie e profitti delle società - I Trimestre 2024", 2 luglio 2024, https://www.istat.it/wp-content/uploads/2024/07/Conto-trimestrale-delle-Amministrazioni-pubbliche-reddito-e-risparmio-delle-famiglie-e-profitti-delle-societa.pdf，最后访问日期：2024年12月26日。

③ Istat, "Conto trimestrale delle Amministrazioni pubbliche, reddito e risparmio delle famiglie e profitti delle società - II Trimestre 2024", 4 ottobre 2024, https://www.istat.it/wp-content/uploads/2024/10/comunicatoQSA2024Q2.pdf，最后访问日期：2024年12月26日。

④ "Italy Consumer Confidence", 2024, https://tradingeconomics.com/italy/consumer-confidence，最后访问日期：2024年12月24日。

界储蓄日（10 月 31 日）联合发布的《意大利人与储蓄》报告持续为观察意大利民生提供重要的参考。2024 年度发布的报告显示："对自身经济状况表示满意"的受访者比例为 64%，比 2023 年提高 8 个百分点；有 76%的受访者回答"能够相对轻松地应付 1000 欧元的意外支出"，其中半数表示"能够自行应付 10000 欧元的意外支出"，上述两类受访者占比与上年基本持平；有 54%的受访者"能够轻松储蓄"，较上年提升 1 个百分点；选择"享受当下，不必存钱"的受访者占比高达 12%，比上年提升 5 个百分点，这或许也是生活改善、部分民众趋向乐观的一种表现；认为"提高了生活水平"或"能轻易保持原有生活水平"的受访者比例为 49%，比 2023 年提升了 3 个百分点，也高于 2022 年；但也有 17%的受访者宣称"生计艰难"，比上年提高了 2 个百分点。可见从储蓄能力、生活水平、应急财力等方面看，意大利家庭的状况有所改善，但困难民众的绝对数量依然较大。① 意大利明爱（Caritas Italiana）于 2023 年 11 月中旬发布的报告也印证了这一点。该报告显示，意大利有 9.7%的人口和 8.4%的家庭陷入绝对贫困状态，这两项数据与该机构于 2023 年同期发布的情况基本一致。② 此外，意大利的"遗传性贫困"问题依旧严重。根据意大利的相关定义，若一居民在 14 岁时已处于贫困状态，在成年后（25~59 岁）依旧贫困，则被计入"遗传性贫困"的范畴。据意大利国家电视台 Rai 的报道，在欧盟范围内，贫困"遗传"率为 20%，而意大利的贫困"遗传"率高达 34%，在欧盟成员国中位列第三，仅次于罗马尼亚和保加利亚。③

---

① ACRI & IPSOS, "Gli italiani e il risparmio", 31 ottobre 2024, https://www.ipsos.com/sites/default/files/ct/news/documents/2024-10/comunicato%20stampa.pdf，最后访问日期：2024 年 12 月 26 日。

② Caritas Italiana, "Rapporto 2024 su Povertà ed esclusione sociale di Caritas italiana", 12 novembre 2024, https://www.caritas.it/rapporto-poverta-2024-presentazione-a-roma-e-online-martedi-12-novembre/，最后访问日期：2024 年 12 月 20 日。

③ "Caritas: quasi un italiano su 10 in povertà assoluta, toccate quasi 5, 7 milioni di persone", *Rai News*, 12 novembre 2024, https://www.rainews.it/articoli/2024/11/caritas-quasi-un-italiano-su-10-in-poverta-assoluta-toccate-quasi-57-milioni-di-persone-37fb36fc-2ded-4ec7-8af9-3ab4e9d3fe1c.html，最后访问日期：2024 年 12 月 26 日。

二 “全民基本收入计划”已成历史，改革措施效果尚待观察

在扶危济困方面，梅洛尼政府推动了重要改革，过往“点面兼顾”的思路明显弱化，对困难家庭“兜底”作用不如从前，但种类繁多、针对性强的各类短期扶助措施也不乏亮点。

在应对新冠疫情和“涨价潮”背景下曾发挥重要作用的普惠类救助工具“全民基本收入计划”（下文简称 RdC）完成了自己的历史使命。根据意大利政府和媒体的表述，自 2024 年 1 月 1 起，“融合津贴”（Assegno di Inclusione，ADI）将代替 RdC，搭配 2023 年 9 月启动的“培训与工作支持计划”（Supporto per la Formazione e il Lavoro，SFL），共同为困难家庭“兜底”。

“融合津贴”（下文简称 ADI）每月领取一次，最多可连续领取 12 个月，受助期满后，暂停 1 个月，即可继续申领，此规则与 2023 年之前的 RdC 类似。此外，与 RdC 一样，ADI 也由收入补助（sostegno al reddito）和租房补助（contributo per l’affitto）两部分组成。① 收入补助的额度变化区间较大，最低 40 欧元/月，最高可达 1150 欧元/月。租房补助则设置了 280 欧元/月的上限，采取实报实销的方式，这一点与 RdC 并无明显区别。②

ADI 与 RdC 都是由单个家庭成员申请、整个核心家庭共同受益的扶助项目，两项措施在文字表述上有诸多相似之处，对申请人的国籍、居留状态，对申请人家庭的经济状况换算参数（ISEE）和资产状况的各项要求也

① INPS，“Assegno di Inclusione（ADI）”，8 luglio 2024，https：//www. inps. it/it/it/dettaglio-scheda. it. schede-servizio-strumento. schede-servizi. assegno-di-inclusione-adi. html，最后访问日期：2024 年 12 月 20 日。

② “Assegno di inclusione 2024，requisiti，importi e regole per farne richiesta”，*Money*，19 febbraio 2024，https：//www. money. it/assegno-inclusione-2024-requisiti-importi-regole-richiesta，最后访问日期：2024 年 12 月 20 日。

只是略有出入。[①] 然而，这主要是为了申请和审核的便利，掩盖不了政策制定者的偏好以及政策目标群体的变化。RdC 以家庭财产和收入作为最重要的审核标准，核心思想是“谁穷帮谁”，经济困难是受扶助最主要的依据。而 ADI 则做出了更为严苛的限定，申请者所在的核心家庭须满足下列至少一项条件，方有资格获得补贴：有成员身残或不能自理；有成员年龄达到或超过 60 岁；家中有未成年子女；有成员因严重的身体、心理、精神问题，接受官方认证的照护。至少从形式上看，ADI 有利于当局集中有限的财力，帮助病残人士及其家庭，体现了政策制定者对社会最弱势群体的特殊照顾，凸显了对家庭稳定和未成年人抚养的重视，亦不乏间接鼓励生育的目的。但是，部分原本在 RdC 的扶助下勉强度日的困难家庭，也将因为不符合上述条件而无法申领 ADI，生活可能变得更加拮据。

ADI 与 RdC 一样，在收入补助的发放上追求“保低”和“补齐”的效果，[②] 其计算公式如下：

收入补助 = [（核心家庭收入基准值 × 换算参数）- 核心家庭年收入] ÷ 12

政策制定者首先设定一个核心家庭收入基准值（6000 欧元）；继而设定一套计算换算参数（parametro di scala di equivalenza）的标准，以体现核心家庭因人口数量和困难程度不同而产生的对收入的需求差异，每个申请补助的核心家庭都根据自身的规模、组成、成员特点等，依据上述标准，计算出自己的换算参数；其后将核心家庭收入基准值与换算参数相乘，得出政策制定者认为该家庭应获得的最低年收入；随后用这个数字减去该家庭实际的年收入，得出的即每年应当为其“补齐”的金额；最后除以 12，得出每月的补助金额。因此，根据这样的计算方式，家庭组成越趋向于标准界定的“困难”，换算参数就越高，补助金额也就越高；家庭收入越低，补助金额

---

① Ministero del Lavoro e delle Politiche Sociali, “Quali sono i requisiti per avere l’Assegno di Inclusione”, 22 dicembre 2023, https://urponline. lavoro. gov. it/s/article/Quali - sono - i - requisiti-per-avere-l-Assegno? language=it，最后访问日期：2024 年 12 月 20 日。

② Confcommercio, “L’Assegno di inclusione (ADI) ”, 7 ottobre 2024, https://www. confcommercio. it/-/assegno-inclusione-adi，最后访问日期：2024 年 12 月 20 日。

就越高。

在上述公式中，换算参数的基准值为 1，不同属性的家庭成员，如老年人、残疾人、未成年人等，均可能为换算参数提供一定数值的加分，但由于两项救助措施的计算标准不同，在大多数情况下，同样属性的家庭成员在 ADI 方案中贡献的加分要低于在 RdC 体系中的数值。例如，一名身体健全的 4 岁儿童在 RdC 公式中贡献的加分值是 0.2，而在 ADI 公式中仅贡献 0.1。因此，同一家庭在 ADI 方案中的换算参数很可能低于在 RdC 体系中的数值，其获得的补贴额度很可能降低，这无疑损害了相当一部分受助家庭的利益。此类计算差异甚至会导致部分家庭失去受助资格。以一个年收入 8000 欧元且其他要求均达标的四口之家为例，若夫妻身心健康，无残疾，养育 2 个健康、健全的 3 岁以上孩童，该家庭在 RdC 体系中的换算参数为 1.8，根据以上公式计算，该家庭每月可获得收入补助 233.3 欧元。而在 ADI 体系中，该家庭的换算参数仅为 1.2，代入公式计算发现，收入基准值与换算参数的乘积仅为 7200 欧元，低于该家庭的实际年收入，这意味着该家庭实际收入已超过政策制定者为受助家庭设定的门槛，亦即该家庭“不够困难”，因而没有申领 ADI 的资格。据意大利国家电视台 Rai 的报道，截至 2024 年 11 月 12 日，共有 697640 个核心家庭成功领取 ADI，数量仅为上年 RdC 受益家庭数的一半。据其估算，有约 331000 个原本符合 RdC 领取标准的核心家庭被 ADI 拒之门外。①

“培训与工作支持计划”（以下简称 SFL）作为 ADI 的补充措施存在，意在鼓励申请者参加多种形式的项目，帮助有劳动能力的个体提高就业能力以及与劳动力市场的匹配度，兼有“防止社会排斥”的道义目标。SFL 的绝大多数要求与 ADI 一致，申请者年龄须为 18~59 岁。有资格加入 SFL 的共有两类人士：第一类是用于计算经济状况换算参数的核心家庭收入低于

① “Caritas：quasi un italiano su 10 in povertà assoluta，toccate quasi 5，7 milioni di persone”，*Rai News*，12 novembre 2024，https：//www.rainews.it/articoli/2024/11/caritas-quasi-un-italiano-su-10-in-poverta-assoluta-toccate-quasi-57-milioni-di-persone-37fb36fc-2ded-4ec7-8af9-3ab4e9d3fe1c.html，最后访问日期：2024 年 12 月 26 日。

6000 欧元，但又不符合 ADI 申请条件，亦即其核心家庭内部无未成年人，无 60 岁及以上长者，无残疾人且无成员因重大生理、心理、精神问题需特殊照护的人士；第二类是符合 ADI 申请条件，但其自身无法为换算参数提供任何加分者，如身心健康、身体健全，且无须放弃工作居家全天照顾病残或未成年家庭成员的成年人。第二类人士具备劳动能力和受雇的可能性，但在 ADI 体系中无法为家庭争得更多生活补助，通常自身收入有限，甚至没有收入，如欲为家庭收入做出更多贡献，参加 SFL 无疑是一种立竿见影的办法。

SFL 的兼容性很强，与现行绝大多数补贴措施不冲突。该计划规定，年龄在 18~29 岁的参与者，如未完成义务教育须重回课堂完成学业,[①] 其他更多的参与者则须接受就业与再就业能力提升培训，参加实习活动或者参与社区服务或广义上的社会服务工作。[②] 作为激励与回报，参与者每人每月可领取 350 欧元的补贴。[③]

意大利国家社会保障署（INPS）对 SFL 的官方介绍中使用了“激活”（attivazione）这个形象的表述，亦即“不养闲人”，让尽可能多的有劳动能力但没有工作或工作量不饱和的个体都行动起来，改变“等”“靠”“要”的消极状态，或通过能力的提升积极融入劳动力市场，如暂时无法获得就业机会，则须以多种多样的形式尽可能为社会做出贡献，以换取家庭经济状况的改善。SFL 的确在受益面和补贴力度上为 ADI 提供了重要补充，但由于其对申请者家庭收入的上限设定过低，实际上将相当一部分在 RdC 中有资格获得经济补贴的困难人士排斥在外，也剥夺了其通过参加学习培训和社会服

---

① INPS，“Supporto per la Formazione e il lavoro”，24 agosto 2023，https：//www. inps. it/it/it/inps-comunica/dossier/decreto-lavoro--cosa-cambia/supporto-per-la-formazione-e-il-lavoro. html，最后访问日期：2024 年 12 月 20 日。

② INPS，“Supporto per la Formazione e il Lavoro（SFL）”，31 agosto 2023，https：//www. inps. it/it/it/dettaglio-scheda. it. schede-servizio-strumento. schede-servizi. supporto-per-la-formazione-e-il-lavoro-sfl-. html，最后访问时间：2024 年 12 月 20 日。

③ INPS，“Supporto per la Formazione e il lavoro”，24 agosto 2023，https：//www. inps. it/it/it/inps-comunica/dossier/decreto-lavoro--cosa-cambia/supporto-per-la-formazione-e-il-lavoro. html，最后访问日期：2024 年 12 月 20 日。

务换取更多生活补助并提升就业能力的权利，客观上造成了某种程度的社会排斥。

除上述两项重要计划，意大利政府还通过差异化、有较强针对性的措施，为不同人群纾困解难。为保障困难家庭最基本的衣食住行需求，政府加大力度，拨款 6 亿多欧元，继续为用于计算经济状况换算参数的核心家庭收入不足 15000 欧元、3 人或以上规模的家庭发放“Dedicata a Te”（献给你）购物卡。此卡仅发放一次，卡中储值专款专用，仅限购买食品、燃料、交通月票等生活必需的商品和服务。2024 年该购物卡的受益家庭数高达 133 万户，比上年增加 10 万余户，受益面有所拓展。单卡储值较上年提高 40 余欧元，达到 500 欧元，可购食品的范围也有所扩大。[①] 此卡的申请流程并不繁琐，各地方政府提供了专项指导，在审核与发放过程中的行政效率也较高。

青年是经济压力最大的群体之一，因此受到特殊照顾。为缓解其购房压力，意大利政府继续执行首套房屋购买补贴（bonus prima casa under 36）政策。根据该政策，36 岁以下人士购买首套住房除可获得税费减免外，还可申请相当于房价 80% 的贷款；当局为贷款金额设定了 25 万欧元的上限，[②] 以便贷款尽可能惠及购买普通住房的青年。

由于意大利传统文化期待女性扮演“好妈妈”的角色，职场母亲面临平衡家庭与工作的巨大压力。正因如此，相当一部分女性选择为家庭放弃工作。意大利 20~64 岁女性的就业率仅为 56.5%，与欧盟平均水平（70.2%）差距较大，也远低于本国男性。[③] 为保障女性就业，避免社会排斥，意大利

---

① “Carta Acquisti ‘Dedicata a te’ 2024: tra nuovi fondi e vecchi problemi”, *Percorsi di secondo welfare*, 27 giugno 2024, https://www.secondowelfare.it/primo-welfare/carta-acquisti-dedicata-a-te-2024-tra-nuovi-fondi-e-vecchi-problemi/，最后访问日期：2024 年 11 月 21 日。

② “Bonus prima casa under 36 nel 2024, nuove istruzioni del Fisco su chi può richiedere sconti sulle imposte”, *Fanpage*, 20 giugno 2024, https://www.fanpage.it/politica/bonus-prima-casa-under-36-nel-2024-nuove-istruzioni-del-fisco-su-chi-puo-richiedere-sconti-sulle-imposte/，最后访问日期：2024 年 11 月 21 日。

③ Eurostat, “Employment and activity by sex and age-annual data”, 13 novembre 2024, https://ec.europa.eu/eurostat/databrowser/view/lfsi_emp_a__custom_13820452/default/table?lang=en，最后访问日期：2024 年 11 月 21 日。

政府出台专项激励措施——“妈妈补贴”（Bonus Mamme）。此项补贴的对象为2024～2026年拥有无固定期限雇佣合同的职场母亲。若其拥有3个及以上未成年子女，则可获得100%的社保费用减免，直至最小的孩子年满18岁；若其拥有2个未成年子女，则可享受100%的社保费用减免待遇，直至最小的孩子年满10岁。该补贴的受益者每年最多可获得3000欧元/人的社保减免，且不影响其养老金额度。[①] 近年来，意大利人口持续下降，民众的生育意愿持续低迷，2024年的总和出生率仅有1.2，[②] “妈妈补贴”适时推出，亦有激励生育的意义。然而，该措施的实际效果并不理想。据估算，约有80万名妇女符合申请条件，但实际申请人数仅为55万，[③] 症结在于该政策提供的实际福利有限，因为社保费用的减免会导致应税收入总额提高，从而导致个人所得税上升。此外，总收入的增长很可能导致用于计算经济状况换算参数的核心家庭收入提高，影响其他社会福利的申领。有专家指出，该补贴的额度是依据个人收入计算的，收入越高的群体获益越大，事实上造成了“越富越补”的效果。[④] 此外，根据现行规定，从事家政服务和个体经营的职场母亲不在补贴之列。对此，意大利政府已意识到疏失并着手优化，并且在2024年底通过的“2025年预算案”中将自由职业者和个体创业者纳入补贴范围。[⑤]

---

① INPS，“Circolare numero 27 del 31-01-2024”，31 gennaio 2024，https：//www.inps.it/it/it/inps-comunica/atti/circolari-messaggi-e-normativa/dettaglio.circolari-e-messaggi.2024.01.circolare-numero-27-del-31-01-2024_14458.html，最后访问日期：2024年11月21日。

② ISTAT，“Popolazione quasi stabile grazie alle immigrazioni dall'estero”，29 marzo 2024，https：//www.istat.it/it/files/2024/03/Indicatori_demografici.pdf，最后访问日期：2024年11月21日。

③ “Bonus mamme：estensione alle madri assunte con contratti a termine”，*Edotto*，5 luglio 2024，https：//www.edotto.com/articolo/bonus-mamme-estensione-alle-madri-assunte-con-contratti-a-termine，最后访问日期：2024年11月21日。

④ “Bonus mamme，la brutta sorpresa in busta paga”，*Iodonna*，8 marzo 2024，https：//www.iodonna.it/attualita/famiglia-e-lavoro/2024/03/08/bonus-mamme-la-brutta-sorpresa-in-busta-paga/，最后访问日期：2024年11月21日。

⑤ “Bonus mamme lavoratrici esteso alle partite Iva：chi ne ha diritto e come funziona”，*Fanpage*，24 ottobre 2024，https：//www.fanpage.it/politica/bonus-mamme-lavoratrici-esteso-alle-partite-iva-chi-ne-ha-diritto-e-come-funziona/，最后访问日期：2024年11月21日。

在人口深度老龄化的意大利，养老问题关乎千家万户，关乎社会稳定与和谐。2024 年，65 岁及以上人口为 1435.8 万人，占总人口的 23.9%，较上年增加 300 多万人，[①] 社会保障体系面临更大压力。为保障老年人的生活质量，缓解贫困家庭在养老方面的压力，意大利政府出台系列措施。其中，最重要的举措莫过于将最低养老金标准由 2023 年的 599.82 欧元/月提高至 614.7 欧元/月，以帮助老年群体抵御通胀。[②] 此外，65 岁以上的低收入老年人还可领取购买生活必需品的助老购物卡，并享受免费基础医疗服务。失能老年人可申领每月 500 多欧元的护理津贴，政府还为长期雇用护理人员的家庭提供补贴，最高可达 3000 欧元/年。[③]

鉴于新冠疫情给部分民众造成较为严重且持续的心理问题，意大利政府于 2022 年推出心理治疗补贴（bonus psicologo），支持有需求者就医，当年便收到 40 万份申请。2024 年，该补贴仍继续发放。由于该补贴的申请门槛较低，用于计算经济状况换算参数的核心家庭收入不超过 50000 欧元的人士即可申请，全国共有 97%的家庭均符合申请标准，补贴的额度又比较可观，每人每年最高可获得 1500 欧元，[④] 2024 年的申请人数超过 40 万。然而，在庞大的申请数量面前，1000 万欧元/年的拨款显得捉襟见肘，据估算 2024 年仅有约 10%的申请者能够获得补贴。[⑤]

---

① ISTAT，“Rapporto Annuale 2024”，15 maggio 2024，https：//www. istat. it/it/files/2024/05/Sintesi-Rapporto-Annuale-2024. pdf，最后访问日期：2024 年 11 月 21 日。

② “Aumento pensioni minime nel 2025：novità，importi e cosa cambia”，*Ticonsiglio*，18 ottobre 2024，https：//www. ticonsiglio. com/aumento-pensioni-minime-nel-2025/，最后访问日期：2024 年 11 月 21 日。

③ “Bonus terza età 2024：tutte le agevolazioni per over 60，70 e 80 anni”，*Anap*，1 ottobre 2024，https：//www. anap. it/notizia/bonus-terza-eta-2024-tutte-le-agevolazioni-per-over-60-70-e-80-anni/，最后访问日期：2024 年 11 月 21 日。

④ “Bonus psicologo 2024：graduatoria，ISEE，come funziona，requisiti，quando arriva”，*Ticonsiglio*，10 settembre 2024，https：//www. ticonsiglio. com/bonus-psicologo-come-funziona/，最后访问日期：2024 年 11 月 21 日。

⑤ “Bonus psicologo，a oggi accolte 3. 325 richieste su poco più di 400mila domande arrivate all’Inps”，*Il Sole 24 Ore*，9 settembre 2024，https：//www. ilsole24ore. com/art/bonus-psicologo-2024-ad-oggi-accolte-3325-richieste-poco-piu-400mila-domande-arrivate-all-inps-AFIzq0nD，最后访问日期：2024 年 11 月 21 日。

除了有针对性地扶助弱势群体，政府还尝试通过补贴推动消费的绿色转型。2024 年，意大利政府继续发放家庭充电桩补贴（bonus colonnine domestiche），以促进电动汽车配套设施建设。在私人区域安装充电桩的个人，最高可获 1500 欧元/个的补贴，而在公共区域安装者可获得最高补贴达 8000 欧元/个。[①] 政府出资在城市中心和高速公路旁安装了总计 21000 多个充电桩。[②] 此外，政府发放换车补贴，鼓励民众购买电动汽车，促进节能减排。民众每报废 1 辆欧 0~欧 2 排放标准的汽车，并购买 1 辆新的电动汽车，便可获得 11000~13750 欧元的补贴。此类补贴有利于引导民众追求更具可持续性的生活方式。

三　中地线抵达人数锐减，意大利仍受移民青睐

对于意大利而言，移民问题，特别是非常规移民问题，是一个需要长期关注并讨论的话题。这不仅仅是因为自 20 世纪 70 年代以来，移民对意大利社会、经济和人口结构造成深刻影响，也因为移民是观察意大利社会的一面镜子。囿于篇幅，本小节仅从 2024 年度非常规移民入境的角度略作分析。

2024 年，通过中地线偷渡抵达意大利的非常规移民数量明显减少。1 月 1 日至 12 月 27 日，抵意非常规移民数仅为 65472 人，相当于 2022 年同期的 63.9%，2023 年同期的 42.2%。3~12 月，任意一个月的单月抵意人数均低于 2022 年同月和 2023 年同月的水平。欧洲边防局（Frontex）指出，这主要应归功于利比亚和突尼斯政府对偷渡活动的预防与打击，实际上试图以非常规手段前往意大利的移民和船只的数量并无明显减少，只是

① Ministero delle Imprese e del Made in Italy，“Bonus colonnine domestiche”，4 novembre 2024，https：//www.mimit.gov.it/it/incentivi/bonus-colonnine-domestiche，最后访问日期：2024 年 11 月 21 日。

② “Nuovi Incentivi Auto Elettriche 2025：Cos'è e Come Funziona”，*Bonusx*，9 agosto 2024，https：//bonusx.it/veicoli-e-trasporti/bonus-auto-elettriche/，最后访问日期：2024 年 11 月 21 日。

抵意的成功率大大降低。[①]

众所周知，利比亚和突尼斯两国是中地线最重要的移民登船国，绝大多数抵意非常规移民是从上述两国港口出海的。根据联合国难民署（UNHCR）2024 年 12 月底发布的数据，2024 年抵意的非常规移民中，有 63. 8%是在利比亚登船的，而在突尼斯登船的移民占比也高达 29. 3%。从两国出发最终抵达意大利的非常规移民分别比上年减少约 8200 人和 77000 人。[②] 两国政府积极配合意大利，在各自海岸和搜救区内开展拦截行动。截至 12 月中旬，利比亚海警成功拦截移民 27052 人，并将其带回的黎波里塔尼亚（Tripolitania）地区的营地，[③] 比上年同期多拦截了约 1 万人。突尼斯海警的表现更为突出，上半年即拦截约 74000 人，[④] 超过其上年全年的工作量（69963 人）。[⑤] 自 2022 年 11 月意大利与利比亚续签合作备忘录以来，意政府对利比亚的援助持续到位，后者国内局势渐趋缓和，有能力维持正常水平的海陆巡逻。梅洛尼于 4 月高调访问突尼斯，试图在“马泰计划”框架下加强意突全面合作，双方签订 3 项合作协议，突尼斯得到多笔政府资助和信用额度，总额高达 2. 1 亿欧元。[⑥] 意大利的经济支持无疑为突尼斯经济复苏

---

① Frontex，“EU external borders：Irregular crossings down 40%；Western African route at record high”，13 December 2024，https：//www. frontex. europa. eu/media-centre/news/news-release/eu-external-borders-irregular-crossings-down-40-western-african-route-at-record-high-MGXenj，最后访问日期：2024 年 12 月 23 日。

② 根据联合国难民署网站（https：//reliefweb. int/report/italy/）专题内容计算、整理。

③ “IOM：499 Migrants Returned to Libya”，*Libya Review*，16 December 2024，https：//libyareview. com/51285/iom-499-migrants-returned-to-libya/，最后访问日期：2024 年 12 月 22 日。

④ “Tunisia intercepts nearly 74，000 migrants in the first half of 2024”，*Northern African News*，19 July 2024，https：//nan. media/en/tunisia-intercepts-nearly-74000-migrants-in-the-first-half-of-2024/，最后访问日期：2024 年 12 月 23 日。

⑤ “How will migration affect Tunisia's 2024 election campaign”，*Infomigrants*，18 October 2023，https：//www. infomigrants. net/en/post/53950/how-will-migration-affect-tunisias-2024-election-campaign，最后访问日期：2024 年 12 月 23 日。

⑥ Ghaya Ben MBarek，“Italy and Tunisia sign three agreements in push to curb migration to Europe”，*The National News*，17 April 2024，https：//www. thenationalnews. com/news/mena/2024/04/17/italian-pm-meloni-in-tunisia-for-more-talks-to-curb-migration-to-europe/，最后访问日期：2024 年 12 月 20 日。

和社会稳定提供了重要助力，政府逐渐走出执政危机，终于有余力在夏季亦即中地线偷渡的旺季加强了移民管控。

从非常规移民的源头国（countries of origin）来看，如图 3 所示，2024 年的上榜国家均系近几年“前十”中的“常客”，除厄立特里亚和冈比亚外，其余 8 国均连续两年上榜，这表明抵达意大利的移民主要来源国变化不大。对比近两年“前十”榜单，不难发现，2023 年排第三名的科特迪瓦（16005 人）于 2024 年“落榜”，说明由其抵意人数少于 1618 人（2024 年排名第十的源头国冈比亚的抵意人数），相较 2023 年，减少超过 1.4 万人；几内亚和突尼斯的抵意人数也分别减少约 1.5 万人和 1 万人。[①] 中地线近年数据显示，上述三国移民绝大多数是从突尼斯出发的，其总数减少约 4 万人。[②] 图 3 中“其他”一项包含的主要是一众亚非欠发达国家，该类目下非常规移民较 2023 年锐减约 3.3 万人，这更多应归功于利比亚政府组织的海陆两线拦截，因为来自此类国家的移民大多选择在利比亚登船。抵达意大利的埃及移民较上年减少约 7000 人，[③] 利比亚、埃及和意大利都为此做出了贡献。埃及经济缓慢向好，社会逐渐稳定，“挽留”了大批本欲远走海外的国民。此外，意大利于 2024 年 6 月底同埃及签订的总额约 9.2 亿欧元的合作协议，[④] 无疑为埃及的就业增长和社会安定做出了贡献，当然也可以算作在移民问题上间接帮助了自己。综上所述，意大利持续支持北非邻国，促进中地中海域内稳定，通过将移民“挡在外面”（esternizzazione）的传统操作，减轻了非常规移民造成的社会压力和社会矛盾。

---

① 笔者根据意大利内政部登陆人数专题统计网页（http：//www. libertaciviliimmigrazione. dlci. interno. gov. it/）系列数据推算。

② 臧宇、李沛瑾：《2022~2023 年中地中海非常规移民问题分析》，载毛国民、刘齐生主编《欧洲移民发展报告（2023~2024）》，社会科学文献出版社，2024，第 36 页。

③ 笔者根据意大利内政部登陆人数专题统计网页（http：//www. libertaciviliimmigrazione. dlci. interno. gov. it/）系列数据推算。

④ “Italia sigla accordi con l'Egitto per un miliardo di euro”, *ANSA*, 30 giugno 2024, https：//www. ansa. it/sito/notizie/mondo/news_dalle_ambasciate/2024/06/30/italia-sigla-accordi-con-legitto-per-un-miliardo-di-euro_9aaf8eeb-4547-44d1-b29b-0fbff0e0801a. html，最后访问日期：2024 年 12 月 22 日。

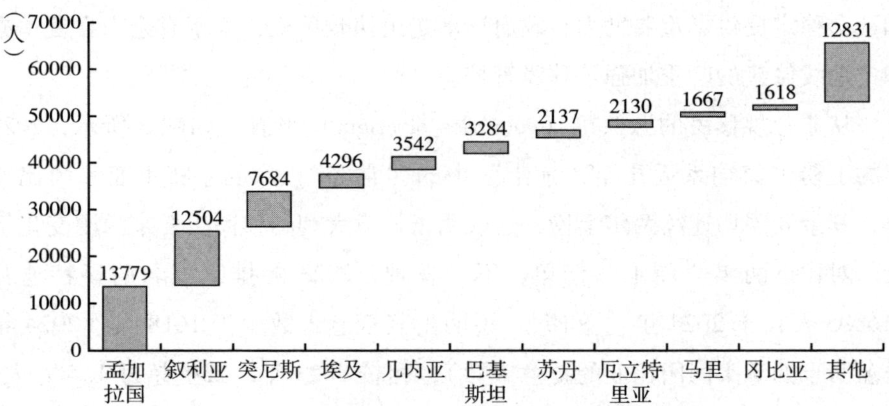

图 3　2024 年通过中地线抵达意大利的非常规移民数排名前十的来源国

资料来源：笔者根据意大利内政部专题数据库（http：//www. libertaciviliimmigrazione. dlci. interno. gov. it/）数据整理制作。

值得关注的是，2024 年抵达意大利的孟加拉国移民数量不减反增，这在中地线严格管控、偷渡成功率降低的大背景下，若无相当大的偷渡者基数，几乎是不可能的。2019~2024 年，通过中地线抵意的孟加拉国非常规移民数量稳步增长，合法居住在意大利的孟加拉国移民群体也不断壮大。究其缘由，在于孟加拉国移民（经济移民占绝大多数）能够有效满足意大利劳动力市场的需求，逐步融入该国经济体系之中。初到者通常接受低廉的报酬和超长的劳动时间，迅速在规模庞大的“影子经济”（shadow economy，即包含非法的产业以及本身合法但逃避税务监控的产业）中找到工作，以图后计。据估算，2022 年意大利“影子经济”的体量约为 1820 亿欧元，规模不容小觑。[①]“影子经济”对廉价劳动力的需求巨大，吸纳数以十万计的非常规移民就业。刚刚抵达意大利的孟加拉国非常规移民往往能在同胞网络的支持下，在种植业、建筑业、家政看护等行业的“灰色地带”中迅速就业，获取并不丰厚但远高于其国内水平的报酬，且他们能极度地节衣缩食，逐渐积

① Lorenzo Macchi，“Total value of the shadow（untaxed）economy in Italy from 2013 to 2022”，*Statista*，30 October 2024，https：//www. statista. com/statistics/629463/shadow - economy - italy/，最后访问日期：2024 年 12 月 20 日。

累财富，随后转而从事流动的零售业，甚至创办自己的企业。孟加拉国移民的创业比例较高，具有一定的“向上流动”的能力。2022 年的一项研究显示，全意大利共有孟加拉人名下企业 30569 家，企业主又常常雇用自己的同胞或同乡，因而在事实上对孟加拉人赴意务工形成链式拉动。[①]

旅意孟加拉人以侨汇为主要方式，偿还因移民欠下的债务，或汇给其在国内的家人、朋友。2023 年，从意大利寄出的侨汇总额为 81.78 亿欧元，其中 11.66 亿欧元是由孟加拉国移民寄回母国的。[②] 换言之，仅占旅意移民总数 3.4%的孟加拉人，汇出了 14.3%的侨汇，这在旅意各族裔中是绝无仅有的。孟加拉人工作之勤奋，经济融入能力之强，可见一斑，其旅意移民人数不断增多也就不足为奇了。旅意孟加拉国移民在经济上的成功及其社群的壮大证明了意大利对外国劳动力的持续需求，也在一定程度上证明了意大利的经济活力。从长远看，意大利对经济移民的吸引力依然巨大，能为其提供改善个人及家庭经济状况的众多可能。因此，现行的以拦阻为主的移民管控策略终非长久之计。随着意大利经济的进一步好转，对外籍劳工的需求还可能进一步增加，而每年合法赴意务工的配额数量又十分有限，利比亚、突尼斯沿海地区还会有更大规模的移民聚集，中地线偷渡可能再度“井喷”，届时“挡在外面”的策略可能不那么容易实现。

四　结语与展望

回首 2024 年，意大利民生状况进一步好转。尽管物价仍持续上涨，但总体通胀水平有限且可控。就业状况达到历史最佳水平，长期困扰该国

① Ministero del Lavoro, “Lavoro, istruzione e welfare nella comunità bangladese in Italia (2024)”, tratto da *Rapporti annuali sulle comunità migranti in Italia*, 2024, https://www.amicidilazzaro.it/it/solidarieta/lavoro-istruzione-e-welfare-nella-comunita-bangladese-in-italia-2024/, 最后访问日期：2024 年 12 月 21 日。

② Fondazione Leone Moressa, “Le rimesse inviate in patria dagli immigrati in Italia”, 20 Maggio 2024, https://www.fondazioneleonemoressa.org/2024/05/20/le-rimesse-inviate-in-patria/, 最后访问日期：2024 年 12 月 10 日。

的青年失业问题也得到明显缓解。同时，家庭可支配收入增长，储蓄能力提升，购买力稳步提升，消费也有所增长。总体而言，民众的生活压力有所减轻。然而，仍有相当数量的人口处于贫困状态，“遗传性贫困”问题依旧严重。

政府在扶危济困方面施行重要改革，以 ADI 搭配 SFL 取代了原先为困难家庭“兜底”的 RdC。新政策虽在增强劳动者就业能力、防止社会排斥方面有明显的技术优势，但经济补贴的覆盖面明显变窄，30 余万个家庭失去了“兜底”保障。此外，意大利政府推出多样化的专项补贴，为各类弱势群体提供有针对性的扶助，维护了社会稳定，同时还积极引导民众改变生活方式，顺应绿色转型。

在中地线移民管控方面，意大利以经济援助换取北非伙伴国的鼎力相助，年度非常规入境人数大减，但是，意大利对来自亚非欠发达国家的经济移民的吸引力依旧巨大，一味拦截并非长久之计。如能继续推动“马泰计划”，切实促进非洲国家的经济发展和社会稳定，或可期待一些长期效果。

意大利民众在圣诞-新年假期掀起消费新高潮，其乐观情绪犹胜往年。意大利商业联合会（Confcommercio）的系列调查显示：雇佣劳动者领到的“第 13 个月的薪金”（Tredicesime）总额高达 450 亿欧元，比上年增长 8.96%；在 12 月，平均每个家庭的消费增长了 6.6%。[①] 1700 万意大利人选择外出度假，总消费高达 80 亿欧元。[②] 79.9%的意大利人表示会购买圣诞礼物，比例较上年提高 6.7 个百分点。据估算，民众购买圣诞礼物的总消费额达 98 亿欧元，比上年增加 17 亿欧元；人均花费 207 欧元，比上年增加 21 欧元。[③] 有 540 万意大利人选择在餐馆享用圣诞大餐，总花费 4.2 亿欧元，

① Confcommercio，“Natale 2024 tra voglia di spendere e generosità”，4 dicembre 2024，https：//www.confcommercio.it/-/consumi-natale-e-tredicesime，最后访问日期：2024 年 12 月 24 日。

② Confcommercio，“Per le festività diciassette milioni di italiani in viaggio”，24 dicembre 2024，https：//www.confcommercio.it/-/turismo-natale-2024，最后访问日期：2024 年 12 月 24 日。

③ Confcommercio，“Natale 2024 tra voglia di spendere e generosità”，4 dicembre 2024，https：//www.confcommercio.it/-/consumi-natale-e-tredicesime，最后访问日期：2024 年 12 月 24 日。

比上年增长 5.8%。[①] 敢于提高消费，说明更多的民众对未来抱有信心。前文述及的《意大利人与储蓄》报告也支持这一判断：对未来整体持悲观预期的受访者占比降至 47%，比 2022 年和 2023 年分别降低 11 个和 5 个百分点；认为“未来三年个人状况将有所改善”的受访者比例与持相反预期者比例相比足足高出 19 个百分点（2023 年报告中两者的差距为 11 个百分点）。[②]

“下一代欧盟”复苏基金拨付给意大利用于支持其国家复苏与韧性计划（PNRR）的第六期资金总计 87 亿欧元，已于 2024 年底顺利拨付，[③] 预计将为 2025 年提振经济和保障民生提供重要支持。在应对移民问题方面，梅洛尼政府的遣返改革于 2024 年 10 月试行，计划将在国际水域截获的来自“安全国家”（Paesi sicuri）的移民运往阿尔巴尼亚的收容中心，并在当地开展快速遣返，设计遣返规模高达 36000 人/年。[④] 该项改革刚刚启动，便在法官的禁令和民权组织的讨伐声中陷于停滞。但意大利与阿尔巴尼亚的合作协议已经订立，收容中心的营地也已建设完工，预计 2025 年梅洛尼政府将尝试在欧盟和本国议会争取更多支持，突破司法和舆论的阻碍，继续推进遣返改革。

---

① Confcommercio, “Natale 2024: il pranzo fuori casa ‘vale’ 420 milioni di euro”, 20 dicembre 2024, https: //www. confcommercio. it/-/pranzo-natale-2024, 最后访问日期：2024 年 12 月 24 日。

② ACRI & IPSOS, “Gli italiani e il risparmio”, 31 ottobre 2024, https: //www. ipsos. com/sites/default/files/ct/news/documents/2024-10/comunicato%20stampa. pdf, 最后访问日期：2024 年 12 月 26 日。

③ “L'Italia incassa la sesta rata del Pnrr (8, 7 miliardi) ”, *Il Fatto Quotidiano*, 23 dicembre 2024, https: //www. ilfattoquotidiano. it/2024/12/23/sesta-rata-pnrr-versati-in-tutto-300-miliardi-su-650/7815729/, 最后访问日期：2024 年 12 月 24 日。

④ “Two reception centers Albania ready handle migrants sent by Italy”, *Retuers*, 11 October, 2024, https: //www. reuters. com/world/europe/two-reception-centres-albania-ready-handle-migrants-sent-by-italy-2024-10-11/, 最后访问日期：2024 年 11 月 30 日。

B.5

意大利外交：左右逢源的枢纽角色*

钟 准　魏康婷**

摘　要： 2024年，意大利外交进一步回归在多方势力间寻求平衡的传统，试图在国际关系中扮演“枢纽”角色。第一，在欧洲，梅洛尼凭借欧洲议会选举胜利在中右翼与极右翼党团间左右逢源，希望借此扩大意大利在欧盟的话语权。第二，意大利也借助北约的防务开支要求来突破欧盟财政紧缩的限制，并尝试提升在北约南翼的影响力。第三，意大利利用七国集团轮值主席国的身份，扩大在印太和“大地中海”地区的影响力。第四，梅洛尼政府积极修复与中国和印度关系，在中欧贸易摩擦中谋求“桥梁”作用，同时又试图借印度平衡中国的影响。第五，在处理与全球南方的关系时，梅洛尼依靠欧盟与美国的支持介入非洲问题与中东危机，期望成为全球南北方的连接点。梅洛尼政府的平衡外交政策充分利用当前动荡的国际局势，使意大利进一步得到国际社会的重视，但这一外交战略能否切实提高该国的国际地位，仍取决于梅洛尼政府的稳定性。

关键词： 意大利　欧盟　北约　亚洲　七国集团　全球南方

2024年10月，焦尔吉娅·梅洛尼领导的右翼政府执政已满两年。尽管意大利力量党的安东尼奥·塔亚尼和联盟党的马泰奥·萨尔维尼与梅洛尼在

---

* 本文为国家社会科学基金一般项目“民粹主义思潮下西方政党政治影响对外政策的机制与趋势研究”（23BZZ1093）的阶段性研究成果。

** 钟准，重庆大学人文社会科学高等研究院副教授，意大利LUISS大学政治学博士，主要研究领域为欧洲政治、意大利外交、中欧关系；魏康婷，外交学院外交学系硕士研究生，主要研究领域为意大利外交。

具体议题上存在分歧，但意大利右翼联盟仍能在整体上保持一致。在国内执政地位相对稳固的基础上，梅洛尼政府得以将更多精力投入国际事务。意大利近一年的外交政策充分展现了该国在国际舞台上的抱负，即以欧洲为中心，同时向“东”（亚洲）、“南”（全球南方）、“西”（北约）、“北”（七国集团）四个方向发展，并试图在相关国际行为体的合作与分歧中扮演“外交枢纽”的角色。

一　外交政策中心：欧盟中的意大利

欧盟是意大利外交的中心。梅洛尼政府正在尝试民粹主义的“第三条道路”（“third-way”populism），即在欧洲的建制派与反建制派之间寻求平衡。例如，梅洛尼在欧洲议会选举中试图以极右翼党团领袖的身份靠近主流中右党团，又希望在欧盟主要事务中实现欧洲一体化与意大利国家利益的融合。前者的尝试较为艰难，后者则初见成效。

（一）意大利在欧洲议会选举中的得与失

在2024年欧洲议会选举中，梅洛尼的胜利未能直接转换为意大利在欧盟中政治地位的提升。梅洛尼在宣布参加此次选举时表示，希望以欧洲保守党领袖的身份团结欧洲右翼力量。[①] 根据6月8~9日的投票结果，梅洛尼领导的意大利兄弟党以24席险胜获得21席的意大利民主党，成为赢得最多欧洲议会席位的意大利政党。[②] 相较于法国总统马克龙与德国总理朔尔茨的选举失利，梅洛尼的选举表现不仅巩固了其国内执政地位，也增强了她在

① “Italy's PM Meloni to stand in EU elections to boost ruling far-right party”, *Radio France Internationale*, 29 April 2024, https: //www. rfi. fr/en/international/20240429 - italy - s - pm - meloni-to-stand-in-eu-elections-to-boost-ruling-far-right-party，最后访问日期：2024年11月5日。

② “Parlamento europeo, chi sono i 76 deputati italiani eletti: quattro seggi sono ancora in bilico”, *La Repubblica*, 11 giugno 2024, https: //www. repubblica. it/politica/2024/06/11/news/eletti _ europee_2024_deputati_salis_vannacci-423211284，最后访问日期：2024年11月5日。

欧盟的政治影响力。与此同时，由意大利兄弟党与波兰法律与公正党联合领导的欧洲保守派和改革主义者联盟也因赢得 78 席而成为欧洲议会第四大党团。①

然而，选举的成功并未使梅洛尼成为中右与右翼反建制党团之间的关键调解人。一方面，梅洛尼拉拢欧洲主流中右翼党团的尝试在选举前后基本上宣告失败。梅洛尼任意大利总理后与欧盟委员会主席冯德莱恩互动频繁，但这不代表后者所属的中右翼的欧洲人民党及其盟友愿意与欧洲保守派和改革主义者联盟合作。欧洲人民党对波兰法律与公正党持负面态度。据报道，欧洲人民党的盟友中左翼的社会主义者和民主人士进步联盟曾威胁冯德莱恩，若继续与梅洛尼合作，将阻止其连任。② 在冯德莱恩受到所属党团制约的同时，梅洛尼也需要应对其选民的疑欧主义情绪，这使得两者的关系在选举前夕出现裂痕。在冯德莱恩赢得选举后，梅洛尼又被排除在欧盟最高职位谈判之外，未能为意大利争取到更多的欧盟话语权。③

另一方面，梅洛尼领导的意大利兄弟党未能与其他欧洲极右翼党团协调一致，其主流化策略反而可能让她在欧洲右翼力量中处于尴尬境地。为实现领导欧洲右翼力量并提高在欧盟中的话语权的目标，梅洛尼在选举前始终与中心和边缘成员国的极右翼政党保持距离。面对法国国民阵线领导人勒庞建立超级右翼集团的邀请，梅洛尼显然更青睐有利于其塑造主流政客形象的冯德莱恩。④ 此外，若欧洲保守派和改革主义者联盟与勒庞领导

---

① “Risultati delle elezioni europee 2024”, Parlamento Europeo, 23 luglio 2024, https://results.elections.europa.eu/it/italia，最后访问日期：2024 年 11 月 5 日。

② Barbara Moens and Hannah Roberts, “Von der Leyen tried to make friends with Meloni. It backfired”, *Politico*, 30 maggio 2024, https://www.politico.eu/article/ursula-von-der-leyen-giorgia-meloni-italy-eu-election-far-right，最后访问日期：2024 年 11 月 5 日。

③ Barbara Moens, Hannah Roberts and Giorgio Leali, “Giorgia Meloni hits out at EU top jobs backroom deal”, *Politico*, 26 June 2024, https://www.politico.eu/article/giorgia-meloni-europe-top-jobs-backroom-deal-italy-ursula-von-der-leyen-antonio-costa-kaja-kallas，最后访问日期：2024 年 11 月 5 日。

④ Barbara Moens and Eddy Wax, “A Meloni-Le Pen super group? Not so fast”, *Politico*, 28 May 2024, https://www.politico.eu/article/far-right-super-group-european-parliament-giorgia-meloni-marine-le-pen，最后访问日期：2024 年 11 月 5 日。

的认同与民主党团合并，梅洛尼自视为欧洲右翼领袖的身份可能受到挑战。又由于接纳反对匈牙利的罗马尼亚人联盟为党团成员，梅洛尼失去了在选举中与匈牙利总理欧尔班合作的机会，后者最终与认同与民主党团等极右翼民粹政党党团合并成欧洲爱国者党团，并将梅洛尼领导的欧洲保守派和改革主义者联盟从议会第三大党团的位置挤下来，成为第四位。不过未来两大右翼党团仍有合作的可能。

（二）意大利在欧盟的主张

在欧盟层面，梅洛尼政府试图带领意大利在具体决策中发挥建设性作用，旨在推动相关政策朝着符合意大利利益的方向发展。在经济方面，意大利是“下一代欧盟”复苏基金的最大受益国，能获得的总金额由 1916 亿欧元上调至 1944 亿欧元，并于 2023 年 12 月 8 日经欧盟理事会批准。[①] 在欧盟委员会人事安排方面，意大利与法国都希望获得能影响欧盟经济决策的职位。[②] 尽管意大利债务问题仍未解决，为拉拢意大利和梅洛尼，冯德莱恩驳回了马克龙最初提名的蒂埃里·布雷顿（Thierry Breton），[③] 而任命由梅洛尼提名的、来自意大利兄弟党的拉斐尔·菲托（Raffaele Fitto）为负责团结与改革事务的欧盟委员会执行副主席。[④] 这意味着意大利可能在欧盟委员会的经济事务决策中发挥重要影响。

---

① “Il Piano Nazionale di Ripresa e Resilienza”, Camera dei deputai, https://temi.camera.it/leg19/pnrr.html，最后访问日期：2024 年 11 月 5 日。

② “France and Italy vying for same EC post' - FT”, *ANSA*, 27 June 2024, https://ansabrasil.com.br/english/news/world/2024/06/27/france-and-italy-vying-for-same-ec-post-ft_db8c60b7-d626-4c50-975a-6dfd017496e0.html，最后访问日期：2024 年 11 月 5 日。

③ “France nominates foreign minister Stéphane Séjourné for EU Commission”, *Le Monde*, 16 September 2024, https://www.lemonde.fr/en/france/article/2024/09/16/france-nominates-foreign-minister-stephane-sejourne-for-eu-commission_6726226_7.html，最后访问日期：2024 年 11 月 5 日。

④ “Commissioners-designate（2024 - 2029）”, European Commission, 17 September 2024, https://commission.europa.eu/about-european-commission/towards-new-commission-2024-2029/commissioners-designate-2024-2029_en，最后访问日期：2024 年 11 月 5 日。

在欧洲政治议程中，意大利呼吁欧盟集中精力解决重大战略问题，避免对成员国及公民的过度干涉。在审议“欧盟战略议程（2024~2029）”的过程中，意大利推动欧洲理事会在序言中重申欧盟条约中的辅助性原则和相称性原则，并明确要求各欧盟机构严格遵守。① 尽管欧盟委员会最初提交的“欧盟战略议程（2024~2029）”中同样提及上述两项原则，但仅将其置于议程文本的最后且未明确行为主体。② 这两项关键原则旨在限定欧盟层面的行动范围，并保障成员国及公民个人的独立性。意大利强调辅助性原则和相称性原则，是为了抵制欧洲一体化过度介入成员国内政的趋势，并促使欧盟将工作重心转移至能源转型、国防政策以及移民治理等重要国际议题上。③ 然而，在实践过程中欧盟如何把握落实这两项原则的“度”仍有待进一步观察。从意大利政府的角度看，若欧盟委员会能坚持基于这两项原则行事，则有望缓解该国与欧盟在公共预算上时不时发生的纠纷，并有效制约欧盟机构干涉成员国决策。

在安全防务问题上，意大利强调共同安全政策与欧洲防务自主的重要性，并主张采用新式融资方案支持相关计划。在2024年3月21~22日举行的欧洲理事会中，意大利提倡扩大对欧盟国防工业的投资，以提高欧盟整体的国防准备和应对能力。④ 针对该国防计划的资金筹集方式，意大利赞成发

① Governo Italiano Presidenza del Consiglio dei Ministri, “Consiglio europeo del 17－18 ottobre: Comunicazioni al Senato del Presidente Meloni”, 15 ottobre 2024, https://www.governo.it/it/articolo/consiglio-europeo-del-17-18-ottobre-comunicazioni-al-senato-del-presidente-meloni/26804，最后访问日期：2024年11月5日。

② “Strategic Agenda 2024－2029”, European Council, https://www.consilium.europa.eu/en/european-council/strategic-agenda-2024-2029/，最后访问日期：2024年11月5日。

③ “Consiglio europeo del 27－28 giugno, le Comunicazioni del Presidente Meloni alla Camera”, Governo Italiano Presidenza del Consiglio dei Ministri, 26 giugno 2024, https://www.governo.it/it/articolo/consiglio-europeo-del-27-28-giugno-le-comunicazioni-del-presidente-meloni-alla-camera/26116，最后访问日期：2024年11月5日。

④ “Consiglio europeo del 21 e 22 marzo, le Comunicazioni al Senato”, Governo Italiano Presidenza del Consiglio dei Ministri, 19 marzio 2024, https://www.governo.it/it/articolo/consiglio-europeo-del-21-e-22-marzo-le-comunicazioni-al-senato/25277，最后访问日期：2024年11月5日。

行欧洲共同防务债券，同时还提出可考虑使用欧洲稳定机制（ESM）。[①] 这两种方案不仅与意大利振兴国防工业的产业战略契合，还为该国提供了谋求经济利益的空间。就欧洲债券而言，由于不计入成员国债务限额并由集体分摊成本，其将有利于意大利等负债较多的成员国。对于欧洲稳定机制，将其价值 4220 亿欧元的金融保险现金直接投入国防领域，意味着意大利有望从中获得没有预算限制的低息贷款。然而，各欧盟成员国领导人仍未就资金筹集方式达成一致，上述融资方案正受到德国等“节俭国家”的抵制。

二　西方盟友：北约中的意大利

北约为意大利提供了联系美国等主要西方盟友的战略平台。梅洛尼政府主要通过主动追随美国的方式赢得了西方盟友的信任与认可。在 2024 年 7 月的华盛顿北约峰会上以及与北约秘书长的会晤中，梅洛尼重申了意大利在俄乌冲突问题上支持北约与美国的立场。这具体表现为意大利对乌克兰的防御性武器援助及两国签署的双边安全合作协议。继 2023 年与法国共同为乌克兰提供 SAMP/T 防空系统（MAMBA）后，意大利又表示计划运送第二套该系统以帮助乌克兰抵御俄罗斯导弹的袭击。[②] 根据意大利与乌克兰于 2024 年 2 月签署的安全合作协议，意大利已将进一步向乌克兰提供军事援助的授权立法延长至 2024 年全年，并承诺在未来 10 年内继续支持乌克兰。[③] 尽管

① “Meloni urges EU overhaul on defence, sovereignty, financing”, *Decode39*, 26 June 2024, https: //decode39. com/9227/meloni-urges-eu-overhaul-on-defence-sovereignty-financing, 最后访问日期：2024 年 12 月 2 日；Gregorio Sorgi and Bjarke Smith-Meyer, “Has the EU really just found €400B it could spend on defense?”, *Politico*, 6 May 2024, https: //www. politico. eu/article/eu-emergency-bailout-fund-defense-spending-investment-european-stability-mechanism, 最后访问日期：2024 年 12 月 2 日。

② “Italy to send second air defence system to Ukraine, foreign minister say”, *Reuters*, 4 June 2024, https: //www. reuters. com/world/europe/italy-likely-send-second-air-defence-system-ukraine-source-says-2024-06-03, 最后访问日期：2024 年 11 月 14 日。

③ “Agreement on Security Cooperation between Italy and Ukraine”, Governo Italiano Presidenza del Consiglio dei Ministri, 24 February 2024, https: //www. governo. it/sites/governo. it/files/Accordo_Italia-Ucraina_20240224. pdf, 最后访问日期：2024 年 11 月 14 日。

意大利对乌克兰的直接军事支持与其他北约成员国相比相对有限，[①] 但考虑到梅洛尼此前立场的模糊性，2024 年意大利对乌克兰问题的表态和行动仍得到了北约的高度评价。[②]

在欧盟主流建制派与美国存在政策分歧的议题上，意大利则试图利用美国及北约的主张，来实现本国在欧盟内的利益诉求。例如，欧盟与北约对于欧盟成员国预算支出的态度存在潜在矛盾。北约规定其成员国应将本国国内生产总值的2%用于国防开支，而欧盟的《稳定与增长公约》（SGP）则要求其成员国将预算赤字控制在国内生产总值的3%以下。这两项条款使部分南欧国家左右为难。以意大利为例，2024 年该国的国防预算为 GDP 的 1.43%，而赤字率预计达到 4.4%。[③] 为应对财政赤字核算对国防支出的限制，意大利在 2023 年 12 月的欧盟财政部长会议中主张并促成新公约，将国防支出列为“重要因素”，从而将其排除在赤字核算之外。[④] 在此基础上，意大利国防部长吉多·克罗塞托（Guido Crosetto）在北约副秘书长安格斯·拉普斯利（Angus Lapsley）的支持下进一步推进相关改革。例如，克罗塞托提议在计算政府赤字与公共债务时自动剔除国防支出，以及向欧盟施压以发

---

① Pietro Bomprezzi, Ivan Kharitonov and Christoph Trebesch, “Ukraine Support Tracker: A Database of Military, Financial and Humanitarian Aid to Ukraine”, Kiel Institute for the World Economy, 10 October 2024, https://www.ifw-kiel.de/topics/war-against-ukraine/ukraine-support-tracker, 最后访问日期：2024 年 11 月 14 日。

② “NATO Secretary General hails Italy's contributions to Euro-Atlantic security and support to Ukraine”, North Atlantic Treaty Organization, 4 November 2024, https://www.nato.int/cps/en/natohq/news_230184.htm, 最后访问日期：2024 年 11 月 14 日。

③ “Defence Expenditure of NATO Countries (2014-2024)”, North Atlantic Treaty Organization, 17 June 2024, https://www.nato.int/cps/en/natohq/news_226465.htm, 最后访问日期：2024 年 11 月 14 日；“Economic forecast for Italy”, European Commission, 15 May 2024, https://economy-finance.ec.europa.eu/economic-surveillance-eu-economies/italy/economic-forecast-italy_en, 最后访问日期：2024 年 11 月 14 日。

④ “Italy welcomes defence exemptions in new EU fiscal rules”, *Decode39*, 12 December 2023, https://decode39.com/8566/italy-welcomes-defence-exemptions-in-new-eu-fiscal-rules, 最后访问日期：2024 年 11 月 14 日。

行欧洲共同防御债券。[①] 这些行为可以被视为意大利变相增加预算赤字与突破欧盟财政纪律的尝试。

与此同时，意大利也试图通过积极参与北约事务，在欧盟与美国之外实现国家利益，但结果并未达到预期。北约的地缘战略重点与意大利不同，北约主要将精力与资源投入东翼的俄罗斯乃至亚太的中国，而意大利则强调北非及中东地区作为北约南翼的重要性。中东和北非是意大利外交的“特殊关切”，与其能源安全及移民问题紧密相关，因此意大利希望成为北约与非洲及中东地区之间的关键枢纽。为此，意大利在华盛顿峰会期间全力游说北约盟国，提议设立北约秘书长南部邻国问题特别代表一职，并强调其在北约南翼的贡献以及与该职位的高匹配度。[②] 此建议虽然得到北约同意，但北约任命西班牙外交官哈维尔·科洛米纳（Javier Colomina）为首任南部邻国问题特别代表，意大利未能如愿。[③] 尽管如此，北约领导层的变动为意大利带来了新机遇。北约新任秘书长马克·吕特（Mark Rutte）曾与梅洛尼在欧盟与突尼斯谅解备忘录的谈判过程中有过密切合作。[④] 而意大利海军上将朱塞佩·卡沃·德拉戈（Giuseppe Cavo Dragone）已于

---

① “Crosetto, ‘Ue scorpori la difesa o non rispettiamo impegni’ ”, *ANSA*, 30 agosto 2024, https://www.ansa.it/sito/notizie/topnews/2024/08/30/crosetto-ue-scorpori-la-difesa-o-non-rispettiamo-impegni_4c331534-6e1b-4756-b502-4fd9fb797918.html，最后访问日期：2024年11月14日。

② Eduardo González, “Italy protests the appointment of a Spaniard as NATO envoy for the southern flank”, *The Diplomat*, 24 July 2024, https://thediplomatinspain.com/en/2024/07/20/italy-protests-the-appointment-of-a-spaniard-as-nato-envoy-for-the-southern-flank，最后访问日期：2024年11月14日。

③ “Italy complains about Spaniard being NATO Med envoy: Sources says Colomina's appointment not definitive”, *ANSA*, 19 July 2024, https://ansabrasil.com.br/english/news/politics/2024/07/19/italy-complains-about-spaniard-being-nato-med-envoy_ba91052b-a1b2-4508-81ce-e691087855cf.html，最后访问日期：2024年11月14日。

④ “Press statement by President von der Leyen with Italian Prime Minister Meloni, Dutch Prime Minister Rutte and Tunisian President Saied”, European Commission, 11 June 2023, https://neighbourhood-enlargement.ec.europa.eu/news/press-statement-president-von-der-leyen-italian-prime-minister-meloni-dutch-prime-minister-rutte-and-2023-06-11_en，最后访问日期：2024年11月14日。

2025年正式出任北约军事委员会主席。因此，意大利仍有望在北约中继续主张其利益诉求。

三　全球北方：意大利担任七国集团轮值主席国

作为2024年七国集团（G7）轮值主席国，意大利将6月的普利亚峰会视为其实现国家利益并提升国际影响力的外交主场。由于时任英国首相苏纳克与加拿大总理特鲁多等其他六国领导人都因选举或国内危机而成为“跛脚鸭”，梅洛尼成为2024年七国集团峰会时唯一在国内处于强势地位的成员国领导人。[①] 凭借主场外交与国内支持，梅洛尼顺利主导了此次峰会的议程。其中，意大利在与其地缘战略密切相关的非洲议题中积极发挥引导作用。这在普利亚峰会中具体表现为“非洲能源增长倡议”与“普利亚粮食体系倡议”（AFSI）的通过。[②] 这两项倡议都由意大利提出，旨在通过政府与企业合作，为非洲地区提供资金和技术支持。[③] 意大利希望借此调动美国及其他发达国家的经济力量，为这些发达国家重新巩固与非洲国家的伙伴关系创造机会。不过如同七国集团此前提出的类似倡议，这两项新倡议的具体实践情况仍有待观察。

此外，意大利以七国集团轮值主席国交接为契机，积极与上一届轮值主

① “6 lame ducks and Giorgia Meloni: Meet the G7 class of 2024”, *Politico*, 13 June 2024, https://www.politico.eu/article/g7-giorgia-meloni-2024-rome-emmanuel-macron-rishi-sunak-joe-biden-russia-ukraine，最后访问日期：2024年11月14日。

② “G7 summit, Borgo Egnazia, Apulia, Italy, 13-15 June 2024”, European Council, 27 June 2024, https://www.consilium.europa.eu/en/meetings/international-summit/2024/06/13-15，最后访问日期：2024年11月14日。

③ Cecilia D'Alessandro, “The Italian G7 Presidency: Spearheading Progress on Food Systems in Africa”, Istituto Affari Internazionali (IAI), 7 June 2024, https://www.iai.it/en/pubblicazioni/italian-g7-presidency-spearheading-progress-food-systems-africa，最后访问日期：2024年11月14日；Elizabeth Sidiropoulos, et al., “The G7, South Africa and the Sustainable Climate Agenda for Africa”, Istituto Affari Internazionali (IAI), 4 August 2024, https://www.iai.it/en/pubblicazioni/g7-south-africa-and-sustainable-climate-agenda-africa，最后访问日期：2024年11月14日。

席国日本发展双边关系，以增强其在印度洋-太平洋区域的影响力。在安全领域，意大利将在与日本自卫队的联合演习中投入更多军力。梅洛尼在 2024 年 2 月访问日本时表示，意大利将派遣“加富尔”号航空母舰、“亚美利哥·韦斯普奇”号训练舰以及 F-35 战斗机参与印太地区的海空演习。此外，意大利还计划与日本在“全球作战航空计划”（GCAP）的基础上进一步加强防务合作，将合作范围扩展至太空、半导体、能源等战略领域。[①] 此举将为意大利国防企业，如莱昂纳多（Leonardo）公司，提供拓展市场的契机。在经济领域，意大利与日本于 2024 年 6 月签署的《意日行动计划（2024—2027）》指出，双方将致力于加强供应链的弹性与稳定性。双方将在“日欧经济伙伴关系协定”（EPA）的框架下，重点推动汽车、清洁能源等领域的合作。[②] 该计划还提出，意日两国将在大阪世博会中进行合作，而意大利也成为首个在大阪设立场馆的国家，体现了其借此展示产品并扩大国际市场的意图。与日本双边合作的全面升级，表明了意大利尝试在全球进行战略布局的雄心。

然而，意大利在七国集团普遍关注的俄乌冲突中却近乎“隐身”。在意大利担任轮值主席国期间，七国集团内部的主要矛盾在于美国与欧盟未能就如何为乌克兰提供可持续的经济援助达成一致。美国最初主张没收所有俄罗斯被冻结的资产以支持乌克兰，而欧盟作为俄罗斯资产的最大持有方，不愿为此承担欧元区金融动荡及法律诉讼的风险。[③] 为规避特朗普当选总统后拒绝援助乌克兰的可能，欧盟与美国最终在普利亚峰会上达成临时协议：由七

---

① “Incontro Meloni-Kishida, le dichiarazioni alla stampa”, Governo Italiano Presidenza del Consiglio dei Ministri, 5 febbraio 2024, https://www.governo.it/it/articolo/incontro-meloni-kishida-le-dichiarazioni-alla-stampa/24945，最后访问日期：2024 年 11 月 14 日。

② “Japan-Italy Action Plan (2024-2027)”, Prime Minister's Office of Japan, 14 June 2024, https://japan.kantei.go.jp/content/000150294.pdf，最后访问日期：2024 年 11 月 14 日。

③ “G7 strikes provisional deal on using Russian assets for $50B Ukraine loan”, *Politico*, 13 June 2024, https://www.politico.eu/article/g7-deal-ukraine-russia-assets-loan-war，最后访问日期：2024 年 11 月 14 日；“EU capitals fear Russian retaliation and cyberattacks after asset freezes”, *Politico*, 5 February 2024, https://www.politico.eu/article/russia-cyberattack-retaliation-asset-freezes-eu-war-ukraine，最后访问日期：2024 年 11 月 14 日。

国集团共同为乌克兰提供500亿美元贷款，并以俄罗斯资产的利息作为偿还金。[①] 在这一关键议题的商讨期间，意大利作为轮值主席国主动放弃了发挥协调作用的机会，而选择与欧盟保持一致，这一选择应该主要是出于对俄乌问题敏感性与美国总统换届的考量。不过，美国总统特朗普对俄乌冲突的态度以促和为主，意大利或将再度利用其与俄罗斯的传统友好关系，成为联结七国集团与俄罗斯的关键角色。

四 东方大国：意大利与中国和印度

扩大在亚洲的影响力也是意大利谋求国际地位提升的关键。除七国集团框架下的日本以外，中国与印度都是意大利需要争取的国际合作对象：一方面，意大利致力于修复与稳定对华关系，并希望成为中欧解决贸易摩擦中的沟通桥梁；另一方面，意大利积极推动对印合作，试图以此平衡中国在亚洲的影响。

（一）中意关系重回正轨

自2023年12月低调决定不再续签共同推进“一带一路”建设谅解备忘录至2024年7月签订《中华人民共和国和意大利共和国关于加强全面战略伙伴关系的行动计划（2024—2027年）》，意大利梅洛尼政府初步完成对华战略的调整。意大利重要智库国际政治研究所（ISPI）认为，该行动计划作为梅洛尼访华的重要外交成果，既标志着中意两国关系的“重启”与“去政治化”，也体现了意大利在中欧关系中发挥重要作用的尝试。[②] 在对中

① “G7 Leaders’ Communiqué-Borgo Egnazia, Italy”, European Council, 14 June 2024, https://www.consilium.europa.eu/en/press/press-releases/2024/06/14/g7-leaders-communique-borgo-egnazia-italy-13-15-june-2024，最后访问日期：2024年11月14日。

② Filippo Fasulo, “La visita di Meloni in Cina e il dibattito sugli investimenti cinesi nell’automotive”, Istituto per gli Studi di Politica Internazionale (ISPI), 8 ottobre 2024, https://www.ispionline.it/it/pubblicazione/la-visita-di-meloni-in-cina-e-il-dibattito-sugli-investimenti-cinesi-nellautomotive-186460，最后访问日期：2024年11月25日。

国进行正式访问期间，梅洛尼虽然将中欧贸易摩擦的根源归咎于中国在俄乌冲突中对俄罗斯的经济支持，但也承认欧盟对中国电动车加征的临时关税激化了矛盾。[①] 同时，梅洛尼强调中国是国际关系中不可或缺的重要对话者，并有望成为结束俄乌冲突的关键角色。[②] 这一表态有别于北约华盛顿峰会公报中明确的“集体”对华基调，显得更为缓和与积极。基于对中欧关系的判断及对中国重要性的认识，意大利希望在中欧贸易摩擦中充当协调者，并将其作为实现经济利益与提高国际地位的重要渠道。然而，在欧盟整体对华关系趋于保守的前提下，以欧盟为外交政策中心的意大利，无论从宏观还是具体事务层面，要重新发挥平衡中欧关系的作用都存在难度。

2024 年 11 月，意大利总统塞尔焦·马塔雷拉（Sergio Mattarella）访华进一步稳固了两国关系。在特朗普赢得美国总统选举之际，马塔雷拉选择与中国对话，并强调要“避免回到不合时宜的集团对立的世界”。[③] 作为建制派政治家的马塔雷拉代表了意大利国内的主流声音。虽然马塔雷拉作为总统对意大利对华政策的实质影响有限，但其访华象征着意大利超越政党分歧以与中国发展长期友好关系的愿景。不过在中欧因电动车争端而出现贸易摩擦的背景下，马塔雷拉更多是从文化、教育等低敏感领域推动中意关系。相较其 2017 年访华期间达成的双边协议，马塔雷拉此次访华签订的 10 份合作谅解备忘录都属于中意文化论坛的一部分而不涉及任何经济、技术等相对敏感

---

① “Italy PM Giorgia Meloni denounces Chinese economic support for Russia's war in Ukraine”, *Euronews*, 30 July 2024, https://www.euronews.com/my-europe/2024/07/30/italy-pm-giorgia-meloni-denounces-chinese-economic-support-for-russias-war-in-ukraine，最后访问日期：2024 年 11 月 25 日。

② Joe Cash and Angelo Amante, “Meeting in Beijing, China's Xi and Italy's Meloni discuss conflicts”, *Reuters*, 30 July 2024, https://www.reuters.com/world/italys-meloni-calls-balanced-eu-china-trade-xi-meeting-2024-07-29，最后访问日期：2024 年 11 月 25 日。

③ Concetto Vecchio, “Mattarella in Cina: ‘No ad anacronistici ritorni a blocchi contrapposti’. Xi: ‘Il presidente mio buon amico’”, *La Repubblica*, 8 November 2024, https://www.repubblica.it/politica/2024/11/08/news/mattarella_cina_xi_jinping_pechino-423605667，最后访问日期：2024 年 11 月 25 日。

领域的相关内容。①

在与中国的具体合作议题方面，意大利则是以经济利益为核心。一方面，意大利积极追赶自德拉吉政府以来落后于其他欧盟成员国的对华合作进程。梅洛尼政府与意大利参众两院于2024年先后批准了2019年缔结的《中华人民共和国政府和意大利共和国政府对所得消除双重征税和防止逃避税的协定》。批准该协定是在其他欧盟国家已与中国签订类似协议的情况下，为意大利在华企业争取更具优势的竞争地位。② 另一方面，意大利试图利用中欧在电动车关税议题上的矛盾来振兴本国汽车制造业。意大利希望凭借自身生产链的优势，成为中国电动车企业在欧洲与地中海地区的生产中心，从而实现电动车生产本地化。③ 为此，意大利一边支持欧盟对中国电动车加征关税，一边又向中国电动车企业示好以吸引其到意大利投资。

（二）意印合作进入“蜜月期”

意大利之所以积极与印度发展关系，同样兼具国际战略与产业发展的考量。从国际战略上看，推动意印友好是该国平衡对中国依赖的重要途径。意大利梅洛尼政府自2023年着手修复因“恩里卡·莱克西”号事件而冻结的与印度关系，并在2024年将两国关系推至高峰。2024年6月14日，梅洛尼

---

① “Mattarella：c’ è chi predica contrapposizione contro dialogo，mercati aperti antidoto alla guerra”，*Il Sole 24 ORE*，10 novembre 2024，https：//www. ilsole24ore. com/art/dalla-guerra-ucraina-relazioni-commerciali-la-cina-oggi-mattarella-incontra-xi-jinping-AGRKw6y#U35154011867ZHs，最后访问日期：2024年11月25日。

② Governo Italiano Presidenza del Consiglio dei Ministri，“Comunicato stampa del Consiglio dei Ministri n. 77”，15 aprile 2024，https：//www. governo. it/en/node/25445，最后访问日期：2024年11月25日；“Italia-Cina，dopo il sì del Senato approvata dall’ Aula della Camera la ratifica dell’ accordo per eliminare le doppie imposizioni fiscali”，*Comunicazioneinform*，10 novembre 2024，https：//comunicazioneinform. it/italia-cina-dopo-il-si-del-senato-approvata-dallaula-della-camera-la-ratifica-dellaccordo-per-eliminare-le-doppie-imposizioni-fiscali/#home，最后访问日期：2024年11月25日。

③ Filippo Fasulo，Paola Morselli e Guido Alberto Casanova，“Meloni a Pechino：10 grafici per capire i rapporti Italia-Cina”，Istituto per gli Studi di Politica Internazionale（ISPI），26 luglio 2024，https：//www. ispionline. it/it/pubblicazione/meloni-a-pechino-10-grafici-per-capire-i-rapporti-italia-cina-181883，最后访问日期：2024年11月25日。

与印度总理莫迪会晤，并邀请其参加正由意大利主办的普利亚七国集团峰会。[①] 双方又于 11 月 18 日在里约热内卢二十国集团峰会中签署《意大利-印度联合战略行动计划（2025—2029）》。[②] 在两次峰会中，意大利与印度都讨论了“印度—中东—欧洲经济走廊”（IMEC）计划，并承诺将加强海陆基础设施合作。该计划与“一带一路”倡议相似，但其资金来源与具体方案始终模糊。相较之下，虽然意大利不再与中国续签共同推进“一带一路”建设谅解备忘录，中资企业仍持续投资意大利的基础设施建设。例如中国远洋海运集团于 2024 年 1 月收购了意大利国际综合物流公司 TRASGO。[③]

在具体合作议题中，振兴国防工业是意大利积极推动意印关系背后的主要关切。两国虽然希望在《意大利-印度联合战略行动计划（2025—2029）》的框架下开展全方位合作，但目前仅在国防工业领域有所进展。在 2023 年意印伙伴关系升级的基础上，莱昂纳多公司于 2024 年 3 月授权印度航空公司 Universal Vulkaan Aviation Pte. Limited 为其在印度民用直升机市场的经销商，并签署了 AW09 等四种机型的销售合同。[④] 该合作预计将扩大意大利防务工业在亚洲地区的市场。同时，梅洛尼与意大利众议院分别于 2024 年 5 月和 7 月批准了该国与印度在 2023 年签署的国防部门合作协定。

① “Modi, Meloni review progress of India-Italy strategic partnership at G7 Summit”, *The Hindu*, 15 June 2024, https://www.thehindu.com/news/international/modi-meloni-review-progress-of-india-italy-strategic-partnership-at-g7-summit/article68292427.ece，最后访问日期：2024 年 11 月 25 日。

② Italian Government Presidency of the Council of Ministers, “Italy-India Joint Strategic Action Plan 2025-2029”, 13 November 2024, https://www.governo.it/sites/governo.it/files/India_Italy_Joint_Strategic_Action_Plan_13_November_24.pdf，最后访问日期：2024 年 11 月 25 日。

③ “How China's Cosco continues to invest in Italy”, *Decode39*, 16 January 2024, https://decode39.com/8647/how-china-cosco-invest-italy，最后访问日期：2024 年 11 月 25 日。

④ “EBACE 2024: Leonardo strengthens its role in the VIP-CORPORATE helicopter market with new AW09 single engine distributorship agreements and multiple-types orders”, *Leonardo*, 29 May 2024, https://www.leonardo.com/en/press-release-detail/-/detail/29-05-2024-labace2024-leonardo-strengthens-its-role-in-the-vip-corporate-helicopter-market-with-new-aw09-single-engine-distributorship-agreements-and-multiple-types-orders，最后访问日期：2024 年 11 月 25 日。

该协定旨在配合印度发起的“印度制造”倡议，并且提出意大利与印度将共同开发并生产国防装备，这将进一步服务于意大利国防工业的发展。[①] 在此基础上，意大利和印度于 2024 年 10 月在“加富尔”号航空母舰上举行“国防工业论坛”，并将合作内容从空军拓展至潜艇、舰艇以及海军电子战系统等海军领域。[②]

五　全球南方：意大利与非洲及中东

2024 年，意大利梅洛尼政府继续以包括北非及中东在内的“大地中海”地区为抓手，期望与全球南方建立更广泛的联系。其中，为解决意大利及欧洲的能源与移民问题，“重返非洲”成为意大利的重要目标。在 2024 年 1 月 28~29 日举行的意大利-非洲峰会上，双方以“共同发展的桥梁”为主题，并首次将会议提升至领导人级别。[③] 意大利政府 2023 年提出的“马泰计划”作为此次会议的核心内容，被细化为教育与培训、农业、卫生、能源、水资源、基础设施六个方面。其中，意大利最为看重能源领域的项目合作。以意大利与突尼斯的合作为例，意大利于 5 月 10 日授权本国电网运营商 Terna 和突尼斯电网运营商突尼斯电力和天然气公司（STEG）建设埃尔梅德（Elmed）电力互联互通项目。意大利环境与能源安全部部长吉尔贝

① Governo Italiano Presidenza del Consiglio dei Ministri，“Comunicato stampa del Consiglio dei Ministri n. 83”，28 maggio 2024，https：//www. governo. it/it/articolo/convocazione - del - consiglio- dei - ministri - n - 83/25889，最后访问日期：2024 年 11 月 25 日；“Ratifica ed esecuzione dell'Accordo tra il Governo della Repubblica italiana e il Governo della Repubblica d'India sulla cooperazione nel settore della difesa，fatto a Roma il 9 ottobre2023 A. C. 1915”，Camera dei deputati Servizio Studi，26 July 2024，https：//documenti. camera. it/leg19/dossier/pdf/ES0206. pdf，最后访问日期：2024 年 11 月 25 日。

② Ministero della Difesa，“‘Defence Industry Forum’tra Italia e India”，4 ottobre 2024，https：//www. difesa. it/sgd-dna/notizie/defence-industry-forum-italia-india/56960. html，最后访问日期：2024 年 11 月 25 日。

③ Italian Government Presidency of the Council of Ministers，“Italia-Africa. A bridge for common growth”，29 January 2024，https：//www. governo. it/en/articolo/italia-africa-bridge-common-growth/24853，最后访问日期：2024 年 11 月 30 日。

托·皮凯托·弗拉廷（Gilberto Pichetto Fratin）表示，这将有利于意大利巩固其作为欧洲与地中海电力枢纽的地位，并促使其成为主要的国际参与者。[①] 教育与培训等其他领域的项目则旨在从根源上解决移民问题。梅洛尼在意大利-非洲峰会上强调，改善刚果供水网络等合作项目在释放非洲发展潜力的同时，也确保了非洲年轻一代享有不被迫移民的权利。[②]

意大利还进一步希望成为沟通非洲及中东地区与西方国家间的外交桥梁。针对非洲各国，意大利一方面借助七国集团轮值主席国及欧盟成员国的身份在该地区发挥更显著的作用，另一方面凭借与非洲国家的传统关系争取在欧盟中的话语权。梅洛尼在意大利-非洲峰会开场时即承诺，意大利将利用七国集团轮值主席国对议程的决定权，推动非洲议题成为普利亚峰会的重点关切。而欧盟机构也为“马泰计划”框架下的互联互通项目提供了有力支持。例如，在前述埃尔梅德项目筹集的8.5亿欧元投资中，超过3亿欧元将由连接欧洲基金（CEF）提供，欧洲投资银行与欧洲复兴开发银行也将为其提供融资。[③] 与此同时，意大利又借意大利-非洲峰会向欧洲伙伴彰显其作为欧非关系重要驱动力的地位，进而提升在欧洲对非政策中的话语权。尽管如此，法国、德国和西班牙等主要欧盟成员国都未出席该峰会，这意味着意大利可能在对非合作领域面临欧盟其他成员国的竞争而非追随。[④]

针对中东局势，意大利试图成为冲突各方的关键调解者，但其盟友矛盾和国内分歧限制了其在加沙冲突中施加影响。自梅洛尼上任以来，意大利政

---

① “Elmed：MASE authorises the Italy-Tunisia interconnection”，Terna Driving Energy，15 May 2024，https：//www.terna.it/en/media/press-releases/detail/elmed-mase-authorises-italy-tunisia-interconnection，最后访问日期：2024年11月30日。

② Italian Government Presidency of the Council of Ministers，“President Meloni's opening address at the Italia-Africa Summit”，29 January 2024，https：//www.governo.it/en/articolo/president-meloni-s-opening-address-italia-africa-summit/24861，最后访问日期：2024年11月30日。

③ “The Connection with the Future Energy”，ELMED Project，https：//elmedproject.com，最后访问日期：2024年11月30日。

④ Filippo Simonelli，Maria Luisa Fantappiè and Leo Goretti，“The Italy-Africa Summit 2024 and the Mattei Plan：Towards Cooperation between Equals?”，Istituto Affari Internazionali（IAI），11 March 2024，https：//www.iai.it/it/pubblicazioni/italy-africa-summit-2024-and-mattei-plan-towards-cooperation-between-equals，最后访问日期：2024年11月30日。

府就积极在中东开展外交斡旋。在以色列和黎巴嫩发生冲突以后，梅洛尼成为首位访问黎巴嫩的外国政府首脑。① 在2024年11月25~26日举行的七国集团外交部长峰会上，意大利外交部长塔亚尼引入新议程：鉴于国际刑事法院已对以色列总理内塔尼亚胡和哈马斯军事首脑发布逮捕令，各成员国应就支持该逮捕令达成一致。② 然而，美国并不是国际刑事法院成员国，同时也出于支持以色列的考虑强烈谴责该裁决，2025年1月上任的特朗普很可能将在该议题中持更偏激的态度，这使得意大利几乎无法在巴以问题上发挥实际作用。此外，梅洛尼政府的内部分歧也使意大利难以在加沙冲突中全力斡旋：内塔尼亚胡在该裁决后仍受到意大利副总理萨尔维尼的欢迎，而梅洛尼则因国内舆论压力而逐渐倾向于同情和支持巴勒斯坦。③

六　结语

2024年，梅洛尼政府的外交工作回到意大利的平衡外交传统，虽然在具体实践中仍有各类问题亟待解决，但已取得一些初步成果。在国内层面，经济低迷、难民危机、能源短缺等问题得到一定缓解，国防工业振兴也逐步提上日程。在国际层面，意大利既增强了在欧盟、北约和七国集团中的参与度和话语权，也与亚洲大国和“大地中海”地区发展了友好关系。

总体而言，梅洛尼政府的平衡外交政策在传统模式的基础上有所创新：一般的平衡外交要求国际环境尽可能保持稳定，而意大利似乎利用了当前动

---

① Alvise Armellini, “G7 seeks unity on ICC arrest warrant for Netanyahu”, *Reuters*, 26 November 2024, https://www.reuters.com/world/g7-seeks-unity-icc-arrest-warrant-netanyahu-2024-11-25, 最后访问日期：2024年11月30日。

② “Tajani says working for united G7 position on ICC: Political not just justice issue says FM at Fiuggi”, *ANSA*, 25 November 2024, https://www.ansa.it/english/news/2024/11/25/tajani-says-working-for-united-g7-position-on-icc_e0cbb6c9-d937-4510-a7ce-7a097d631c7a.html, 最后访问日期：2024年11月30日。

③ “Netanyahu would be welcome in Italy says Salvini: Disrespectful to call democratic leader a war criminal-deputy PM”, *ANSA*, 22 November 2024, https://www.ansa.it/english/news/2024/11/22/netanyahu-would-be-welcome-in-italy-says-salvini_1158f1c4-f9a2-45ef-a080-54728e42f077.html, 最后访问日期：2024年11月30日。

荡的国际局势。在俄乌冲突持续、中欧发生贸易摩擦以及中东地区局势升级的背景下，危机管控是国际社会的普遍诉求。这不仅需要负责任的大国发挥领导力和影响力，同样也需要意大利这样的中等强国在冲突各方之间进行斡旋。梅洛尼政府自上任以来就主动与各方建立友好关系，在一定程度上为意大利提供了成为“国际中间人”的契机。然而，意大利的平衡外交仅初具雏形，除美国的“不可抗力”影响以外，梅洛尼政府能否稳定执政是能否落实该战略的关键。国内政治的波动有可能转移梅洛尼政府的外交注意力，从而导致平衡外交政策难以取得预期成效。接下来，若梅洛尼能够持续领导右翼联盟，其左右逢源的外交政策或将进一步“开花结果”。

专题篇

B.6

意大利视角下的2024年欧洲议会选举

〔意〕朱塞佩·达维其诺*

摘　要：　2024 年欧洲议会选举在欧盟两个最大的成员国德国和法国引发了“政治地震”。尽管欧盟第三大国意大利的投票弃权率较高，但选举后其国内政治体系似乎得到了巩固，表现为政府更加强大，同时部分反对党也对自身能力更有信心。总体而言，欧洲议会中各党团的力量对比在选举前后没有发生根本性变化，这使得多数派构成和欧盟委员会主席人选能够保持连续性，冯德莱恩成功连任。面对当前总体形势，新一届欧盟领导层需要果断决策，推动变革。随着全球其他主要行为体影响力日益扩大，欧盟唯有内部团结一致，才有望在国际舞台上发挥领导作用。在全球层面，团结也至关重要。意大利总统塞尔焦·马塔雷拉强调，唯有全球团结协作，才能应对人类面临的共同挑战。

* 朱塞佩·达维其诺（Giuseppe Davicino），资深记者，政治和社会问题专家，在线杂志《明日议程》（*Agenda Domani*）负责人，意大利政治、经济与社会研究所（EURISPES）“金砖国家研究室”创始成员（2015 年至今），非营利组织“连接意大利”（Connect-Italia）联合创始人。

关键词： 欧洲议会选举 欧盟委员会 意大利 德国 法国

引 言

2025 年，意大利将迎来解放 80 周年。1945 年 4 月 25 日，意大利从纳粹法西斯统治下获得解放。1946 年 6 月 2 日，意大利通过全民公投，选择了现行的共和政体，取代了自 1861 年意大利国家统一以来萨伏伊王朝统治下的君主政体。1948 年 1 月 1 日，《意大利共和国宪法》正式生效，并沿用至今，尽管某些非核心条款经历了一些修改。意大利虽然是一个继承了 3000 年文明和历史的国家，但是与世界上许多其他国家一样，其现行制度架构是在二战这一历史悲剧之后形成的。在公共讨论中，意大利共和国近 80 年的历史一般被分为“第一共和国”和“第二共和国”两个不同阶段。然而，从宪法角度看，“第二共和国”的表述并不准确，因为意大利的议会共和政体并未发生改变。相比之下，意大利的近邻法国的确有理由说自己迎来了“第五共和国”，因为其政体经历了从议会制到半总统制的转变。在意大利的政治辩论中，“第一共和国”始于共和国诞生之日，更准确地说，始于 1948 年 4 月 18 日，即制宪阶段完成后的首届议会选举举行之日。在这次选举中，天民党（DC）创始人之一阿尔契德·加斯贝利（Alcide De Gasperi）领导的中间阵营赢得了大选。该阵营致力于加入西方阵营，并推动欧洲一体化进程，赢得了大多数选民的支持。

意大利“第一共和国”看似脆弱，政府更迭频繁，实际上却展现出显著的政治稳定性。天民党连续执政近半个世纪，直至 1993 年因多起司法调查而终结。其中，最著名的司法调查是“净手运动”（mani pulite），旨在打击当时的腐败现象（后被称作“tangentopoli”，即“贿赂之城”）。在一些人看来，这场运动尽管带来了重要的司法影响，但实际上是高度政治化的操作。在另一些人看来，这场运动则是司法机构的必要干预。在“第一共和国”时期，意大利政府未能实现轮替，最大的反对党——意大利共产党

(PCI) 也没能上台执政。直至 20 世纪 70 年代末，受到所谓的“K 因素”(来自俄语“Kommunizm”，即“共产主义”) 的限制，意大利共产党始终未能进入政府。由于意大利共产党并未完全接受意大利加入大西洋联盟的选择，其没能上台执政也在很大程度上有助于维护欧洲的政治平衡。欧洲的政治平衡始于 1945 年的《雅尔塔协定》，持续到 1989 年柏林墙倒塌。在全球联系日益紧密的背景下，意大利位于地中海的中心，连接大西洋和印度洋-太平洋之间的航线，是东西方、南北方的天然桥梁，因此具有突出的地缘政治重要性。

“第一共和国”时期，世界见证了意大利非凡的经济发展，其增长势头可与中国实行改革开放以来的发展相媲美。20 世纪 50 年代至 60 年代，意大利实现了高速经济增长。从 1951 年到 1963 年，意大利国内生产总值年均增长率达到 5.9%，1961 年甚至达到了 8.3%的高峰，这一时期的发展因此被誉为意大利的“经济奇迹”或“经济繁荣”。这一快速增长得益于多种因素，其中包括实质上的社会民主主义经济政策的实施。这一经济政策不仅成功瓦解了由意大利共产党主导的左翼反对派统一战线，还逐渐将意大利社会党 (PSI) 吸纳到政府中来。

在“第一共和国”时期的混合经济模式下，公有部门和私有部门协同发展，共同参与国家建设。意大利政府通过掌控战略性工业集团，例如金融信贷、能源、基础设施和交通、机械制造、国防、化工和制药等，起到引领国家经济和社会发展的作用。意大利埃尼集团 (Eni) 创始人恩里科·马泰在推动混合经济模式走向成功的过程中发挥了关键作用。马泰于 1953 年创立埃尼集团，并由此开启了发达国家与发展中国家之间、原材料出口国之间经济关系的深刻变革，推动了更加平等互利的国际经济合作模式。马泰被视作践行不同国家、不同文化、不同制度之间平等互利、合作共赢精神的先驱，意大利政府因此用他的名字命名其 2023 年提出的对非关系倡议。“马泰精神”同样应当是 21 世纪国际关系的底色，即面对人类的共同挑战，不同国家应彼此尊重、携手合作。他的理念与 2024 年通过的联合国《未来契约》的目标以及金砖国家倡导的“共赢”精神不谋而合。

意大利“第二共和国”始于1994年，这一年的议会选举首次采用了多数制选举法，而非自意大利共和国成立以来一直使用的比例制选举法。最终，此前一直为政治素人的传媒大亨西尔维奥·贝卢斯科尼意外胜选。自那时起，“第二共和国”似乎一直处于向新政治体制过渡的阶段，这一进程至今仍未完成。在这一时期形成的政党是2022年意大利大选和2024年欧洲议会选举的主角。“第二共和国”时期，意大利社会焦虑加剧、财富减少、不平等扩大，劳动者贫困和社会流动停滞现象再度出现。此外，意大利人对未来的期待降低，国家面临严重的人口数量下降问题，公民政治参与也出现严重危机。在过去30年中，意大利的社会结构经历了显著变化，面临生活风险的公民人数再次超过了享有相对更多保障的公民人数。欧洲权威智库之一——意大利政治、经济与社会研究所（EURISPES），提前捕捉到了这一重大社会转变，即在21世纪头十年末，意大利的“三分之二社会”[①] 宣告终结。然而，需要看到，在过去30年中，意大利经济仍实现了一定的增长，公民平均受教育水平有所提高，地方经济区和产业链也得到进一步细化，仍在持续创新。“第二共和国”时期的意大利政治反映了上述变化和危机。在笔者看来，这些变化和危机，正是理解过去30年意大利政党及其领导人快速更迭的关键所在。

一　2022年议会选举：从德拉吉政府到梅洛尼政府

20世纪90年代初的“净手运动”，彻底摧毁了曾引领意大利战后复兴的“第一共和国”政党体系。由此产生的政治真空并未由意大利共产党的继承者——转向市场经济和大西洋主义的左翼民主党（PDS）填补，而是由

① 德国学者、政治家彼得·格洛茨（Peter Glotz）于20世纪80年代提出了“三分之二社会”（società dei due terzi）理论，该理论指社会存在分化，其中“三分之二”的人口被视为“有保障者”（garantiti），包括经济主导阶层、技术工人和有稳定工作的工人，而剩余的“三分之一”则是“无保障者”（non garantiti），包括低收入者、最低养老金领取者、失业者、找不到工作的青年以及其他社会边缘群体。该理论强调了在经济和社会层面，被排除在主流社会之外的人群所面临的不同形式的不平等和挑战。——译者注

企业家贝卢斯科尼创立的意大利力量党（FI）占据。意大利力量党主张自由民主主义，带有民粹主义特点，赢得了1994年的议会选举。此次选举首次采用多数制选举法，贝卢斯科尼为扩大中右阵营，与国家联盟（AN）展开合作。国家联盟是1994年新成立的政治力量，旨在为意大利右翼建立一个新的、更广泛的联盟，与欧洲保守力量保持一致，并与后法西斯主义的意大利社会运动党（MSI）划清界限。自那时起，摒弃了法西斯意识形态遗产的意大利右翼政党在意大利政治体系中被合法化，并取得了一系列重要的政治成就，直至2022年9月25日，焦尔吉娅·梅洛尼领导的意大利兄弟党（FDI）赢得了议会选举。然而，意大利右翼政党达成这一目标的道路实际充满曲折。国家联盟是贝卢斯科尼的忠实盟友，两党共同经历了1994年、2001年和2008年的大选胜利，以及1996年和2006年的大选失败。2009年，中右阵营两大政党——国家联盟与意大利力量党合并，组建起自由人民党（PDL）。然而，2011年底贝卢斯科尼政府倒台，开启了一个新的政治阶段，其特点是出现了“大联合政府”，即得到中右阵营和中左阵营两派政党共同支持的政府。但这也导致了自由人民党的分裂，贝卢斯科尼领导的中右派在2013年11月重新回归意大利力量党，而右派则在梅洛尼（现任总理）、克罗塞托（现任国防部长）和拉鲁萨（现任参议院议长）的领导下，于2012年12月成立了新的政党——意大利兄弟党。该党最初由拉鲁萨领导，自2014年起由梅洛尼领导。在2013年的议会选举中，该党仅获得了2%的选票和9个席位。此后，意大利兄弟党选择了坚守反对党位置的策略，即在2013~2022年，没有加入任何一届政府。9年之后，这一策略最终得到了回报。

想要理解梅洛尼在2022年大选中的崛起，需要考虑一个关键因素，即先前民粹主义领导人的衰落。2011年，贝卢斯科尼最后一届政府倒台后，意大利选民（特别是日益焦虑并陷入衰退的中产阶级）开始寻求新的领导者。他们最初以为在民主党（PD）（2007年由前意大利共产党和前天民党成员共同创立）书记和总理马泰奥·伦齐身上找到了这种领导力。伦齐在2014年欧洲议会选举中赢得了40%的选票，但是在2016年12月的宪法改革公投失败后被迫辞职。两年后，在 2018 年议会选举中，意大利选民被五星运动（M5S）的民粹主义和反政治主张吸引。五星运动由喜剧演员贝佩·格里洛创立，在大选中获得了超过 32%的选票，成为议会第一大党，并随后组建政府，由朱塞佩·孔特出任总理。但五星运动因内部缺乏共同的政治文化，其政策立场摇摆不定，很快在一年之后就失去了选民的信任。2019 年，选情朝着有利于其执政伙伴——萨尔维尼领导的联盟党（Lega）的方向发展。联盟党的前身——北方联盟（Lega Nord）是意大利“第二共和国”时期诞生的一个持分离主义主张的政党，主要根基在意大利北方。在萨尔维尼的领导下，联盟党转型为右翼民粹主义和民族主义政党，并在 2019 年的欧洲议会选举中获得 34%的选票，成为得票率最高的政党。然而，这一结果非但未能巩固联盟党在政府中的根基，反而加速其脱离政府。2019 年 9 月，五星运动和民主党共同组建了“红黄政府”，孔特再次出任总理。然而，这届政府也未能完成任期。意大利在新冠疫情紧急状态的冲击下陷入停滞，民众对于仅为赢得支持而做出的不切实际的承诺感到厌倦，国家迫切需要新的动能重启和发展。在此背景下，2021 年 2 月，由欧洲中央银行前行长马里奥·德拉吉领导的政府成立，得到了中左阵营和中右阵营主要政党的支持，梅洛尼领导的意大利兄弟党则留在了反对党位置。尽管如此，意大利兄弟党对德拉吉始终保持尊重。许多观察家认为，德拉吉政府为意大利的复苏奠定了基础。然而，2022 年 7 月，由于大联合政府内部不同政党之间的分歧，受到普遍好评的德拉吉政府被迫倒台。

2022 年 9 月 25 日，大选提前举行。意大利的议会由众议院和参议院构成，实行对等两院制。若想执掌政府，必须在两院中均获得绝对多数席位。2022 年的议会选举采用了《罗萨托法》（*Rosatellum*），该选举法采用混合选举制，约 1/3 席位通过多数制选举产生，另外 2/3 席位通过比例制选举产生，且仅有一轮投票。该选举法有利于在大选前结盟的政党。此次议会选举的投票率创下意大利共和国历史上的新低，仅有 63.91%的选民参与了投票。结果与此前民调大体一致，由意大利兄弟党、意大利力量党、联盟党和“我们温和派”（Noi Moderati）组成的中右阵营赢得了大选，在众议院获得

了43.8%的选票。最大的惊喜来自意大利兄弟党，其支持率从2018年的4.3%飙升至25.98%，成为胜选的中右阵营中得票率最高的政党。党首梅洛尼因而被提名为新一届政府总理，由共和国总统塞尔焦·马塔雷拉授权其组建新政府。由民主党、“绿色和左翼联盟”（Alleanza Verdi e Sinistra）和“欧洲+”（+Europa）组成的中左阵营的得票率为26%，五星运动得票率为15.43%，中间阵营意大利活力党（Italia Viva）和行动党（Azione）合计获得约8%的选票。

2022年10月22日，梅洛尼政府正式成立。这是意大利自统一以来首个由女性出任总理的政府。在欧洲层面，自2018年起，梅洛尼领导的意大利兄弟党即为欧洲议会党团欧洲保守派和改革主义者联盟（ECR）的一员。2020年，梅洛尼当选为该党团主席。

二 2024年欧洲议会选举

（一）意大利选举情况

2024年欧洲议会选举于6月8日和9日举行。在意大利，共选出76名意大利籍欧洲议会议员（欧洲议会议员总数为720人）。此次选举的投票率仅为48.3%，创下了意大利欧洲议会选举史上的新低。

对于中右阵营而言，2024年欧洲议会选举是继2022年大选之后最重要的一场选举。尤其对总理梅洛尼而言，此次选举是对其领导的政府和意大利兄弟党的一次考验。意大利兄弟党在2022年的意大利大选中赢得了25.98%的选票，而2019年欧洲议会选举该党仅收获了6.44%的选票。2024年欧洲议会选举采用比例制选举法，中右阵营的各党派均取得了积极的选举结果。联盟党获得了8.97%的选票；意大利力量党在创始人西尔维奥·贝卢斯科尼去世后，联合“我们温和派”参选，获得了9.58%的选票；而梅洛尼领导的意大利兄弟党以28.75%的得票率，巩固了其第一大党的地位。

2024年欧洲议会选举对于意大利中左翼政党同样是一场“大考”。2022

年大选失利后，民主党启动了新任总书记的选举程序。党内初选首先由党员投票，艾米利亚-罗马涅大区主席博纳奇尼（Stefano Bonaccini）获得领先。然而，在 2023 年 2 月 26 日对所有民主党选民开放的投票中，候选人艾莉·施莱因（Elly Schlein）逆转取胜，成为该党历史上首位女性领导人。施莱因展现出了领导者的潜质，并明确了自己的政治目标，即打造一个尽可能广泛的中左阵营，以对抗中右阵营。在 2024 年欧洲议会选举中，民主党取得了不俗的成绩，获得了 24.11%的选票，这一结果巩固了施莱因的地位。预计在 2027 年的大选中，她将成为梅洛尼最主要的竞争对手。

由安杰洛·博内利（Angelo Bonelli）领导的欧洲绿党（Europa Verde）和尼古拉·弗拉托亚尼（Nicola Fratoianni）领导的意大利左翼党（Sinistra Italiana）组成的绿左联盟表现亮眼，得票率上升至 6.79%。相比之下，五星运动的表现令人失望，得票率下降至 9.98%。而中间党派的表现更为糟糕，由意大利活力党和“欧洲+”组成的“欧洲合众国”（Stati Uniti d'Europa）和卡兰达领导的行动党，均未能达到得票率 4%这一进入欧洲议会的最低门槛。

（二）欧盟其他国家选举情况

德国在欧洲议会中拥有的席位最多，共 96 席。2024 年的欧洲议会选举结果显示，无论是总理奥拉夫·朔尔茨所在的德国社民党（SPD，“红党”），还是“交通灯”政府中其余两党——自民党（FDP，“黄党”）和绿党，得票率相较于 2021 年德国联邦选举均出现大幅下滑。社民党得票率仅为 13.9%，从第一大党的位置跌至第三位，被中右政党基民盟（CDU）和基社盟（CSU）组成的联盟党（得票率 30%）以及极右翼政党德国选择党（AfD）（得票率 15.9%）超越。值得注意的是，从德国左翼党（Die Linke）分裂出来的莎拉·瓦根克内希特联盟（BSW）首次参选表现不俗，获得了 6.2%的选票。德国欧洲议会选举的结果被视作对政府政策的否定，尤其是在环境、能源和移民三个议题上。

法国在欧洲议会中拥有 81 席。欧洲议会选举结果，对法国政府和总统马克龙本人均是沉重打击。极右翼政党国民联盟（RN）在乔丹·巴尔德拉（Jordan Bardella）和玛丽娜·勒庞（Marine Le Pen）的领导下，以超过31%的得票率拔得头筹。马克龙领导的复兴党仅获得14.60%的选票，远远落后于国民联盟。两个左翼政党紧随其后，社会党（PS）获得了13.83%的选票，让·吕克·梅朗雄（Jean-Luc Melenchon）领导的“不屈的法兰西”（LFI）获得9.89%的选票。与执政党保持一致的共和党和中间派支持的竞选名单获得7.25%的选票。绿党“生态欧洲”（Europe Écologie）和埃里克·泽穆尔（Éric Zemmour）领导的极右翼政党“重新征服”（Reconquête）得票率为5%，勉强超过了进入欧洲议会的得票门槛。法国的“政治地震”强度甚至超过了德国，导致马克龙在2024年6月9日选举当晚出人意料地宣布解散国民议会，即法国议会的下议院，提前举行大选。

欧盟另一重要的成员国西班牙拥有61个欧洲议会席位。此次欧洲议会选举结果同样对西班牙的执政党不利。首相佩德罗·桑切斯（Pedro Sánchez）领导的工人社会党（PSOE）获得了30.19%的选票，被人民党（PP）以34.21%的得票率超越。极右翼政党呼声党（Vox）获得了9.63%的选票。

总体而言，欧洲议会选举结果显示，传统上构成欧洲议会多数派的欧洲议会党团（尽管内部差异显著），如欧洲人民党党团（EPP）、社会主义者和民主人士进步联盟（S&D）等，虽然整体上失去了部分选票，但仍保住了各自在欧洲议会中的地位。欧洲人民党再次成为欧洲议会第一大党团，社会主义者和民主人士进步联盟基本维持了自身地位。极右翼政治力量有所上升，但影响低于预期。

三　欧洲议会选举后的意大利政治

与德国和法国不同，意大利在欧洲议会选举中的表现并未对执政党造成不利影响，反而巩固了政府的根基。尽管投票率有所下降，实际票数减少，但执政党在得票率上仍有小幅增长。这一结果似乎有助于政府继续推行在国内和国际层面的议程。

在国内层面，梅洛尼政府上台后即面临一系列难题，特别是能源价格飞涨，几乎波及所有商品和服务。能源问题主要归结于两大国际因素影响，即新冠疫情和俄乌冲突。尽管如此，欧洲议会选举结果使得梅洛尼政府能够维持其国内政治议程中的三大优先事项，分别是关于“直选总理”改革、大区差异化自治改革和司法改革。

意大利中右政府提出的宪法改革，旨在引入“直选总理”机制，从而增强总理权力。总理选举与议会选举同时进行，确保总理由选举中获得多数支持的政党或联盟的领导人担任。然而，反对派担心这一改革过度强化行政权力，会削弱议会权力，进而导致权力失衡，并指责政府试图引入一种缺乏制度制衡的隐性总统制。

大区差异化自治改革旨在构建落实宪法第五章（2001 年由中左政府修改）的程序：确定全国范围内统一的最低限度的义务后，每个大区都可以与国家就 23 个事项达成协议。对此，反对派宣布将收集民众签名，发起全民公投以废除此项改革。

梅洛尼联合司法部长卡洛·诺尔迪奥（Carlo Nordio），提出了一项宪法修正草案，旨在进行司法改革。此次改革的核心，当然也是最具争议之处，在于法官与检察官的职业路径分离，[①] 并据此分别建立承担审判职能和检察职能的两个最高司法委员会。此项改革引发了相当激烈的政治争论，并且争论具有鲜明的意识形态色彩。实际上，这一改革触及了过去 30 年来的一个敏感问题，即意大利政治和司法的关系问题，这一关系自“第一共和国”终结以来就一直备受争议。

在国内外议程的交汇点上，移民议题成为焦点。梅洛尼政府的策略旨在

① 在意大利现行制度下，法官（giudici）和检察官（pubblici ministeri）隶属于统一的司法职业体系，他们都被视为“司法官”（magistrati），受同一个机构——最高司法委员会（Consiglio Superiore della Magistratura，CSM）管理。法官和检察官在履行职能初期接受相同的培训，而且意大利允许法官和检察官在其职业生涯中互相转换职业（比如法官转为检察官，反之亦可）。——译者注

遏制流向意大利及欧盟的非法移民，并为合法劳工类移民提供规范的入境渠道。为此，意大利与非法移民线路上的国家，尤其是突尼斯和利比亚，签订了相关协议。梅洛尼政府还计划对非法入境者进行遣返和重新安置。相应的举措是在欧盟边界外建立收容中心，用以安置非法移民。目前意大利与阿尔巴尼亚政府合作建立了首个此类中心。欧盟各成员国对意大利的这一做法意见不一，在意大利国内，反对派严厉批评政府此举仅服务于宣传目的，不仅浪费公共资金，而且无法解决非法移民问题。

意大利欧洲议会选举的结果不仅强化了其政府，似乎也提升了意大利在欧盟内的影响力，主要体现在新一届欧盟领导层的提名上。意大利政府希望在冯德莱恩领导的欧盟委员会中获得一个重要职位。最终，梅洛尼政府提名的拉斐尔·菲托（Raffaele Fitto）成功被任命为欧盟委员会执行副主席，负责团结与改革事务。菲托是梅洛尼政府的部长，也是意大利兄弟党成员，其基督教民主派的文化背景，得到了欧洲人民党党团的支持。然而，获得这一职位的过程并非一帆风顺，原因是菲托所属的欧洲保守派和改革主义者联盟在 2024 年 7 月 18 日的投票中并未支持冯德莱恩连任欧盟委员会主席，且未加入欧盟委员会执政联盟。菲托最终成功进入欧盟委员会并且成为执行副主席，与梅洛尼的努力密不可分。

意大利政府在欧洲议会选举中取得的良好成绩，也使得总理梅洛尼在国际政治舞台上更加自信。2024 年，意大利担任七国集团轮值主席国。在欧洲议会选举后一周后，七国集团峰会在普利亚召开。普利亚位于意大利东南部，自古以来便是推动东西方对话的天然桥梁。在七国集团峰会上，意大利作为主办国，强调了在联合国框架内构建新多边主义世界秩序的必要性。2024 年 9 月，在那不勒斯举行的七国集团国防部长会议上，意大利国防部长克罗塞托指出，“无论是七国集团，还是北约，任何少数国家组成的集团，都已不足以应对全球危机”，暗指金砖国家也是如此。他强调，“除非更多国家开展广泛的国际合作，否则我们无法走出当前诸多危机”。简言之，梅洛尼政府呼吁合作，反对阵营对抗。

意大利还致力于加强与中国的对话与合作。2024 年 7 月底，梅洛尼总理成功访华。此次访问正值中意全面战略伙伴关系建立 20 周年以及马可·波罗逝世 700 周年。2024 年 11 月 6～12 日，意大利共和国总统塞尔焦·马塔雷拉对中国进行国事访问，进一步巩固了两国关系。

在欧洲议会选举后，意大利中左翼反对党似乎也在一定程度上得到了加强，尤其是左翼政党。民主党巩固了其在进步主义阵营中第一大党和意大利议会第二大党的位置，党派书记施莱因被视为最有可能挑战现任总理梅洛尼的领导人。选举分析专家认为，施莱因要想在未来选举中获胜，不仅需要争取扩大选民基础，更重要的是整合已有但分散的选票。鉴于当前选民投票弃权率不断提高，且许多选民更倾向于为他们一贯支持的政党投票，想要实现上述目标，对所有政党而言都极其困难。

在意大利的政治环境中，特别是在地方选举层面，中间派选民的投票倾向更容易发生变化，更可能从支持当前执政联盟转向支持反对派政党。欧洲议会选举削弱了中左翼政党中偏中间派的政党，例如行动党和意大利活力党，但上述党派的影响力并未完全消失。同时，选举似乎加强了与梅洛尼政府结盟的中右翼政党——意大利力量党。该党属于欧洲人民党党团，目前由安东尼奥·塔亚尼领导。塔亚尼是一位有重要影响力的政治人物，曾任欧盟委员会委员和欧洲议会议长，目前在梅洛尼政府任副总理兼外交部长。

四　欧洲议会选举后的欧盟：变化及主要挑战

欧洲议会选举对德国和法国这两个欧盟最大的成员国的国内政局产生了深远影响。在德国，执政党联盟在欧洲议会选举中的失利，加剧了朔尔茨政府的危机。2024 年 9 月，德国东部三个主要州——图林根州、萨克森州和勃兰登堡州的地方选举结果（尽管在勃兰登堡州社民党候选人以微弱优势获胜），进一步加剧这一危机。2024 年 11 月 6 日，由社民党、绿党和自民党组成的“交通灯”执政联盟最终走向瓦解。由于在政府预算和经济政策上的重大分歧，德国总理朔尔茨解雇了财政部长克里斯蒂安·林德纳（Christian Lindner），进而导致林德纳领导的自民党退出联合政府。在 2024

年 12 月 16 日的议会信任投票中，德国总理朔尔茨未能获得多数议员支持。德国各党派磋商后，在 2025 年 2 月 23 日举行提前大选。

在法国，如前文所述，总统马克龙在欧洲议会选举当晚宣布提前举行大选，选举于 2024 年 6 月 30 日和 7 月 7 日分两轮进行。选举结果并未产生一个明确的议会多数派，而是形成了一个由三个少数派集团组成的分裂议会。其中，新成立的左翼联盟“人民新阵线”（Nuovo Fronte Popolare）获得了全部 577 个议会席位中的 188 席，排名第一；支持总统马克龙的中间联盟“一起”（Ensemble）获得 161 席；极右翼政党国民联盟获得 142 席，成为得票最多的单一政党；中右翼的共和党获得 48 席。这一结果导致了政治僵局，并一直持续到 2024 年巴黎奥运会之后。直到 9 月，法国才形成了一个由中右翼共和党成员、欧盟委员会前委员米歇尔·巴尼耶（Michel Barnier）领导的少数派政府。即便巴尼耶这样的资深政治家，也未能避免其政府迅速倒台。仅仅三个月后，即 2024 年 12 月 4 日，由于左翼联盟提出的不信任动议获得了极右翼联盟的支持，政府垮台。12 月 13 日，总统马克龙任命弗朗索瓦·贝鲁（François Bayrou）为新总理，并责成其组建新政府。法国在一年内更换了四届政府，这在第五共和国历史上尚属首次。[①] 73 岁的贝鲁是马克龙的坚定支持者，拥有中间派和基督教民主党的政治背景。他的政治履历丰富，曾先后出任部长和地方行政职务（曾任波尔多附近波城市长）。贝鲁被任命为总理，可能表明他将在总统马克龙领导下拥有更大的自主性。当前，马克龙支持率下滑，法国面临深刻的社会、经济和政治挑战。一个自主性更强的贝鲁政府，无论是在获取议会支持，还是在提升政府的执政效力和稳定性上，都更加有利。马克龙的总统任期至 2027 年结束，考虑到 2024 年刚刚解散了一次议会推动了提前选举，预计他任期结束前不太可能再次解散议会。

总体而言，2024 年欧洲议会选举并未显著改变欧洲议会内部主要政治集团的力量对比，所谓的“欧洲基本盘”，包括欧洲人民党党团、社会主义

① 2024 年 1 月，伊丽莎白·博尔内（Elisabeth Borne）辞去总理职务，由加布里埃尔·阿塔尔（Gabriel Atta）接替。9 月 5 日，巴尼耶又接替阿塔尔出任总理。

者和民主人士进步联盟、欧洲保守派和改革主义者联盟（ECR）以及绿党，仍然维持了其影响力，并支持冯德莱恩在 2024 年 7 月 18 日连任欧盟委员会主席。然而，欧洲保守派和改革主义者联盟和新成立的欧洲爱国者（PfE）党团中的民族主义政党席位增加，同时绿党席位减少，共同改变了欧洲议会的力量平衡，并将对 2024 年至 2029 年欧盟的内部议程产生影响。

从冯德莱恩连任演讲中可以明显感受到欧盟委员会工作重点的变化。2024 年 9 月 10 日，欧洲中央银行前行长马里奥·德拉吉向欧盟提交了一份关于提升欧洲竞争力的报告，强调欧盟必须制定新政策，以更好地适应新挑战。德拉吉提出，欧盟需要进行根本性变革，以打破成员国在过多事务上需要一致同意导致的决策僵局，目标是实现更好的合作。具体举措包括发行共同债券，吸引更多投资，缩小与世界其他地区在数字经济方面的差距，加强自身防务能力，并维持社会凝聚力的高标准。报告中的两大关键词——“紧迫”和“务实”，强调欧盟需要在快速变化的世界中及时有效地做出决策，并在当前体制允许的情况下团结起来。面向未来，如果欧盟希望与美国、中国、印度、巴西、非洲联盟等全球性大国或地区集团竞争，并保持自身影响力，就需要改革和优化其内部体制，从而更好地在国际多边舞台上捍卫自己的利益和价值观。

2024 年 11 月 5 日，特朗普赢得美国大选，这一结果可能会间接加速欧盟的改革。事实上，欧盟成员国需要团结力量，保持在数字经济中的竞争力，以应对特朗普当选总统后可能实施的保护主义措施。欧盟需要重申在平等互惠的前提下，对全球市场开放的承诺。同时，面对美国可能削减对欧洲安全保护的承诺，欧盟需要承担新的更艰巨的责任，以加强欧盟防务，建立新的欧洲和平与安全架构。此外，欧盟还需要继续致力于应对气候变化，推动环境与社会的可持续发展。

五　结语

2024 年欧洲议会选举在欧盟两大核心成员国德国和法国引发了“政治

地震”。在欧盟第三大创始成员国意大利，尽管选民投票弃权率创下新高，令人担忧，但其国内政局稳定性似乎得到了加强，表现为政府的根基更加稳固，而以民主党为核心的反对党也更加团结。总体而言，欧洲议会各党团的力量对比在选举前后没有发生根本性变化，这使得多数派构成和欧盟委员会主席人选能够保持连续性，冯德莱恩成功连任。面对当前总体形势，新一届欧盟领导层需要果断决策，积极推动变革。美国作为欧盟的主要盟友，迎来了新任总统，并可能改变其对欧战略。亚洲的经济和技术实力不断增强，持续崛起。全球其他主要行为体影响力日益扩大，欧盟唯有内部团结一致，才有望在全球舞台上共同发挥领导作用。意大利前总理、欧洲中央银行前行长德拉吉警告说，变革对欧盟来说是一个生存挑战。意大利作为一个在不同民族、不同文化和不同文明间架起沟通桥梁的国家，能够在推动欧盟内部和国际层面变革中发挥重要作用。2024 年 10 月 28 日，由中国社会科学院在北京举办的“2024 中意智库论坛”上，意大利政治、经济与社会研究所秘书长马尔科·里切里（Marco Ricceri）强调，当前人类已走到发展道路的分岔口，而我们应当选择进步的道路，“选择和平共处、合作共赢的道路，在全球、国家和地方层面，共同构建更加美好的社会”。因为归根结底，欧盟需要更加团结，以应对共同问题，而这也是全球层面的需求。意大利总统塞尔焦·马塔雷拉在 2024 年访华期间接受中国国际电视台（CGTN）采访时表示：人类面临的诸多全球性挑战，没有任何一个国家能够单独应对，需要全球团结协作，共同应对这些挑战。

（石豆 译，孙彦红 校）

B.7

意大利创新体系的演变及近年来的新发展

〔意〕弗朗切斯卡·斯皮加雷利*

摘　要： 近几十年来，意大利的创新体系在适应欧洲和全球标准方面面临严峻挑战。近几年，意大利国家复苏与韧性计划确定了刺激创新和加强研发以提升产业竞争力的方向，并且出台了诸多重要举措。该计划作为应对新冠疫情对经济冲击的核心措施于2021年正式启动，旨在解决意大利经济的一系列深层次问题，同时支持数字化和绿色转型。本文分析了意大利创新体系的历史演变、主要特点和存在的短板，重点讨论了近几年的政策进展以及国家复苏与韧性计划为何被视为推动结构性改革的催化剂。本文还尝试梳理分析意大利创新体系的主要参与者，以反映意大利在克服其结构性弱点、提高战略部门竞争力和促进可持续发展方面做出的努力。

关键词： 国家创新体系　大学　研究中心　国家复苏与韧性计划

在过去的几十年里，意大利的国家创新体系在适应欧洲乃至全球标准方面面临严峻挑战，各项发展政策的严重不均衡是其重要特征。近几年，意大利国家复苏与韧性计划（PNRR）确定了刺激创新和加强研发以提升产业竞争力的方向，并且出台了诸多重要举措。作为应对新冠疫情对经济冲击的核心举措，该计划于2021年启动，旨在解决意大利经济的一系列深层次问题，

---

* 弗朗切斯卡·斯皮加雷利（Francesca Spigarelli），意大利马切拉塔大学应用经济学教授、中国中心主任，主要研究领域为产业经济学、创新经济学、中国经济。

同时支持数字化和绿色转型。本文分析了意大利创新体系的历史背景、特点以及主要短板，重点讨论了最新政策进展以及国家复苏与韧性计划缘何被视为推动结构性改革的催化剂。本文也会述及一些重要的创新参与者，特别是那些国家复苏与韧性计划重点激励的创新者，以反映意大利在克服其结构性弱点、提高战略部门竞争力与促进可持续发展方面做出的努力和取得的成绩。

一　基于统计数据观察意大利的创新能力

意大利占据着地中海的战略要地，拥有卓越的传统制造业以及独特的文化遗产。然而在全球科技与经济竞争加剧的背景下，意大利的研发支出占国内生产总值（GDP）的比例偏低，教育体系虽有亮点却难以留住人才，数字化程度也处于较低水平。

一些权威机构披露的若干最新数据显示，近年来意大利在数字技术应用以及对初创企业的扶持上取得了一定进展，但是仍存在较为突出的问题。以下列举有关当前意大利创新方面的主要统计数据，由此可大致勾勒出意大利创新能力的概貌。

第一组数据与研发支出相关。根据意大利国家统计局公布的数据，2023年，意大利的研发支出约占 GDP 的 1.4%，低于欧盟平均水平（2.2%），并且与欧盟为成员国设定的 3%的目标相差甚远。这样的支出水平使得意大利在欧盟国家中处于研发支出“相对较少”的行列，限制了其在高新技术领域的竞争力。① 在欧盟成员国中，研发支出占 GDP 比例较高的国家有比利时（3.44%）、瑞典（3.40%）、奥地利（3.20%）以及德国（3.13%）。2021 年，意大利大约 55%的研发支出集中于制造业，特别是机械、化工制药以及汽车领域。企业（通常是大型企业）承担了 53.9%的研发总支出，

① 根据意大利国家统计局的数据，2021 年，意大利的研发支出为 260 亿欧元，相当于其当年 GDP 的 1.45%，低于 2000 年的这一比例（1.51%）。

较2020年上升了1.1个百分点，其余部分（46.1%）则由公共机构、大学以及私人非营利机构资助。[①]

在专利与创新方面，2023年，意大利向欧洲专利局（EPO）提交了5053项专利申请，较2022年增长了3.8%，创下了意大利的最高纪录。[②] 结合人口数据来看，意大利每百万居民拥有约86项专利，低于德国（超过300项）和法国（约160项），但高于西班牙（约40项）。该指标体现出意大利在创新方面相对滞后。2023年，意大利专利申请数量较多的领域包括：包装技术（433项申请，较2022年增长14.6%），交通运输（413项申请，同比增长13.5%），医疗技术（343项申请，同比增长8.2%），电气机械、设备与能源（269项申请，同比增长15%）。[③]

在创新型初创企业方面，截至2022年第三季度，意大利注册的创新型初创企业超过14708家，其中约75%的企业活跃于数字技术、可持续性与绿色经济领域。这些企业中有75.6%从事企业服务（涵盖软件、信息技术咨询以及研发活动），16.5%从事制造业，3.1%从事商业活动。这类企业还存在显著的地域集中现象，伦巴第大区拥有27.3%的创新型初创企业，仅米兰市就有2506家（占总数的17.04%），拉齐奥大区占11.5%，坎帕尼亚大区占9.1%。[④]

在数字化转型方面，2023年，大约60%的意大利企业采用了至少一种先进数字技术，例如自动化、人工智能或者物联网，不过大型企业的采用率

---

① Istat, "Ripresa delle attività di R&S nel 2021", 20 settembre 2023.

② "Brevetti, Record Italia con oltre 5000 domande Epo nel 2023", *ANSA*, 20 marzo 2024, https://www.ansa.it/canale_tecnologia/notizie/tecnologia/2024/03/20/brevetti-record-italia-con-oltre-5000-domande-epo-nel-2023_3147986d-30b7-4681-ae64-295e80025a57.html，最后访问日期：2024年12月20日。

③ European Patent Office (EPO), "Patent Index 2023: Digital and clean-energy technologies driving growth", 2024, https://www.epo.org/en/about-us/statistics/patent-index-2023?mtm_campaign=PatentIndex23&mtm_keyword=pressrelease&mtm_medium=press-alert，最后访问日期：2024年12月20日。

④ "Startup innovative, record in Italia: sono 14.708", *Il Sole 24 Ore*, 28 dicembre 2022, https://www.ilsole24ore.com/art/startup-innovative-record-italia-sono-14708-AEkqpZSC，最后访问日期：2024年12月20日。

比中小企业高得多，中小企业因资源有限，往往难以引进先进技术。[①] 2017年，意大利政府推出“国家工业 4.0 计划”以推动数字化进程，为购置先进机械提供税收抵免与激励措施。得益于这些新举措，众多制造业企业开始引入先进的机器人技术与机器学习技术。根据米兰理工大学的一份报告，2023 年意大利工业 4.0 市场价值已达 45 亿欧元，较上一年增长 20%。[②]

另一个重要方面是人力资本与数字技能。依据欧盟统计局的数据，2023年，在 16~74 岁的意大利人中，仅有 45.8%具备基本数字技能，欧盟的平均水平为 55.6%，意大利在欧盟成员国中排名倒数第五。[③] 技能差距是数字化进程中的一大重要阻碍，尤其在中小企业中，因为它们更难吸引或留住合格人才。

上述数据反映了意大利创新能力的大致情况。借助欧洲创新记分牌（EIS），能够对意大利与其他国家的情况进行比较。在欧洲创新记分牌体系中，意大利被归为“适度创新者”（Moderate Innovator），其排名低于欧盟平均水平，落后于德国、法国以及西班牙等国家。尽管近年来有所改善，但意大利在研发支出、数字化以及中小企业应用先进技术方面仍相对落后。

二　意大利创新体系的发展演变

国家创新体系由公共机构、私营企业和研究机构共同构成，它们相互配合、协同作用，推动着技术的发展进步以及创新成果的应用推广。在意大利，国家创新体系的发展呈现较为零散的特点，并且具有鲜明的地区特色，

① “Competenze digitali 2024：a che punto siamo in Italia e cosa si deve fare”, *EconomyUp*, 26 gennaio 2024, https://www.economyup.it/innovazione/competenze-digitali-2024-a-che-punto-siamo-in-italia-e-cosa-si-deve-fare，最后访问日期：2024 年 12 月 20 日。

② “Industria 4.0 in Italia：un mercato da oltre 4, 5 miliardi €”, Polimi School of Management, ottobre 2021, https://www.osservatori.net/internet-of-things/comunicato-industria-4-0-italia/，最后访问日期：2024 年 12 月 20 日。

③ “Digitale, l'Italia arretra e sulle competenze rischia forti ritardi sui target Ue”, *Il Sole 24 Ore*, 29 ottobre 2024, https://www.ilsole24ore.com/art/digitale-l-italia-arretra-e-competenze-rischia-forti-ritardi-target-ue-AGsljYn，最后访问日期：2024 年 12 月 20 日。

这反映出其以中小企业和产业集群为主体的经济结构特征。直至 20 世纪 90 年代，意大利的国家创新体系在资源投入方面一直处于受限状态。近年来，这一状况才开始逐步改善。

从 20 世纪 80 年代到进入 21 世纪之初，在经济变革与全球化进程加速的大背景下，为激发创新活力、提升技术和产业竞争力，意大利实施了多种产业政策并出台了相关规定。

20 世纪 80 年代，意大利试图通过为地方发展和中小企业提供激励来推动产业区的发展。其中一项关键举措是 1982 年第 46 号法律，该法律设立了技术革新基金（FIT），目的在于资助企业的研发活动，优化创新项目的资金获取渠道，主要聚焦中小企业的现代化改造以及传统制造业竞争力的提升。①

20 世纪 90 年代，意大利开始谋划更具针对性的创新政策，对产业区模式予以支持，以强化地方产业专业化并促进企业、大学和研究机构之间的合作。例如，1991 年第 317 号关于支持中小企业的法律，引入了激励技术创新的措施，助力生产结构的更新与现代化。② 1992 年第 488 号法律确立了创新投资的主要方式，旨在通过向企业提供无偿赠款来振兴国内的欠发达地区。③

进入 21 世纪之初，与欧盟旨在增强区域竞争力和创新能力的战略相契合，意大利迎来了大力促进技术创新的时期，主要目标是打造能够开展创新活动、向企业传授知识、发展高新技术产业部门的卓越区域。技术区是对意

① Governo Italiano, "LEGGE 17 febbraio 1982, n. 46, Interventi per i settori dell'economia di rilevanza nazionale", https://www.normattiva.it/uri-res/N2Ls? urn: nir: stato: legge: 1982-02-17; 46，最后访问日期：2024 年 12 月 20 日。

② Governo Italiano, "LEGGE 5 ottobre 1991, n. 317, Interventi per l'innovazione e lo sviluppo delle piccole imprese", https://www.normattiva.it/uri-res/N2Ls? urn: nir: stato: legge: 1991-10-05; 317，最后访问日期：2024 年 12 月 20 日。

③ Governo Italiano, "LEGGE 19 dicembre 1992, n. 488, onversione in legge, con modificazioni, del decreto-legge 22 ottobre 1992, n. 415, recante modifiche alla legge 1 marzo 1986, n. 64, in tema di disciplina organica dell'intervento straordinario nel Mezzogiorno e norme per l'agevolazione delle attività produttive", https://www.normattiva.it/uri-res/N2Ls? urn: nir: stato: legge: 1992-12-19; 488，最后访问日期：2024 年 12 月 20 日。

大利传统产业区体系的一种创新发展，传统产业区体系主要基于纺织业、鞋类制作和其他轻工业等传统领域，而技术区则强调支持创新和前沿研究领域。意大利创建和发展技术区的主要政策是“国家研究计划”（PNR），该计划确定了发展卓越中心的关键领域。[①] 此外，欧盟建立的发展与凝聚基金也可以用于支持意大利技术区的发展，该基金的宗旨是为经济相对落后和基础设施资源匮乏的地区提供支持，这与2000年欧盟提出的里斯本战略保持一致，后者致力于使欧盟成为全球范围内最具竞争力和活力的知识型经济体。此外，欧盟建立的结构基金，如欧洲区域发展基金等，进一步为意大利技术区的发展提供了支持，重点资助生物技术、信息和通信技术（ICT）以及先进材料等特定领域的研究与创新活动。

在意大利打造技术区的过程中，大学、研究中心、公共机构和私营企业之间的合作被置于核心地位。这一合作得到了意大利政府、地区公共资金以及欧盟基金的资助。通常而言，每个技术区专注于一个特定的技术领域，如生物技术、纳米技术、信息和通信技术、航空航天和可再生能源等，致力于创建能够帮助企业提升创新能力的综合生态系统，而这主要依赖于各相关主体之间的通力合作。

经过多年的努力，意大利在建立和发展技术区方面取得了一些成绩，尤以以下技术区最为典型。

• 米兰和托斯卡纳的生物技术区。这些技术区专注于生物技术和生命科学领域，不仅推动了生物医学公司和制药公司数量的增长，还在医院、大学和企业之间构建起了合作网络。伦巴第大区和托斯卡纳大区均大力支持这些技术区，这对生物技术初创企业的创立以及医疗、诊断领域的创新起到了积极作用。

• 都灵的信息通信技术区。该技术区聚焦信息和通信技术开发及应用，尤其专注于电子、电信和汽车行业。得益于都灵理工大学与意大利电信

① Ministero dell'Univerisitd e della Ricerca, “Programma nazionale per la ricerca”, https://www.mur.gov.it/it/aree-tematiche/ricerca/programmazione/programma-nazionale-la-ricerca，最后访问日期：2024年12月20日。

（TIM）等大型企业的合作，如今都灵的信息通信技术区已发展成为数字技术和电信领域的创新中心。

● 坎帕尼亚和拉齐奥的航空航天区。这些技术区获得了莱昂纳多公司（Leonardo）和泰雷兹阿莱尼亚宇航公司（Thales Alenia Space）等领先企业的支持，其凭借企业、大学和研究机构之间的合作，得以开发先进技术、创造就业岗位并吸引外国投资。

● 西西里的可再生能源区。该技术区专注于以太阳能和风能为主的可再生能源领域，其中的研究中心为可持续能源技术的试验与应用提供支持，有助于意大利可再生能源专业知识的积累。

● 弗留利-威尼斯朱利亚的纳米技术区。该技术区促进了纳米技术在化学、物理和材料工程等不同领域的研发与应用。在弗留利-威尼斯朱利亚电子研究中心（CREF）等机构的支持下，该技术区有望在先进材料和电子组件方面持续创新。

通过创建技术区，公共机构与私营企业之间的合作得到进一步加强，也推动了应用研究的发展和技术转让。此外，在部分地区，技术区催生出了极具竞争力的创新生态系统，吸引了人才与投资，同时也推动了地区内的技术专业化进程。最后，大学与研究中心的合作还促进了高素质人才的培养，增加了技术领域专业技能人才的储备。

当然，意大利也遇到了诸多问题与挑战，主要是技术区的建设较为分散，且各地区之间缺乏协调统一，在吸引私人投资方面进展并不顺利，因此在公共资金耗尽后，许多技术区难以维持资金的自给自足。此外，众多技术区集中分布在北方地区，进一步扩大了南北方之间经济与技术水平的差距。

有一项极为重要的举措是前文述及的意大利在 2017 年推出的“国家工业 4.0 计划”。这是一个旨在鼓励企业数字化转型与创新发展的战略计划，尤其关注中小企业。该计划以与创新投资相关的税收优惠政策为依托，明确规定了针对购买设备投资的税收抵免政策。若企业在机器人技术、人工智能、物联网以及 3D 打印等技术方面进行投资，可获得高达 40%的税收抵免。此外，该计划还推出了研发税收抵免政策，使企业增加的创新投入能够享受高达50%的税收抵免。根据意大利经济发展部的数据，2017~2019年，有了该计划的助力，中小企业在数字技术领域的投资实现了15%的增长。“工业4.0”技术的应用呈现显著的上升态势，尤其是物联网传感器和数据分析平台的应用。截至2021年，约60%的制造业企业已至少采用了一项先进技术。[①] 2020年，意大利政府更新了“国家工业4.0计划”，加大了财政支持力度，用以促进可持续性发展和提升能源效率，旨在推动更具包容性的经济增长，同时助力工业部门尽快适应数字化转型和绿色转型带来的挑战。

三　意大利创新体系的主要参与者及其作用

总体而言，大学、研究中心与企业在意大利创新体系中相互交织，发挥着极为关键的作用，推动着知识与技术的孕育和传播进程。不过，各主要参与者在特定环境和目标下共同发挥作用时，往往展现出颇为显著的区域性和分散性特质。本小节将对意大利创新体系的主要参与者及其发挥的作用做简要分析。

（一）大学

意大利的大学素以源远流长的学术传统而声名远扬，诸多知名学府皆拥有数百年的辉煌历史。其中，博洛尼亚大学始建于1088年，是西方世界最为古老的高等学府。在意大利，高等教育多具公立属性，面向广大民众，并且注册费用与其他欧洲国家相比也较为低廉。

意大利有97所大学，广泛分布于全国各地。其中公立大学61所，私立大学20所，其余为远程教育大学。公立大学主要位于罗马、米兰、都灵以及那不勒斯等大城市；而私立大学则大多坐落于意大利北部，博科尼大学与天主教圣心大学便是其中的佼佼者。根据意大利国家统计局的数据，2022

① “Industria 4.0 in Italia：un mercato da oltre 4，5 miliardi €”，Polimi School of Management，ottobre 2021，https：//www.osservatori.net/https：//www.osservatori.net/internet-of-things/comunicato-industria-4-0-italia/，最后访问日期：2024年12月20日。

年，意大利高等教育投入占国内生产总值（GDP）的比例约为0.9%，低于欧盟国家平均水平（1.3%），这对可用于研发的资金规模也形成了一定的限制。

在学生资助方面，无论是奖学金发放的额度，还是各类设施与资源的供给水平，意大利与其他欧洲发达国家相比均显匮乏。这在很大程度上对意大利大学在实验室设施的更新、吸引高水平教师等方面形成了制约。

根据意大利国家统计局的数据，2022年，意大利大学的在校学生总数约达170万人。尽管入学率呈持续提升之势，但与许多其他欧洲国家相比，仍处于相对较低水平。注册学生中女性比例约为56%，这一数据彰显出意大利大学体系中女性群体的略微优势。在25~34岁年龄段的人群中，大学毕业生占比约为28%，明显低于经济合作与发展组织（OECD）的平均水平（39%），这表明意大利在高等教育入学率方面仍有较大的提升空间。2022年，在意大利大学注册的具有外国背景的学生比例约为8%，受益于国际化项目以及双边协议的有力推动，近年来该比例始终保持上升态势。此外，意大利大学积极投身“伊拉斯谟计划”（Erasmus Programme）和“伊拉斯谟+计划”（Erasmus+Programme），越来越多的意大利学生由此获得出国学习的宝贵机会，有力地促进了意大利文化与学术的对外交流与融合。

2020年以来，意大利大学毕业生在毕业3年内的就业率为60%~65%，低于OECD国家的平均水平。这一现象清晰地反映出意大利大学所传授的技能与劳动力市场的实际需求之间存在较明显的不匹配问题。同时，毕业生就业率因专业领域的差异而呈现较大的不同，工程、经济和信息技术等专业毕业生的就业率相对较高，而人文科学等领域的毕业生就业率则明显偏低。

意大利大学在医学和生命科学领域极具优势，米兰大学与帕多瓦大学表现格外突出。意大利大学在神经学、肿瘤学和遗传学等方面收获了斐然成果，这得益于其与欧洲肿瘤研究所（IEO）和意大利高等卫生研究院（ISS）等专业研究机构的深度合作。另一个极具创新活力的领域是工程与建筑。意大利的理工类大学，尤其是米兰理工大学和都灵理工大学，在欧洲乃至全球的工程和建筑课程领域皆享有崇高声誉。这些大学凭借卓越的教育质量和强大的技术创新能力备受赞誉，它们不仅拥有先进的研究实验室，还与土木工程、机械、电子和信息技术等领域的领军企业形成了紧密的合作关系。在经济学领域，米兰博科尼大学无疑是国际经济和管理研究领域的佼佼者，罗马的路易斯大学同样表现出色。它们以高质量的经济课程以及与业界的深度交融而闻名，这为毕业生顺利进入劳动力市场提供了有力保障。在物理学和基础科学领域，包括比萨大学和罗马大学在内的多所大学均具备悠久的教学传统和雄厚的研究实力。得益于与意大利国家核物理研究院（INFN）以及欧洲核子研究中心（CERN）等国际研究中心的紧密协作，粒子物理学和天体物理学已然成为意大利的优势学科领域。此外，意大利在人权和社会科学领域的研究亦享有颇高声誉，帕多瓦大学和特伦托大学等众多高校均开设了高阶的国际法、政治科学和人文研究课程。这些大学在人权、生物伦理学以及社会政策方面的研究成果尤为突出。

总体而言，意大利大学的主要优势体现在如下四个方面。第一，学术传统与教育质量。意大利的学术传统源远流长，其教育质量在国际上广受认可。国家对严谨学术教育的高度重视，促使学生能够在法律、医学、工程和建筑等领域打下坚实的学科知识基础。第二，科学研究的卓越性。在物理学、数学和医学等学科，意大利的大学和研究机构在全球范围内屡创佳绩。例如，意大利国家核物理研究院与欧洲核子研究中心等国际机构携手合作，为粒子物理学的发展注入了强劲动力。第三，欧盟项目下的交流合作。意大利大学积极踊跃地参与各类欧盟项目（如“地平线2020”计划和“地平线欧洲”计划等)，与众多国外大学的深度合作交流推动意大利大学的国际化进程。为吸引国际学生，意大利大学英语授课课程的数量亦在稳步递增。第四，遍布全国的大学网络。意大利大学的地理分布较为均衡，基本上确保了全国各地均能享有平等的高等教育机会。每个大区至少拥有1所大学，这不仅有力地促进了地区教育的均衡发展并提高了包容性，还使得身处偏远地区的学生无须承受大城市的高昂生活成本与繁琐事务困扰，即可顺利接受大学教育。

然而，还需看到，意大利高校体系亦存在若干不足之处。第一，资金不足。资金短缺问题导致教学设备难以及时更新，研究资源捉襟见肘，教师薪酬缺乏竞争力，严重阻碍了国际人才的引进。第二，人才流失现象严重。众多意大利毕业生，尤其是其中的精英人才，往往倾向于移民国外，以寻求更广阔的职业发展空间与更优越的研究条件。这一现象致使高素质人才大量流失，创新体系的效果大打折扣。第三，普遍存在的官僚主义。这一顽疾极大地延缓了决策速度，降低了执行教学和科研项目的灵活性，并对大学与私营部门之间的合作产生了诸多负面影响。第四，缺乏应用研究和技术转让的激励措施。意大利的大学传统上侧重基础研究，这限制了其对工业创新和对中小企业的溢出效应。第五，存在地区差异。意大利南部和北部的大学在办学条件上存在巨大差距，南部的大学在基础设施、资金和研究机会方面往往十分匮乏。第六，与私营部门的合作有限。意大利高校体系倾向于与生产部门保持一定距离，大学与企业之间鲜有联系，这限制了学生参与实习和专业培训的机会，削弱了毕业生的就业能力。

（二）国家研究中心

国家研究中心和公共研究机构是意大利创新体系的另一关键参与者。这些研究中心在物理学、工程学、生物技术、能源等战略领域开展前沿研究活动，对尖端知识生产和技术进步做出重大贡献。它们雇用了大约 6 万名研究人员，其中年轻科学家和女研究员的人数近年来逐年上升。这些研究中心贡献了全球约 4%的科学出版物，这一成就令意大利在全球科学产出方面名列前茅。国际合作是意大利研究机构的一个重要方面，意大利与欧洲及许多国际机构有合作关系，如瑞士的欧洲核子研究中心、位于智利的欧洲南方天文台（ESO）观测站和开展空间研究的欧洲航天局（ESA）。

国家研究中心和公共研究机构对于执行大型科研项目也至关重要，因为这些项目需要高水平的科学专业知识和先进的基础设施。它们分布在全国各地，与大学、公共机构、私人机构及企业合作，在意大利创新体系中发挥重要的支撑作用。然而，总体来看，它们与工业部门和中小企业的联系仍然不充分。近年来意大利政府推出了公私合作计划，以加强国家研究中心和公共研究机构与生产部门之间的合作，这种合作也可

通过地区和欧洲共同资助的项目来实现。

当前，意大利最重要的国家研究中心和公共研究机构包括以下几家。

• 意大利国家研究委员会（CNR）。它是意大利规模最大的公共研究机构，在全国各地设有超过100家研究所。意大利国家研究委员会承担着跨学科研究的职责，其研究领域极为广泛，涵盖从物理、生物科学、工程学到人文社会科学等诸多领域。

• 意大利国家核物理研究院。该研究院专注于亚原子物理、核物理以及天体粒子物理方面的基础研究。该研究院凭借其下属的格兰萨索国家实验室（世界上规模最大的地下粒子物理实验室）以及与位于日内瓦的欧洲核子研究中心之间的密切合作而闻名全球。

• 国家新能源、环境、新技术研究所（ENEA）。该研究所主要负责能源、环境以及技术创新领域的研究工作，是开展可再生能源、核聚变以及能源效率研究的重要机构。

• 意大利技术研究院（IIT）。该研究院在机器人技术、生命科学、先进材料以及人工智能等领域有着卓越成就，尤为关注前沿技术发展，旨在将科学研究成果应用到工业领域中。

• 意大利高等卫生研究院。该研究院是意大利公共卫生领域中最主要的研究机构，肩负着支持国家卫生政策的重任，并且在传染病学、肿瘤学、流行病学以及环境健康等方面开展前沿性的研究工作。

• 布鲁诺·凯斯勒基金会（FBK）。该基金会以在信息科技、人工智能以及社会科学研究方面的突出表现而著称，它与工业界展开合作，积极推动创新以及技术转让活动。

值得注意的是，不同的研究中心各自有擅长的创新领域和主题。

在基础物理研究领域，国家核物理研究院被公认为是全球粒子物理领域的主要研究机构之一。它积极与位于日内瓦的欧洲核子研究中心开展合作，并且参与了包括希格斯玻色子发现在内的诸多重大科研活动。该研究院旗下的格兰萨索国家实验室，专门开展粒子物理和宇宙学方面的实验，吸引了来自世界各地的众多科学家前来参与研究。

生物技术与医学研究是另一个重要的创新领域。意大利高等卫生研究院与其他相关研究中心（如欧洲肿瘤研究所和意大利国家研究委员会）等协同合作，在医学研究和生物技术领域占据领先地位。作为公共卫生领域的主要研究机构，意大利高等卫生研究院在抗击新冠疫情以及应对传染病方面发挥了关键作用，不仅提供了专业的技术科学支持，还推动了全新治疗手段的研发工作。意大利的生物技术部门在罕见疾病与肿瘤学研究方面极具竞争力，与私营部门联系紧密，并且拥有广泛的国际合作网络。

在能源、环保与可持续性研究领域，意大利国家新能源、环境、新技术研究所是核心机构。该研究所针对可再生能源、能源效率以及循环经济开展高层次研究，其项目涵盖从太阳能、热能到核聚变等多个方面。其中重点项目为核聚变实验反应器 DTT（偏转器托卡马克测试），这一项目代表着朝实现清洁可持续能源方向迈进的关键一步。

在人工智能与数字技术领域，意大利国家研究委员会和国家大学信息学联盟（CINI）致力于人工智能、机器人以及数字技术的高水平研究工作。例如，意大利参与了人工智能欧洲研究项目，其开发出的人工智能解决方案被应用于从医疗到制造业等各个领域，这极大地促进了公共研究机构与技术公司之间的合作，有力推动了尖端技术的发展，提升了行业竞争力以及自动化水平。

空间科学和地球观测属于意大利航天局（ASI）的创新领域，该机构是航天研究领域的核心研究机构，它与美国国家航空航天局（NASA）、欧洲航天局以及喷气推进实验室（JPL）等机构携手合作，共同开展行星和卫星探索相关工作。意大利航天局参与了诸如“卡西尼-惠更斯”号土星探测器以及“罗塞塔”号彗星探测器研发等标志性任务，其开展的活动还涉及地球环境监测以及收集、处理自然资源所需的关键数据等方面。

（三）企业

意大利的企业以中小企业为主，它们是推动国家经济发展的主要力量。意大利的中小企业具备高度专业化的特点，在制造业、农食产品以及奢侈品等领域都有着出色表现。然而，仅有少数大型企业具备大规模投入研发资金的能力，这一情况对引入与推广技术创新不利。

根据意大利国家统计局的数据，2022 年，意大利处于活跃状态的企业大约有 430 万家，其地理分布情况如下：西北地区占比 27.1%，东北地区占比 22.0%，中部地区占比 20.6%，南部地区占比 30.3%。从企业规模上看，微型企业（员工人数为 3~9 名）占企业总数的 95.1%，小型企业（员工人数为 10~49 名）占比 4%，中型企业（员工人数为 50~249 名）占比 0.7%，大型企业（员工人数在 250 名以上）占比 0.1%。微型和小型企业在企业总数中所占比重超过 99%，对意大利 GDP 的贡献率为 49.8%，总共吸纳了 64.1%的劳动者就业。①

意大利的主要大型企业分布在不同部门。在能源部门，有意大利国家电力公司（Enel）以及能源公司埃尼（Eni）。在保险领域，忠利保险有限公司（Assicurazioni Generali）处于行业领先地位。在汽车业，斯特兰蒂斯（Stellantis，由菲亚特克莱斯勒汽车公司和标致雪铁龙集团合并而成）是全球主要的汽车制造商之一。在银行业，联合圣保罗银行（Intesa Sanpaolo）和裕信银行（Unicredit）是意大利最主要的银行集团，它们在国内和国际上都占据着重要地位。在电信领域，意大利电信有着举足轻重的地位。莱昂纳多公司则在航空航天和国防领域发挥着至关重要的作用。

根据意大利国家统计局的数据，2018~2021 年，意大利的企业总数减少了 1.2%，员工人数却增加了 3.8%，这一现象表明企业的平均规模有所扩大。在此期间，微型企业无论在数量上还是在吸纳就业人数上均呈现下降趋势，而中型和大型企业在吸纳就业人数方面的比重则有所提高。此外，大约 60%的意大利企业在过去几年中引入了产品或流程创新，约 30%的企业投资了大数据、人工智能和自动化等数字技术。但在技术应用方面，中小企业和大型企业之间仍存在显著差距：只有 20%的中小企业采用了先进的数字化

---

① Istat, *Annuario Statistico Italiano 2022*, https://www.istat.it/storage/ASI/2022/capitoli/C14.pdf，最后访问日期：2024 年 12 月 20 日。

工具，而在大型企业中这一比例为 60%。

总体而言，意大利企业在创新方面取得了一系列优异的成绩，以下列举几个领域。

第一，自动化。自动化以及高级机器人技术在机械和精密制造领域占据极为关键的地位。例如，国防和航空航天领域领军者的莱昂纳多公司，就是运用自动化生产系统以及基于人工智能来优化生产流程并提升产品质量。此外，汽车行业中的知名企业，诸如法拉利和玛莎拉蒂，也引入了先进技术以打造高品质车辆并提高生产流程的可持续性。

第二，农食产品及相关技术。意大利农业食品的品质在全球处于领先地位，而创新则是该行业维持竞争力的核心要素。巴里拉（Barilla）和费列罗（Ferrero）等企业致力于优化生产流程以及开发可持续性强、对环境影响较小的产品。质量监测技术的运用、供应链可追溯性以及能源效率监测是该行业的显著特征。此外，意大利在精细农业领域同样处于领先地位，正在推广利用传感器和无人机来提升种植效率。

第三，制药与生物技术。意大利制药行业的竞争力即便在欧洲国家中也位于前列。美纳里尼（Menarini）、凯西（Chiesi）和锐康迪（Recordati）等公司积极投身科技创新，持续研发新型疗法与药品。意大利制药行业在罕见病研究以及先进生物技术应用方面占据领先优势。该行业总产值占 GDP 的比例超过 2%，是意大利的主要出口行业之一。与此同时，生物技术领域也呈现迅猛的扩张态势。2023 年，意大利共拥有 700 多家活跃的生物企业，市值约达 120 亿欧元，吸纳了超过 13000 名员工就业。目前意大利的生物技术企业数量在欧洲位居第三，其研发投资持续增长，具备较为强劲的竞争力与创新能力。

第四，可再生能源与绿色经济。在可再生能源领域，尤其是太阳能和风能方面，意大利在整个欧洲处于领先地位。例如，意大利国家电力公司的子公司 Enel Green Power 是专注于开发可持续能源解决方案以及清洁能源生产新技术研究的重要企业。意大利天然气管网公司（Snam）和埃尼公司也在氢能和循环经济解决方案方面进行投资，旨在降低能源生产过程中的环境影响。此外，在意大利积极推动生态转型以及相关公共政策的扶持下，绿色经济领域同样处于快速发展阶段，雇用了超过40万名工人。

第五，时尚与材料技术。时尚行业是意大利的历史瑰宝，近年来在可持续生产材料以及技术创新方面取得了显著进步。古驰（Gucci）、普拉达（Prada）和盟可睐（Moncler）等大企业正积极投资环保型生产技术，目标是减少碳排放并提高整个供应链的可持续性。采用生物源材料或可回收材料等创新材料已成为时尚行业的主流趋势，这也彰显了时尚产业对可持续发展理念的传承。

第六，人工智能与信息和通信技术。意大利的信息与通信技术行业正在蓬勃发展，越来越多的企业开始致力于开发人工智能和大数据解决方案，并将其应用于各个领域。意大利电信公司和莱昂纳多公司是意大利在引入人工智能以及创建智能城市、维护网络安全和数据监控平台方面最为活跃的企业。人工智能与信息和通信技术行业对于数字化转型和创新增长发挥着至关重要的作用，国家复苏与韧性计划也专门提供了重要的资金支持以助力其发展。

第七，航空航天。意大利的航空航天行业在欧洲颇具竞争力，2020年的营业额约为135亿欧元。该行业以创新和专业化而闻名，拥有众多开展国际合作的企业和机构。该行业由大型企业主导。莱昂纳多公司是全球航空航天、国防和安全领域的重要企业之一。泰雷兹阿莱尼亚宇航公司专注于卫星和空间基础设施领域，是泰雷兹阿莱尼亚（股比为67%）和莱昂纳多（股比为33%）的合资企业，参与了包括火星探测计划和哥白尼计划在内的欧洲及国际重大任务。艾维欧公司（Avio）则是空间推进系统生产领域的佼佼者，负责威格（Vega）发射器的开发工作。

（四）数字创新中心

数字创新中心是支持企业数字化转型的中心，特别针对中小企业，以促进先进技术和“工业4.0”的应用，为第四次工业革命的挑战做好应对准备。[①] 在

① European Commission, “Digital Innovation Hubs: Mainstreaming Digital Innovation Across All Sectors”, Roundtable on digitising European industry, Working Group 1, 2017.

意大利，这些中心会得到经济发展部（自 2022 年 10 月更名为企业与“意大利制造”部）以及包括意大利工业联合会、意大利手工业和小企业协会、意大利手工业协会在内的行业协会的支持。具体而言，意大利的数字创新中心主要设置了以下战略目标：（1）支持中小企业的数字化转型，通过咨询、培训等方法推动人工智能、机器人、物联网、区块链等先进技术的应用；（2）简化获得基金资助的流程，告知并协助企业了解可用于数字化转型的公共资金与激励措施，包括国家复苏与韧性计划提供的资金；（3）在企业、大学和研究机构之间建立联系，从而完善产业界和学术界之间的技术合作与转让体系；（4）加强人才培训和技能训练，以满足数字化趋势对新技能的需求；（5）在全国范围内设立数字创新中心，每个中心都为特定地理区域、部门和领域提供服务（见表 1）。

表 1　部分意大利数字创新中心及其专业领域

大区	数字创新中心	专业领域
伦巴第	伦巴第数字创新中心	工业 4.0,自动化,人工智能
皮埃蒙特	皮埃蒙特数字创新中心	高级制造,物联网,自动化
威尼托	智能制造能力中心（Smart Manufacturing Competence Center）	智能制造,数据分析,自动化
艾米利亚-罗马涅	大数据创新与研究卓越中心（Big Data Innovation & Research Excellence）	大数据,人工智能,增材制造
拉齐奥	拉齐奥数字创新中心	智能城市,网络安全,中小企业数字化转型
托斯卡纳	工业 4.0 创新中心	机器人,人工智能,网络安全
马尔凯	马尔凯数字创新中心	中小企业数字化转型,智能制造
西西里	西西里数字创新中心	当地中小企业数字化与创新
坎帕尼亚	坎帕尼亚数字创新中心	工业 4.0,高级制造
撒丁岛	撒丁岛研究中心兼数字创新中心	信息和通信技术,精耕农业,数字旅游
卡拉布里亚	卡拉布里亚数字创新中心	可持续发展,中小企业数字化转型
普利亚	普利亚数字创新中心	工业技术,物联网

资料来源：笔者根据意大利国家复苏与韧性计划相关资料整理。

四　国家复苏与韧性计划及其对意大利创新体系的提升

（一）国家复苏与韧性计划

国家复苏与韧性计划被普遍视为有可能改变意大利创新体系“游戏规则”的关键因素。该计划主要由“下一代欧盟”复苏基金提供资金支持，总投资额高达2221亿欧元，是意大利在新冠疫情后实现经济与社会复苏的主要政策工具。该计划涵盖“改革”和“投资”两大部分内容，“投资”部分被整合为六大使命，其中众多措施都直接或间接地与创新和数字化相关，而这些领域对于提升国家竞争力以及实现可持续发展至关重要。以下逐一介绍分析六大使命。

第一个使命是“数字化、创新、竞争力、文化与旅游”，计划投入约490亿欧元预算，核心目标是推动意大利的数字化转型进程。相关举措旨在推动公共管理的现代化变革，加强数字基础设施建设，助力企业实现数字化转型，促进旅游业以及文化遗产等产业蓬勃发展。其主要目标涵盖普及超宽带和5G网络、激励中小企业采用先进技术、优化公民的数字化服务体验等方面。

第二个使命是“绿色革命与生态转型”，计划投入约686亿欧元预算，用于推动绿色领域的创新实践，鼓励在可再生能源、循环经济以及温室气体减排等方面开展深入研究。专门拨款23亿欧元用于开发绿色技术，例如太阳能、风能以及绿色氢能项目等。在循环经济与可持续农业领域拨款近20亿欧元，旨在减少资源浪费并践行环保理念。

第三个使命是“可持续的交通基础设施”，计划投入约314亿欧元，目的在于优化意大利的基础交通设施。该使命旨在强化铁路网布局，促进可持续的人员与物资流动，降低碳排放并提升交通的可达性。重点事项包括增强区域间的交通联系、完善高速线路建设、改良物流与港口基础设施等。该使命致力于使交通体系更加高效且持久耐用，助力国家的生态转型。

第四个使命是“教育与研究”，预计投入约 309 亿欧元，以巩固教育体系根基，推动意大利在研发创新方面的进步，并强化教育体系与企业及地区之间的联系。该使命分为两个主要部分：一是改善学校基础设施，二是深挖研究潜力。具体措施包括更新学校教育体系，提升学校在 STEM（科学、技术、工程和数学）领域的教学能力，支持研究中心与公私合作伙伴建立良好合作关系，最终改善教育资源不均衡的现状，使意大利在技术创新与科学研究领域更具竞争力。

第五个使命是“包容性和凝聚力”，目标是减少意大利在社会、地域以及性别方面存在的不平等现象，总投入金额约为 198 亿欧元。相关措施主要集中在劳动政策、社会基础设施建设以及社会包容性提升等三个方面。核心目标是通过优化培训与雇佣计划来促进就业，特别是针对年轻人、妇女以及弱势群体的就业扶持。该使命还力图提高欠发达地区的社会服务水平，推动采用开放且可持续的经济增长模式。

第六个使命是“健康”，计划投入约 156 亿欧元，旨在强化意大利的公共医疗体系，令其更加亲民、高效且富有创新性。该使命分为两个主要部分：一是近程医疗与远程医疗服务的拓展，二是医疗系统的创新与数字化转型。相关资金将被用于加强地区医疗服务能力、更新医院设施设备、推广远程医疗服务模式，并提高医疗数据的管理水平。意大利政府期望通过以上一系列措施，构建一个更具包容性和韧性的医疗体系，切实满足全体民众的医疗需求。

（二）国家复苏与韧性计划下的创新参与者

前文述及，国家复苏与韧性计划的第四个使命为支持研发创新活动提供了大量资金。在各项活动中，那些针对尖端科技创新的国家级研究中心，由大学、公共机构、企业以及其他创新行为体联合实现前沿科技突破的国家级伙伴关系以及基于特定地区的创新生态系统的支持举措值得关注。具体而言，有 5 个国家级中心、14 个国家级伙伴关系和 11 个创新生态系统。

由国家复苏与韧性计划资助的国家级研究中心汇聚了意大利在特定创新领域的尖端资源，牵头机构通常是公共研究机构或公立大学，吸收其他公共机构和企业参与，旨在通过公私合作的协同效应来促进关键技术领域的突破性创新，推动经济社会可持续发展，实现意大利乃至欧洲的气候目标，提升意大利的工业竞争力。此外，这些研究中心还积极参与高素质技术人才的培养，并将这些人才输送到产业部门。国家复苏与韧性计划资助的 5 个国家级研究中心的基本情况见表 2。

表 2　国家复苏与韧性计划资助的国家级研究中心

研究中心	牵头机构	总部位置	参与者总数（人）	研究机构数量（家）	企业数量（家）	拨款（欧元）
国家高性能计算、大数据和量子计算中心	意大利国家核物理研究院	雷诺河畔卡萨莱基奥	49	34	15	319938979.26
国家农业技术研究中心（Agritech）	那不勒斯腓特烈二世大学	那不勒斯	46	32	14	320070095.50
国家可持续交通中心（CNMS）	米兰理工大学	米兰	49	25	24	319922088.03
国家生物多样性未来中心（NBFC）	意大利国家研究委员会	巴勒莫	48	41	7	320026665.79
国家基因治疗和 RNA 技术药物中心	帕多瓦大学	帕多瓦	49	32	17	320036606.03

资料来源：笔者根据意大利国家复苏与韧性计划相关资料整理。

国家复苏与韧性计划支持的国家级伙伴关系旨在助力意大利提升在技术创新及应用方面的竞争力。这些伙伴关系是通过研究机构、大学、行业和公共行政部门之间的伙伴关系建立的，旨在促进数字和生态转型关键领域的科学发现。此外，它们还通过开发创新技术和工艺来促进意大利企业和基础设施的发展，提高其全球竞争能力，从而为提高工业竞争力做出贡献。表 3 是截至 2024 年 8 月已获批的国家级伙伴关系的概况。

表 3 由国家复苏与韧性计划资助的国家级伙伴关系

名称	牵头部门	专业领域	网址
未来人工智能研究(FAIR)	意大利国家研究委员会	人工智能	https://fondazione-fair.it/
能源可持续转型网络(NEST)	巴里理工大学	可持续能源	https://fondazionenest.it/
气候变化下有复原力社区的多风险科学(RETURN)	那不勒斯腓特烈二世大学	环境风险管理	https://www.fondazionereturn.it/
国家量子科学与技术研究所(NQSTI)及其网络	卡梅里诺大学	量子科技	https://nqsti.it/
面向下一代可持续社会的文化遗产创新(CHANGES)	罗马大学	文化遗产与创新	https://www.fondazionechanges.org/
“治愈意大利”(HEAL ITALIA)	巴勒莫大学	精准医疗与创新疗法	https://www.healitalia.eu/
网络空间安全与权利(SERICS)	萨莱诺大学	网络安全与权利保护	http://serics.eu/
应对老龄化(Age-It)	佛罗伦萨大学	老龄化与社会危机	https://ageit.eu/wp/
增强韧性、包容性和可持续性(GRINS)	博洛尼亚大学	经济与财政可持续性	https://grins.it/
食品和可持续营养、安全研究与创新网络(ON Foods)	帕尔马大学	可持续食品业与农业安全	https://www.onfoods.it/
意大利制造(3A-ITALY)	米兰理工大学	意大利制造的可持续发展	https://www.mics.tech/
意大利神经科学和神经药理学生态系统(IENE)	米兰博科尼大学	神经科学和神经药理学	暂无
公共卫生与防止新发传染病(INF-ACT)	帕维亚大学	新发传染病	https://www.inf-act.it/
未来电信系统和网络的研究与创新,使意大利更加智能化(RESTART)	罗马第二大学	未来电信技术	https://www.fondazione-restart.it/

资料来源:笔者根据意大利国家复苏与韧性计划相关资料整理。

除国家级研究中心和国家级伙伴关系之外，意大利国家复苏与韧性计划还特别注重支持本国构建与完善基于地区的创新生态系统，并且将其视为促进意大利地区（特别是针对最不发达地区和地理位置欠佳地区）经济增长和竞争力提升的关键支柱。这些创新生态系统的目的是创造协作共赢的环境，使大学、研究机构、企业和公共行政部门能够共同努力，促进技术转让和技术渗透，促进全社会范围的创新，支持地方一级的可持续增长。

根据国家复苏与韧性计划的要求，创新生态系统的核心目标是提升地区竞争力。特别是，应当特别关注意大利南方地区，以缩小南北方之间的经济与技术差距。支持就业和人力资本增长，为年轻人才和研究人员提供培训和职业发展机会，改善工作条件，减少“人才流失”。每个创新生态系统都采用中心-辐射模型，中心枢纽负责协调行动，次区域及其主要部门则负责落实计划和推动创新实践。

总体而言，意大利的创新生态系统对应不同领域，每个领域都肩负国家层面的重要战略目标（见表4）。

表4　国家复苏与韧性计划资助的创新生态系统

创新生态系统	协调机构地点	具体领域	网址
多层次城市可持续发展行动(MUSA)	米兰	气候,能源,可持续流动性	https://musascarl.it/
互联东北部创新生态系统(iNEST)	帕多瓦	数字创新,工业,航空航天	https://www.consorzioinest.it/
意大利西北部数字化和可持续发展(NODES)	都灵	数字创新,工业,航天航空	https://www.ecs-nodes.eu/
机器人技术和人工智能赋权社会经济(RAISE)	热那亚	数字创新,工业,航天航空	https://www.raiseliguria.it/
艾米利亚-罗马涅可持续转型生态系统(ECOSISTER)	博洛尼亚	气候,能源,可持续流动性	https://ecosister.it/
托斯卡纳健康生态系统(THE)	佛罗伦萨	健康	https://www.tuscanyhealthecosystem.it/

续表

创新生态系统	协调机构地点	具体领域	网址
意大利中部扩散经济的创新、数字化和可持续发展(VITALITY)	拉奎拉	数字创新,工业,航空航天	https://fondazionevitality.it/
罗马科技园区(Rome Technopole)	罗马	数字创新,工业,航空航天	https://www.rometechnopole.it/
新生代撒丁岛创新生态系统(eINS)	萨萨里	人文文化与创造力,社会转型与包容性社会	https://www.einssardinia.it/
适应气候变化、提升生活质量的技术(Tech4You)	伦德	气候,能源,可持续流动性	https://www.tech4youscarl.it/
西西里微纳米技术的研究与创新(SAMOTHRACE)	卡塔尼亚	数字创新,工业,航空航天	https://samothrace.eu/

资料来源：笔者根据意大利国家复苏与韧性计划相关资料整理。

五　结语

综上所述，在意大利创新体系中，大学、公共研究机构和企业分别扮演不同但都十分重要的角色。结合数据不难发现，迄今为止意大利的创新体系促进经济社会发展的效果并不理想，相对落后于欧盟平均水平。近几年，随着国家复苏与韧性计划的实施，意大利政府通过支持国家级研究中心、国家级伙伴关系和创新生态系统等途径来支持创新，特别是支持大学、研究机构与企业间更为密切的合作，在一定程度上加强了本国创新参与者的协同创新能力。预计未来这些举措的积极影响会进一步扩大，在一定程度上潜移默化地提高意大利的综合创新能力，从而加强意大利经济面对外部冲击的韧性。

（魏佳蓉 译，孙彦红 校）

B.8

意大利卫生服务体系：发展历程、现状与改革*

黎 浩　何佳欣**

摘　要：　意大利以其良好的人口健康状况和覆盖全民的卫生服务体系而知名。意大利卫生服务体系的发展可追溯至古罗马时期，经过漫长的演变，到1978年意大利建立了较为完善的国家卫生服务体系，此后面对不断变化的内外部环境和人口健康挑战，实施了多次改革。意大利卫生服务的提供基于三级国家卫生服务体系，国家、大区、地方分别承担着不同的管理和服务职能。意大利卫生服务体系主要通过税收筹资，支出主要流向社区卫生服务和医院医疗服务，主要支付方式包括按人头付费、按量付费和按预算付费。为了遏制卫生支出的不合理增长、提高医疗卫生服务水平，意大利越来越多的大区开始实施区域医疗绩效评价。目前意大利卫生服务体系面临区域发展不平衡、筹资困难、人口老龄化等问题和挑战，未来的改革方向包括进一步加强初级卫生服务、控制医疗成本、提升公共卫生应急响应能力和加强国际卫生合作等方面。

关键词：　意大利　卫生服务体系　国家卫生服务　卫生服务体系改革

一　意大利人口健康状况

意大利人口健康状况多年来一直较好。表1对全球、意大利和中国的主

* 本文系国家社会科学基金一般项目“中国参与全球卫生治理的战略及实现路径研究”（项目批准号：23BGL289）的阶段性成果。

** 黎浩，博士，武汉大学公共卫生学院教授、博士生导师，北京航空航天大学意大利研究中心高级研究员，主要研究领域卫生管理、全球卫生治理；何佳欣，武汉大学政治与公共管理学院博士生。

要健康相关指标进行了对比。意大利是人口预期寿命较高的欧盟国家之一，其孕产妇死亡率、新生儿死亡率和5岁以下儿童死亡率均远低于全球平均水平。在卫生人力资源方面，2022年意大利医生密度为42.5，护理和助产人员密度为77.1，远高于全球平均水平。意大利全民健康覆盖服务覆盖指数[①]远高于全球水平。政府重视卫生服务体系建设和卫生投入。2021年，意大利国内一般政府卫生支出占一般政府支出的比例为12.4%，高于全球平均水平（11.2%）。

表1　全球、意大利和中国主要健康相关指标

指标	全球	意大利	中国
2021年出生时预期寿命(岁)	71.4	82.2	77.6
2021年出生时健康预期寿命(岁)	61.9	70.6	68.6
2020年孕产妇死亡率(每10万例活产)	223	5	23
2022年新生儿死亡率(每1000例活产)	17	2	3
2022年5岁以下儿童死亡率(每1000例活产)	37	3	7
2021年全民健康覆盖服务覆盖指数	68	84	81
医生密度(每万人口医生数)	17.2 (2022年)	42.5 (2022年)	25.2 (2021年)
护理和助产人员密度(每万人口护理和助产人员数)	37.7 (2022年)	77.1 (2022年)	35.2 (2021年)
2021年国内一般政府卫生支出占一般政府支出的比例(%)	11.2	12.4	8.9
2021年《国际卫生条例》15项核心能力评分的平均值	64	71	94

资料来源：笔者根据世界卫生组织研究报告的数据资料整理，参见 World Health Organization (WHO), "World Health Statistics 2024: monitoring health for the SDGs, sustainable development goals", Global Report, 21 May 2024。

① 全民健康覆盖服务覆盖指数［Universal Health Coverage (UHC) service coverage index］，该指数将14个服务覆盖率追踪指标合并为单个汇总指标，作为世界卫生组织可持续发展目标指标3.8.1的衡量标准。

意大利优良的人口健康状况得益于其完善的卫生服务体系。世界卫生组织（WHO）发布的《2000 年世界卫生报告》显示，意大利的卫生服务体系绩效在 191 个成员国中位列第二。[①] 根据彭博社对世界各国的健康指数排名，2017 年意大利的健康指数在 163 个国家中位列第一。虽然意大利卫生服务体系的有效性在新冠疫情期间受到质疑，凸显出其突发公共卫生事件应急能力的不足，但其卫生服务体系仍在不断改进和完善之中。总体而言，意大利的卫生服务体系建设经验，对其他国家构建完善的卫生服务体系仍然具有较强的借鉴意义。

二　意大利卫生服务体系的发展历程

意大利的卫生服务体系历史悠久，可以追溯至古罗马时期。那时意大利的公共卫生设施建设，包括公共浴场和公厕，以及对水道的重视和管理，体现了其超前的公共卫生理念。中世纪后期至文艺复兴时期，意大利城市疫病的出现使公共卫生问题进一步受到重视。面对“黑死病”等疫情，意大利在 1348 年开始设立公共卫生委员会，出台了隔离政策，建立了鼠疫医院，这一系列抗疫措施取得了显著成效，推动了近代早期意大利卫生服务体系，特别是公共卫生服务体系的建设和发展。[②] 1946 年 6 月，意大利废除了君主立宪制度，7 月组建第一届共和国政府，自此开启了意大利共和国卫生服务体系建设和发展的步伐。

（一）意大利共和国初期的卫生理念与卫生服务体系

在共和国初期，意大利公民健康权的确认和卫生政策创新经历了漫长、复杂和艰难的历程。早在 20 世纪 40 年代的抵抗运动和制宪会议时期，意大

① World Health Organization（WHO），“The World Health Report 2000”，14 June 2000，https：//www. who. int/publications/i/item/924156198X，最后访问日期：2024 年 11 月 2 日。

② 陈甜：《14-17 世纪意大利鼠疫与公共卫生应对》，《淮北师范大学学报》（哲学社会科学版）2023 年第 6 期。

利就开展了通过国家干预保障公民基本卫生生活条件的实践。在新的社会基础及初步奠定的法律和制度秩序基础上，威尼托卫生委员会特别起草了一项改革意大利卫生服务体系的初步计划，主张对卫生和福利制度进行彻底改革。[①] 1948 年，《意大利共和国宪法》规定国家要把健康作为公民的基本权利和社会福利予以保护，保证穷人也能享受免费医疗服务。[②]《意大利共和国宪法》第 32 条规定，公民有权要求共和国提供保护健康的产品和服务，包括由个人不良行为造成的健康损害或者非社会利益所需要的治疗服务。第 32 条还提到了个人自决权，即治疗选择自由。《意大利共和国宪法》被认为是二战后西欧唯一一部将公民健康利益视为“一门完整学科”的宪法。此外，该宪法在保护健康和环境之间建立了联系，这一联系在 20 世纪 60 年代和 70 年代后越发得到体现。

虽然意大利当时的卫生理念较为领先，并设计了（1922～1943 年）的相关法律制度，但仍保留了从法西斯时期继承的互助制度。由于法西斯时期市政局丧失了地方自治属性，各地纷纷以阶级合作的名义建立疾病互助基金，并将其作为对公共卫生服务体系的补充。共和国成立之初，意大利医疗保障体系主要由大型养老基金和疾病互助基金构成。总体而言，各地疾病互助基金的发展相对混乱，在卫生福利和费用支出方面缺乏一致性，在卫生干预和疾病治疗方面也存在较大差异。从 20 世纪 50 年代初开始，意大利相继通过了多项旨在改善卫生与福利的措施，其主要目标包括：（1）将强制性疾病保险覆盖到更广泛的群体；（2）预防生产事故和职业病；（3）完善预防和治疗措施以防治新的社会性疾病。此外，意大利于 1958 年成立卫生部，结束了长期由十多个不同部门多头管理卫生问题的不合理组织架构。

总体而言，20 世纪 50 年代，意大利通过一系列改革改善了国家健康状

① Giorgi Chiara, “A History of Italy’s Health Policy from the Republic to the New Century”, *Modern Italy*, Vol. 28, No. 1, 2022, pp. 1-17.

② 《意大利共和国宪法》第 32 条规定：“共和国保障作为个人基本权利和社会利益的健康权，并保障贫穷者获得免费医疗。非依法律有关规定，任何人不得被强迫接受卫生治疗。法律在任何情况下都不得侵犯为尊重人身所设定的各种限制。”

况，完善了卫生服务体系。即便如此，该国当时的卫生服务体系和国民健康状况仍存在许多问题和挑战，如获得医疗保健权利的不确定性、结核病和脊髓灰质炎大规模蔓延、婴儿死亡率居高不下、造成慢性病的社会行为因素迟迟无法得到改善，等等。同时，预防意识滞后也严重影响了意大利人口健康状况的改善。这些问题和挑战向意大利卫生服务体系提出了进一步深化改革的要求。

（二）意大利国家卫生服务体系的确立

20 世纪 70 年代，意大利借鉴英国国家卫生服务体系经验，对其卫生服务体系进行了重大改革。1978 年，意大利颁布了《国家卫生服务法》，建立了国家卫生服务体系（SSN）。① 促进此次变革的重要原因既包括意大利社会和基层机构层面的变革意愿所带来的自下而上的社会压力，也包括新的政治和参与性实践。

意大利《国家卫生服务法》遵循普遍性和团结性的指导原则，这源于前文提到的《意大利共和国宪法》第 32 条。《国家卫生服务法》第一条规定："国家卫生服务体系包括所有旨在促进、维护和恢复全体人民身心健康的职能、结构、服务和活动，不分个人或社会条件，确保公民在服务利用方面的均等性。"该法还规定了意大利国家卫生服务机构的职能和结构：（1）基于国家卫生规划将把握卫生政策方向的权力赋予国家政府层面；（2）通过立法等方式将卫生、医院以及大区干预措施的规划和协调任务赋予大区政府层面；（3）将管理地方卫生局的责任赋予市政局。国家政府层面每 3 年制定一次国家卫生规划，对大区卫生规划进行指导，后者则对市级统一卫生服务机构的管理进行制约，以保证在全国范围内提供均等和统一的卫生服务。国家卫生服务体系的资金由国家卫生基金（FSN）提供，后者根据国家和大区卫生规划中规定的指标，在确保全国统一卫生服务水平的指数和标准基础

① "Law 23 December 1978, n. 833 Establishment of the Department of Public Health", UNEP's Law and Environment Assistance Platform, 23 December 1978, https://leap.unep.org/en/countries/it/national-legislation/law-23-december-1978-n-833-establishment-department-public-health，最后访问日期：2024 年 12 月 2 日。

上，将资金分配给各大区。国家卫生服务体系力图通过实行统一的卫生资源分配和提供全面的医疗卫生服务，从而实现四大目标，即普及化、待遇均等化、全面保障和个人选择自由。

（三）20世纪末至今意大利卫生服务体系的改革

20 世纪末，随着支撑意大利福利体系的政治和经济条件发生变化，政府不得不通过发行新的公债来弥补公共开支赤字，这减少了社会开支的增长空间。相应的，在卫生领域，新一轮的公共支出控制导致服务使用者的成本增加，使得 1978 年建立的国家卫生服务体系遇到障碍。与此同时，意大利国家卫生服务体系的三级结构在不同的权力层级之间造成了管辖权的相互冲突。责任没有明确划分，国家和大区的卫生规划也不一致。最重要的是，地方政府认为它们从国家政府获得的资源不足以满足当地人口的医疗卫生需求。由国家承担筹资责任和由大区和地方掌握支出权力之间的“错配”被视为卫生支出不断增加的主要原因。[①] 此外，意大利南部和北部之间卫生规划的差异化、国家政策与大区干预措施之间的不协调性、资金到位的滞后性、卫生管理的过度政治化等都向意大利国家卫生服务体系提出了新挑战。

为应对以上挑战，意大利对国家卫生服务体系进行了多次改革，表 2 总结了 20 世纪 90 年代至今若干次重要改革的具体情况。总的来说，意大利卫生服务体系改革主要朝三个方向努力。第一，调整国家、大区和地方卫生职能和权力，以统一国家卫生规划和大区卫生规划（或措施）。例如，1992 年和 1993 年的改革赋予了各大区规划、组织和资助医疗卫生服务的权力，2000~2001 年的改革则进一步加强了大区在组织和管理医疗卫生服务方面的权力。第二，通过赋予大区筹资权力和各种控费手段，在稳定卫生服务质量的同时，缓解预算赤字和降低卫生服务成本。例如，有的改革通过采用疾病诊断相关分组（Diagnosis Related Groups）来衡量医院卫生服务的效率以实现进一步控

① “Italy：Health System Review 2022”，European Observatory on Health Systems and Policies，14 December 2022，https：//eurohealthobservatory.who.int/publications/i/italy－health－system－review－2022，最后访问日期：2024 年 12 月 2 日。

费。再如，意大利2004年和2006年先后出台的《财政稳定法》进一步提出由政府出资救助和制定恢复计划，以解决医疗费用膨胀和巨额预算赤字的问题。第三，通过统一卫生服务标准、整合卫生服务机构及其职能、扩大公共卫生服务范围等方式，促进卫生服务的公平性、提高卫生服务的质量。例如，2001年的改革要求为意大利公民和在意大利的外国居民提供标准医疗福利包，2015年的改革提出统一医院卫生服务标准，2017年的改革推动了国家疫苗接种计划，2022年的改革则鼓励在所有大区发展基于社区的整合型护理。

表2　20世纪90年代至今意大利国家卫生服务体系的若干重要改革

年份	改革的主要内容
1992~1993	在经历了一系列预算危机和腐败丑闻后，意大利两部重要的改革法（第502/92号和第517/93号）赋予了各大区规划、组织和资助医疗卫生服务的广泛权力，将权力从国家政府转移到了地方政府，并消除了市政局对地方卫生局的直接影响。此后，已存在几十年的大区间医疗卫生服务质量的差异和医疗获取途径的差异开始扩大，并成为全国医疗企业讨论的焦点
1995	引入预付费体系。该体系采用疾病诊断相关分组来衡量医院提供的医疗服务的效率，对门诊服务使用《国际疾病分类》（第九次修订本）的诊断编码
1999	通过颁布第229/1999号法律，强调医生的作用，鼓励大区间更多合作，旨在减少大区间的不平等并平衡管理者的权力。该法律旨在回归1978年建立的体系，但在很大程度上导致了国家政府与大区之间，以及各大区之间因站位不同而产生的相互对立
2000~2001	对《意大利共和国宪法》第五章做出修正，为意大利公民和在意大利的外国居民提供了有保障的基本医疗服务或免费或小额付费的标准医疗福利包，并对所有大区提出了平衡预算的要求。允许大区利用区域资源补充国家分配的医疗资金，并将国家政府的作用限定在制定总体方向和规则上，进一步加强了大区在组织和管理医疗卫生服务方面的自治权
2004~2006	第L311号《财政稳定法》（2004年12月颁布）和第L296号《财政稳定法》（2006年12月颁布）旨在解决许多大区不断膨胀的医疗费用和巨额预算赤字问题。出现赤字的大区可请求国家层面出资救助，但必须制定恢复计划，对如何在保持基本医疗卫生服务水平和医疗服务质量的同时降低成本和平衡预算做出详细解释
2015	第70/2015号部长令在意大利全国范围内统一定义专用于医院护理的医疗卫生设施的质量、结构、技术和数量标准，以进一步保障基本医疗卫生服务水平
2017	意大利"Gelli-Bianco"法（第27/2017号）在患者安全和医护人员责任方面引入了创新性的变革和规定。该法律承认患者安全是一项基本权利，并指出国家卫生服务的首要目标是防止医疗机构对患者造成损害

续表

年份	改革的主要内容
2017～2019	2017 年 1 月，国家-大区会议批准了《国家疫苗接种计划(2017～2019)》，该计划推出了免疫接种时间表。随后，疫苗接种法规定 16 岁以下儿童必须接种 10 种疫苗，并强烈建议积极免费接种其他 4 种疫苗
2022	2022 年 5 月，意大利政府颁布第 77/2022 号部长令，旨在鼓励所有大区发展基于社区的综合护理。根据该法令，大区负责协调其辖区内的所有社区卫生服务，包括初级卫生服务及其包含的社会照护。各大区还需要建立过渡性护理单位，并且使用电子平台协调患者转诊。该法令还规定，每 5 万名居民就应有 1 个社区照护中心(Casa della Comunità)，提供包括初级卫生服务、预防、产妇照护、基本诊断在内的服务。

注：①Giuseppe Davide Albano，Arianna Rifiorito，Ginevra Malta，et al.，“The Impact on Healthcare Workers of Italian Law n. 24/2017 ‘Gelli-Bianco’ on Patient Safety and Medical Liability：A National Survey”，*International Journal of Environmental Research and Public Health*，Vol. 19，No. 14，2022.

②“The Immunisation Schedule”，Ministero della Salute，1 marzo 2021，https：//www. salute. gov. it/portale/vaccinazioni/dettaglioContenutiVaccinazioni. jsp？ id = 5501&area = vaccinazioni&menu = vuoto，最后访问日期：2024 年 11 月 2 日。

③Gianmario Cinelli and Giovanni Fattore，“The 2022 Community-based Integrated Care Reform in Italy：From Desiderata to Implementation”，*Health Policy*，Vol. 139，2024.

④Marianna Mauro and Monica Giancotti，“The 2022 Primary Care Reform in Italy：Improving Continuity and Reducing Regional Disparities？”，*Health Policy*，Vol. 135，2023.

资料来源：笔者根据意大利政府文件及相关论文内容整理。

三　意大利卫生服务体系现状

（一）卫生服务体系的结构和职能

意大利的医疗卫生服务主要通过其国家卫生服务体系（见图 1）提供，这是一个以税收为基础的全民健康保险制度，旨在确保所有意大利公民和合法居民都能公平地获得医疗卫生服务。居民可以选择自愿加入国家卫生服务体系，享受公立医疗体系服务，或者购买商业医疗保险以获得更全面的医疗服务。国家政府对卫生服务体系做出指导，制定一般目标、国家福利一揽子计划、人均筹资水平和基本原则。意大利卫生部负责制定国家福利一揽子计划、设定长期目标、监测国家卫生服务体系、平衡资金分配，并且与科研型

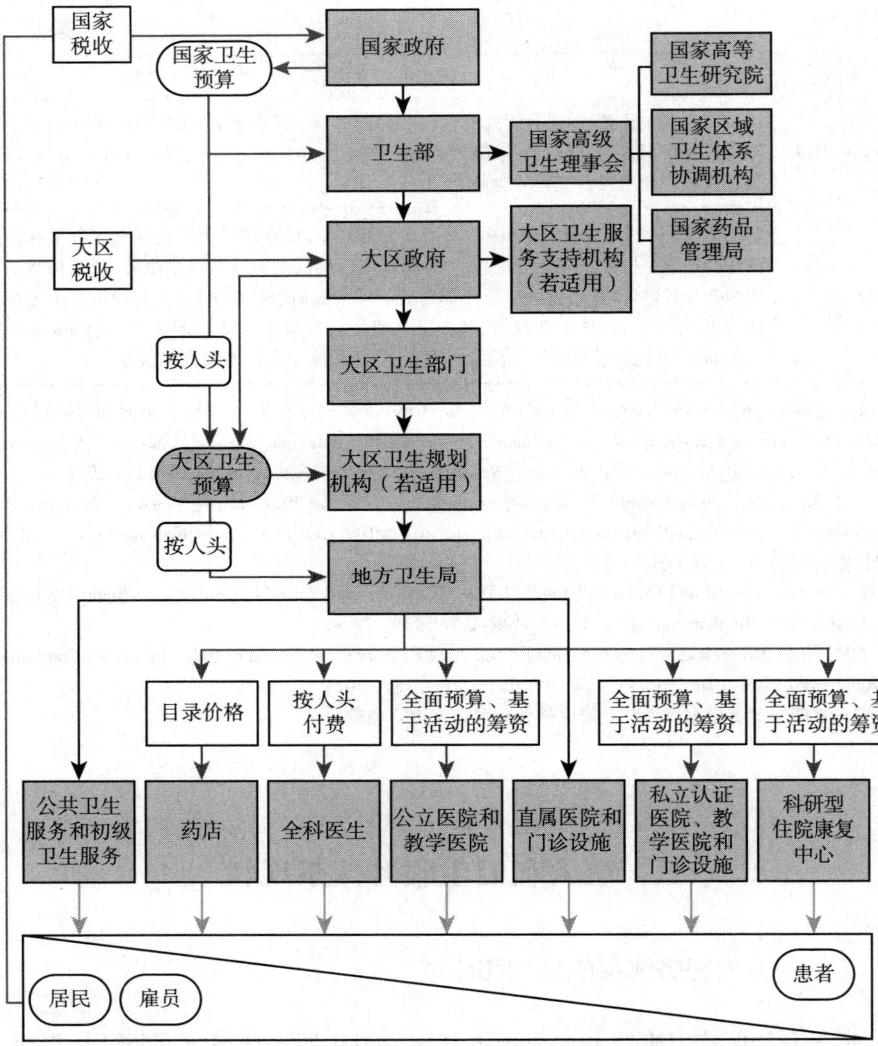

国家税收
国家卫生预算
国家政府
国家高等卫生研究院
卫生部
国家高级卫生理事会
国家区域卫生体系协调机构
国家药品管理局
大区税收
大区政府
大区卫生服务支持机构（若适用）
按人头
大区卫生部门
大区卫生预算
大区卫生规划机构（若适用）
按人头
地方卫生局
目录价格
按人头付费
全面预算、基于活动的筹资
全面预算、基于活动的筹资
全面预算、基于活动的筹资
公共卫生服务和初级卫生服务
药店
全科医生
公立医院和教学医院
直属医院和门诊设施
私立认证医院、教学医院和门诊设施
科研型住院康复中心
患者
居民
雇员

图1　意大利国家卫生服务体系

资料来源：根据世界卫生组织国别年度报告整理制作。参见 World Health Organization（WHO），"Italy：Health System Review"，2014；World Health Organization（WHO），"Italy：Health System Review"，2022。

住院康复中心（Istituto di Ricovero e Cura a Carattere Scientifico）共同领导卫生发展规划。此外，意大利政府还专门成立了一个工作小组，负责执行意大利国家复苏与韧性计划（PNRR）框架下与健康有关的目标。与卫生部联系最紧密的咨询机构是国家高级卫生理事会（Consiglio Superiore di Sanità），由 1 位主席和 50 名成员组成，汇集了政府机构人员、科学家、医生和其他公认专业人士代表。此外，意大利还设置了国家高等卫生研究院（Istituto Superiore di Sanità），开展健康科学及政策研究；设立国家药品管理局，确保国家医药体系的统一性，为药品可及性、安全性和公平性提供保障。另外，意大利在 2004 年成立了国家疾病预防和控制中心（Centro Nazionale per la Prevenzione e il Controllo delle Malattie），该中心并非法人实体机构，而是一个在监测、预防和卫生应急措施方面与卫生部、大区和地方政府密切联系的网络。

为了使国家和大区两级卫生服务体系的管理在战略和体制上保持一致，在国家政府制定每 3 年的国家卫生规划期间，大区政府会参与规划制定的商讨。此外，国家和大区每 15 天联合召开 1 次会议，以保证国家和大区的负责人有充分沟通和协商的机会。大区政府负责组织由地方卫生局、医院信托机构和私立认证医院等医疗服务提供者形成的网络，从而确保国家福利一揽子计划得以实施。经过多次改革后，大区政府的权限得到扩大，目前大区政府可以制定大区卫生服务体系的一般原则和组织结构，确定筹资标准，提供技术和管理指导，开展卫生需求评估等活动。大区卫生服务体系的执行职能由大区卫生部门承担，其具体职能包括：负责起草为期 3 年的大区卫生规划；确定公共和私营卫生服务机构的授权和认证标准，并监督其服务质量；协调医疗和社会照护；确定卫生服务机构的地理边界，为其分配资源，并任命其负责人。

（二）卫生筹资与支出

在卫生筹资方面，意大利的公共医疗卫生保障资金主要来源于税收，部分补充资金来自公共和私营部门的转移拨款收入、当地组织捐赠以及药品和门诊治疗等方面的一些收入。国家政府同时承担监管和资助职能，制定国家福利一揽子计划，并确保各地区有足够的资源来提供这些福利。在实践中，国家政府主要根据总体宏观经济框架来确定分配给卫生服务体系的公共资源总额。卫生部将其中的一小部分用于国家规划，其余部分分配给各大区。每个大区的份额基于人头公式计算，纳入人口年龄结构和其他流行病学指标，具体公式每年由国家政府和各个大区在联合召开的国家-大区会议中商定。

各个大区获得国家拨款后，根据具体情况再拨款给各地方卫生局并由其分配和管理，而地方政府也可采取商业模式吸纳私人及政府资金，拥有较大的自主决策权。除了国家拨款外，大区政府也会通过地方税收进行卫生筹资，包括大区税和国家所得税的大区附加费。值得注意的是，意大利北部较富裕大区的经济规模较大，税收基础较好，而南部经济落后大区筹集额外资金的空间小，这造成大区之间卫生服务提供能力和质量的差异较大。

在卫生支出方面，根据意大利卫生部的规定，每年从国家财政拨付的卫生资金应分配给公共卫生服务、医院医疗服务和社区卫生服务。2019年，5%的资金分配给了公共卫生服务，44%的资金专门用于医院医疗服务，其余51%用于社区卫生服务。其中，社区卫生服务还分为初级卫生服务、社区药品服务、专科门诊服务和其他社区卫生服务。就具体的支出项目来看，在意大利政府的卫生支出明细中，个人医疗服务支出占比最高，而后由高到低依次为药品支出、商品服务支出、签约医院支出、医生工资支出等。

（三）服务机制

意大利国家卫生服务体系由国家、大区和地方三个不同层次构成。大区医疗机构主要是教学医院、公共研究机构等。这类准独立公共机构由政府出资，独立运营。教学医院提供高度专业化的三级护理，且直接归属所在大区管理。在地方一级，地方卫生局提供公共卫生服务、初级卫生服务（包括精神卫生、家庭医疗和社区服务）以及二级医疗服务。每个地方卫生局的辖区又划分为若干卫生街区，这些卫生街区直接负责提供公共卫生和初级卫生服务提供。

具体服务可以分为两个层次：初级卫生服务和各类医院提供的诊疗服务。在初级卫生服务方面，由家庭医生首先评估签约人状况，为其制定整合型的护理计划，后续家庭医生还将协调并监督所有参与患者服务的卫生工作者的活动。对于各类医院提供的诊疗服务，患者到医院就医前需先到签订协议的家庭医生处就诊，由家庭医生开具检验检查申请单、转诊或住院建议单，之后患者自行选择到地方卫生服务机构或大学教学医院就诊。当患者达到出院指征后，医生会开具出院单或转诊单。地方卫生服务机构中的“社区-医院联络办公室”肩负双向转诊协调职能，负责将患者转诊到相应的医疗机构进行后续的治疗和康复，从而降低患者住院率，缩短住院时间，提高资源利用效率。此外，在地方卫生服务机构中还设置了慢性病中心，负责协调管理区域内慢性病患者的诊疗工作。

（四）支付机制

在意大利，不同的支付机制对应不同的卫生服务。大区或地方卫生局为所有卫生服务支付费用。一般来说，支付方式主要有以下三种（见表3）。（1）按人头付费。根据地区政策，人均费用可根据人口年龄结构和其他标准（如人口密度）进行调整。（2）按量付费。采用按服务付费、按疾病诊断相关分组付费和按日付费等方式补偿医疗服务提供者。（3）按预算付费。某些特定服务（如救护车服务）在疾病诊断相关分组模式中没有得到很好体现时，会根据既往费用情况，确定预算支付额度后拨付资金以补偿医疗服务提供者。

表3　服务支付方式

服务提供者	支付方和支付方式	
	卫生部	大区卫生服务和(或)地方卫生局
家庭医生	—	按人头付费/按服务付费
专科门诊	—	按服务付费/支付额度
其他门诊服务	—	按服务付费/支付额度
急诊医院	—	按疾病诊断相关分组付费/支付额度

续表

服务提供者	支付方和支付方式	
	卫生部	大区卫生服务和(或)地方卫生局
非急诊医院（如社区医院）	科研型住院康复中心	按日付费/支付额度
医院门诊	—	按服务付费/支付额度
牙医	—	按服务付费
药房	—	报酬基于与售价成比例的利润率①
公共卫生服务	—	按人头付费/支付额度
社会照护	—	按日付费（健康相关服务）

注：①药房报酬基于与销售价格成比例的利润率得出。根据第122/2010号法律，批发商和药剂师的利润率分别为3.00%和30.35%。此外，自1997年以来，根据药品价格档次，还实行了从3.75%到19.00%不等的累进折扣。自2012年起，药品的最终价格折扣率为2.25%（第135/2012号法律）。

资料来源：根据世界卫生组织国别年度报告整理。参见 World Health Organization（WHO），"Italy：Health System Review"，2022。

（五）区域医疗绩效评价

意大利相关法律规定，大区必须依法采取措施有效控制卫生费用支出，提高卫生服务体系的效率、质量和满意度。国家政府每3年对各大区进行考核和排名。如果大区无法平衡预算或达不到国家标准规定的基本保障水平，国家政府会采取介入干预、财政预算管控、撤销大区自治及取消行政长官政治选举资格等措施。

以托斯卡纳大区为例，该大区区域医疗绩效评价系统的评价维度及指标体系设计源于平衡计分卡法，并在此基础上进行了创新，通过输出医疗机构的指标绩效值来评价医疗机构的绩效，形成基于多维报告的区域医疗绩效评价结果。[①] 在选择评价维度和指标方面，由绩效评价机构（意大利圣安娜大

① 黎浩、罗斌、董四平：《意大利区域医疗绩效评价经验对我国县级医院绩效评价工作的启示》，《中国卫生质量管理》2017年第1期。

学）团队在文献研究的基础上，经过大区政府代表与医疗机构负责人、多领域专家、患者代表反复讨论并达成一致，最后由大区政府批准，予以确定。总体而言，区域医疗绩效评价系统从六个维度评价医疗机构的绩效。（1）人口健康状况。该维度选取婴儿死亡率、癌症死亡率、潜在寿命损失等指标来评价。（2）大区政策目标。该维度用来保证大区战略目标能及时高效地实现。（3）临床服务质量。该维度包括质量、效率、临床风险等。（4）患者满意度。该维度包括公众、服务接受者对医疗机构所提供的医疗服务进行的评价。（5）员工评价。该维度主要处理各类员工满意度，包括员工对工作的满意度和对上司的评价。（6）效率与财务绩效。该维度对医疗机构的经济运行与财务可持续能力进行评价。在具体实践中，以上维度又被进一步分解成可量化的主指标和分指标，并在医疗机构之间进行绩效值标杆和跨组织学习，为绩效管理提供证据。

四 意大利卫生服务体系面临的挑战及未来改革方向

（一）意大利卫生服务体系面临的挑战

虽然意大利的卫生服务体系与机制较为健全，而且在保障人口健康方面取得了良好效果，但仍面临诸多挑战。第一，受经济发展不平衡的影响，意大利各大区在筹资能力和卫生服务能力方面存在较大差异，北部地区的卫生服务水平显著高于南部和中部地区，导致大区间医疗卫生资源分配严重不平衡。第二，意大利的公共债务水平较高，限制了政府对卫生服务体系的投入能力。尽管意大利近年来经济低迷，但用于公共卫生的财政支出仍有所增加。鉴于医疗成本上涨、人口老龄化以及使用的医疗技术更加昂贵等因素，个人卫生费用支出也有所增加，这会持续给卫生服务体系筹资带来挑战。第三，患者和医护人员的地区流动给卫生服务体系带来压力。部分患者会前往经济发展水平和医疗服务水平更高的大区就医，这给卫生服务体系筹资和支付带来挑战。同时，年轻医护人员外流至其他国家也给意大利卫生服务体系带来人力资源不足的挑战。第四，医疗卫生服务的供需不平衡造成就诊等待时间过长，亟待改善。第五，卫生服务体系的应急能力不足。面对新冠疫情这样的突发公共卫生事件，意大利的卫生服务体系在短期内迅速达到救治上限，重症监护床位、医护人员以及医疗防护物资不足的问题充分暴露。[①] 第六，人口老龄化问题严重。2023 年，意大利 65 岁及以上老年人占比为 26%，[②] 这导致卫生服务体系面临筹资和可持续性挑战。

（二）意大利卫生服务体系的未来改革方向

为应对上述挑战，意大利亟待进一步改革卫生服务体系，增加筹资，以提高卫生服务的效率、质量和可及性，并确保能够应对未来可能出现的公共卫生危机。未来意大利的卫生服务体系将继续朝着四个方向改革。第一，建设广泛的基础设施，加强初级卫生服务和社区照护。例如，建设提供托管服务和社区照护的新设施，为居家治疗的患者建设远程医疗和数字基础设施，建设社区医院紧急医疗专用设施和提高相关技术，等等。第二，增加卫生筹资、控制医疗成本。具体包括改变社会优先事项以获得额外的卫生资金，提高卫生服务效率以释放更多的卫生资源。第三，提升卫生服务体系的应急响应能力。具体包括促进全科家庭医生和社区卫生服务之间的融合与协调，加强社区的“哨点”建设，做好战略医疗资源和训练有素的医务人员的储备工作。第四，加强国际合作。在利用好欧盟的融资和合作机遇的基础上，积极探寻与其他国际组织和国家在卫生领域的合作，进一步提高卫生服务能力和效率。

五　结语

综上所述，意大利全民健康覆盖的实现、对公民健康权的重视以及在公

① 李凯旋：《意大利国民医疗体系在新冠疫情中迅速达到救治上限的原因探析》，中国社会科学院欧洲研究所网站，2020，http：//ies. cass. cn/wz/yjcg/ozshwh/202006/t20200601_5137380. shtml，最后访问日期：2024 年 11 月 2 日。

② “Health data overview for the Republic of Italy”，World Health Organization，https：//data. who. int/countries/380，最后访问日期：2024 年 11 月 2 日。

共卫生领域的创新举措，均显示了该国在追求全民健康方面的决心和系统性的行动。面对区域发展不平衡问题和经济下行压力，意大利政府通过不断改革和调整卫生服务体系，开展区域医疗绩效评价，努力实现卫生资源的合理分配，以及医疗服务质量和效率的提升。意大利卫生服务体系仍面临诸多的问题和挑战，相应的改革也将继续推进，其改革方向和实践经验将继续为其他国家卫生服务体系建设和改革提供借鉴。

B.9

意大利大学“第三使命”活动：现状、特点与发展趋势

邢建军*

摘　要：　自“博洛尼亚进程”提出以来，欧洲国家大学的开放度逐步加大，由知识和技术转化、继续教育和社会参与三大要素构成的“第三使命”在欧洲高等教育中的重要性愈发凸显，成为体现大学特色和优势的重要战略支点。为社会服务、促进区域经济文化和社会发展的能力及贡献也成为衡量一所大学总体实力的重要指标。2010 年，意大利将“第三使命”正式写入改革高等教育体系的法律中，从而确定了“第三使命”在高等教育职能中的地位。近年来，大学面临新技术的快速迭代、数字化和能源转型等挑战，“第三使命”的战略地位越发突出。大学在强化传统意义上的“第三使命”活动，如技术转移、知识价值化和商业化的同时，也更加重视自身的社会、文化影响力以及与社会的互动。本文将从概念、内涵、活动分类、管理机制、案例分析等多角度对意大利大学“第三使命”活动的发展现状和大学履行“第三使命”的情况与特色进行分析。

关键词：　意大利　大学　第三使命　社会参与　博洛尼亚进程

引　言

纵观世界高等教育的发展历程，大学的功能是随着时代的发展而变化

---

* 邢建军，博士，意大利教育中心协会（Uni-Italia）中国区主任，曾任中国驻意大利使馆经济商务参赞处一等秘书（2005~2010 年），主要研究领域为意大利高等教育体系及其法律法规、意大利高等教育史、中意高等教育交流等。

的。大学自诞生之日起，培养人才就是其主要职能。随着德国柏林大学等一批研究型大学的建立，大学开始同时注重教学和科学研究。20 世纪初，美国威斯康星大学将高等教育职能由培养人才和科学研究扩展到“社会服务”，提出了所谓的“威斯康星理念”，形成了高等教育的第三大职能。[①] 在欧洲，高等教育学者将大学为当地社会经济发展服务的职能称为大学的“第三使命”（Third Mission，或 Third Stream）。如果再进一步划分，“第三使命”主要包括：知识和技术转化、继续教育和社会参与（也称公众参与，public engagement）。中国学者将大学“第三使命”定义为：“大学在完成教学和科研基本使命的前提下，为进一步推动自身社会服务功能的显性化，依靠大学现有人力、教学、科研资源，同产业、政府组织开展多维互动式交流与合作，努力开展技术咨询或转让、合作研究、大学衍生企业创办等与教学和科研相关联而又有区别的知识的创新及商业化活动。”[②] 意大利官方对“第三使命”的定义为：“大学与社会直接互动的一系列活动的集合，这些活动能将大学研究和教学获得的知识进行转化并向公众传播知识，以促进区域的经济、文化和社会的发展”。[③] 意大利作为高等教育发达的欧洲国家，早在 2010 年就将大学“第三使命”写入改革高等教育体系的法律文件中，也是第一个将“第三使命”纳入科研质量评价体系（VQR）的国家。[④]

近年来，大学“第三使命”已逐步成为各国学术界、教育界关注和研究的热点问题。对许多高等教育发达的国家而言，重视、引导和促进大学的“第三使命”正日益成为国家的重要公共政策取向之一。本文将从概念、内

---

① 张倩：《智力资本视角下高校社会服务职能衡量框架研究》，《高等建筑教育》2019 年第 2 期。

② 夏清华、张承龙、余静静：《大学“第三使命”的内涵及认知》，《中国科技术语》2011 年第 4 期。

③ “Linee Guida per le Attività di Terza Missione dell'Università del Piemonte Orientale”，https：//www. uniupo. it/sites/default/files/Linee%20guida%20Terza%20Missione. pdf，最后访问日期：2024 年 12 月 2 日。

④ Terza missione，https：//it. wikipedia. org/wiki/Terza _ missione #：~：text = La%20terza%20missione%20%C3%A8%20riconosciuta，ANVUR%20e%20operativo%20dal%202013，最后访问日期：2024 年 12 月 2 日。

涵、活动分类、管理机制、案例分析等角度对意大利大学“第三使命”活动的发展现状和大学履行“第三使命”的特色进行分析。

一 意大利大学缘何重视“第三使命”

20世纪末，直到欧洲提出“博洛尼亚进程”、意大利进行深层次高等教育改革并融入欧洲高等教育区框架之前，意大利大学是名副其实的“象牙塔”。这表现为，大学的人才培养与就业市场脱节，科学研究的价值化理念薄弱。1999年，意大利对高等教育的结构设置做出了深层次改革，当时被认为是将意大利高等教育推向新阶段的“创新性”改革。从2001~2002学年开始，大学启用了新的学制、管理组织模式和与欧洲接轨的学分体系。① 另外，大学与社会、企业间的互动进一步受到重视。大学在其权限内可自行决定设置新的专业，以满足就业市场需求。为了推动科学研究的市场化和价值化，允许和鼓励教师和研究人员基于研究成果参与大学的科技企业。21世纪初，关于大学创业、文化和社会影响力的“第三使命”开始在意大利受到广泛关注。意大利大学校长联合会（CRUI）② 连续多年举办大学与企业以及与地区经济发展的研讨会，深入探讨“第三使命”对提高大学社会影响力的作用，同时开展能鼓励大学发挥其社会影响力、加强与企业关系的项目。③

意大利大学缘何重视“第三使命”？笔者将其主要原因归纳为以下几点。

第一，“第三使命”活动已经被纳入意大利大学与科研质量评价体系。意大利大学注重研究的价值体现，不以科研论文为唯一导向。将“第三使命”纳入科研质量评价体系并与大学运营经费关联，调动了教师和研究人

---

① 罗红波、孙彦红主编《变化中的意大利》，社会科学文献出版社，2017，第178~180页。

② Maurizio Sobrero e Francesca Spigarelli, “La valutazione e gli indicatori di terza Missione”, Fondazione CRUI, https://www2.crui.it/crui/osservatorio/4_GdL%204_Rapporto_def.pdf，最后访问日期：2024年12月2日。

③ Carla A. T. Casciotti, “CampusOne: Processi di integrazione con il Territorio”, Fondazione CRUI, 2 febbraio 2004, https://www.crui.it/images/allegati/pubblicazioni/2004/Processi2feb.pdf，最后访问日期：2024年12月2日。

员的积极性。意大利还鼓励人文和社会科学领域的教师和研究人员开展"第三使命"活动。[①]

第二，意大利高等教育是公立大学占主导地位的教育体系，具有较强的公共属性，大学开展"第三使命"活动也是社会责任的重要体现。大学支持地方社会、经济和文化的发展责无旁贷，尤其是聚焦社会问题、社会包容性的"第三使命"活动。[②]

第三，"第三使命"关乎大学的国际化和国际竞争力。目前，国际上较为普遍的大学排名体系都纳入了可持续发展、就业竞争力、雇主评价、专利数量等指标。为了推动国际化，意大利大学近年来也主动加入这类排名体系，而这类排名体系的指标与"第三使命"密切相关。[③]

第四，意大利学生和青年研究人员的创业文化逐步形成，创业意识逐步提高。鼓励与引导他们参与"第三使命"活动，有助于在实践中提升他们的创新与创业能力。

第五，当前技术创新的周期缩短，知识更新迭代加快，更需要大学来传播和普及新的科学知识。另外，随着各类自媒体和社交媒体的出现，民众获得的知识和信息的数量处于爆发式增长态势，更需要具备高度专业知识的人员对相关知识和信息进行传播和解读。

二　意大利大学"第三使命"的概念、内涵与主要内容

在意大利改革高等教育体系的第 240/2010 号法律中，"第三使命"被

① 邢建军：《意大利的科研质量评价体系：发展、作用与特点》，载孙彦红主编《意大利发展报告（2022~2023）：俄乌冲突下艰难求"变"的意大利》，社会科学文献出版社，2023，第 158~178 页。

② Sauro Longhi, "Misurare l'impatto sociale delle Università: terza missione, VQR 2015-2019", ANVUR, https://www.anvur.it/wp-content/uploads/2021/07/Anvur-NeXt_27-luglio_LONGHI.pdf，最后访问日期：2024 年 12 月 2 日。

③ Maurizio Sobrero e Francesca Spigarelli, "La valutazione e gli indicatori di terza Missione", Fondazione CRUI, https://www2.crui.it/crui/osservatorio/4_GdL%204_Rapporto_def.pdf，最后访问日期：2024 年 12 月 2 日。

正式确认为大学的使命任务。[①] 该法律文件将“第三使命”定义为大学与社会直接互动的一系列活动的集合，而这些活动与传统的教学（“第一使命”）和研究（“第二使命”）并重。

意大利国家大学和研究评价局（ANVUR）在2004~2010年研究质量评估中引入“第三使命”的内容，即“大学通过知识的价值化和技术转让等途径向社会开放”的一系列活动。这一些活动不仅使研究价值化，而且具有社会文化和教育价值。经过过去数年的发展，如今“第三使命”已被公认为大学的一项重要使命。

意大利大学在管理上正式引入“第三使命”职能的初期，其相关侧重点主要在专利技术、技术转让、科技衍生和初创企业的创立等有关研究成果的价值化方面。随着内外环境的不断变化，意大利大学在总结经验的基础上，更加认识到“第三使命”公共维度的重要性，进而更加关注大学的社会和文化影响力，关注大学促进公众参与、维护公共卫生健康和为社会与社区创造公益价值的活动等。[②]“欧洲高校第三使命的指标和排名方法”[③] 将大学“第三使命”划分为三大维度，即继续教育（Continuing Education，CE）、技术转移与技术创新（Technology Transfer & Innovation，TTI）和社会参与（Social Engagement，SE）。意大利国家大学和研究评价局将“第三使命”归纳为两大类活动。第一大类为科学研究的价值化活动，即通过将研究产生的知识转化

---

① Legge 30 dicembre 2010，n，240（in G. U. n. 10 del 14 gennaio 2011-Suppl. Ord. n. 11-in vigore dal 29 gennaio 2011）-Norme in materia di organizzazione delle università，di personale accademico e reclutamento，nonché delega al Governo per incentivare la qualità e l'efficienza del sistema universitario.（11G0009），https：//www. anvur. it/wp-content/uploads/2011/12/1. %20Legge%20240_2010. pdf，最后访问日期：2024年12月2日。

② Dipartimento di Scienze Umane e Ufficio Terza Missione，“Linee Guida per la Progettazione e la Segnalazione delle Attività di Public Engagement”，Università Europea di Roma，2024，https：//www. uer. it/terzamissione/wp - content/uploads/sites/14/2024/03/Linee - guida - per - la - pianificazione-e-la-segnalazione-delle-attivita-di-Public-Engagement. pdf，最后访问日期：2024年12月20日。

③ “European Indicators and Ranking Methodology for University Third Mission”，https：//repositorio-aberto. up. pt/bitstream/10216/135816/2/489507. pdf，最后访问日期：2024年12月2日。

为应用于生产的知识，促进经济增长。具体包括知识产权管理、科技衍生类企业创建、第三方研究、中介和支持机构的管理。第二大类则是大学具有社会文化和教育价值属性的活动，目的是创造能体现社会福祉的公共产品。这些产品具有文化内涵（文化活动和文化遗产管理、博物馆管理、科学传播）、社会内涵（公共卫生、社区活动、技术/专业咨询）、教育内涵（成人教育、终身学习、继续培训、慕课等）或公民意识（公共辩论、科学专业知识普及）。

意大利国家大学和研究评价局已经将“第三使命”分类系统化，对于“第三使命”的活动内容界定比较清晰，目的之一是便于大学在国家科研质量评价中申报案例材料。根据意大利国家大学和研究评价局的分类，“第三使命”活动项目涵盖十大类（见表1）。前3类与知识和技术转移有关；第4类涉及艺术与文化遗产管理；第5类涉及公共卫生健康；第6~8类是大学服务于社会和文化发展，增进民众生活福祉和强调公众参与的项目；第9类为能够促进开放科学的创新活动；第10类是与联合国2030年可持续发展目标（见表2）相契合的项目。

表1　意大利“第三使命”活动大类及其内容

项目	主要内容
1. 工业与知识产权的增值	专利、植物新品种和其他专利产品
2. 创办学术型企业	科技衍生企业（Spin-off）和初创公司（Start-up）
3. 技术转移及中介机构	科技转化咨询机构、孵化器、产业园和“第三使命”合作企业组织（Consorzio）
4. 艺术文化产业与管理	博物馆、考古遗址、历史档案管理、音乐活动、历史出版物收藏、剧院和运动设施
5. 临床试验与健康促进创新项目	临床试验、医疗仪器设备研发、预防疾病日活动、疾病筛查与能够引起公众重视的疾病预防知识普及、兽医诊所等
6. 长期培训与开放式教学	长期培训课程、医学继续教育课程、慕课
7. 公众参与	公益文化活动组织，如音乐会、戏剧表演、影视活动、体育运动、展览、面向社区和公众开放的其他文化活动； 科学普及活动，如面向公众的非学术出版物、广播电视节目制作、科学普及网站网页、利用社交媒体进行科普宣传等； 促进公众参与的研究活动，如辩论会、科技节日活动、科学“咖啡”活动、在线咨询、参观实验室等； 中小学参与的科技互动，如实验室模拟、实验室动手课活动和其他形式

续表

项目	主要内容
8. 具有社会、教育和包容政策属性的公共活动	公众利益、城市规划项目的公众参与、市民评价小组、调查问卷等
9. 支持开放科学(Open Science)的创新工具	
10. 与联合国2030年可持续发展目标契合的有关活动	联合国可持续发展(SDG)目标:推动世界变革的17个目标

表 2　联合国可持续发展目标：推动世界变革的 17 个目标

目标 1	在全世界消除一切形式的贫困
目标 2	消除饥饿,实现粮食安全,改善营养状况和促进可持续农业
目标 3	确保健康的生活方式,增进各年龄段人群的福祉
目标 4	确保包容和公平的优质教育,让全民终身享有学习机会
目标 5	实现性别平等,增强所有妇女和女童的权能
目标 6	为所有人提供水和环境卫生并对其进行可持续管理
目标 7	确保人人获得负担得起的、可靠和可持续的现代能源
目标 8	促进持久、包容和可持续经济增长,促进充分的生产性就业和人人获得体面工作
目标 9	建造具备抵御灾害能力的基础设施,促进具有包容性的可持续工业化,推动创新
目标 10	减少国家内部和国家之间的不平等
目标 11	建设包容、安全、有抵御灾害能力和可持续的城市和人类住区
目标 12	采用可持续的消费和生产模式
目标 13	采取紧急行动应对气候变化及其影响
目标 14	保护和可持续利用海洋和海洋资源以促进可持续发展
目标 15	保护、恢复和促进可持续利用陆地生态系统,可持续管理森林,防治荒漠化,制止和扭转土地退化,遏制生物多样性的丧失
目标 16	创建和平、包容的社会以促进可持续发展,让所有人都能诉诸司法,在各级建立有效、负责和包容的机构
目标 17	加强执行手段,重振可持续发展全球伙伴关系

资料来源：笔者根据联合国网站资料整理制作，参见 https：//www. un. org/sustainabledevelopment/zh/sustainable-development-goals/，最后访问日期：2024 年 12 月 2 日。

三　意大利大学“第三使命”活动的发展现状

（一）“第三使命”成为意大利大学创新的杠杆

当前在意大利，与教学和研究并重的“第三使命”在大学的战略定位中更趋突出，“第三使命”的重要性在政府、大学、公私机构中已形成广泛共识。在意大利各主要大学的战略计划中，[①]“第三使命”都得到清晰的体现。大学将“第三使命”视为强化其地域和社会影响力的战略支撑杠杆。同时，各大学也力图通过对“第三使命”活动的规划和实施来体现自身特色和实力。例如，米兰大学将公共卫生作为其“第三使命”主题。再如，帕多瓦大学在其2023~2027年战略规划中，将“第三使命”作为其六大优先发展方向之一，强调“第三使命”在学术和国际竞争力中的“关键作用”。[②] 根据近年来大学对“第三使命”的重视程度、资金投入和活动案例的丰富程度可发现，意大利大学与所在地区及社会之间的互动关系正变得更密切。同时，开展“第三使命”活动也是意大利大学用来提高其国际与国内知名度的有效手段。

（二）重视“第三使命”的良好环境已形成

有效履行“第三使命”需要大学将教学、研究和“第三使命”紧密结合，使得三者相互赋能。同时，大学要提高社会影响力和国际影响力，则要求对外更加开放。大学还需基于国家有关法律，制定和出台相应的激励制

① “Relazione annuale sulle attività di Terza Missione ai sensi del D. L. 10 novembre 2008, n. 180”, Università degli Studi di Milano, 2008, https://www.unimi.it/sites/default/files/2023-09/Relazione%20annuale%20sulle%20attivita%CC%80%20di%20Terza%20Missione_2021.pdf，最后访问日期：2024年12月20日。

② “Piano strategico 2023-2027”, Università degli Studi di Padova, Luglio 2023, https://www.unipd.it/sites/unipd.it/files/2024/PianoStrategico_2023-27_DEF.pdf，最后访问日期：2024年12月2日。

度与政策，充分承认教师和研究人员在技术转让、促进公众参与和继续教育方面的贡献。大学还为教师和研究人员在知识产权保护、专利申请、科技衍生企业创办等方面提供必要支持。此外，大学还越来越多地通过自媒体等新的传播手段扩大研究活动的影响力。2014 年，意大利国家大学和研究评价局首次将“第三使命”有关活动纳入科研质量评价范畴，评价结果与大学获得的运营经费拨款（FFO：普通融资基金，是意大利公立大学的主要资金来源之一）“挂钩”。由于“第三使命”本身具有社会公益性，大学每年都拨专款资助教师、研究人员组织和开展相关活动。例如，2024 年帕多瓦大学对 19 个“第三使命”项目共投入 125 万欧元。教师、研究人员根据发布的“课题指南”申报项目。[①] 有社会影响力的项目还将被列入优秀案例，参加国家科研质量评价。总之，“第三使命”对意大利大学的发展具有战略意义，需要一个良好的生态系统，让大学和社会的所有参与者都各尽其职。

意大利重视“第三使命”的大学间网络建设，鼓励大学间的资源和信息共享。目前大学“第三使命”协作网络主要有意大利大学和研究机构“促进公众参与”协作网络（APEnet）、意大利大学研究“增值”协作网络（Netval）、意大利大学可持续发展协作网络（RUS）、意大利大学孵化器协会（PNI Cubev）。

（三）意大利大学已形成较完整的“第三使命”活动管理机制

经过近年来的实践，意大利大学已形成了较为完善的旨在管理、组织和实施有关活动的“第三使命”管理机制。例如，主要大学都专设了负责协调和管理“第三使命”活动的副校长，分管大学的技术转移、产业联络、“第三使命”办公室（ufficio terza missione）等工作。“第三使命”办公室的主要职能是促进大学、研究人员和产业界互动，支持研究人员充分利用其研

① “Le iniziative di terza missione dei dipartimenti”, Università degli Studi di Padova, https://www.unipd.it/iniziative-terza-missione，最后访问日期：2024 年 12 月 2 日。

究成果针对社会需求进行知识传播和培训。此外，还根据学科专业特点，支持研究人员和教师的专利申请、专利技术许可和科技衍生企业创建、组织协调和管理大学内“第三使命”有关课题的申报工作以及协调意大利国家科研质量评价的案例申报和提交等。

四　意大利大学“第三使命”的特点

结合近年来意大利大学履行“第三使命”的实践，可总结出三个突出特点。

（一）艺术与文化遗产为意大利大学“第三使命”活动提供得天独厚的条件

意大利大学，尤其是建校历史悠久的大学，本身就拥有一批学术和文物价值极高的文化、艺术、建筑、景观和科学遗产，包括图书馆、博物馆、专题收藏、历史档案（包括音乐与美术档案）、天文观测台、植物园、剧院、音乐厅、历史遗迹等，其中不乏世界文化遗产地。许多古老大学的行政大楼就是具有极高学术价值的建筑遗产。根据意大利国家普查的结果，[①] 截至2015年底，意大利大学共拥有大型博物馆198座、高学术价值专题收藏44处。博物馆主要集中在建校历史悠久的大学。这些资源更能凸显促进公众参与的特点，也是意大利大学开展“第三使命”活动得天独厚的条件。大学在满足教学和科研的需求外，可充分利用这些资源开展“第三使命”活动，以提升大学的社会、文化和经济影响力。

（二）意大利高等艺术类院校以多元化形式履行“第三使命”

与综合性大学或理工科大学相比，意大利艺术类高等院校通过履行

① Valentina Martino, “Musei e collezioni del patrimonio universitario. Indagine su un sistema culturale diffuso”, *Museologia Scientifica*, 2016, https://www.anms.it/upload/rivistefiles/f99fc5c965dc1f4cccd8a05a55396d61.pdf，最后访问日期：2024 年 12 月 2 日。

“第三使命”方面所做的社会贡献有其自身特色。以素有“时尚与设计之都”的米兰为例，意大利有接近1/3的艺术设计、文化创意、音乐表演等专业教师集中在米兰及其周边的艺术院校。他们除了培养专业人才、为企业提供有偿咨询服务外，还深入城市和社区的公共艺术空间，开展丰富多彩的“第三使命”活动，包括通过每年的米兰时装周、米兰家具展和米兰设计周等活动提高公众的艺术参与度。① 此外，意大利艺术类高等院校还通过“第三使命”帮助社会应对新的挑战。例如，为应对人口老龄化问题，意大利美术院校教师和研究生充分利用博物馆、画廊、艺术工作室等资源开发帮助老年人“延缓认知衰退”和“维持有效社会联络”的项目。再如，意大利布雷拉美术学院针对特殊群体开发的“艺术疗愈”项目已在医院、社区、养老机构等得到公益性推广与应用。②

（三）人文与社会科学领域的“第三使命”活动十分活跃

从几所意大利大学发布的“第三使命”活动名录看出，意大利大学人文与社会科学领域“第三使命”活动非常活跃，专业覆盖度高，且具有多学科、跨学科特征，如涉及考古学、博物馆学、展览策划、视觉艺术和现代科技等。对教师和学生来说，“第三使命”活动为他们与社会（社区）的双向交流与沟通提供了条件。学生在参与活动中积累了创业与创新方面的技能。例如，2021年，比萨大学诞生了一家人文学科的衍生企业Astarte，其意寓为创造生命的母神。这是一家以地中海文化为主题的出版社，项目创始人为3名年轻女性，创业灵感来自她们学习艺术史和语言学的过程。随后该项目在比萨大学跨学科工作室“孵化”而得到发展。项目创始人希望为地

① Paolo Dalla Sega，Paola Dubini，Marco Edoardo Minoja，Bertram Niessen e Pierluigi Sacco，“Città，quartieri，reti e cultura a Milano”，3 luglio 2019，https：//www.che-fare.com/che-fare-media/2019/12/Citta-quartieri-reti-e-cultura-a-Milano-cheFare-V2.pdf，最后访问日期：2024年12月2日。

② Federica Sandrini，“Paesaggi e dintorni Esperienze nella dimensione terapeutica dell'arte”，maggio 2013，https：//formaecoloridotcom.wordpress.com/wp-content/uploads/2013/05/paesaggi-e-dintorni-catalogo.pdf，最后访问日期：2024年12月2日。

中海国家的文化代言，向意大利乃至全球其他国家传播地中海国家的物质和非物质文化遗产，其出版物涵盖各类文艺作品。①

五　意大利大学“第三使命”典型案例

如前所述，“第三使命”活动在意大利已被纳入科研质量评价体系。从评价程序上看，意大利大学以代表作形式提供评审案例，此后由意大利国家大学和研究评价局根据其发布的指南结合各项数据进行评价。除了参考某些数量化指标外，同行评审也占一定比重。本文以意大利帕多瓦大学 VQR（2015~2019）申报的“第三使命”案例“帕多瓦——文化之城”为例，说明意大利大学如何设计、规划和管理“第三使命”活动。②

（一）案例简介

意大利帕多瓦大学拥有四处重要的历史、艺术和文化遗址：帕多瓦植物园、帕多瓦博宫（Palazzo Bo）、利维亚诺宫（Palazzo Liviano），以及威尼托城堡（Castelfranco Veneto）和博拉斯科公园（Bolasco Park）别墅建筑群。帕多瓦大学在管理和保护这些遗址的同时，将教学、研究和向公众开放等有机结合，以满足公众对艺术、文化、自然遗产的欣赏需求。帕多瓦大学以提高公众参与度为抓手对四处遗址的“第三使命”活动进行了重新规划。

（二）案例文化遗址的文化、艺术与学术价值

帕多瓦植物园是世界上最古老的大学植物园，建于 1545 年，1997 年入

① “Nasce il primo spin-off umanistico dell’Università di Pisa：Si chiama Astarte，fondatrici sono tre laureate dell’Ateneo，il loro obiettivo dare voce al Mediterraneo”，Università di Pisa，20 ottobre 2020，https：//www. unipi. it/index. php/comunicati-stampa/item/19243-nasce-il-primo-spin-off-umanistico-dell-universita-di-pisa，最后访问日期：2024 年 12 月 20 日。

② “La terza missione all’Università di Padova”，Università degli Studi di Padova，2021，https：//www. unipd. it/sites/unipd. it/files/2022/Casi-Studio-Terza-Missione. pdf，p. 13，最后访问日期：2024 年 12 月 2 日。

选联合国教科文组织（UNESCO）认定的世界文化遗产。2014年，植物园新建生态可持续温室系统，为公众专门普及植物与人类和环境间关系的科学知识，让公众了解地球上的主要生物群落（包括1500种新的植物物种），充分体现了该植物园的科学与文化价值。

帕多瓦博宫在历史上就是帕多瓦大学的行政楼，内有建于1594年的解剖剧场，是世界上最古老的永久性解剖剧场。还有大教室（Aula Magna）和存放伽利略教席的“四十杰厅”（Sala dei Quaranta）。帕多瓦博宫中陈设了由著名建筑师和室内设计大师吉奥·庞蒂（Gio Ponti）设计的家具和修复的室内装饰。利维亚诺宫的“巨人厅”（Sala dei Giganti）则为游客提供了一次“时光倒流”之旅。另外，著名建筑大师吉奥·庞蒂也留下了许多具有现代设计风格的家具和装饰艺术品。博拉斯科公园别墅建筑群是19世纪意大利自然和建筑的瑰宝，曾获“意大利最美公园”奖的殊荣。

（三）管理措施和机制

帕多瓦大学对外交流与营销处（Area Communication & Marketing）负责面向公众服务、文化及公众活动策划及大学文化遗产的运营管理。大学负责“第三使命”和对外关系的副校长协调该部门的工作，主要包括常设活动处、公众参与处和对外交流处。该机构还负责文创产品开发、活动筹资、活动空间特许、广告营销等，并采取统一的采购政策，使四处文化遗址的服务水平保持一致。

除了实施历史、艺术和自然遗产保护的基本干预措施外。帕多瓦大学还特别重视四处遗址的价值化和公众参与。在展览方面，与国内外多家知名博物馆合作，分享藏品、交流管理与运营经验。另外，注重发挥这四处遗址作为文化活动场所的作用。公众可通过参加研讨会、节庆活动、辩论、圆桌会议、表演等直接接触历史遗迹，丰富历史和科学知识。到目前为止，策划并常设11个项目的“公共参与”文化计划，内容涵盖儿童教育、成人教育、特殊教育、公众读书活动、科普知识讲座等。此外，注重让年轻人参与上述项目，使他们在参与中获得技能、积累创新创业知识。涉及高度专业的历史和艺术遗产保存和保护工作由大学博物馆中心的专业技术人员负责。自然遗产的保存和保护工作以及干预措施的实施，如植物学领域的活动和合作研究，由植物园和大学生物系的研究小组负责。帕多瓦大学国土和农林系则负责博拉斯科公园别墅的景观资源保护。

（四）案例的社会、文化和经济影响力

第一，在社会和文化影响力方面，2019 年，各遗址的可及性和开放率都有所提高。帕多瓦植物园、帕多瓦博宫和博拉斯科公园分别向公众开放 327 天、250 天和 65 天。与 2014 年相比，2019 年各遗址的游客量和文化活动参与者数量分别提高 51% 和 39%。在游客人数增长的同时，游客来源也呈现多样化。尤其是植物园，学生和学校游客（从 29495 人增至 42233 人）、旅游团队（从 4988 人增至 7979 人）和家庭游客（从 1043 人增至 4913 人）都有显著增长。为了使参观者获得更好的体验，帕多瓦大学增加了电子导游服务，推出了包括意大利语、英语、法语、德语、西班牙语的多语种解说主题参观路线，甚至还有意大利手语服务。

第二，在经济影响力方面，由于大学将四处遗址管理与服务进行统一规划，设立专门负责管理的常设办公机构，实现了遗址管理与服务模式由面向私人主体的特许制向由大学直接管理过渡，显著地提高了公众参与度。与 2014 年相比，2019 年四处遗址出售知识产权和各种服务所获经济收入增长了 58%。与此同时，各项支出也逐步降低和趋于合理化，完全能够保证各遗址维持管理费，同时能覆盖向公众开放和开展相关活动的直接和间接成本。

值得一提的是，在构思、组织和实施各类保护和干预措施的同时，四处遗址的相关科学研究工作并未受到影响。例如，帕多瓦植物园中心在生物科学领域的研究也取得了出色的成绩。

此案例说明利用大学的文化遗产构思、策划和开展“第三使命”活动能够促进大学与城市之间的良性互动，使公众长期保持高度的兴趣和参与度，对提高大学的社会和文化影响力以及提高知识的价值转化率具有现

实意义。

另外，此类“第三使命”活动也彰显了意大利大学在文化与自然遗产价值化方面的系统策划和实施能力。同时，“第三使命”还有助于促进大学基于文化与自然遗产开展国际合作。例如，帕多瓦植物园于2024年4月与中国科学院昆明植物研究所建立了姊妹植物园合作关系。双方将就植物引种、园区建设、信息资料共享、文创产品开发和科研人员交流展开多方位合作。①

六 结语与思考

近年来，“第三使命”成为许多国家高等教育界热议的话题之一。随着时代的变迁，大学面临的新挑战层出不穷。教育界普遍认为，大学需要对其使命进行再思考和再认识。正如帕多瓦大学负责“第三使命”和与地方关系的副校长费代利（Monica Fedeli）教授所言，对“第三使命”的深入探讨，对于希望成为经济、社会、文化和教育价值的创造者，同时扩大与地方、国家和国际层面对话的大学而言，具有重要的战略意义。②《2020年欧洲大学宪章》指出，大学具有公民角色和承担公民责任，是建立在知识共享基础上的全球科学研究和学术交流网络的一部分，要为全球科学研究和学术交流网络的进一步发展做出贡献。同时，大学要根植于所在地的文化并对其未来的丰富和发展发挥至关重要的作用。大学在积极参与全球发展的同时也应充分参与当地社区和生态系统，并发挥领导作用。③ 这实际上再次明确

① 中国科学院昆明植物研究所科技合作处、昆明植物园：《昆明植物所与意大利帕多瓦大学建立姊妹植物园合作关系》，中国科学院昆明植物研究所网站，2024年4月19日，http://www.kib.ac.cn/xwzx/zhxw/202404/t20240419_7124280.html，最后访问日期：2024年12月2日。

② Barbara Paknazar, “Verso una Terza missione di nuova generazione”, Università degli Studi di Padova, 8 giugno 2023, https://ilbolive.unipd.it/it/news/verso-terza-missione-nuova-generazione，最后访问日期：2024年12月2日。

③ “Magna Charta Universitatum 2020”, 2020, https://www.magna-charta.org/magna-charta-universitatum/mcu2020，最后访问日期：2024年12月2日。

了大学践行“第三使命”的重要性。

简言之，近年来意大利大学“第三使命”活动的内涵也在逐步变化，相关活动的多元化趋势以及其促进地区社会文化与经济发展和应对新挑战的作用不容忽视。高等教育“第三使命”的产生、发展与所在国的高等教育体系，经济、社会和文化环境以及国际化环境密切相关，既具有全球性也具有地区性和国家性。总体而言，意大利在“第三使命”方面的一些做法，尤其是大学实行的相关管理机制、政府采取的鼓励和激励措施、将“第三使命”纳入大学和科研质量评价体系的举措、将“第三使命”活动的评价结果与公立大学的经费拨款相关联，以及大学对“第三使命”活动的策划等方面的实践经验对其他国家具有一定的启示意义。

B.10
意大利的文化遗产数字化：政策规划与创新性特点

瞿姗姗*

摘　要：　作为全球拥有最多世界遗产的国家，意大利正通过国家复苏与韧性计划和“国家文化遗产数字化计划（2022~2023）”，推动文化遗产数字化工作从之前的文物和档案影像化的单一模式向“数字遗产”的开发利用与再生产转型，以构建数字时代人与文化遗产的新联结方式。近两年来，在相关政策工具的支持下，意大利文化遗产的数字化进程呈现三大创新性特点，即在项目的发起和实施过程中兼顾国家统筹与机构自主，利用各文化机构的资源打造多个国家级文化遗产数字化平台，以及开展多样化培训以提高文化行业从业者和公众的数字素养。然而，不容忽视的是，相关政策的具体实施可能会面临技术和资金问题，同时人口老龄化和移民增加也带来了“数字文盲”问题，这些都向数字化背景下保障所有公民的文化遗产访问权提出了挑战。

关键词：　意大利　文化遗产　数字化　国家复苏与韧性计划

截至2024年11月25日，意大利共有60项遗产（包括7项跨国界遗产）入选联合国教科文组织《世界遗产名录》，其中54项为文化遗产、6项

* 瞿姗姗，上海外国语大学西方语系讲师，上海外国语大学欧盟研究中心青年研究员，主要研究领域为意大利外交、中意文化合作与交流。

为自然遗产，入选遗产总数居世界各国之首。① 意大利在文化遗产保护上投入了大量人力、物力，具有完备的遗产保护理论和丰富的保护实践经验。然而，自然环境的退化、城市化进程的影响和自然灾害的日趋频繁对文化遗产的有效保护提出了严峻挑战。随着数字技术的发展，数字化为文化遗产保护提供了全新的途径，也为文化遗产价值的进一步开发提供了新的可能。

文化遗产数字化是指以数字技术为基础，将物理世界的文化遗产转化为虚拟世界的文化遗产数据，在完整科学地保存文化遗产信息的同时，利用转化过程创造新的价值，实现文化遗产的永久性保存和活态化传承。文化遗产经过数字化后形成“数字遗产”，这一概念包括两个层面：一是文化遗产与数字技术的融合，二是数字知识与研究的融合。其中不仅囊括了文化遗产数字化的三个常规方面，即收藏与文献数字化、研究与信息管理数字化、呈现与阐释途径数字化，还包括数字内容的创造和创新性应用（文化遗产知识产权、体验式教育、文化旅游，等等）。② 在数字时代，作为全球拥有最多世界遗产的国家，意大利正积极推动文化遗产数字化，通过公众喜爱的文化艺术传播方式展示国家与城市深厚的文化底蕴，凸显文化遗产的教育价值。

2021 年，意大利通过并向欧盟递交了国家复苏与韧性计划，其中“旅游与文化 4. 0”专项计划投入 66. 75 亿欧元对国家旅游与文化基础设施进行现代化改造，并在计划中明确设立“文化遗产数字化”任务，建设全国性文化遗产数字化平台。本文将简要回顾意大利在国家复苏与韧性计划提出前的文化遗产数字化进展，之后关注国家复苏与韧性计划中“文化遗产数字化”任务的政策规划，以及意大利文化部提出的“国家文化遗产数字化计

① 意大利列入名录的世界遗产可在联合国教科文组织世界遗产名录网页查询：https：//whc. unesco. org/zh/list/？ iso = it&search = &，最后访问日期：2024 年 11 月 25 日。

② 关于意大利文化遗产数字化在 2019 年之前取得的经验和成果参见：Antonio Scuderi and Fernando Salvetti，eds.，*Digitalization and Cultural Heritage in Italy*：*Innovative and Cutting-edge Practices*. Franco Angeli，2019。

划（2022~2023）”的具体实现路径，以期为我国文化遗产数字化进程提供参考与借鉴。

一　国家复苏与韧性计划提出前意大利的文化遗产数字化发展

20世纪90年代末，数字技术开始在欧洲文化遗产领域广泛使用。2005年的“欧洲图书馆”项目是首个集合了欧洲48个国家级图书馆藏书元数据的大型数字化项目。[①] 2008年，由欧盟委员会提供资金支持的文化遗产数字化门户网站“欧洲数位图书馆”（Eupeana）测试版上线，迄今已经发展成为集合数千个欧盟文化机构，包含3150万余份图像资料、近2500万份文本资料、121万余份声音资料、36万余份影像资料和5000余份3D展品资料的大型数字文化遗产共享门户。[②]

与此同时，意大利国内也启动了一系列文化遗产数字化尝试，文化部门和文化机构开始使用网站和社交媒体推广文化活动，对物质和非物质文化遗产进行数字化转化，创建国家级文化遗产数据集合门户以对接“欧洲数位图书馆”。这些数字化尝试的呈现形式主要包括以下三种类型。

（1）国家级专门领域门户网站，旨在实现特定文化遗产类别的集中检索与查询。例如：国家教会文化财产及宗教场所办公室与意大利图书馆书目信息联合目录研究所共同建设的教会图书馆藏国家门户BeWeb[③] 开发了教会图书馆馆藏手稿在线系统和照片查询功能；声像资料中央研究所开发的意大

① 参与“欧洲图书馆”项目的国家级图书馆列表以及馆藏明细可在该项目官网查询：https：//www. theeuropeanlibrary. org，最后访问日期：2024年11月25日。

② 关于欧洲数位图书馆档案的数据可在其官网查询：https：//www. europeana. eu/en。此处所列数据截至2024年11月25日，最后访问日期：2024年11月25日。

③ 教会图书馆藏国家门户BeWeb网址：https：//beweb. chiesacattolica. it。截至2024年11月，该网站还提供虚拟导览、教区历史和文化遗产查询、主题展览等在线服务，最后访问日期：2024年11月25日。

利歌曲库门户 Portale della canzone italiana[①]，依托在线音乐平台，百科全书式地展示了 1900~2000 年意大利音乐发展史，并提供在线播放；意大利电影协会与电影城研究所合作开发的意大利电影与音像作品拍摄地门户 Italy for Movies[②]，通过手机程序与用户互动，邀请用户在地图上添加尚未被收录的电影与音像作品拍摄地，提高用户参与度，扩大文化地标的影响力；国家天体物理研究所开发的意大利天文学文化遗产门户——星尘（Polvere di stelle）[③]，将天体物理史料开放给公众查询。

（2）地方级文化遗产整合平台，实现特定区域内各类文化遗产档案的综合展示。例如：皮埃蒙特大区文化遗产数字平台“记得”（Mèmora）[④]，既包含面向公众的文化遗产描述及相关数字资源，也有以业内人士为受众的文化遗产管理信息；皮埃蒙特大区地方报刊库[⑤]将 1846 年以来该大区发行的地方报纸数字化，免费向公众开放查询，实现公共文化资源的共享。

（3）文化机构策划开展的数字化项目。意大利的 4000 多个博物馆和古建筑群等文化机构大多数推出了数字化服务。2020 年之前，意大利已有超过 80%的文化机构实现了部分展品的线上展示。例如：帕尔马皇家歌剧院声音档

---

① 意大利歌曲库门户网址：http：//www. canzoneitaliana. it，最后访问日期：2024 年 11 月 25 日。关于该项目的具体内容参见 Massimo Pistacchi，“Il Portale della canzone italiana”，*Digitalia*，vol. 13，n. 2，2018，pp. 38-45。

② 意大利电影与音像作品拍摄地门户网址：https：//www. italyformovies. it，最后访问日期：2024 年 11 月 25 日。关于该项目的具体内容参见 Bruno Zambardino et ali.，“Valorizzazioni delle location culturali e audiovisivo：il progetto Italy for Movies”，*Digitalia*，vol. 13，n. 2，2018，pp. 80-88。

③ 意大利天文学文化遗产门户网址：https：//www. beniculturali. inaf. it，最后访问日期：2024 年 11 月 25 日。关于该项目的具体内容参见 Antonella Gasperini and Emilia Olostro Cirella，“Urania digitale：il patrimonio storico scientifico degli osservatori astronomici italiani in Polvere di stelle e Internet Culturale”，*Digitalia*，vol. 14，n. 1，2019，pp. 126-131。

④ 皮埃蒙特大区文化遗产数字平台网址：https：//www. memora. piemonte. it，最后访问日期：2024 年 11 月 25 日。关于该项目的具体内容参见 Dimitri Brunetti，“Mèmora. La nuova piattaforma digitale per i beni culturali piemontesi”，*Digitalia*，vol. 13，n. 1，2018，pp. 109-124。

⑤ 皮埃蒙特大区地方报刊库网址：https：//www. giornalidelpiemonte. it，最后访问日期：2024 年 11 月 25 日。关于该项目的具体内容参见 Dimitri Brunetti，“L'emeroteca digitale dei giornali locali del Piemonte”，*Digitalia*，vol. 14，n. 1，2019，pp. 114-125。

案数字化项目①，各大实体博物馆开发的虚拟博物馆②，等等。

意大利国家统计局于2020年公布的对本国文化机构的数字化进程发展状况的调研结果显示，数字化服务能提升文化机构的公众吸引力，更好地满足参观者的期待，丰富文化服务产品，数字化应以网络与实体融合的方式重构参观者的体验为核心。③ 也有学者指出，资金的缺乏对数字技术的应用产生了负面影响。2020~2021年新冠疫情下的卫生紧急状况推动了在线虚拟展览的组织和文化数字化，但囿于资金投入不足，文化遗产数字化很难全面开展。④

二 国家复苏与韧性计划中的文化遗产数字化战略规划

2021年，意大利通过并向欧盟递交了国家复苏与韧性计划，该计划与“下一代欧盟”复苏计划紧密融合，旨在实现三大关键目标——应对意大利经济的结构性弱点，修复疫情对经济和社会造成的损害，实现环境可持续发展的最大化。⑤ 国家复苏与韧性计划提出了数字化与创新、生态转型、社会包容三大战略核心，共包含六大类任务，细分为16个组成部分和197项举措（包括63项改革举措和134项投资举措）。其中的第一大类任务为“数字化、创新、竞争力、文化与旅游”，在此大类下又进一步提出了“旅游与文化4.0”

① 关于该项目的具体内容参见Stefano Allegrezza，“Il progetto di digitalizzazione dell'archivio sonoro del Teatro Regio di Parma”，*Digitalia*，vol. 13，n. 2，2018，pp. 52-66。

② Paolo Esposito and Paolo Ricci，“Cultural Organizations，Digital Corporate Social Responsibility and Stakeholder Engagement in Virtual Museums：A Multiple Case Study. How Digitization Is Influencing the Attitude toward CSR”，*Corporate Social Responsibility and Environmental Management*，Vol. 28，No. 2，2021，pp. 953-964.

③ Rocco Palumbo，“Enhancing Museums' Attractiveness through Digitization：An Investigation of Italian Medium and Large-sized Museums and Cultural Institutions”，*International Journal of Tourism Research*，Vol. 24，No. 2，2022，pp. 202-215.

④ Nicola Raimo et al.，“Digitalization in the Cultural Industry：Evidence from Italian Museums”，*International Journal of Entrepreneurial Behavior & Research*，Vol. 28，No. 8，2022，pp. 1692-1974.

⑤ 文件全本可在意大利政府为国家复苏与韧性计划专门建立的网站阅览：https：//www.italiadomani.gov.it/content/sogei-ng/it/it/home.html，最后访问日期：2024年11月25日。

专项计划（以下简称“4.0专项计划”），计划投入66.75亿欧元对国家旅游与文化基础设施进行现代化改造。国家复苏与韧性计划明确指出，“4.0专项计划”承载着意大利国家形象和国家品牌的国际推广功能。具体来说，“4.0专项计划”分为文化与旅游两部分，其中文化部分计划投资42.75亿欧元，共提出3项举措及细化方案，具体见表1。

表1　“旅游与文化4.0”专项计划中的文化项目及资金分配预算

“旅游与文化4.0”专项计划文化项目	资金分配(亿欧元)
举措1:“面向下一代的文化遗产”	11.00
子项1:文化遗产数字平台与数字化战略	5.00
子项2:影院、剧场、博物馆能效优化	3.00
子项3:博物馆、图书馆、档案馆建筑壁垒去除及无障碍投资	3.00
举措2:“小型文化场所及宗教和乡村文化遗产活力重振”	27.20
子项1:“乡村吸引力提升”国家计划	10.20
子项2:乡村建筑与风景保护与价值提升	6.00
子项3:历史公园与花园价值提升方案	3.00
子项4:“艺术文物保护计划”及宗教场所和宗教遗产的地震灾害应对	8.00
举措3:“文娱产业4.0”计划	4.55
子项1:电影工业发展——电影城计划及电影实验中心	3.00
子项2:文化从业人员应对数字与绿色转型的能力培养	1.55

资料来源：笔者根据意大利文化部网站（https://pnrr.cultura.gov.it）数据整理，最后访问日期：2024年11月25日。

由表1可看到，“文化遗产数字平台与数字化战略”作为一个单独的子项位于“4.0专项计划”下举措1的第一位，预计投入5亿欧元，下设12个子投资项目，着力打造全国性文化遗产数字化平台，提升意大利的文化数字化竞争力。具体项目清单、投资分配与执行单位见表2。①

① “文化遗产数字平台与数字化战略”下属子投资项目的具体情况及投资额度分别详见意大利文化部和财政部网站：https://pnrr.cultura.gov.it/misura-1-patrimonio-culturale-per-la-prossima-generazione/1-1-piattaforme-e-strategie-digitali-per-laccesso-al-patrimonio-culturale/；https://www.mef.gov.it/ufficio-stampa/articoli/2021_2023-Daniele_Franco/documenti/article_00001/Allegato-I-Piano-Finanziario-PNRR-e-PNC.pdf，最后访问日期：2024年11月25日。

表 2 “文化遗产数字平台与数字化战略”下设子投资项目清单

项目名称	投资(百万欧元)	执行机构
1. 全国文化遗产数字化计划	2	文化部数字图书馆
2. 文化遗产数字身份认证系统	16	文化部数字图书馆
3. 云服务	25	文化部数字图书馆
4. 文化遗产数字基础设施	73	文化部数字图书馆
5. 文化遗产的数字化	200	文化部数字图书馆
6. 文化从业人员数字能力提升培训	20	文化遗产活动教育基金会
7. 计划支持服务	5	文化部数字图书馆
8. 数字资源保存中心	58	国家中央档案馆
9. 面向公民的办事服务门户网站	10	文化部数字图书馆
10. 数字图书馆综合访问平台	36	文化部数字图书馆
11. 共同创造与众包平台	10	文化部数字图书馆
12. 开发者与文化企业数字服务平台	45	文化部数字图书馆

资料来源：笔者根据意大利文化部网站（https：//pnrr. cultura. gov. it）资料整理，最后访问日期：2024 年 11 月 25 日。

三 “国家文化遗产数字化计划（2022~2023）”的制定与主要内容

国家复苏与韧性计划勾勒了意大利“文化遗产数字平台与数字化战略”的蓝图，并确定了资金投入。在国家复苏与韧性计划的框架下，意大利文化部参照“文化遗产数字平台与数字化战略”的意见，由文化部“中央文化遗产数字化研究所——数字图书馆”负责起草了“国家文化遗产数字化计划（2022~2023）”（以下简称“数字化计划”）第一版方案，并于 2022 年 6 月 30 日颁布部门法令正式通过。①“数字化计划”的创新之处在于将用户置于中心，使用户成为数字化进程的积极参与者，允许包括机构、研究中

① “国家文化遗产数字化计划（2022~2023）”（Piano nazionale di digitalizzazione del patrimonio culturale 2022-2023）第一版全本可在 https：//docs. italia. it/italia/icdp/网页阅览，最后访问日期：2024 年 11 月 25 日。

心以及普通用户在内的所有用户参与创建“新”数字内容的过程。换句话说，“数字化计划”提出了政策应当侧重于为用户提供服务，而不仅仅是服务于机构运作和遗产保护，其愿景是通过邀请用户积极参与的方式让文化遗产真正走进人们的生活。

（一）“数字化计划”的制订——从起草到颁布

“数字化计划”于2021年4月开始起草，2022年6月正式通过并颁布，历时一年零三个月。“数字化计划”从起草到颁布的整个过程强调了“参与性”，是意大利“开放式政府管理”的实例之一，具体分为四个阶段。

1. 2021年4月至2022年4月：第一阶段——技术性圆桌会议

由文化部的核心机构和部门建立圆桌会议工作组，邀请各领域专家集思广益，共成立五个圆桌会议工作组。工作组明确了“数字化计划”的重点是为文化遗产数字化的规划和执行提供协助，因此决定编写五份指导性文件，为文化机构的数字化转型提供可参考的步骤和方法。过去30年内文化部下属各文化机构的数字化实践积累的经验与开发的方法被编撰成《文化遗产数字化指南》和《数字环境中文化遗产复制品的获取、流通和再利用指南》。此外，圆桌会议就开放数据管理的常见问题进行了讨论与解答，并将这部分内容编入了覆盖数据生命周期链的《数据管理计划准备指南》，随后还分别编写了指导数字产品相关服务和数字成熟度评估标准的《数字产品和服务、流程和管理模型的分类指南》和《文化机构数字成熟度评估方法简介》。

2. 2022年4~5月：第二阶段——相关方磋商

在内部讨论和起草文件初稿阶段之后，文件被送至各相关方讨论，首先是各个大区政府，之后是行业协会，例如意大利图书馆协会、国际博物馆协会意大利国家委员会、人文信息和数字文化协会、意大利国家档案协会等。在这一阶段，大量文化遗产数字化实践的从业者、学者和专家对文件进行讨论并提出建议，基于这些建议，文化部对“数字化计划”和前述五份指南的内容进行了重新组织和内容添加，形成了第一版草案。

3. 2022年5~6月：第三阶段——公众建议征询

文件通过开放政府平台“参与公共行政事务”（ParteciPa）向公众开放阅览并征询建议。公众建议征询分为两个步骤：2022 年 5 月 18 日至 6 月 15 日开展建议收集；2022 年 6 月 16 日至 30 日进行数据分析。公众可以通过填写问卷或电子邮件两种方式提出建议，在整个征询阶段结束后，文化部发布了两份文件对收集到的数据进行了分析和共享，包括一份对问卷数据进行综合分析的《咨询报告》和一份收集公开投稿以及文化遗产和景观高级委员会意见的卷宗。收集到的数据反映出“数字化计划”初稿中的一些问题，包括某些主题的遗漏和表述欠清晰之处。其中受到公众广泛关注但未在第一版草案中提及的主题包括：学校和大学研究机构的融入、互动叙事环境、景观遗产、音乐遗产、人类学遗产、私人文献遗产、小型图书馆、新材料和使用案例等。

此外，文化部共收到来自九家机构的书面反馈报告，分别是意大利图书馆协会、人文信息与数字文化协会、意大利国家档案协会、国际博物馆协会、意大利维基媒体协会、伦巴第大区生态博物馆——帕拉比亚戈市镇、皮埃蒙特大区文化机构联盟、博洛尼亚大学、考古大学咨询联盟，其中前五个协会在各自提交报告的同时还联名提交了一份反馈。这些反馈报告对“数字化计划”和五份指南的具体条目提出了修改意见。此外，意大利文化部高级理事会也提交了反馈报告。这份报告指出，文化遗产的数字化是一个重要的工具，可以帮助更广泛的受众了解和使用文化遗产，但是数字化并不意味着文化遗产的物质实体已经被取代或即将被取代，数字化应该被看作物质文化遗产的补充和增强。数字化可以帮助更广泛的公众了解和体验物质文化遗产，但同时也需要清晰的规划和措施，需要与教育计划紧密协作，需要具备适当专业知识的人力资源。报告认为，在规划“数字化计划”时，需要更具体地讨论数字化的实施和影响，并且需要更清晰地阐明数字化和物质文化遗产之间的关系。对于五份指南文件，文化部高级理事会也提出了细化的修改意见。

4. 2022年6月至今：第四阶段——计划公布与持续更新

“数字化计划”及附件（五份指南）在 Docs Italia 平台发布。Docs Italia 是一个开放的政府平台，用于公共行政部门发布技术和行政文件。相关统计数据显示，公众对此计划的关注度相当高，自 2022 年 5 月 18 日到 7 月 12 日，Docs Italia 上的数字图书馆页面记录了 21139 次访问。作为指导性文件和操作指南，“数字化计划”还具备开放性的特点，即随着时间的推移和经验的积累会进行更新和修改。2023 年 3 月，文化部发布了更新后的 1.1 版本。

（二）“数字化计划”的目标和关键战略

意大利的文化遗产数字化转型包含三大目标。一是拓展获取数字文化遗产的形式，以提高文化包容性。提升数字文化资源的可访问性，在横向上扩充在线可用的数字资源的数量，从总体上提高资源质量以及增加资源利用方式，其中包括一些古籍、文献、文物的数字化。二是将数字化实践从商品开放扩展到用户服务。数字化转型不仅涉及所使用的技术、所提供的产品和服务类型或所采用的交互方式，而且与相关人员及其数字技能紧密相关，因此数字化还包括从业人员数字技能的培养。三是建立相互合作和依存的数字生态系统。增强机构及数据的交流，改变现有的相互封闭的“数据孤岛”现象，建立通用数字服务基础设施，完成从封闭式数据库到开放式系统的转变，开发适合互动操作的管理系统。

为了把握数字化转型的机遇，“数字化计划”提出了五大关键战略。第一，开发文化数据库和数字馆藏的潜力，将当前各文化机构的碎片化数字内容整合成统一的国家文化遗产数字平台；第二，通过“云方法”确保数字档案和文化遗产数字化产品的长期使用和可访问性；第三，简化与公民和文化场所的关系，重新设计文化部门的行政程序和在线服务；第四，革新利用文化遗产的方式，文化遗产数字化项目向中小企业和初创企业开放；第五，开展提高数字技能和开发创造潜力的培训活动，提高文化场所和参观者的数字素养。

这五大数字化战略的实现将从数字技术手段的革新开始。第一步，由意大利文化部主导建设的“文化遗产数字基础设施与服务”平台①于2024年3月8日上线，这是意大利首个致力于管理和保护文化遗产的国家数字空间，国家鼓励各机构使用自己的信息资源和应用系统开发数字化项目并与平台对接，与此同时，各机构亦可利用平台上的存储服务、数据处理服务等基础设施服务。第二步是构建“文化遗产数字身份认证系统”（建设期为2023~2025年），使文化遗产能够在各信息系统中被识别，该系统将是行政程序和文化遗产管理流程实现数字化的先决条件。第三步是创建一个“面向开发人员和企业的数字服务平台”（建设期为2024~2026年），以促进和支持公共和私营实体、初创企业和文化企业参与创新数字服务，获取用于开发文化遗产创新应用的支撑技术。

（三）“数字化计划”的核心机构：数字图书馆和文化遗产活动教育基金会

2019年12月，意大利文化部设立“中央文化遗产数字化研究所——数字图书馆”，全面协调和促进文化部文化遗产数字化计划的落实。其主要职责包括：制定国家文化遗产数字化计划并监督其实施；对数字化状况进行普查，对相关的各项措施提出强制性和约束性意见；与其他公共或私营机构合作；起草实施文化遗产数字化项目的标准协议；对中央档案馆、中央声音和音像遗产研究所、中央编目和文献研究所以及中央意大利图书馆与书目中央研究所行使指导和监管职能。

数字图书馆官方网站②作为意大利文化遗产数字化的国家平台，承载了政策宣传、公告发布、项目展示、经验交流、数据存档等多重功能。值得一提的是“活动”和“参与”这两个菜单。“活动”菜单下包含2个子菜

① 平台的架构和服务种类可在 https://ipac.cultura.gov.it 查询，最后访问日期：2024年7月31日。

② 意大利文化部数字图书馆官网网址：https://digitallibrary.cultura.gov.it，最后访问日期：2024年11月25日。

单——“项目”与“优秀经验”。“项目”部分展示了文化遗产机构（美术馆、图书馆、档案馆、博物馆）进行的一系列项目，旨在展示文化遗产数字化的不同形式；“优秀经验”部分提供了关于文化遗产数字化主要模式的初步概述和一些意大利国内的成功案例。“参与”菜单则用于搜集与文化遗产数字化相关的想法、项目和实践成果，公众无须注册，只需在网页填写表单即可提交。与数字图书馆的建设目标相符的项目将会收到反馈，并在官方网站展示。表单结构清晰、填写简单，多种主流浏览器均能打开，填写完毕后可一键提交。除了填写推荐内容和推荐理由外，还需填写关键词和案例的网站链接，便于之后对案例进行整理、归类和展示。

文化遗产活动教育基金会①致力于培训、研究和进行高等教育，由意大利文化部资助创建。“数字化计划”专门设置了子投资项目“文化从业人员数字能力提升培训”，计划投入 2000 万欧元，目标是在 2025 年第四季度实现文化遗产线上学习平台参训人数达到 30000 人。2023 年 11 月 15 日，由“4.0 专项计划”出资的“数字文化实验室”（Dicolab. Cultura al digitale）培训项目在文化遗产活动教育基金会网站正式上线，其不仅面向文化部门和机构，还同时面向参与数字文化遗产的生产、使用和管理的个人，将为不同人群量身定制进修课程。项目课程全部免费，课程采用循序渐进的模块化形式，包括 100 种线上培训产品和 400 小时面对面授课，并进行考核和提供证书。通过这一培训项目，意大利文化部希望能在 2026 年前在全国范围内普及文化数字化能力，构建全新的数字文化生态系统。截至 2024 年 11 月 25 日，该项目平台上推出的研究项目和具体课程有两项，分别为“生成式人工智能和文化职业”问卷调查和“数字博物馆、档案馆、图书馆”跨领域培训课程。②

除了“数字文化实验室”培训计划外，文化遗产活动教育基金会还提

① 文化遗产活动教育基金会官网网址：https：//www.fondazionescuolapatrimonio.it，最后访问日期：2024 年 11 月 25 日。

② 关于数字文化实验室项目的具体情况和进展可访问基金会专门网页：https：//www.fondazionescuolapatrimonio.it/dicolab-cultura-al-digitale/，最后访问日期：2024 年 11 月 25 日。

供与文化遗产保护和数字化相关的各类课程，主要分为三个大类。一是为期两年的高级研修课程“遗产学校”，于 2018 年启动，面向已获得高等教育学位的申请者，目的是增强专业培训与就业领域之间的连续性。二是继续教育与专业进修课程，帮助文化遗产领域的专业人士在整个职业生涯中不断提升知识和技能。例如，“行进中的博物馆”是国家博物馆系统的信息化培训课程，“文化遗产的安全性”则是文化部工作人员研修课程。三是短期定制课程，为大区、地方机构、企业、个人和非营利组织定制课程。例如，撒丁大区的“年轻人在文化业的新机会”培训计划，艺术文化遗产管理高级培训课程，等等。

此外，文化遗产活动教育基金会还将课程与应用研究相融合，与文化领域的公共和私营机构合作，共同研究包括公共关怀、数据收集和分析、数字化、管理模式等方面的文化领域热点话题。此类研究不乏成功案例。例如，文化遗产活动教育基金会与意大利图书馆与书目中央研究所合作的意大利古籍数据库更新项目“Post-I-IT”促成了意大利 16 世纪出版物普查（EDIT16）数据以及由欧洲研究图书馆协会和大英图书馆编辑的袖珍图书目录（ISTC）数据的更新。再如，文化遗产活动教育基金会与帕埃斯图姆和韦利亚考古博物馆合作的帕埃斯图姆钱币数字化项目“DiP_Cions”补充了超过 9000 枚金银铜币的数字档案，创建了国家级平台“意大利钱币文物门户”（Coin Finds Hub-Italy）的测试版。将研究项目融入课程当中，不仅能帮助学习者将理论与实践相结合，在实践中提升数字能力，获得成就感，更能够促进教育进步与社会发展的融合，为文化机构的数字化项目落地奠定基础。

四　意大利文化遗产数字化转型的创新性特点

在“数字化计划”颁布后的两年多里，意大利在文化遗产数字化领域取得了显著进展，四项全国性的数字化项目（手稿、报刊与档案、照片、博物馆馆藏）已于 2023 年 10 月陆续启动，“文化遗产数字基础设施与服务”平台已开始运行，公民数字化素养宣传活动也得到有序组织。总的来说，意大利国家文化遗产数字化政策规划表现出以下三大创新性特点。

（一）兼顾国家统筹与机构自主

在管理和政策层面进行国家统筹，文化部设立的“中央文化遗产数字化研究所——数字图书馆”便是全面协调和推进文化遗产数字化计划落实的部门。数字图书馆具有特殊自主权，负责制定国家文化遗产数字化计划并监督其实施，对数字化状况进行普查。此外，数字图书馆亦与其他公共或私营机构合作，共同起草实施文化遗产数字化项目的标准协议。

在具体项目的提出和落实上发挥文化机构自主性。国家文化遗产数字化计划对各文化机构提出了总体愿景和目标，具体项目的提出和落实的主体依然是各文化机构。值得一提的是，意大利文化部下属 19 个具有特殊自主权的机构以及 44 个具有特殊自主权的博物馆和考古遗址公园，这些机构和文化场所在财务会计、组织架构和专业领域工作开展方面均享有自主权。意大利文化部在“2021～2023 年工作计划”中对其中 14 个机构提出了明确的数字化推进目标，即“推进文化遗产的编目分类工作，加强数字化手段的运用”，具体实现方式则交由各机构自主决定。

兼顾国家统筹与机构自主，一方面能够保证总目标按计划有序推进，另一方面能够激发各文化机构的能动性，使细化的具体项目更加符合各文化机构的实际需求。

（二）建立国家级平台整合资源

意大利的文化遗产数字化在近 20 年来积累了不少成功经验和优质案例，但其中很多仅局限于特定地区、特定场馆或特定类别的文物档案，所生产的数字遗产未能实现互通共享。此次国家文化遗产数字化计划便针对这一问题进行了顶层设计，搭建多个国家平台门户打通机构间的数据交流与合作渠道，除了综合门户“数字图书馆”和“文化遗产数字基础设施与服务”平台之外，已经启动的平台类建设项目还有面向图书馆从业者的开源管理平台

SBNCloud（允许图书馆使用“云计算”技术分享藏书、自动生成上传数字资源的元数据）以及意大利人文与文化遗产开放科学云（Humanities and Cultural Heritage Italian Open Science Cloud），不同学科领域的研究人员，包括人文科学、语言技术和文化遗产领域的研究人员，都可以在云平台上共同进行数据和计算密集型研究。

上述国家级平台不仅是分享展示数字化成果的窗口，还是数字技术及其方法途径的提供者，可以帮助小型文化场馆解决数字技术、人员和资金不足等困难，更好地吸引小型场馆和私人场馆的加入，通过技术的交流共享，使文化遗产数字化转型事半功倍。

（三）重视公民数字化素养

意大利的“数字化计划”不仅是一份面向相关文化遗产管理机构的行动指南，而且对从业人员数字化能力的提升做出了具体部署，“数字文化实验室”免费培训项目的启动以及文化遗产活动教育基金会多年来开展的各项课程正是政府层面重视公民数字化能力的体现。

值得注意的是，在“数字化计划”正式颁布之前的半年里，文化遗产活动教育基金会举办了五场主题研讨会，以“数字关系”为总主题，分别探讨了在数字环境中对文化遗产的理解、文化机构管理发生的变化、管理数字化转型的法律手段、数字化转型的推动因素以及文化遗产数字化所需的专业和技能。这五场研讨会帮助公众了解“文化遗产数字化”的必要性、安全性和人与文化遗产数字化的密切联系，提高公众的数字化意识，为后续一系列教育培训项目的推出做了铺垫。研讨会的现场视频均可在网站上回放观看，实现开放教育的功能。2024 年 5 月，意大利文化部数字图书馆还启动了“数字化计划巡游——与文化遗产所在地的对话”这一全国范围内的推广教育活动，截至 2024 年 11 月，该活动已开展两场，分别于 2024 年 6 月 11 日和 10 月 23 日在那不勒斯和佛罗伦萨举办。虽然该活动是以讲座和学术论坛的方式呈现，但提供公开的网络直播，公众也可现场旁听。

五　思考与展望

总体而言，在国家复苏与韧性计划框架下，意大利政府从国家层面对文化遗产数字化转型进行了统筹部署。以“数字化计划（2022～2023）”为纲领的意大利文化遗产数字化战略不仅提出了目标和愿景，还包括详细的操作指南以及探讨数字化实践的五个特定方面的五份技术附件，强调人在数字化进程中的参与作用、多样化地获取数字文化遗产，以提高文化包容性和文化遗产的用户可及性。

具体而言，意大利文化部设立数字图书馆并将其作为战略实施的统筹单位，在计划的具体落实上赋予各文化机构自主权；通过大力推广开放课程来提升文化遗产相关工作人员和公众的数字能力，实现人与数字资源的联结；开放反馈渠道，在政策的制定和项目的设立方面集思广益，博采众长；建立门户网站整合内容资源，与项目相关的招投标信息、文化遗产的数字化案例等内容详尽、查找简便，资金分配方案详细且公开透明。

在数字时代，文化遗产的数字化转型为文化遗产的传播提供了新机遇。数字文化遗产是一种融合了历史和记忆的资源，能够生成并记录用户与文化遗产互动的信息，如果在针对用户需求而设计的数字平台中得到适当的推广，允许不同的受众参与数字遗产的创作过程，便可以见证数字时代社会的演变，重新定义虚拟空间中的文化价值；文化场所的数字化转型则有望突破文化机构“将文物上线”这种单一数字化形式的局限，帮助用户和企业使用数字资源在线下线上同时获得多样的增值产品和服务。

整体来看，意大利文化遗产数字化战略方案详细，推进目标清晰，资源分配明确，技术指导文件详尽。然而，意大利政府于 2024 年 7 月 22 日向议会提交的国家复苏与韧性计划第五份进度报告草案[①]显示，文化遗产数字化

① 国家复苏与韧性计划进度报告草案全本可在意大利议会网站查询，截至 2024 年 11 月共发布五份。第五份报告草案全本参见 https：//www. camera. it/temiap/allegati/2024/07/26/OCD177-7466. pdf? timeStamp=1722674319209，最后访问日期：2024 年 11 月 25 日。

任务下尚未有已经达成的目标，项目的推进是否会遇到技术和资金阻碍值得继续关注。同时也要注意到，人口老龄化和移民比例提高是当下意大利两个显著的人口统计特征，从长期来看，这将提升面临“数字文盲”问题的人口比例，可能会限制数字化文化遗产利用和传播的广度与深度。因此，未来意大利在实施国家文化遗产数字化计划的过程中，需要特别关注这些群体。文化遗产活动教育基金会后续是否能针对数字弱势群体提供数字素养提升的有效解决方案，各文化机构该如何将数字文化遗产和文化遗产实体进行有效结合利用，保障所有公民的文化遗产访问权，亦是政府和文化界学者需要思考的问题。

B.11
数字化转型背景下意大利的人工智能治理：沿革、规则和走向

许剑波 *

摘　要： 近两年，受到欧盟《人工智能法案》的推动，意大利正式启动了人工智能治理领域的立法活动。意大利的人工智能治理经历了鲜有关注、初步治理到强势主动三个阶段，直到 2024 年部长会议批准通过《关于进行人工智能相关规定并授权政府制定相关政策的法案》（简称《立法法案》），标志着该国首次对人工智能进行体系化立法。《立法法案》从指导原则、医疗卫生和残障保护、劳动、公共行政、司法活动、版权保护和刑事规定等方面，构建了意大利人工智能治理的制度框架。意大利的人工智能治理表现出行政主管机关变化更替频繁、与欧盟立法紧密结合以及治理举措趋于丰富全面的特点。总体而言，《立法法案》确立的人工智能治理规则，有助于意大利人工智能发展，也能在一定程度上减少人工智能应用给经济和社会生活带来的风险，其经验有一定参考价值。

关键词： 人工智能　数字化转型　治理规则　意大利

近年来，人工智能技术及其应用呈爆发式增长，算法自动化决策已经被应用于生产生活的不同场景，成为数字化转型时代处理数据的重要生产工具。然而，人工智能技术在推动经济社会进步的同时，也会带来

* 许剑波，法学博士，中国政法大学比较法学研究院讲师，主要研究领域为中国劳动法、意大利劳动法、比较民商法。

安全隐患和风险挑战。为此，加强人工智能规则治理，是当前全球普遍关注的话题。

欧盟的人工智能治理走在世界前列。自 2018 年 5 月《通用数据保护条例》（GDPR）正式生效实施起，欧盟通过了一系列有关数据使用监管的法律，其中包括 2023 年生效的《数据治理法案》（DGA），2024 年生效的《数字市场法案》（DMA）和《数据法案》（DA），特别是 2024 年 8 月 1 日正式生效的《人工智能法案》（AIA）。为积极响应欧盟动议，意大利也启动了围绕人工智能治理的立法活动。在欧盟《人工智能法案》经欧洲议会投票通过后，意大利部长会议于 2024 年 4 月 23 日批准通过《关于进行人工智能相关规定并授权政府制定相关政策的法案》（以下简称《立法法案》）。[①] 因此，意大利成为欧盟内第一个在《人工智能法案》通过后即围绕人工智能治理开展立法活动的成员国。

由于意大利在人工智能技术开发与应用方面起步较晚，因此其影响力并未居世界前沿。然而，考虑到意大利在数学、物理和生物等基础学科的研究实力不容小觑，加之近些年意大利政府也将促进人工智能发展和加强人工智能治理作为重要政策目标，因而对意大利相关领域的关注和研究具有现实意义。通过总结意大利在人工智能领域的发展，分析其治理规则与特点，观察其未来发展趋势，有助于中国各界了解全球范围内人工智能发展的前沿趋势，为中国发展人工智能和优化人工智能治理方案提供有价值的参考和借鉴。

一　意大利人工智能治理的立法沿革

回顾近年来的相关政策和法律，可将意大利对人工智能的治理分为三个阶段。2010 年之前，意大利并未形成人工智能发展的基础格局和治理框架。

---

① 该立法法案的意大利文名称为“Un disegno di legge per l'introduzione di disposizioni e la delega al Governo in materia di intelligenza artificiale”。

经过十年的追赶，意大利开始强调人工智能的风险治理。最近几年，意大利有关人工智能治理的立法活动变得非常频繁和活跃。本小节对这三个阶段做逐一梳理分析。

（一）鲜有关注：数字化发展早期仅侧重技术应用

虽然从20世纪中叶开始，科学家就致力于开发具有人工智能特点的系统，但直到最近十几年，该领域才形成大规模产业化和与之配套的技术基础。[①] 与此同时，由于尚未出现突出的社会问题和法律纠纷，因此鲜有关于人工智能社会治理的系统性讨论。意大利本国的数字化发展同样如此。直到20世纪末，意大利才开始在公共行政领域推进数字化转型。20世纪90年代，意大利首次在公共行政部门引入信息化管理的设备和系统，1997年第59号法律规定，公共行政机关必须采用信息技术以简化和加速行政程序。这是意大利在20世纪对数字科技做出的初步回应。

进入21世纪，随着互联网的蓬勃发展，意大利公共行政领域的数字化改革走向更为规范的阶段。2001年，意大利成立了隶属于总理办公室的“创新与技术部”[②]，该部门专门负责制定和实施有关信息化发展的政策法规，以推动本国的科技创新。为了协助创新与技术部的政策实施，2003年意大利设立了“意大利公共行政数字化国家机构”[③]，以承担更为具体的职能。2006年又设立“技术创新传播局”[④]，专门规划和实施国家机关和地方行政机关的科技创新项目。

作为公共行政数字化改革的配套法律，意大利在2005年颁布《数字化

① 中国信息通信研究院、中国人工智能产业发展联盟：《全球人工智能战略与政策观察（2019）》，第1页，中国信息通信研究院网站，http：//www. caict. ac. cn/kxyj/qwfb/bps/201908/P020190826540854325027. pdf，最后访问日期：2024年12月5日。

② 该机构的意大利文名称为“Dipartimento per l'innovazione e le tecnologie”，简称DIT。

③ 该机构的意大利文名称为“Ente nazionale per la digitalizzazione della Pubblica Amministrazione”，简称DigitPA。

④ 该机构的意大利文名称为“Agenzia per la diffusione delle tecnologie per l'innovazione”。

行政之法典汇编》,[①] 该法典从保护公民享有的数字化权利角度出发，规定了行政机关在履行职责的过程中应当遵守的法律规范。例如，行政机关在利用信息技术提供行政服务时，应当保障行政相对人的以下权利：通过电子渠道参与行政机关做出行政行为的权利，在线获得市民服务的权利，在线访问公共行政事务相关信息的权利，保护自己数据信息的权利等。从内容看，虽然该法典仅调整了行政机关在数字化转型过程中与行政相对人的法律关系，但是法典从这一角度对应用数字科技时会产生的风险进行了适当的审查和规制。

此外，由于当时意大利互联网普及率较低，2005 年互联网用户占人口比重仅为 34.5%，直到 2010 年其比重才超过 50%,[②] 因此除了公共行政领域的数字化尝试之外，意大利商业领域尚未出现具有代表性的数字化应用成果。换言之，该阶段意大利对迈向数字化社会的初步尝试主要集中在公共行政领域，其重点方向更多地停留在生产工具的技术革命层面，目的主要在于提高公共行政效率和简化工作程序。

由于对数字化的保守态度，这一阶段意大利人工智能发展有限，意大利也因此错失了在人工智能发展初期利用技术创新刺激经济增长的机会。根据欧盟统计局的数据，2005~2015 年，意大利国内生产总值（GDP）的年均增速低于欧盟成员国平均水平。其中，2005~2007 年，意大利与德国、法国、英国、西班牙等其他成员国的经济增速大致相当，但在 2008 年国际金融危机爆发后意大利经济出现大幅衰退，虽然在 2009~2011 年有小幅回涨，但是此后经济再次陷入负增长。意大利政府的相关分析表明，2005~2014 年中意大利 GDP 增长停滞或下滑的年份，恰好是未能有效实现数字化转型的年份。究其原因，一方面是当时人工智能技术尚未成熟，无法成规模地被应

① Presidenza del Consiglio dei Ministri, DECRETO LEGISLATIVO 7 marzo 2005, n. 82, Codice dell'amministrazione digital, https://www.normattiva.it/uri-res/N2Ls?urn:nir:stato:decreto.legislativo:2005-03-07;82，最后访问日期：2024 年 12 月 20 日。

② Istitutio Nazionale di Statistica, "Internet: accesso e tipo di utilizzo", dicembre 2024, http://dati.istat.it/，最后访问日期：2024 年 12 月 2 日。

用于工作和生活场景，因此未受到相应的重视；另一方面是在意大利，人们往往依照传统认知习惯性地将数字技术用于更新已有的机制和程序，未能及时意识到人工智能对于促进经济社会发展的驱动作用。而后者是导致意大利在数字化转型方面始终相对滞后的重要原因。①

（二）初步治理：数字化转型下开始关注人工智能治理

2010 年 3 月，欧盟委员会发布面向 21 世纪第二个十年的“欧洲 2020 战略”，为建立一个智慧型社会，战略将“欧洲数字化进程”作为七大配套旗舰计划之一。在此背景下，意大利也开启了本国的数字化进程。

首先，意大利政府对原有的行政部门及其职能进行重新划分，以便提高管理能力和效率。2012 年，蒙蒂政府将此前设立的创新与技术部、意大利公共行政数字化国家机构和技术创新传播局的职能整合，并将以上职能交由新设的意大利数字局（l'Agenzia per l'Italia digitale，AgID）承担。意大利数字局是实现该国数字化进程战略计划的重要机构，负责发布与数字发展、公共行政数字化、网络安全、本国与欧盟信息系统交互操作和合作的规则、标准和技术指南等，同时负责开发和管理多种数字平台与服务，以提升公民的数字化体验。此后，意大利数字局在全国范围内推广使用公共数字身份系统（SPID）、电子邮件法律认证（PEC）、具有法律效力的电子签名和数字医疗生态系统等信息平台。② 此外，意大利数字局还按时发布“行政机关信息化三年计划”和监督《数字化行政之法典汇编》的执行情况。总之，在落实本国数字化目标方面，意大利数字局始终起到了中流砥柱的作用。2019 年，意大利总理办公室下设数字化转型部（Dipartimento per la trasformazione digitale，DTD），专门负责制定利用数字科技实现国家现代化的政策方针、协调和实施数字化转型项目、监督意大利数字局工作。

---

① Presidenza del Consiglio dei Ministri, *Strategia per la Crescita Digitale*（*2014－2020*）, Roma, marzo 2015.

② Agenza per l'talia Digitale, “Servizi fiduciari qualificati”, novembre 2024, https://www.agid.gov.it/it/piattaforme/firma-elettronica-qualificata，最后访问日期：2024 年 11 月 29 日。

其次，意大利政府发布了两项重要战略。一是 2015 年发布的《超宽带战略》，该战略提出在全国范围内形成超高速网络，以形成满足数字化转型的公共电信基础设施。[①] 二是同年发布的《数字化增长战略（2014～2020）》，该战略首次全面分析了意大利在人工智能领域的地位，并指出意大利已远远落后于欧盟平均水平，亟须加快发展以追赶其他国家的步伐。为此，该战略从户籍管理、电子支付、电子发票以及数字化的卫生医疗、学校建设、司法裁判、旅游服务和农业等多领域设计了为期六年的人工智能发展计划。[②]

针对人工智能可能会带来的法律风险和伦理问题，意大利数字局通过 2018 年发布的《人工智能为公民服务白皮书》（以下简称《白皮书》）[③] 予以回应。这不仅是意大利官方发布的首份直接以人工智能为主题的白皮书，而且是该国首份最先系统讨论人工智能风险治理和伦理约束的官方报告。围绕“人工智能可能会给公民带来的挑战”，《白皮书》强调人工智能的应用必须秉持以人为本的理念，人工智能服务于人类，而非相反。接着，《白皮书》反思了在社会治理、健康、司法、商业活动等相关决策过程中使用人工智能可能会产生的道德风险和法律问题，尤其指出未来需要在算法透明度、隐私权保护、网络安全和知识产权等关键领域加强法律关注。同时，在收集和使用数据时，平台使用方必须确保相对人可以公平和非歧视性地访问必要数据。

得益于人工智能技术的快速发展和普及，意大利对该领域有了更深刻的认识。在此阶段，意大利不再像 21 世纪初那样仅将相关技术简单运用到生产过程中，而是开始强调数字化转型，也就是将信息和通信技术应用到各个领域，将其作为新的生产要素，与原有的生产要素叠加，从而促进生产的创

① Ministero delle imprese e del Made in Italy, *Strategia per la Banda Ultralarga*, Marzo 2015.

② Presidenza del Consiglio dei Ministri, *Strategia per la Crescita Digitale* (*2014－2020*), Roma, marzo 2015.

③ Presidenza del Consiglio dei Ministri, *Libro Bianco dell'Intelligenza Artificiale al servizio del cittadino*: *sfide e opportunità*, marzo 2018.

新和重构。在数字化转型下，公共行政亦不再是人工智能应用的唯一场景。正如《数字化增长战略（2014~2020）》中指出的，公共行政领域的数字化不是数字化转型的最终目的和全部内容，而只是其中的一个维度。可以说，以《白皮书》为标志，意大利正式进入人工智能风险治理阶段。虽然《白皮书》仅宽泛地论述了人工智能应用过程中风险防范和公民权益保障的重要性，未能在政策层面出台更加具体和切实有效的措施，但已体现出对人工智能的系统性认识，并且提出了全过程治理的概念，而这一趋势也与“欧洲 2020 战略”保持一致。

（三）强势主动：德拉吉政府以来尝试构建人工智能治理框架

德拉吉政府上台后，意大利明显加快了推动数字化转型的进程，目的在于追赶法国和德国等其他欧盟成员国以及世界数字大国的步伐。2021 年，在现有机构设置之外，意大利政府又成立数字化转型跨部门委员会（CITD），[①] 该委员会直接由总理或数字化转型部部长主持工作，负责协调监督各部门在落实《超宽带战略》和《数字化增长战略（2014~2020）》上的相互配合。更为值得关注的是，在此阶段，意大利政府发布了两份人工智能战略计划，并且启动了一份针对人工智能的立法法案。

1.《人工智能战略计划（2022~2024）》

根据经济发展部 2020 年起草的《意大利人工智能战略计划》和《国家人工智能战略草案》，意大利政府于 2021 年 11 月发布了《人工智能战略计划（2022~2024）》。[②] 这是意大利政府颁布的首份专门促进人工智能发展的战略计划。该计划共提出 24 项政策，以期在三年内逐步落实。该计划特别强调，意大利的人工智能发展应以经济和社会的包容性、保障人权和维护环境可持续性为中心，同时各项政策必须以负责任和透明的方式进行设计和落实。鉴于当时意大利尚未有成熟可供适用的人工智能治理规范，该计划指

① 该机构的意大利文全称为“Comitato interministeriale per la transizione digitale”。

② Governo Italiano, *Programma Strategico Intelligenza Artificiale 2022-2024*, Roma, novembre 2021.

出，意大利遵守欧盟人工智能高级别专家组发布的《可信赖的人工智能伦理准则》，以此作为未来三年内人工智能发展的指导原则。

2.《立法法案》

相较于德拉吉政府，2022 年上台的梅洛尼政府对促进人工智能发展表现得更加积极主动。前文述及，在欧盟《人工智能法案》经欧洲议会投票通过后不久，意大利部长会议即批准通过了意大利针对人工智能的《立法法案》。为了在人工智能领域开展更为深入的讨论和构建系统化、权威性的法律体系，同时彰显政府对于发展和治理人工智能的决心，《立法法案》明确提出，将由政府就这一领域进行法律层级的立法活动，而不限于发布临时性法令。《立法法案》指出，本国立法是对欧盟《人工智能法案》的补充，旨在根据应用人工智能带来的风险的影响程度设计治理措施，从而尽可能降低和消除人工智能对社会生活的负面影响。预计意大利政府还会以《立法法案》为授权来源并且基于其设计的制度框架陆续制定一系列法律层面的人工智能风险管理法规。

3.《意大利人工智能战略（2024~2026）》

2024 年 7 月，意大利数字局发布《意大利人工智能战略（2024~2026）》。[①] 在上一份三年战略实施成果的基础上，此份战略明确意大利未来三年应当将人工智能技术研发、公共行政领域应用、企业应用和人才培养作为人工智能的重点发展领域。此外，为了有效地实施上述领域的计划，该战略新增了与之配套的监测体系和风险考量。

综上可发现，自德拉吉政府上台以来，意大利在人工智能治理方面有了较大发展。以《立法法案》为代表，意大利将人工智能风险治理与促进人工智能发展置于同等重要的地位，而且明确将通过专门立法构建体系化和科学化的治理措施。当前，世界各主要经济体均高度重视人工智能治理，意大利虽然加入时间较晚，但是表现出十分积极主动的姿态，正在成为人工智能全球治理体系的重要参与者之一。

① Agenzia per L'Italia Digitale, *La Strategia Italiana per l'Intelligenza Artificiale 2024–2026*, luglio 2024.

二　意大利人工智能治理的规则梳理

如前所述，《立法法案》构建了意大利未来进行人工智能专门立法的法律制度框架，因此下文将围绕《立法法案》的内容梳理分析相关规则，同时结合《意大利人工智能战略（2024~2026）》中的具体措施，从多个层次、多个领域梳理当前意大利人工智能治理的规则体系。

1. 人工智能治理的指导原则

《立法法案》第一条规定了应用人工智能时应当遵循的双重路径：一方面，按照“以人为本，正确、透明且负责任的”方式使用人工智能；另一方面，利用本国法律，对潜在的经济和社会风险及其对各类主体的基本权利造成的影响进行规制。基于上述路径和治理理念，《立法法案》第三条规定了适用的基本原则，具体包括尊重人的自主权原则、预防危害原则、公平原则，以及人工智能应用的过程和结果应当对用户透明和清晰的可解释性原则等。上述原则对人工智能系统及其模型算法的全过程都具有规范作用，并构成后续具体治理规则的基石。

通过引入这些基本原则，意大利立法者期望对人工智能进行全过程的治理。在研发、试验、开发、采用和应用阶段，必须遵循公平和正当的算法处理，必须尊重人类的自主权和决策权，确保系统可以为人所理解和可解释，禁止一切形式的歧视。此外，对因人工智能而产生和收集的数据，必须保证和有效监督其质量及正确性、可靠性、安全性、适当性和透明性，并通过相应的控制手段对数据进行保护。对于人工智能系统可能会对人类造成的损害，需要提前做好预防。

2. 医疗卫生和残障保护领域

《立法法案》鼓励应用旨在促进包容、改善残疾人生活条件和提升便利性服务的人工智能系统。意大利计划建立一个用于支持医疗护理的人工智能平台，以实现以社区为最小单位的医疗服务的科学化管理。出于规范管理的目的，《立法法案》规定必须向相关人告知所涉场景存在应用人工智能的情

况。不过，如果从事的是公共的或非营利的医学研究，《立法法案》简化了知情同意和个人数据保护的相关义务。与此同时，如果在医疗保健领域使用人工智能系统和相关数据信息，系统和数据信息必须可靠且定期验证和更新，从而最大限度地减少系统在使用过程中可能会产生的错误。不过，即使使用了人工智能系统和数据，医疗决策权仍然归属于医学专业人士，人工智能不可以代替专业人员做出最终决定。此外，无论如何，在应用人工智能时，不能设计会影响或限制用户获取医疗服务的歧视性的筛选标准。

3. 劳动领域

出于改善工作条件、提高劳动给付的质量和生产效率的考虑，意大利允许在劳动环节引入人工智能，但是规定雇主在任何情况下都不得违反公平原则和非歧视原则。为此，意大利将会在劳动和社会政策部专门设立人工智能系统应用观察中心（Osservatorio sull'adozione dei sistemi di IA），以监督雇主在用工管理时合理使用人工智能技术。

鉴于脑力劳动最常应用人工智能，法案强调劳动者的批判性思考始终优于对人工智能的使用。换言之，人工智能作为工具，可以辅助脑力劳动者提供劳动，但不能构成该劳动者的全部劳动活动和劳动结果。基于此，意大利规定，如果脑力劳动者提供劳动活动时使用了人工智能技术，必须清晰、简单和完整地告知委托方应用人工智能技术的相关情况，而不能有所隐瞒，否则将被视为违背双方之间基于互相信赖建立的劳动关系。

4. 公共行政领域

在公共行政领域，《立法法案》再次确认，国家层面的人工智能战略由数字化转型部定期制定和更新，并由数字化转型跨部门委员至少每两年批准一次。在具体实施上，人工智能战略由意大利数字局和国家网络安全局协作完成，同时听取意大利政府其他相关部门意见。人工智能战略实施的监测结果每年必须提交议会。针对生成式大语言模型（Large Language Model），《意大利人工智能战略（2024～2026）》要求建立国家人工智能伦理委员会，监督该领域相关措施的制定和执行，并对总体方针和实施方法进行审核和批准。委员会尤其要指出特定举措的潜在风险，并指导项目决策，采用能够确保解决方案安全性和可靠性的方式。另外，《立法法案》再次确认行政机关在履职时可以使用人工智能技术，但是只能将其作为提升行政活动效率和质量的工具，而不能将内政外交的决策权交由人工智能技术。

5. 司法活动领域

人工智能技术在提高司法活动的组织性、简化司法活动流程和支撑司法裁判研究方面，同样有着举足轻重的优势。但是，为了减少该技术可能影响公正裁判的风险，《立法法案》规定人工智能系统只能作为辅助工具使用，至于如何解释法律、如何评估事实和证据、如何做出包括判决在内的任何决定，都只能由法官予以决定。

此外，近年来由人工智能技术应用引发的民事纠纷数量急剧增加，基于此，《立法法案》规定在民事案件案由中新增“涉及人工智能系统运行”一类。民事案件案由能够反映案件所涉及的民事法律关系的性质，将因人工智能应用而产生的民事纠纷单独设立案由，并与其他民事争议相区别，有利于案件当事人准确选择诉由，有利于法院在民事立案和审判中准确确定案件诉讼争点和正确适用法律，从而提高“涉及人工智能系统运行”民事案件之司法裁判的准确性和科学性。

6. 版权保护方面

对于备受关注和争议的版权保护方面，《立法法案》高度重视，并做出了较为详尽的规定。首先，经人工智能辅助创作的作品，比如文学、音乐、艺术、建筑、戏剧和电影等，只要体现了著作人的智力劳动成果，即可被视为具有创意的智力作品，受到著作权法的保护。其次，为了对经由人工智能系统生成的文本、照片、音视频和广播内容进行准确的识别和确定，凡是经过人工智能系统完全或部分生成、修改或篡改的内容（除非是明显具有创意、讽刺、艺术或虚构性质的作品或节目），不论该内容是以数据、事实或信息还是其他方式存在，该内容都必须添加标识性元素以作说明，或者用水印等标志标注“AI”缩写，或者在音频内容中通过音频提示或其他能够实现识别的技术加以说明，从而确保相对人知晓该内容经过人工智能技术的处理。对此，意大利通信管理局（AGCOM）将颁布专门的规则以明确标识义务。另外，对于利用人工智能进行创作并形成的作品，法案要求必须将著作权人创作的作品和不属于著作权范围但被著作权人使用过的其他材料相区别，避免著作权保护的范围过分延伸。

7. 刑事规定

为了平衡推动人工智能发展与保障基本权利两者之间的关系，根据《立法法案》的授权，政府可通过以下四个方面具体规范刑法领域的人工智能合理使用边界。

第一，打击非法内容的传播。对于通过人工智能系统非法生成的内容，政府应当建立相关机制和工具防止其传播并将其移除。为打击非法内容的传播，政府可以规定适当的处罚措施。

第二，设立特定犯罪类型。因当事人故意或过失而未能在人工智能系统开发、流通及使用时采取或调整安全措施的，以及当事人故意利用人工智能对他人的财产利益造成损失或产生损害风险的，政府可以单独设立新的犯罪类型，以做专门的定罪量刑。

第三，引入特殊加重情节。其一，利用人工智能技术实施犯罪的，如果使用的技术性质或方式构成隐蔽性手段，或者由于使用该技术而阻碍国家机关或私人主体采取防御措施的，又或者因该技术的使用而加重了犯罪后果的，抑或传播人工智能生成的内容以试图篡改选举结果的，将加重刑罚。其二，如果犯罪行为因为使用了人工智能技术而具备显著的传播性，那么可以将该使用行为作为刑罚加重情节，因为此类犯罪行为具有更高的社会危害性。其三，未经他人同意非法传播利用人工智能生成或篡改的内容，并导致公众因误认为这些内容是真实的而发生损害情况的，处以1~5年有期徒刑。

第四，全面修订现行法律。为了使现行法律制度与人工智能治理目的相一致，意大利政府获得特别授权，对现行刑法和刑事诉讼法进行审查和修订。此外，意大利政府可以在刑法领域规定新的犯罪类型，以保护因使用人工智能技术而可能会遭受侵害的利益。在《立法法案》生效之日起12个月内政府可颁布一项或多项立法法令，对人工智能非法使用的相关法律规定进行整合。

三 意大利人工智能治理的特点

以《立法法案》和《意大利人工智能战略（2024～2026）》为标志，意大利政府一改以往比较保守和迟缓的风格，开始对人工智能领域开展积极主动的治理。总结20世纪末以来意大利在人工智能治理上的发展演变，可得出以下几个方面的特点和趋势。

（一）行政主管机关变化更替频繁

基于前文对意大利人工智能治理立法沿革的梳理可发现，相关行政主管机关变化更替较为频繁：从最开始的创新与技术部、意大利公共行政数字化国家机构和技术创新传播局各自承担职能，到整合上述机构而新设的意大利数字局，再到数字化转型部和数字化转型跨部门委员会等，几乎每一届政府上台后都会制定新的战略计划，同时设立区别于前任政府的专门负责人工智能发展的行政部门。这虽然体现了历届政府对发展和治理人工智能的重视，但是也会在一定程度上导致行政主管部门权责不清和机构冗余，人工智能政策也因此缺乏连续性，各战略计划难以一以贯之地得到执行。这一问题在"欧洲2020战略"落实期间表现得尤为明显。在该战略落实的前半程，当各国人工智能发展未出现大的差异时，意大利政府专注于设立行政主管机关，而未提出数字领域的具体发展规划。然而，意大利在完成机构整合后，已错失利用本国科研优势发展人工智能的先机，这导致其此后也未能在创新方面取得明显的实质性进展。

（二）与欧盟人工智能领域立法紧密结合

意大利《立法法案》设计的人工治理规则，是以欧盟《人工智能法案》及相关法律为基础进行的本土化立法，因此在法案中能够找到许多与欧盟立法的契合点。比如，《立法法案》第二条对"人工智能系统"和"数据"等相关概念进行界定时，直接采用了欧盟《人工智能法案》中的定义，做到了与欧盟法律保持完全一致。再如，《立法法案》第三条的一般原则，采用了欧盟人工智能高级别专家组2019年发布的《可信赖的人工智能伦理准则》中的论述，并将其作为人工智能治理的基本原则。[①] 此外，有关劳动、刑法和版权保护方面，也都吸收了欧盟法律和相关机构制定的规则。可见，欧盟已有的人工智能领域立法为其成员国提供了具有较高参考价值的模板，得益于此，意大利能够在近些年加快相关立法步伐。

（三）人工智能治理举措趋于丰富全面

在总结近20年人工智能发展与治理经验的基础上，当前梅洛尼政府的人工智能治理举措已较为丰富全面。《立法法案》通过二十六条共五章的内容，规定了应当遵循的指导原则、国家机构和战略的宏观筹划以及医疗、劳动、版权保护等具体领域的治理措施。相较于之前颁布的战略计划主要关注促进人工智能发展而将相关治理置于次要地位，《立法法案》是针对人工智能治理的专门规定。虽然在2010年之后的战略计划中陆续加入了有关人工智能治理的规则，但这些规则的条款数量少、表述比较宽泛简单，内容也多偏重宣誓类和原则性规定，不具备可操作性和适用性。相较之下，《立法法案》既包括一般性的原则，又规定了具体场景下应用人工智能技术时应当遵守的规则，既涉及对公民基本权利的保护，又有对公共行政职务的明确和强调，既有私法领域的法律保护，又有公法范畴的制度干预，已经相当全面丰富。

四　对意大利人工智能治理的思考

基于前文对意大利人工智能立法沿革及具体规则的梳理分析，可以发现，意大利正在尝试制定一部在欧盟和全球范围内具有参考价值的人工智能

① European Commission, "Ethics Guidelines for Trustworthy AI", High-Level Expert Group on Artificial Intelligence, April 2019.

法。面对如火如荼的全球人工智能治理体系构建实践，意大利也正在彰显雄心。如《意大利人工智能战略（2024～2026）》所指出的，意大利当前的局面迫使其在人工智能领域进行彻底革新，这是因为，虽然意大利在人工智能领域有着相对领先的基础研究、丰富的科研成果和高水平的研究基础设施，但是在相关人才储备、技术转化、商业创新等方面仍存在明显不足。因此，在发展与创新方面，未来意大利将从加强人工智能基础与应用研究、投入更多相关资金、增加人才储备、加快技术转化以及提高企业创新能力等方面增强其国际竞争力。在人工智能治理方面，尽管《立法法案》设计的治理框架有待政府在未来逐步予以实现，不过法案内容并不只是口号，而是确实提出了指引意大利开展人工智能治理的方向和路径。未来意大利在人工智能治理方面的立法进展及取得的成效，值得继续跟踪观察。

当前，中国正在全面规划国内的人工智能治理，同时积极主动参与推动全球人工智能治理体系的构建。关注意大利相关领域的发展和变化，一方面可基于意大利的经验和教训，进一步巩固中国在人工智能领域的既有优势以及在关键领域实现突破；另一方面则有助于中国在制定和完善人工智能领域的立法时吸收更多域外智慧，令相关立法更加体系化和科学化。

B.12

“马泰计划”：意大利在非洲的战略布局与伙伴关系

〔意〕罗伯托·里多尔菲*

摘　要：　2024年，意大利政府基于对地缘政治因素和欧盟-非洲合作的综合考量推出了一项雄心勃勃的对非倡议，即“马泰计划”。“马泰计划”基于平等互惠的伙伴关系原则，试图发挥意大利作为连接欧洲与非洲桥梁的地理优势。该计划根据意大利法律运作，设立的核心委员会汇集了国有企业、私营部门、教育界和市民社会的代表，负责监督指导计划的实施。“马泰计划”首批确立了9个试点国家，主要由一些活跃在非洲的意大利重要企业开展相关项目。目前该计划正在向更多国家扩展，将发起更多倡议，正在积极将中小企业和市民社会纳入。该计划的构架与制度尚在建立阶段，需要制定评估项目提案、落实项目和监测效果的标准与指南。该计划由意大利总理府领导，因此受到所有政府部门的密切关注，获得了广泛的参与和支持。为确保该计划成功，意大利政府需要动员更多资金，并与伙伴国家深入交流，共同确定优先事项和实施方式。

关键词：　马泰计划　可持续发展　地缘政治　意非关系　伙伴关系

---

* 罗伯托·里多尔菲（Roberto Ridolfi），博士，可持续发展专家，意大利埃尼恩里科·马泰基金会（Fondazione Eni Enrico Mattei）科学咨询委员会成员，罗马远程教育大学（Unitelma Sapienza）金融合作与发展学院科学委员会委员，“下一代新经济”（Next Economia）科学委员会委员，主要研究领域为可持续发展、欠发达地区经济发展。

引　言

当今世界笼罩在可怕的战争阴云之中，区域冲突接连不断，气候变化导致的极端天气灾害日益加剧。多边合作陷入危机，无力应对或改善当前的复杂局势。2015 年联合国大会提出的《2030 年可持续发展议程》似乎正走向失败，世界和平、公正和可持续发展的愿景遥不可及。全球变暖、新冠疫情、地区冲突、通货膨胀和经济停滞等一系列危机相互交织，加剧了全球的不稳定、不平等和紧张局势。非洲大陆作为最脆弱的地区之一，承受着上述危机带来的最痛苦和最悲惨的后果。然而，非洲大陆不应仅被简单地视作移民和贫困的代名词。非洲不仅拥有丰富的物质、文化、社会和人力资源，更是人类文明的摇篮。当前，非洲国家的经济增长势头强劲，越来越多的非洲年轻人开始认识到自身的潜力。非洲大陆土地广袤，面积相当于欧盟、中国、印度、美国和日本的总和。非洲资源丰富，拥有全球 30%的矿产资源、60%的耕地以及巨大的可再生能源开发潜力。非洲 60%的人口年龄在 25 岁以下，是世界上最年轻、人力资源最丰富的大陆。非洲正在推进工业化，但需要合作伙伴助力，以实现更快的发展。非洲的发展与意大利、欧洲和中国的未来息息相关。

首先，非洲、地中海与欧洲是紧密相连的地理统一体。历史上，欧洲在处理与非洲的关系时，往往将地中海地区与撒哈拉以南非洲区分开来。然而，非洲应被视为一个统一的整体，共同推动综合性政策和联合项目。正如二战后欧洲通过整合钢铁和煤炭资源，成立了欧洲煤钢共同体，为欧洲和平建设奠定基础。我们同样可以设想在非洲开展水资源管理、可再生能源开发、森林保护和技术研发等领域的区域或次区域合作。参考欧盟制定的泛欧交通走廊计划，非洲同样可以规划连接本区域和整个大陆的公路、铁路和电力网络。欧洲与非洲地理位置相近，互补性强，命运自然紧密相连。

其次，中国、非洲、欧洲三方合作有较大潜力。非洲的战略意义吸引了

全球主要经济体的目光。中国对非洲的高度重视已广为人知。而与非洲隔着印度洋相望的印度、与葡萄牙语国家（例如安哥拉和莫桑比克）联系紧密的巴西，以及在非洲经营多年的俄罗斯，同样对非洲大陆表现出了浓厚兴趣，尽管上述国家目前在非洲的活动可能不如中国活跃。不容否认，非洲、欧盟和中国之间存在开展三方合作的广阔互补空间。非洲国家与中国的合作和与欧洲的合作之间并非互不相容，而是可以相辅相成的。换言之，欧盟与中国以及金砖国家能够在非洲推进共同议程。

再次，保证非洲的稳定与安全至关重要。稳定与安全是政策成功的基石。地中海地区、中东和非洲危机重重，俄乌冲突延宕不决，都给长期投资和发展政策的实施带来了困难。撒哈拉以南非洲国家频发的政治、种族和宗教冲突，要求欧洲和非洲加强合作，并应扩展到包括中国在内的所有在非洲进行“非掠夺性”合作的国家，多方在联合国框架下共同推动预防性外交、对话、谈判和联合进行维和行动。同时，加强非洲国家的制度建设仍然重要，要确保其政治体系稳定，保障选举公平公正，建立透明公正的公共管理体系，并保障人权，尤其是保护少数群体和妇女儿童的权利。

最后，移民、投资与可持续发展密切相关。有关意大利、整个欧洲与非洲之间的关系，必须从多个重要维度进行深入探讨，日益加剧的人均收入差距、科技与金融领域的发展不平衡等，都会危及非洲与意大利乃至与欧洲关系的稳定。尽管上述不平衡带来了挑战，但也为建立新型关系提供了机遇。近年来，欧盟和意大利均寻求与非洲建立更加平衡、更可持续的新型伙伴关系。① 值得注意的是，认为人口不平衡会自动导致非洲人口大量涌入欧洲的观点是不准确的。实际上，当前以及未来很长时间，非洲内部以及非洲向阿拉伯海湾地区的移民流动比非洲向欧洲的移民流动更加频繁。一些非洲经济体虽然贫困，但是经济增长迅速，对邻国移民有吸引力。整体而言，目前这些国家高度依赖外部市场，生产活动也往往集中于少数几个行业，相互间的

① “Migrazione e sviluppo? Sono più legate che mai”, *VITA*, 29 Maggio 2024, https: //www. vita. it/migrazione-e-sviluppo-sono-piu-legate-che-mai/, 最后访问日期：2024 年 12 月 20 日。

经济一体化程度仍然不高。联合国非洲经济委员会、非洲开发银行和非洲联盟都致力于推动非洲工业化、市场多元化和市场一体化，以减少非洲国家对单一产业和对外部的依赖，促进更广泛、更公平的发展，尤其关注青年人的发展。近年来，非洲越来越成为地缘政治和地缘经济竞争的焦点，这场竞争关乎对战略资源的控制，包括对绿色转型至关重要的关键矿产。正如我们多年来一直强调的，欧洲对非洲的需求，超过了非洲对欧洲的需求。[①] 美国、中国、阿拉伯国家和俄罗斯也同样表现出了对非洲的兴趣。简言之，世界对非洲的需求和关注日益增长。

一 “马泰计划”及其战略意义

（一）“马泰计划”的主要内容

“马泰计划”，即“意大利-非洲战略计划”，是意大利政府为重塑与非洲的关系而制定的战略倡议。为提高该计划在非洲国家中的接受度，该计划专门以在非洲享有良好声誉的意大利能源巨头埃尼集团创始人恩里科·马泰的名字来命名。2023 年 11 月 15 日，意大利政府提出了第 161 号法令草案，后经修改，于 2024 年 1 月 11 日转换为当年第 2 号法律，正式提出“马泰计划”，并且成立了“马泰计划”指导委员会，作为“国家不同行政部门规划、评估和实施项目的协调机构”。[②] 该计划的核心原则在上述法律中有清晰的表述：“意大利政府旨在改变与非洲大陆的关系范式，建立平等的伙伴关系，拒绝家长式、慈善式和掠夺性的做法，旨在为双方创造共同的利

① Roberto Ridolfi，“Africa ed Europa：un legame indissolubile per il bene comune”，CeSPI，1 marzo 2019，https：//www. cespi. it/en/node/809，最后访问日期：2024 年 12 月 20 日。

② Presidenza del Consiglio dei Ministri，“LEGGE 11 gennaio 2024，n. 2 Conversione in legge，con modificazioni，del decreto-legge 15 novembre 2023，n. 161，recante disposizioni urgenti per il «Piano Mattei» per lo sviluppo in Stati del Continente africano（24G00006）”，https：//www. normattiva. it/uri-res/N2Ls? urn：nir：stato：legge：2024；2，最后访问日期：2024 年 12 月 20 日。

益和机遇。”从这个意义上看，“马泰计划”超越了意大利外交领域传统的发展合作政策，后者根据2015年第125号法令，由特别任命的外交部副部长负责。而“马泰计划”由政府最高机构总理府直接领导，凸显了当前意大利对与非洲关系前所未有的高度重视。作为一项雄心勃勃的外交倡议，“马泰计划”提出在意大利与非洲之间建立真正平等互利的伙伴关系，涵盖经济、社会、环境和文化等多个领域。具体而言，该计划包含发展合作、贸易投资、教育、科研创新、医疗卫生、农业技术和粮食安全等共17个重点方向。

根据意大利政府的规划，“马泰计划”为期4年，而且应与非洲国家共同规划，即作为“一个开放的合作平台，在规划和实施阶段与非洲国家持续合作”。在2024年1月29日举行的意大利-非洲峰会上，意大利向46个非洲国家的总统和部长介绍了该计划的总体框架。总体而言，该框架勾勒了广泛的行动领域，并提到要针对非洲的特定地区制定具体的区域战略。该框架还特别提到了首批9个参与试点项目的非洲国家，分别是摩洛哥、突尼斯、阿尔及利亚、埃及、科特迪瓦、埃塞俄比亚、肯尼亚、刚果共和国和莫桑比克。值得一提的是，在峰会上，非洲联盟的部分代表指出，该计划的总体框架并未事先与非洲方面商定，令意大利方面稍显被动。2024年4~10月，“马泰计划”指导委员会举行了三次会议，[①] 围绕相关研究和非洲国家的反馈意见开展了深入讨论。其间，2024年7月，意大利政府基于指导委员会的意见向众议院和参议院提交了“采纳‘意大利-非洲战略计划：马泰计划’的总理令草案”。

（二）“马泰计划”的战略意义

前文述及的2024年第2号法律明确将“马泰计划”定义为一个“规划性战略文件”，而不仅仅是一个任务清单。虽然目前该计划的实施框架仍有

① 作为“马泰计划”指导委员会的成员之一，笔者参加了2024年4~10月该委员会举行的三次会议。

诸多细节有待进一步明确和细化，但是鉴于意大利多个部门将参与该计划的实施，其战略性不容置疑。以下尝试从四个方面阐释其战略性。

第一，“马泰计划”的行动准则与联合国《2030 年可持续发展议程》、联合国《工商企业与人权指导原则》、《非洲人权和民族权宪章》、《欧盟基本权利宪章》以及《世界人权宣言》的目标和宗旨保持一致。任何面向非洲的战略都应以切实推动可持续发展为核心，在通过投资来利用自然资源的同时要保护自然环境，为下一代留下宝贵财富，并致力于创造和维护有尊严的工作岗位。

第二，“马泰计划”基本遵循了欧盟“全球门户”倡议确立的原则。2021 年 12 月 1 日，欧盟委员会主席冯德莱恩提出了一项金额达数千亿欧元的“全球门户”倡议，提出在未来 6 年内促进新兴工业国家和发展中国家的可持续的基础设施发展。① 该倡议的前身为欧盟于 2017 年启动的“外部投资计划”，当时得到了“欧洲可持续发展基金”（EFSD）② 的支持。如今，“欧洲可持续发展基金”继续作为欧盟“全球门户”倡议的一个资金来源而存在。然而，实现该倡议的目标需要更加积极地运用金融、财政和保险工具，以鼓励和支持各类经济主体进行投资。“马泰计划”可遵循欧盟“全球门户”倡议的逻辑，特别是可借鉴该倡议做法，在投资前根据明确清晰的流程对相关项目做相应的评估。

第三，“马泰计划”致力于打造真正的伙伴关系。平等合作是当今时代国际关系的基石。意大利致力于在经济、贸易、政治、文化、环境、人权、发展、移民治理、打击犯罪和安全等多个层面与非洲建立平等合作关系。“马泰计划”将与非洲伙伴共同规划和评估，确定优先行动领域，重点关注促进出口和投资，提高当地教育质量，发展高等教育与职业培训，激发研究

① European Commission, “EU-Africa: Global Gateway Investment Package”, Nov. 28, 2022, https://commission.europa.eu/publications/factsheets-global-gateway_en，最后访问日期：2024 年 12 月 20 日。

② European Commission, “European Fund for Sustainable Development Plus”, https://international-partnerships.ec.europa.eu/funding-and-technical-assistance/funding-instruments/european-fund-sustainable-development-plus_en，最后访问日期：2024 年 12 月 20 日。

创新活力，保障医疗卫生和粮食安全，保护水资源，确保能源可持续利用，保护环境和适应气候变化，更新交通与数字基础设施，加强航空航天合作，重点推进在可再生能源和循环经济领域的能源伙伴关系，重点扶持青年和女性企业家，增加就业机会，促进旅游业发展，保护文化遗产，预防打击非法移民，并且共同管理移民流动。特别是，在与非洲伙伴共同努力应对移民问题时，既要尊重人们自由流动的权利，也要认识到大多数移民流动实际上是在非洲大陆内部发生的。

第四，“马泰计划”明确主张“非掠夺性”合作。“非掠夺性”合作要求确立法治，并需要双方共同致力于为当地经济社会带来进步，而不是仅仅为少数人谋利。“马泰计划”明确提出要认可非洲当地公民的权利，确保他们能够参与政策的制定与规划，发出自己的声音，这要求在公共机构、私营部门、民间组织、学术界、侨民之间建立真正的深入联系。同时，该计划还提出在遵守国内法律和国际法的同时，减少不必要的官僚程序。基于政府间协议正式建立的伙伴关系，还需要在实践过程中转化为广泛且具体的项目。这些项目应以相互尊重、平等互利和合作共赢为基础，并由当地实体（无论是私营部门还是民间组织）承担主体责任。根据具体情况，伙伴关系可能涉及不同层级和领域的实体，包括中央政府、地方政府、大区、城市、大学、企业以及民间组织。合作形式可以是双向的，也可以是多向的，以增强协同效应。此外，意大利的侨民组织可以成为促进理解和行动的桥梁。

二　“马泰计划”的落实及其潜在影响

从意大利政府的角度看，“马泰计划”并非也不应该成为一个仅仅由合作领域和国家名称构成的清单，必须切实推进。前文所述的原则需要通过架构、系统和流程，转化为与其战略考量和原则一致的具体行动。在已经启动的一些试点项目中，发起者主要是意大利的大企业。当前，非常重要的一点是要公开且清楚地阐明这些试点项目的具体运作方式，以及与非洲政府或实体共同制定和推进的过程，以便为接下来继续推进该计划提供参考。由于政府间合作对于“马泰计划”的合法性至关重要，目前阶段至少需要厘清有关试点项目的以下问题：这些项目涉及哪些政府或实体？它们各自的参与方式是什么？启动项目是否需要对相关国家或企业发出正式邀请？又或者这些项目是否仅由意大利单方面提出？是否需要与非洲伙伴共同评估？

从资金方面看，“马泰计划”的推进将获得意大利政府的财政支持。例如，根据 2024 年第 89 号法令第 10 条，意大利政府可使用“394 号基金”（专门用于促进意大利企业国际化的资金）中的最多 2 亿欧元资金，为在非洲大陆运营的意大利企业提供优惠融资。同时，意大利政府授权意大利存贷款银行（Cassa Depositi e Prestiti）在 2024 年内提供最多 5 亿欧元的融资，专门用于支持与“马泰计划”行动领域相符的企业。[①] 另一个有望通过意大利存贷款银行启动并运作的金融工具是 2023 年在罗马举行的发展与移民会议上公布的“非洲增长与复原力平台”（Growth and Resilience Platform for Africa），旨在支持伙伴国的私营部门，通过聚合其他投资者的资本和已在非洲大陆启动的基金以扩大资金总量。此外，意大利政府还宣布将投入 55 亿欧元专门作为“马泰计划”的初始资金，其中 30 亿欧元来自意大利气候基金，另外 25 亿欧元来自意大利的官方发展援助资金。上述资金将以意大利存贷款银行优惠贷款和意大利合作署捐赠的形式管理。尽管“马泰计划”雄心勃勃，但目前看来资金并不充裕。除上面提到的资金外，没有其他额外资金来源。虽然该计划提出意大利政府资金可发挥杠杆作用撬动多边机构的资金，尤其是非洲开发银行的资金，计划还提到可利用欧盟“全球门户”倡议的资金和海湾国家的投资资金，但具体数额及前景尚不明确。

众所周知，意大利政府已承诺增加军费开支以达到北约规定的占国内生产总值 2%的目标，然而，意大利国内对于将官方发展援助提升至国内生产

① Presidenza del Consiglio dei Ministri, “DECRETO-LEGGE 29 giugno 2024, n. 89. Disposizioni urgenti per le infrastrutture e gli investimenti di interesse strategico, per il processo penale e in materia di sport (24G00106)”, https://www.normattiva.it/uri-res/N2Ls?urn:nir:stato:decreto.legge:2024-06-29;89，最后访问日期：2024 年 12 月 20 日。

总值 0.7%的目标却鲜有讨论。实际上，2023 年这一比例已降至 0.27%。如果意大利政府不增加发展援助，其提出的“马泰计划”似乎也缺乏可信度。在发展援助方面，除公共资源外，私营部门资源的参与也至关重要。目前“马泰计划”已吸引了一些大企业参与，并且强调了下一步吸引中小企业参与的重要性。除了关注资金的多少，意大利政府还在考虑提供资金的条件及其潜在影响。气候基金和部分发展援助主要通过优惠贷款的形式提供，这些贷款通常具有较低的长期利率和较长的宽限期，但在一些非洲国家，这样的贷款条件实际上会加重债务负担。2023 年，非洲国家的公共债务已达到约 1140 亿美元，仅利息支付就已是难以承受的负担，迫切需要国际社会采取新的紧急决策。意大利将一如既往地利用七国集团（G7）和二十国集团（G20）平台推动全面措施，以实现非洲债务的全部或部分减免。二十国集团巴西峰会提出了一个被普遍认为有效的解决方案，即债务国可以创建一个使用本国货币的基金，专门用于支持可持续发展项目，基金的规模与它们被免除的外债金额即本金和利息的总额相等。究竟如何看待及应对“马泰计划”可能在非洲引起的债务问题，需要意大利政府谨慎考虑。

三　意大利政府的努力方向

结合前文分析，笔者认为，下一步意大利政府要继续推进“马泰计划”，需要在以下方面做出更多努力。

第一，非洲国家的高额债务问题亟待解决。若放任非洲伙伴国公共债务高企，任何投资计划都将难以为继。“马泰计划”的成功有赖于政策的延续性和拥有长期全面的战略眼光，不能仅仅局限于短期且往往不可持续的眼前利益。因此，除了为“马泰计划”制定行动原则和方向之外，意大利政府还应与非洲伙伴一道，尤其在二十国集团框架内，推动改革不公正不合理的国际规则，包括给非洲大陆带来贸易失衡、不平等和苦难的国际贸易和金融投机机制。2024 年 10 月，意大利非政府网络 Link2007 提出了一项倡议，即参照前文述及的二十国集团方案建立一个现代化的非洲公共债务转换机制。[①] 接下来，意大利可以利用“马泰计划”的良好媒体效应和主办各类活动的优势，积极推动减轻非洲债务的倡议。

第二，意大利可考虑推动发起成立“非洲可持续发展目标基金”（SDG for Africa），这或许会成为一项国际社会援助非洲的终极解决方案。若要促进非洲的长期可持续发展，就要采取超越象征性承诺的实际行动。目前缺乏一个全球性工具来动员足够的面向非洲的贷款资源，这些资源对于在非洲撬动 10~20 倍于贷款本金或股本的投资至关重要。我们可以设想一种全球性的“非洲税”，例如对全球超过 100 万美元的资产（不包括首套自住房）征收一次性 2%的税。这种“可持续发展税”只针对高净值资产，有望筹集超过 1500 亿美元，以保守收益率估算，每年可为“非洲可持续发展目标基金”提供超过 50 亿美元的援助资金。非洲国家与国际合作伙伴应共同管理并使用该基金，以创新精神和勇于面对风险的决心，应对这一迫在眉睫的挑战。国际社会必须摒弃因经济危机和财政紧缩政策而削减国际合作资金的做法，重新定义国际合作的目标，并探索新的合作方式。非洲的发展对于全球而言具有战略重要性，因此资金投入不能减少。意大利可考虑推动二十国集团发起“非洲可持续发展目标基金”，并且可以提倡借助养老基金的力量，前提是确保这些资金得到妥善运用。养老基金将不同代际人们的命运紧密联系在一起，在经济社会中扮演着关键角色，若用于支持可持续发展，可以发挥积极的示范效应。总体而言，“非洲可持续发展目标基金”的设想与“马泰计划”的目标相一致，但是其资金规模显然更大，经济社会效应也会更加显著。

第三，推进“马泰计划”必须遵循绿色低碳思路和“污染者付费”原则。非洲正承受着由工业化国家温室气体排放引发的气候变化带来的影响。非洲是世界上水、空气和土壤中化学物质和污染物浓度最低的大洲之一，拥

① “Release G20, convertire il debito e rilanciare la cooperazione internazionale”, *Link2007*, Oct. 31, 2024, https://link2007.org/2024/10/31/release-g20-convertire-il-debito-e-rilanciare-la-cooperazione-internazionale/，最后访问日期：2024 年 12 月 20 日。

有独特的环境优势。为保护并利用这些优势，国际贸易规则亟须更新，应把碳足迹测量和生物多样性损失纳入国际贸易考量之中，作为贸易本身的一个附加条件。我们可以构想一种政治愿景，这种愿景必须承认市场的不完美甚至失败的可能性，并且摒弃将市场与政治、环境、贫困、气候变化和不稳定因素隔离开来的幻想。非洲市场和全球市场均受到发展不平衡的影响，这种不平衡源于历史因素、地理因素和发展阶段的差异。如今，环境和气候变化带来的挑战，进一步加剧了长期过度依赖市场造成的问题。气候变化对不同地区的影响存在显著差异，对非洲贫困国家和地中海地区脆弱国家（这些国家处于全球价值链的初始端，产业结构以农业、林业、渔业和畜牧业为主）的影响更为严重。鉴于地球是最大的公共产品，而公共产品应由消费者承担费用，非洲和欧洲应基于“共同但有区别的责任”和“污染者付费”原则，联合制定相关标准，探索量化碳足迹和气候变化带来的不利影响的方法，并据此制定相应的激励和惩罚机制。意大利在推进“马泰计划”时应遵循绿色低碳思路和“污染者付费”原则，同时还可通过该计划引领相关国际倡议。

第四，应妥善协调发展合作与经济全球化的关系，确保政策的一致性。全球化发展到今天，各国之间的相互依存程度相当深，发展合作与经济全球化之间的协调显得尤为重要。这两者是否都致力于推动非洲国家本土工业的发展？是否都旨在创造体面的就业机会？是否都致力于环境保护？是否都致力于实现当地的可持续发展？如果发展合作所支持的经济项目遵循真正的可持续性原则，那么经济全球化也应建立相应的架构、系统和工具，以预估投资的社会和环境影响。实际上，欧盟在这方面已经提供了政策工具，例如2024 年通过的《企业可持续发展尽职调查指令》（CSDDD）。“马泰计划”在推进中可应用上述指令来处理涉及木材、冲突矿产①、毁林等方面的问题。此外，“马泰计划”的设想缘起于 2023 年在罗马召开的发展与移民会

① 冲突矿产（Conflict Mineral）泛指那些在某些政治动荡的国家和地区周边开采的矿产，对此类矿物的开采，常常会引发政治紧张以及公民矛盾。——译者注

议，该会议启动了“罗马进程”，提出了由移民原籍国、过境国和意大利共同承担管理移民问题的责任，尤其重视打击人口贩卖。随着“马泰计划”的提出，意大利如何处理移民问题引起更多关注。当前，意大利与欧盟的做法一致，越来越倾向于将阻止和遣返非法移民的任务外包给过境国。然而，这种做法也因未能保障移民的人权而不断受到质疑，未来还需要做出调整。

第五，“马泰计划”的推进需要更多部门的参与。目前在“马泰计划”指导委员会中，缺少了国防部的参与。然而，当前军事合作与军事行动在与非洲国家互动中至关重要。鉴于非洲社会紧张局势加剧、青年抗议活动不断、使用武力情况增多，以及部分社会组织被视作犯罪团伙，外交政策、发展合作和军事合作必须协调一致。此外，目前意大利政府和学界对面向非洲的私营部门资源动员及其具体影响的独立分析还很欠缺。正如“马泰计划”相关文件所述，迫切需要采取措施，评估那些“非掠夺性”政企合作对促进当地可持续发展的影响。当前“马泰计划”及其试点项目着眼于构建意大利和欧洲市场急需的多元化产业链，并把意大利作为经济关系的枢纽。然而，这种模式的影响如何并没有相应的评估。最后，“非掠夺性”伙伴关系的建立应该基于技术和知识的真正交换，而非单向转移。过去若干年来，意大利与非洲的高等教育机构和民间社会组织之间建立了广泛而深入的联系，这是一笔宝贵的财富。未来在推进“马泰计划”的过程中，这些联系还需要得到更好的发展和利用。

四　结语

综上所述，“马泰计划”是意大利政府为重塑与非洲关系而制定的战略倡议。目前，该计划还处于推进初期，实施方式和管理模式尚未成形。例如，在实施“马泰计划”时，意大利政府和企业必须遵守 2015 年第 125 号发展合作法令以及气候基金的相关法律法规，这些流程的效率和透明度对于该计划的成败起着决定性作用，值得关注。具体而言，需要尽快确定各类公共和私营主体应以何种方式提出倡议或参与其中，如何利用各自的优势，以及如何发展政企伙伴关系，等等。意大利还需要明确且深入地探讨流程的透明度，遴选项目的标准和优先级，还要提高资金来源的确定性。目前一个简单的招标流程就需要至少 18 个月的时间，未来需要缩短周期、提高效率。

“马泰计划”明确指出，“依托多种优势，特别是与非洲长期建立的经济、社会和文化联系，以及在非洲的深厚根基，意大利有机会成功打造与非洲之间真正的伙伴关系”。因此，充分利用并巩固现有优势至关重要。意大利在非洲的合作广受欢迎，这得益于坚实的外交基础、“意大利制造”的优质形象以及众多在意大利受教育的非洲人士的推动（他们如今在各自国家担任要职，成为政府官员、企业家、教师等）。同时，在意大利的非洲移民也为两地的对话和商业往来搭建了桥梁。

此外，活跃在非洲最偏远、最贫困地区的意大利民间组织也在促进对非洲合作方面展现出强大的韧性，这些组织应该得到更多的重视。2024 年，Link2007 已联合其他 8 个协会向意大利政府提出了一个涵盖企业、银行和民间组织的综合性计划。实际上，意大利某些民间组织在非洲本地“深耕”超过 60 年，非常熟悉非洲当地的政治经济状况，并且与当地政府和民众建立了广泛而深入的联系，这些成就也是推进“马泰计划”的重要基础。同时，作为意大利经济模式成功的基石，意大利的中小企业也应在对非洲合作中发挥关键作用。最后，意大利的产业区模式和合作社等社会参与式企业的成功经验也将有助于推动“马泰计划”持续取得进展。

（石豆 译，孙彦红 校）

中国与意大利

B.13 中意两国马可·波罗研究的学术贡献与时代意义

文 铮　许盈盈*

摘 要： 2024年是中国与西方文化交流的标志性人物、意大利威尼斯旅行家马可·波罗逝世700周年。本文探讨了意大利和中国在马可·波罗研究方面的贡献及其文化价值与时代意义。意大利在文献整理与解读方面做出了重要贡献，贝内德托等学者通过严谨的文献学研究，为《马可·波罗游记》的版本流传与内容解读奠定了基础。中国的马可·波罗研究起步较晚，但逐渐形成了以历史考证与文化互证为特色的学术路径，杨志玖等学者的研究在国际上产生了重要影响。马可·波罗的文化价值在于其作品对西方世界认知东方产生的深远影响，以及对中西文化交流与融合的促进。在新时代，马可·波罗的精神仍具有重要意义，它激励着中意两国文化交流与合作不断深

* 文铮，北京外国语大学欧洲语言文化学院教授，意大利研究中心主任，主要研究领域为意大利语言文化与中意文化交流史；许盈盈，意大利威尼斯大学博士，厦门大学外文学院讲师，主要研究领域为意大利语言与文化。

化，推动不同文明的相互理解和共同发展。

关键词： 马可·波罗　中国　意大利　学术贡献　文化交流

马可·波罗（1254~1324）作为中世纪东西方文化交流的重要使者，其根据来华经历撰写的著作不仅为西方世界描绘了一个神秘的东方世界，也引发了中西方学者数百年的深入研究和激烈讨论。2024 年是这位威尼斯旅行家逝世 700 周年，值此具有特殊纪念意义的年份，本文将探讨意大利和中国在马可·波罗研究方面的贡献及马可·波罗的文化价值与时代意义，揭示其在促进中西文化交流与合作中的重要作用。

一　意大利在马可·波罗研究方面的重要贡献

在对马可·波罗的研究中，英、法主要秉持东方学传统，侧重于从他者视角去审视东方，特别是中国的历史，重点放在对文本的注释上，以服务于历史及相关学科的研究。然而，意大利文献学的视角则有所不同，它更为关注对文献本身的整理与解读。

作为马可·波罗的故乡，意大利的《马可·波罗游记》（下文简称《游记》）传本自然丰富多样。在语言尚未统一与标准化的中世纪，意大利北部流行着威尼斯语、托斯卡纳语、法意混合语等多种带有强烈方言特征的语言。16 世纪，意大利地理学家剌木学（Giovanni Battista Ramusio）率先整理了马可·波罗的著作，虽因出版社失火而导致原始抄本焚毁，但其整理本保存了珍贵内容。1818 年，剌木学整理本被译为英语，使“马可·波罗游记”成为英语世界最通行的书名。1827 年，意大利学者巴尔德里·博尼（Giovanni Battista Baldelli Boni）将托斯卡纳语抄本中质量最好的一部整理出版。

真正为马可·波罗文献学研究带来革命性突破的是贝内德托（Luigi

Foscolo Benedetto)。他曾长期在佛罗伦萨大学任教。20 世纪 20 年代，意大利国家地理学会和威尼斯市政府委托他整理《游记》。当时，此书版本众多，玉尔（Henry Yule）的英译本存在底本质量不理想的问题。贝内德托不辞辛劳，遍访欧洲各地图书馆，搜集到 148 种传世版本，其中 60 余种前所未见。通过深入研究，贝内德托确定了《游记》的执笔者，并发现了极具价值的拉丁文抄本。他成功梳理出版本流传系统，为相关研究奠定了坚实基础。他还提出《游记》流传之初分为两大独立系统的观点，并于 1928 年出版合校本，其书名采用意大利人至今对此书的习惯称呼——《百万》[①]，而书前导言可以视为一部马可·波罗研究的专著。贝内德托在合校本中采用原稿中的法语意大利语混合语，不利于现代读者阅读，影响了该版本的传播。为此，他将合校本翻译为现代意大利语，并由阿尔多·利奇（Aldo Ricci）转译为英语出版，扩大了影响。

贝内德托曾希望邀伯希和（Paul Eugène Pelliot）对这两个译本中出现的亚洲名物与历史进行系统注释，却因伯希和无法给出确切时间而作罢。1938 年，慕阿德（Arthur Christopher Moule）与伯希和的作品出版后，贝内德托的版本渐渐受到冷落。1954 年，即将退休的贝内德托受联合国教科文组织委托译注法语校注本，注释工作比预期的艰难，1964 年他因病停止工作，并于两年后逝世。2012 年其遗稿重现，共 2000 多页，包括导言、正文和注释，他在之前版本的基础上做了大量增补修订。

不同于慕阿德与伯希和过度依赖新发现的历史抄本的研究方法，贝内德托从文献学和语文学角度出发，搜集所有版本，严格校勘，梳理系统，成果显著，其校注的版本堪称 20 世纪文献学巅峰，为后世的研究奠定了坚实基础。这也是意大利为马可·波罗研究做出的无可替代的贡献，以贝内德托为代表的意大利文献学家早在 20 世纪中叶就开始尝试以传统文献学为依托的东方学研究转型。

《游记》古代抄本整理出版与翻译注释工作自 20 世纪 70 年代以后，进

① 意大利文名称为：Milione。

入了一个新的高峰期。1975 年，贝尔托卢奇·皮佐鲁索（Bertolucci Pizzorusso）整理并注释了托斯卡纳语本，并于 1994 年再版。1980 年，刺木学的六卷本《航海与旅行丛书》[1] 整理出版，其第三卷为意大利语本《游记》。1988 年，隆基（Gabriella Ronchi）整理翻译出版法意语混合本与托斯卡纳语本，前者更正了贝内德托本的诸多错误，后者则成为现今学术界惯用的版本。1998~2000 年，巴尔比耶里（Alvaro Barbieri）出版拉丁语本的现代转写本，还与安德烈奥塞（Alvise Andreose）合作，整理出版威尼斯语本及其最早抄本残件等。2001 年，露琪亚·巴塔利亚·利奇（Lucia Battaglia Ricci）整理出版托斯卡纳语本。近年来，在布尔吉奥（Eugenio Burgio）和埃乌塞比（Mario Eusebi）的主持下，法意语混合本的意大利文新译注本第一卷出版，而电子版的刺木学意大利语本《游记》也制作完成。

意大利的马可·波罗研究继续保持以文献研究和语文学研究为主的优势，并在此基础上展开对马可·波罗生平、家族，以及更广泛的历史学、社会学、人类学、经济学、民俗学、宗教学、文学、语言学、东方学等方面的学术研究，成果同样丰富。

1926 年，奥兰蒂尼（Giovanni Orlandini）利用威尼斯历史档案研究马可·波罗家族史，考察了与马可·波罗本人及其亲属有关的遗嘱、法律文书。20 世纪中期，伽罗（Rodolfo Gallo）发现新的档案资料，进一步完善了马可·波罗家族史。在此基础上，作家佐尔治（Alvise Zorzi）于 1982 年出版《马可·波罗传》[2]，并在 2000 年、2006 年两次再版。

1954 年，马可·波罗诞辰 700 周年之际，意大利召开马可·波罗研究学术研讨会，会议论文结集出版为两本书，其中，罗多尔弗·伽洛（Rodolfo Gallo）的《马可·波罗及其家族和著作》[3] 是利用威尼斯档案研究马可·波罗家族史的经典论文。该书还收录了法国蒙古史及中亚史学家韩百诗（Louis Hambis）和美国蒙古史学家田清波（Antoine Mostaert）的论文；

---

① 意大利文名称为：Delle navigationi et viaggi。

② 意大利文名称为：Vita di Marco Polo veneziano。

③ 意大利文名称为：Marco Polo, la sua famiglia et il suo libro。

韩百诗的两篇文章分别考证了相关人物和马可·波罗的高地亚洲之旅，田清波的文章则利用吐鲁番出土的蒙古语文献，考证了马可·波罗所记蒙古土地神。韩百诗、田清波的参与说明意大利马可·波罗研究已不再局限于文献学传统，完成了与欧美东方学的初步交会。1957 年，奥尔施基（Leonardo Olschki）的《马可·波罗的亚洲》[①] 一书出版，1960 年又出版了英文版。作者有良好的文献学修养和语言天赋，他用了十余年的时间研究马可·波罗与 13 世纪东亚地理，并专门为此学习汉语。奥尔施基的研究突破了意大利文献学与欧洲东方学之间的隔膜。

近年来，对于马可·波罗遗嘱的研究成为意大利学术界关注的一个焦点，其成果也受到包括中国学者在内的世界学术界的广泛关注。2017 年，意大利文化与遗产活动部与威尼斯马尔恰纳国立图书馆联合出版了论文集《马可·波罗遗嘱——文献、历史与背景》[②]，收录了 20 余篇意大利学者的相关论文和研究报告（其中包括一篇中国学者张西平的文章），旨在通过马可·波罗遗嘱中所保留或隐含的信息，进行人类学和社会文化方面的研究，并通过对这份羊皮纸文献的制作工艺、笔迹特征、语言信息、流传情况的研究还原马可·波罗家庭、财产、生意、契约和捐赠情况，窥探他的内心世界和个性特征，进一步丰富马可·波罗研究的历史意义。

此外，乌戈·图齐（Ugo Tucci）作为威尼斯文献学、经济史专家，发表了《早期旅行家与马可·波罗之书》[③]《马可·波罗时代的威尼斯贸易》[④]《商人马可·波罗》[⑤]《马可·波罗书：从语文学到信息学》[⑥] 等文章。贝尔托卢奇·皮佐鲁索进行了语言学方面的研究，发表了《语言学与〈百万〉》[⑦] 等文章，并于 2011 年结集出版。安德烈奥塞专门从事语言学与文

① 意大利文名称为：L'Asia di Marco Polo。

② 意大利文名称为：Il testamento di Marco Polo. Il documento, la storia, il contesto。

③ 意大利文名称为：I primi viaggiatori e l'opera di Marco Polo。

④ 意大利文名称为：Il commercio veneziano e l'Oriente al tempo di Marco Polo。

⑤ 意大利文名称为：Marco Polo, mercante。

⑥ 意大利文名称为：Il libro di Marco Polo tra filologia e informatica。

⑦ 意大利文名称为：Lingue e stili nel Milione。

献学研究，从词语出发研究鲁斯蒂切洛与马可·波罗合作著书时的工作方法，发表《马可·波罗〈寰宇记〉与法语意大利语混合语传统》[①] 一文，深入讨论了成书、文本系统与传播史等问题。巴尔比耶里于 2004 年出版《从旅行到游记——〈百万〉研究》[②] 一书，主要以人类学和民族学的方法论证了马可·波罗旅行的真实性，讨论了马可·波罗笔下的自然和人文地理、宗教信仰、风俗文化、军事战争等问题。马可·波罗与欧洲大航海时代及“地理大发现”之间的关系，也是意大利学者一直关注的问题，如布尔吉奥的《旅行地图：论毛罗地图与〈百万〉的关系》[③] 一文就具有代表性，揭示了《游记》与“中世纪地图学最伟大记载”之间可能存在的联系。

2004 年，为纪念马可·波罗诞辰 750 周年，在意大利文化与遗产活动部的支持下，意大利举办了一系列学术交流和研讨活动，并在此基础上陆续出版了“马可·波罗 750 周年丛书”，该丛书不仅收录了关于马可·波罗的研究成果，也包含了汉学、东方学、比较文学与世界文学、比较文化学、比较法学等学科的论文，值得一提的是，中国学者在上述领域的研究成果也被收录其中。

2006 年，丛书第一卷《马可·波罗 750 周年——旅行、著作与法律》[④] 出版，由著名汉学家、罗马大学教授马西尼（Federico Masini）等担任主编，包括马可·波罗研究和中意比较法学研究两部分内容。该卷中不仅有意大利学者的作品，如著名汉学家兰乔第（Lionello Lanciotti）的文章《西方汉学与马可·波罗》[⑤]，也收录了被译为意大利语的中国学者的最新研究成果，如张铠的《马可·波罗与“泉州—威尼斯轴心时代”——宋元海外贸易与地中海商业革命之关系研究》、张西平的《〈马可·波罗游记〉与中国基督教史研究》、顾卫民的《中国的马可·波罗介绍与研究（1874—1990）》。

---

① 意大利文名称为：Marco Polo's “Devisement dou monde” and Franco-Italian tradition。

② 意大利文名称为：Dal viaggio al libro. Studi sul Milione。

③ 意大利文名称为：Cartografie del viaggio：sulle relazioni fra la Mappamundi di Fra Mauro e il Milione。

④ 意大利文名称为：Marco Polo 750 anni：il viaggio，il libro，il diritto。

⑤ 意大利文名称为：Marco Polo e la sinologia occidentale。

2007年，丛书第二卷出版，题为《马可·波罗的事业——地图、旅行、认知》[①]，是2005年于斯波莱托召开的马可·波罗国际学术研讨会的论文集，其中苏尔第（Francesco Surdich）的《三十年来意大利的马可·波罗研究》[②] 对意大利的研究情况进行了梳理。此外，孔蒂（Simonetta Conti）的《中世纪至十五世纪地图制作中对东方的观念》[③]、罗西-奥斯米达（Gabriele Rossi-Osmida）的《马可·波罗与东方的基督教徒——历史与考古证据》[④]、费迪（Pierfrancesco Fedi）的《不花剌——马可·波罗的消息与十九世纪末意大利旅行者的证言》[⑤] 也从不同角度呈现了意大利的东方观念及汉学传统。此后各卷均以在意大利或中国举行的国际学术研讨会或讲座为文章来源，但其选题范围逐渐扩大，涉及汉学、东方学、比较文学、跨文化交流等领域。

这套丛书对意大利马可·波罗研究起到了承前启后的作用，一方面对19世纪以来意大利在这一领域的研究做了系统性的梳理与总结，另一方面也代表了意大利马可·波罗研究发展的两个新趋向。第一，研究的边界已经打开，研究领域大幅拓展，方法更加多元，学科融合性更加明显，马可·波罗已从传统研究的核心对象转变为推动学术创新的动力源泉，其学术价值和文化影响力得到进一步提升；第二，跨越学科和国界的研究、互为他者的研究，已成为马可·波罗研究的必然趋势乃至学术常态，而中意两国作为马可·波罗生活轨迹的东西两端和最重要的学术信息来源地，其学术交流与合作必不可少。

综上所述，意大利在马可·波罗的研究方面，无论是抄本整理与译注，还是学术研究，都取得了令人瞩目的成就，为国际马可·波罗研究的深入发展做出了重要贡献。

---

① 意大利文名称为：L'impresa di Marco Polo. Cartografia，viaggi，percezione。

② 意大利文名称为：Trent'anni di studi italiani su Marco Polo：un bilancio。

③ 意大利文名称为：L'idea dell'Oriente nella cartografia dal Medioevo al XV secolo。

④ 意大利文名称为：Marco Polo e i Cristiani d'Oriente. Evidenze storiche e archeologiche。

⑤ 意大利文名称为：Bukhara：le notizie di Marco Polo e le testimonianze di alcuni viaggiatori italiani del secondo Ottocento。

二　马可·波罗研究在中国的兴起与发展

与西方世界几个世纪以来对马可·波罗的研究形成学派性课题相比，中国对马可·波罗的研究起步较晚。就目前已发现的史料来看，在中文文献中对马可·波罗及其《游记》的介绍始于19世纪30年代。马可·波罗这一西方人物首次进入中国人的视野，是经由西方传教士创办的报刊中的文字介绍。由于其与中国的特殊关联，马可·波罗成为传教士实现“文化适应性”的重要桥梁。传教士期望通过对他的介绍，使中国人认识和了解这位沟通中西方世界的先驱，拉近与中国人民的心理距离，这在客观上促进了西学东传。

因此，在19世纪30年代至90年代，在《东西洋考每月统记传》《遐迩贯珍》《中西闻见录》《万国公报》等传教士所创办的中文报刊中，陆续出现了对马可·波罗的介绍。如1853年在《遐迩贯珍》上的一篇名为《西国通商溯源》的文章里，出现了中国最早的有关马可·波罗及其《游记》的详细介绍，文中不但谈及了马可·波罗在华的经历，还阐述了《游记》诞生的历史背景。这位威尼斯商人的名字首次出现在中国读者的视野中，其译名为“马歌·坡罗”。早期传教士对马可·波罗的介绍，一方面开启了马可·波罗人物形象在中国被认知和广泛接受的大门，另一方面激发了中国学者对马可·波罗在华经历及其作品的强烈好奇心。

1874年1月30日，《申报》刊载《询意国马君事》一文，署名为“求知子”，以问答形式介绍了马可·波罗及其作品，并称因找不到相关史书的记载而特意登报求助广大读者。《申报》为此附上编者按，希望“藏书之家、渊博之士”查阅《元史》《浙江通志》等古代文献，以证实马可·波罗其人、其书的真实性。这是中国人对马可·波罗的首次关注和讨论。

随着马可·波罗在中国的认知度不断提升，文章报刊上的简单介绍已无法满足人们对这一历史人物的好奇心和对他的文化寄托。人们希望深入了解这位“赞美中国”的外国人的具体情况，尤其是《游记》中对中国的描述。

直至19世纪末20世纪初，中国尚未出现《游记》的中文译本，但一些见识较广的知识分子和外交官已开始阅读马可·波罗的外文作品，并顺势开启了考据和研究。中国学者的研究重点是从中国历史和文化出发，将《游记》中的内容与中国文献资料互参互证，尤其是将《游记》作为元史研究的“他山之石”和新鲜史料，中国式的马可·波罗研究也就此正式拉开序幕，其方法与路径与西方历史学研究、文献学研究都不尽相同。

一个多世纪以来，中国的马可·波罗研究成果斐然，优秀的学者和作品不胜枚举。以下从三个阶段加以梳理。

（一）清末民初的早期研究者及其代表作品

作为中国最早的马可·波罗研究者，清末民初的研究者开辟了中国人对马可·波罗研究的道路，但马可·波罗只是他们作品中涉及的一小部分，并非专门研究，因此一直未得到足够的重视。他们在作品中或通过中国史料来考证《游记》中的内容，或通过《游记》内容印证和补充中国历史作品中的信息，为中国马可·波罗研究奠定了基础。这批早期研究者包括单士厘、屠寄、束世澂、丁谦等，其中以单士厘最为著名。

单士厘是维新派知名人士、清朝著名外交家钱恂的妻子。光绪年间，她随丈夫旅欧履职，是清末最早走出国门观察世界的知识妇女之一。1910年，单士厘将旅居欧洲的所见所闻撰写成《归潜记》，其中有一篇专门介绍马可·波罗的文章《马哥博罗事》，不仅详细介绍了马可·波罗，更对《游记》中若干存疑的问题进行了初步的研究与考证。单士厘认为《游记》一书中“凡所闻见，多可与《元史》相参证”。作为“中国研究马可·波罗第一人”，她在文中探讨了马可·波罗游记中的一些史实性错误。

（二）《游记》在中国的译介与传播

清末民初《游记》译本的出现，不仅为中国的马可·波罗研究提供了坚实基础，还催生了一批《游记》的译介者。随着一个多世纪以来《游记》译本的出版和传播，以及中国人对马可·波罗的历史价值和社会意义认识的不断加深，中国涌现出一批历史学家、中西交通史学家、地理学家，专注于马可·波罗及其《游记》的研究。他们的研究成果，不仅进一步推动了马可·波罗形象在中国的传播与接受，也成为世界马可·波罗研究重要的组成部分。

《游记》最初的译者既是马可·波罗形象的传播者，也是马可·波罗研究的开拓者。《游记》的翻译并不只是简单的文字转换，由于其中涉及的事物极为广泛，要将其内容完美翻译出来，不仅需要深厚的外语功底，还需要丰富的历史、地理、文化知识，更需要一定的考据与校雠功夫，以便为译本做出恰切的注释，因此翻译《游记》是一项严肃且艰难的探索和研究工作。

最早的中文译本是 1913 年出版的《元代客卿马哥博罗游记》，译者魏易曾留学法国，所依母本主要是 1818 年的马尔斯登英文译本，该译本曾在《京报》连载，引起了读者的巨大反响。辛亥革命之后，全书译完付梓，梁启超为之题写书名。但由于译者翻译策略和母本质量等问题，尤其是译者对元史不甚了解，此译本也存在不少关键性的问题，受到了学界的批评，然而其社会文化传播价值是值得肯定的。1929 年张星烺翻译出版的《马哥孛罗游记》尽管为节译本，仅译了原著的 1/4，但由于母本选择了玉尔本（第一卷），如今看来，仍具有较高的学术参考价值。1936 年，李季和冯承钧的译本先后问世，李季的《马可·波罗游记》译自科姆罗夫（Manuel Komroff）的英文版，这一英文版本在某种程度上对原文进行了通俗化和普及化处理，更适于大众传播。冯承钧的《马可·波罗行纪》译自法国汉学家沙海昂（Antoine Henry Joseph Charignon）的注释本，而沙海昂的版本又是来自卜铁（Jean-Pierre Guillaume Pauthier）的法语校勘本，具有很高的权威性，玉尔的英译本也是基于这个母本，如此看来，冯承钧译本的学术价值尤为突出（1999 年党宝海对冯承钧译本加以补注，吸收了前人的研究成果，使其成为目前内容最全、学术价值最高的汉译本，为中国学者深入研究提供了详实可靠的资料）。1937 年，张星烺的第二个译本《马哥孛罗游记》出版，译自利奇的英译本，其源头是贝内德托的意大利文版本，由于这一汉译本没有注释，尽管正文有较高的学术参考价值，但全书更适于作为文化普及读物阅读。如今常见的译本还有 1981 年陈开俊等翻译的《马可·波罗游记》和

1998 年梁生智的《马可·波罗游记》，皆转译自科姆罗夫的英文译本，相较于数十年前的译本，此二者的翻译语言似乎更容易被当代读者接受。

另外值得一提的是，张星烺在翻译工作的基础上，于 1934 年出版了《马哥孛罗》一书，此书不仅首次系统而全面地向中国读者介绍了马可·波罗及其游记的信息，还展示了他在马可·波罗研究中取得的诸多成果。这是我国最早的一部马可·波罗研究著作。

（三）马可·波罗研究的专业化发展

20 世纪上半叶，随着《游记》诸译本的问世，中国学者对马可·波罗的专业研究也相继展开。除了张星烺、冯承钧这样的译者型研究者之外，向达、岑仲勉等著名历史学家也开始参与其中。但早期的专业研究者对马可·波罗的研究大都框定在中国历史，尤其是元史范围内，而且大多数学者并不关心国外“马可·波罗学”的发展状况。

1941 年，杨志玖凭借《永乐大典》卷一九四一八《经世大典·站赤》中百余字的公文，在导师向达教授的指导和鼓励下撰写了《关于马可·波罗离华的一段汉文记载》一文，证实了《游记》中马可·波罗随蒙古公主自泉州离华返波斯一事属实，并由此确定马可·波罗真正来过中国，还订正了他的离华时间为 1291 年初。这项研究作为迄今汉文记载中唯一可见的马可·波罗行迹的考证，引起世界学界的高度重视，得到伯希和等国外学术权威的肯定，被视作对马可·波罗来华真实性研究的开创性成果，这也标志着中国的马可·波罗研究进入了“国际赛道”。1995 年，英国伦敦不列颠图书馆中国部主任、汉学家吴芳思（Frances Wood）出版专著《马可·波罗到过中国吗?》（*Did Marco Polo Go to China*?），引发了新一轮关于马可·波罗来华真实性的国际争论。尽管世界上对马可·波罗的质疑屡见不鲜，但这一次的反响尤为强烈，使吴芳思的这部著作畅销一时。时隔两年后其中文译本出版，以杨志玖为代表的中国学者纷纷撰文回应，依据中外文献和推理论证，为马可·波罗来华提供有力证据。2000 年，杨志玖在天津主持召开“马可·波罗与十三世纪中国国际学术讨论会”，特别邀请吴芳思等国外学者共同研讨马可·波罗来华问题。经此一会，杨志玖关于马可·波罗来华的论断在学界形成广泛共识，他本人也成为国际学界公认的马可·波罗研究权威。

1983 年，余士雄汇编出版了学术论文集《马可·波罗介绍与研究》，收录了从 1874 年至 1983 年中国刊发的重要研究文章和学术论文，全书分为“综合介绍与研究”“所到区域介绍与研究”“专题介绍与研究”“游记评注与考证”四个篇章，系统展示了百余年来中国马可·波罗研究的代表性成果。杨志玖在为该书所作的序言中称其为“中国第一本马可·波罗研究学术论文集”。此后，余士雄又策划出版了《中世纪大旅行家马可·波罗》(1988) 等书，旨在让马可·波罗形象在中国深入人心。

随着中国改革开放的深入和与世界接轨进程的加速，中国的马可·波罗研究愈发国际化和多元化，中国学者的国际视野也愈加开阔，这主要体现在国际学术交流与研讨的规模与频率上。1988 年 7 月 18 日，由四川大学与美国新罕布什尔大学联合主办的“马可·波罗与中外文化交流国际学术讨论会”在成都召开。这是改革开放之后在中国举办的第一次马可·波罗学术交流会，有来自美国、英国和意大利的外国学者出席。

1991 年 10 月 6~9 日，为纪念马可·波罗离华回国 700 周年，中国国际文化书院、意中友好协会（Istituto Italo Cinese）、北京对外文化交流协会和新疆维吾尔自治区社会科学界联合会在北京联合举办了“马可·波罗国际学术研讨会”。这是中意两国首次联合举办马可·波罗主题国际学术会议，具有里程碑式的意义，因此也受到了两国领导人的重视，时任中华人民共和国政协副主席程思远及意大利驻华大使罗西（Oliviero Rossi）出席了开幕式并发表讲话，意大利总理安德烈奥蒂（Giulio Andreotti）发来贺信。这次研讨会是对两国马可·波罗研究成果的一次大检阅，杨志玖、蔡美彪、陈高华、陈得芝、黄时鉴、吕同六等中国知名学者参与研讨。在与会的意大利学者中，有马可·波罗后裔波罗·帕多莱基亚（Siro Polo Padolecchia）教授。1995 年，会议论文集《中西文化交流先驱——马可·波罗》出版。

21 世纪以来，举行关于马可·波罗的国际研讨会已成为学术常态，其中在中国举行的重要会议主要有以下几场：2000 年，在南开大学举行“马可·波罗与十三世纪中国国际学术讨论会”，其成果收录于《元史论丛（第 8 辑）：“马可·波罗与十三世纪中国”国际学术研讨会论文集》；2015 年，扬州举行“马可·波罗与丝绸之路”国际学术研讨会，“马可·波罗与丝绸之路”成为此次会议的主题之一，论文集《马可·波罗扬州丝绸之路》于次年出版；2016 年，“马可·波罗与 10－14 世纪的丝绸之路”国际学术研讨会在北京大学召开，此次会议设立“马可·波罗研究”、“丝绸之路研究”和“中外关系史研究”三个主题，围绕但又不拘泥于马可·波罗其人其作，代表了当今世界马可·波罗研究的前沿水平的开放理念，会议论文集《马可·波罗与 10－14 世纪的丝绸之路》于 2019 年出版。2024 年 10 月，“纪念马可·波罗逝世 700 周年”中西文化交流史国际学术研讨会在中国人民大学举行，此会由北京大学和中国人民大学联合主办，邀请了来自中国、意大利、法国、德国等国的 31 位学者，围绕马可·波罗及其著作、陆上和海上丝绸之路、中西文化交流及中华文明传播等议题展开讨论。

“纪念马可·波罗逝世 700 周年”中西文化交流史国际学术研讨会的发起者和组织者之一、中央文史研究馆馆员、北京大学荣新江教授是当前中国马可·波罗研究的领军人物之一，在他的带领下，北京大学成立了“马可·波罗研究项目组”，在注重文本研究的同时，更倾向于马可·波罗与中外学术的交融与传播。2019 年荣新江与党宝海主编论文集《马可·波罗与 10－14 世纪的丝绸之路》，2022 年二人再度合作，先后出版了《马可·波罗研究选粹（中文编）》和《马可·波罗研究论文选粹（外文编）》两部论文集，收录了极具代表性的关于马可·波罗及其《游记》的研究成果。此外，该团队正在致力于翻译及出版穆勒与伯希和的百衲本，以弥补中国研究的缺憾。马晓林是中国马可·波罗研究新生代学者的代表，其于 2018 年出版了专著《马可·波罗与元代中国：文本与礼俗》。在书中，马晓林梳理了世界各国和各个时期的研究成果并进行了综述，拟定了马可·波罗研究文献目录，收录了他本人重要的研究论文，选录并翻译了国外最新论述。

三　马可·波罗的文化价值与时代意义

（一）马可·波罗的文化价值

2024 年，中意两国以丰富多彩的形式纪念马可·波罗逝世 700 周年。在中世纪抵达中国的众多西方商人中，马可·波罗独树一帜。关键在于，他率先将自身沿古丝绸之路的旅途经历写成《游记》，引发了西方世界第一次“中国热”。马可·波罗对东方特别是对中国的描述对欧洲文化产生了经久不衰的影响，也为后续的作家、艺术家及探险家赋予了灵感，更为中意两国友好关系的发展以及政治、经济、文化、科技、教育等诸多领域的交流与合作奠定了坚实的人文基础。

作为两国共同举办的主要纪念活动之一，7 月 29 日“传奇之旅：马可·波罗与丝绸之路上的世界”大型展览在北京中华世纪坛艺术馆开幕，并在中国各地博物馆巡展。本次展览旨在引导观众沿着马可·波罗的足迹展开一场虚拟旅行，重温这位威尼斯商人途经的贸易路线上的历史与地理现实，从而使观众通过《游记》内容所激发起的丰富想象，与展览内容实现交汇与融合。意大利总理梅洛尼在访华期间出席了该展览的开幕式，她在致辞中表示，马可·波罗记录的故事深刻地改变了人们对已知世界的看法，他沿着古丝绸之路进行的文化、思想和知识之旅在长达数个世纪的时间里持续影响着欧洲人和西方人看待亚洲和中国的方式。

马可·波罗的故乡威尼斯将 2024 年狂欢节的主题定为“向着东方，马可·波罗的神奇之旅”，也许马可·波罗本人根本无法想象，他这次神奇的东方之旅拉近了东西方的距离，让西方人领略了世界的广阔和多元的文化，也间接推动了西方社会从中世纪向现代社会的迈进。正因如此，马可·波罗成为东西方文化交流的“形象大使”，为一代一代友好使者所追随。

语言的沟通、文化的交流和思想的碰撞有助于促进其他方面的交流与合作，中意两国政府和人民都深谙此理，无论是“中意文化合作机制”平台的建立，还是以“马可·波罗”计划为代表的留学与教育合作项目，抑或两国世界文化遗产的结对、合作与互推，以及其他不胜枚举的文化交流与合作项目，都彰显了两国对文明对话的深刻认同与务实推动，在此背景下，中国和意大利这两个分别代表东方和西方的具有悠久历史与灿烂文化的国家，有理由以马可·波罗为纽带，以两国关系不断向好为契机，共同实现文明互鉴、文化交融、各美其美、美美与共。

1375 年，法国国王查理五世监制了《加泰罗尼亚地图集》的绘制，其中东亚部分大多取材于马可·波罗的著作。地图的绘制者突破了当时科学与宗教的藩篱，以新鲜多元的资料作为依据，反映了当时人们对世界最新的认知。这充分说明马可·波罗及其作品在西方世界构建其对东方认知体系过程中的基石性作用，也为西方提供了一扇直观了解中国地理风貌、人文景观等诸多方面的窗口，使得原本模糊虚幻的东方形象逐渐清晰具体起来。

《游记》对 15 世纪以来欧洲航海事业的蓬勃发展更是起到了不可忽视的推动作用。著名航海家哥伦布曾熟读精研该书，并在其阅读的拉丁文版《游记》中留下多达 45 处标记。在那个充满探索与冒险精神的时代，马可·波罗笔下富饶繁荣的东方世界激发了哥伦布等航海家对未知海洋彼岸的无限遐想与探索欲望，成为他们开辟新航路的重要精神动力源泉之一。从某种程度上说，正是马可·波罗所描绘的东方盛景，间接促使欧洲航海事业迈向新的辉煌篇章，改写了世界历史的发展轨迹，促进了全球范围内的文化交流与融合。

其实，这部游记不仅是西方认识中国的重要媒介，也是中西文化交流史上的关键文献。对于中国人而言，它为了解元代历史提供了独特的域外视角。尽管马可·波罗作为外国人，其观察难免流于表面，但从商业视角对中国各地工商业繁荣景象的描述，清晰地折射出元代经济仍具活力，并非如部分观点所认为的那般停滞不前甚至倒退，尤其是在对外贸易领域，如泉州港繁荣昌盛在当时全球贸易格局中占据领先地位，这深刻反映了元代社会的开放性特质。从历史文献学维度审视，《游记》中的诸多情节能够与中国史籍相互印证、彼此补充，从而加深了人们对历史真相的洞察。如前所述，杨志玖先生发现的《经世大典·站赤》中的那段公文与《游记》相互参照，使马可·波罗来华及离华时间等关键史实得以明晰并确定，这种跨文化文献的互证极大地丰富了历史研究的内涵与深度，为还原历史原貌提供了更为坚实可靠的依据。

中国人对马可·波罗的认知历程也经历了漫长的演进。19 世纪 30 年代，马可·波罗进入中国人的视野，而他真正在中国引发广泛关注并被神化，则是在 20 世纪之初。彼时，中国正处于从传统向现代转型的关键历史时期，具有开阔视野的知识分子群体在重塑民族身份的强烈诉求下，将马可·波罗这一西方传奇人物推至大众视野前沿，使其迅速成为家喻户晓的人物。在广州的华林寺，马可·波罗的镀金塑像被供奉于五百罗汉堂中，接受人们的虔诚礼拜，这一独特现象不仅体现了中国民众对这位文化使者的敬重与纪念，更从侧面反映出马可·波罗及其《游记》在中西文化交流融合进程中所产生的深远而持久的影响，其已然深深烙印在中国文化的多元图景之中，成为东西方文化交流史上一座不朽的丰碑，持续启迪着后人对跨文化交流与文明互鉴的深入探索与思考。

（二）马可·波罗的时代意义

2024 年也是中意两国全面战略伙伴关系建立 20 周年。7 月 28 日，两国签署了《中华人民共和国和意大利共和国关于加强全面战略伙伴关系的行动计划（2024—2027 年）》，双方确认优先开展经贸投资、金融、科技创新和教育、绿色和可持续发展、医疗卫生、人文交流等领域的合作。

中意两国经济的互补性使得双方在经贸等领域的合作有较大的上升空间，但在当今这个世界格局正在发生深刻变化的时代，两国关系也面临各种挑战。仅就文化而言，由文化差异导致的理解和沟通障碍、由文化产业竞争关系带来的误会与偏见、由文化交流深度和广度的局限造成的交流与合作的失衡、由政治或意识形态产生的偏见和刻板印象，都是双方应共同面对并予以重视的问题。

面对这样的挑战，新时代的“马可·波罗”们应秉承传统，继续发挥桥梁与纽带的作用，拥有探知未知世界的胆识，深入了解不同文化的内涵与精髓，亲身经历并欣赏不同文化，打破文化隔阂，消除刻板偏见，让更多的人认识不同文化的魅力与价值，促进中意乃至东西方文化交流。

新时代的“马可·波罗”们还应引领文化交流与合作，可以在自己最擅长的领域发挥积极作用，促进中意两国在更深层次、更广泛领域的合作，共同探索解决全球性问题的方案，为构建人类命运共同体贡献力量。

新时代的“马可·波罗”们也应积极参与并促进不同文明之间的相互学习、相互借鉴，激发文化创新的活力。他们的存在将有助于打破文明冲突论的狭隘观念，倡导文明和谐共生的理念，推动人类文明在交流互鉴中不断发展进步。

总之，中意两国都迫切需要更多新时代的“马可·波罗”。中意两国应继续携手共进，以文化交流为纽带，深化经贸合作，发挥各自优势，共同应对全球挑战，为构建人类命运共同体书写新的篇章。只有这样，我们才能在世界前所未有的变革时代实现不同文明的共同繁荣与发展，让马可·波罗的精神在新时代焕发出新的生机与活力。

四　结语

尽管马可·波罗不是第一位来华的西方旅行家，也不是第一位向西方介绍中国的游记作者，尽管他本人的来华经历和他作品的真实性一直以来都遭到各种质疑，但是马可·波罗对世界的影响和贡献是任何人也无法抹杀和削弱的。

第一，马可·波罗的历史地位和精神价值是无可替代的，他的文化形象得到了东西方的共同认可，已形成世界范围内的普遍共识，跨越了地域、时间、宗教、意识形态和族群，超越了东方主义和西方主义的价值观念，体现了世界人民加强相互沟通与交流、消除误解与刻板偏见的美好愿望。这是中意两国共同做出的杰出贡献，两国应当继续携手，为促进不同

文明间的理解与对话树立典范。

第二，我们现在要纪念的马可·波罗已经不仅仅是700年前那位威尼斯商人“百万先生”，700年的历史和世界文明的演进赋予了“马可·波罗”更丰富的文化内涵。“马可·波罗”可以成为一个电子游戏的人物，也可以是一家公司、一艘远洋巨轮、一座博物馆或一个国际组织的名称。“马可·波罗”已成为一种文化理念和文明符号。

第三，从学术角度来看，当代的马可·波罗研究正呈现一种东西方“双向奔赴”的新趋向。长久以来西方学者对于马可·波罗的研究主要建立在文献学和语文学基础之上，他们的研究依据是西文的文献资料，而中国自20世纪以来逐渐形成的马可·波罗研究往往基于中国历史和典籍文物。研究资料、方法和视点的不同，使得中国和西方的马可·波罗研究成为两条没有交点的平行线，即便在同一个研讨会上，中西方学者也是在做着“各美其美”的分享。近些年来，一个打破东西方界限、跨越语言障碍的学术共同体正在悄然形成，原来的平行线已经变成了学者能自由驾驭的双轨：西方学者开始熟练地使用中国历史文献，而中国学者也能参阅西方的版本和一手资料。这样的“双向奔赴”实际上已经为有关马可·波罗的研究开辟了一个新的世界。

B.14

半个世纪以来中国与意大利的法学交流与合作：历程、特点与展望

费安玲*

摘　要：　广义的法学交流，包括法学理论界、司法实务界和政府共同参与的涉及法律和协定、法学理论、司法实践等的活动。自1970年中意两国建交以来，尤其是在最近20余年内，中意两国法学交流与合作呈现两国政府之间强化法律协约的缔结、两国司法机构之间强化法律实务的交流和协作、两国法学家之间强化法学理论研讨的互动等多维度强化态势。具体而言，中意双方通过举办蕴含丰富理论内容的学术讲座，设立罗马法、中国法和意大利法研究机构，召开专涉中意法律主题的国际研讨会，开拓进修与攻读法学博士学位并举的培养年轻人才之路，组织强化法律人素养的法学研究班和研修班，推进两国司法机构的司法协助等路径，使得中意法学交流与合作稳定发展，成果扎实且前景可期。未来，中国和意大利的法学交流与合作将会向着交流合作路径进一步多元化、法学人才培养和人才队伍进一步年轻化和梯队化、法学理论研究交流进一步纵深化、司法合作进一步拓展的方向发展。

关键词：　中国　意大利　法学交流　人才培养　司法协作

古希腊哲学家亚里士多德曾言，“人类由于志趋善良而有所成就，成为

---

* 费安玲，法学博士，中国政法大学比较法学研究院教授，中意法与罗马法研究所所长，中国政法大学罗马法与意大利法研究中心名誉主任，中意法典化与法学人才培养研究中心中方负责人，主要研究领域为民商法、知识产权法、罗马法、比较私法。

最优良的动物，如果不讲法律、违背正义，他就堕落为最恶劣的动物”①。这段话揭示出在人类社会生活中，法律与人的行为之间有着重要的关联。根据古罗马法学家的研究，法律与人的行为之间存在重要关联性的深层次原因在于“法是善良和公正的艺术”②，亦是“关于正义和非正义的科学”③。

凡科学之学，必有研究、实践和人才培养之使命与功能。法学亦概莫能外。在中国与意大利自 1970 年正式建立外交关系以来的半个多世纪里，中国和意大利在法学研究、法学人才培养、司法合作等方面频繁互动、相互促进，且取得了令人瞩目的交流合作成果。这些成果不仅展现出中意两国在法学领域共同发展的演进脉络，而且在法学领域为中意两国关系未来的发展奠定了坚实基础。

本文所称法学交流，系广义之称，包括法学理论界之交流、司法实务界之交流，亦含政府之间有关协定和其他法律活动之交流。

一　中意法学交流的前世今生：历史进程及其特点

中意法学交流之门的打开可以追溯至 20 世纪 80 年代末。在此之前，第一位有法学背景且有意大利人身份的是传教士罗明坚（Michele Ruggieri），他于 1579 年就进入了中国，但是其以传播天主教为己任，未涉法律。④ 不过他编纂的《中葡字典》、翻译成拉丁文的中国典籍“四书”中的《大学》以及绘制的《中国地图集》等，对欧洲了解中国文化和地理知识有着深远影响。

19 世纪末，中国开始关注、了解和分析其他国家在立法上的相关经验与成果。清朝政府负责主持立律的沈家本、伍廷芳等人组织人员大量翻译其

① 〔古希腊〕亚里士多德：《政治学》，吴寿彭译，商务印书馆，1997，第 9 页。

② 〔古罗马〕优士丁尼：《学说汇纂》（第一卷），罗智敏译，中国政法大学出版社，2008，第 4 页。

③ 〔古罗马〕优士丁尼：《法学阶梯》，徐国栋译，中国政法大学出版社，2005，第 11 页。

④ 罗明坚（1543~1607），字复初，原名米凯莱·鲁吉里（Michele Ruggieri）。其 1543 年出生于拿波里王国，毕业于法学院，获得市民法和天主教法两个学位。作为天主教耶稣会意大利籍传教士，罗明坚是明朝以来第一个进入中国大陆的西方传教士，也是欧洲汉学的奠基人之一。

他国家的立法，其中包括《意大利刑法》等，但可惜均是从日文、英文等文字转译而来。至民国时期，亦有包含意大利近代罗马法学家学说的数本罗马法教材问世，但所涉罗马法的内容依然不是直接源自意大利语。尽管如此，经其他语言翻译为中文的意大利立法与法学作品，依然在国人面前打开了认识意大利法律的窗口，并引发国内法律界对意大利法律的关注与研究。同时，中国 20 世纪 30~40 年代的民法等立法也被翻译介绍到意大利，亦为意大利法律界研究中国现代立法提供了直接资料。但是截至 20 世纪 80 年代，中意两国法学界和司法界之间的交流仍十分有限。

1970 年 11 月 6 日，中国与意大利两国政府代表在法国巴黎签署了建立正式外交关系的公告。自此，中意两国在多领域间的交流与合作逐渐展开。在法学和司法领域内亦出现了许多卓有成效的交流与合作成果。如果对自 20 世纪 70 年代至 21 世纪 20 年代中意两国法学交流的历程和特点进行分析，可以看到，中意法学交流合作呈现多层次、宽领域的态势。如果以 10 年为一个时间单位，可归纳出以下特点。

（一）20世纪70年代：中意两国法律交流始于对商标权保护的共识

1973 年 1 月意大利外交部长朱塞佩·梅迪奇（Giuseppe Medici）访华，在北京就有关工厂商标事宜与中方进行了公文交换。[①] 对此，有两点值得关注：（1）1973 年的中国尚未有商标法，仅有一部 1963 年的《商标管理条

① 该交换公文的主文是：（一）中方去文："意大利共和国驻中华人民共和国大使馆：中华人民共和国外交部向意大利共和国驻中华人民共和国大使馆致意。为了加强中意两国的友谊和促进贸易的发展，双方政府有关当局曾就两国互惠商标注册问题进行了商谈。现谨代表中华人民共和国政府确认两国间就互惠商标注册问题达成如下协议：'双方政府同意在平等互利的基础上，一方国家的公司、企业可在对方国家依法申请商标注册并取得已注册的商标的专用权。'上述协议在接到贵馆复函确认之日起生效。顺致最崇高的敬意。中华人民共和国外交部 一九七三年一月五日于北京"；（二）意方来文："中华人民共和国外交部：意大利共和国大使馆向中华人民共和国外交部致意并收到外交部一九七三年一月五日的照会，其内容（见中文去文）。兹荣幸地通知中华人民共和国外交部，意大利共和国政府确认上述照会内容，同意贵照会和本照会成为我们两国政府间的协议，并自本复照之日起生效。意大利共和国大使馆顺向中华人民共和国外交部致以最崇高的敬意。意大利共和国大使馆 一九七三年一月八日于北京"。

例》，该条例规定了强制商标注册制度，但没有规定商标注册人的权利义务，是一部极具管理色彩的法规；（2）该涉及商标的公文交换活动，早于1979年中美两国政府之间涉及知识产权的双边贸易协定。因此，可以说对1982年《中华人民共和国商标法》的问世，意大利发挥了一定的推动作用。

（二）20世纪80年代：中意两国对经济法律协定的格外关注

1985年，《中华人民共和国政府和意大利共和国政府关于鼓励和相互保护投资协定》在意大利罗马签订。该协定为意大利企业在中国的投资活动提供了法律保障。

1986年，中国政府和意大利政府在北京签署《税收协定和议定书》，就两国自然人和法人、其他机构的所得避免双重征税和防止偷漏税达成一致，较为妥善地解决了两国企业、其他机构和自然人在对方境内进行经济、贸易、文化等活动中遇到的纳税难题。①

（三）20世纪90年代：中意两国司法行政管理机构交流的深化

1991年5月，中国时任国务委员兼外交部长钱其琛代表中国与意大利的政府代表在北京签署了《中华人民共和国和意大利共和国关于民事司法协助的条约》，并于1992年7月在第七届全国人民代表大会常务委员会第二十六次会议上获得通过。该条约的生效，意味着中意两国在民事司法领域中就各自的民事裁判文书在对方境内执行的问题得到切实解决。

1999年10月，时任意大利司法部长迪利贝尔托（Oliviero Dilliberto）访华。迪利贝尔托先以学者身份参加了中国政法大学罗马法与意大利法研究中心主办的第二届“‘罗马法·中国法与民法法典化’国际研讨会”，其后以司法部长的身份进行公务访问活动。他以政府官员和学者的双重身份在中国参与法律领域的相关活动，使其能够从多个视角认知和理解中国法学领域的

① 在该协定的基础上，2019年两国签署《中华人民共和国政府和意大利共和国政府对所得消除双重征税和防止逃避税的协定》，并于2025年获得我国全国人民代表大会审查通过后正式生效。

快速发展，为两国开展司法交流合作创造了条件。同年 11 月，中国全国人民代表大会常务委员会法制工作委员会与司法部共同组织法律考察团，对意大利进行了访问，进一步加深了中意两国在立法和法律实务方面的相互了解，并对双方在相关领域合作达成了更多共识。

（四）21世纪初至20年代：中意两国法学交流的多维度加强

1. 中意两国政府之间加强法律协约的缔结

自古以来，不同国家之间在法律领域的合作与交流，通常由政府层面缔结协定引领，中国和意大利亦概莫能外。在最近的 20 多年中，中意两国政府通过缔结协约方式开展法律合作的特点相当显著。举例如下。

2002 年，中意两国政府代表在意大利罗马签署有关打击有组织犯罪活动的合作协议。这是中意双方首次针对联合打击有组织犯罪活动进行合作。

2004 年 6 月，中意两国政府签署了知识产权合作协定，进一步加强了两国之间在知识产权的确权、权利行使与权利保护方面的合作。

2010 年，中意两国政府签署了《中华人民共和国和意大利共和国引渡条约》和《中华人民共和国政府和意大利共和国政府关于刑事司法协助的条约》，亦分别获得了中国全国人民代表大会常务委员会和意大利议会的批准。上述引渡条约和刑事司法协助条约的生效，意味着两国司法合作迈上了新台阶，为两国开展反腐追逃追赃合作与共同打击跨国犯罪奠定了法律规则的基础。基于上述条约，在最近的 10 余年间，中意双方在对腐败等犯罪进行调查取证、追缴犯罪所得、引渡对方通缉的逃犯等方面开展了颇具力度的合作。尤其是，2015 年意方根据双方签署的引渡条约向中国引渡了经济犯罪嫌疑人，首开欧洲国家应中国政府要求将中国通缉的经济犯罪嫌疑人进行引渡的先河。

2. 中意司法机构之间加强法律实务的交流和协作

最近 20 余年中，中意两国司法机构强化了彼此的交流活动，且该交流具有法律实务经验交流与探讨的特质。举例如下。

2002 年，意大利最高法院法官代表团访问中国最高人民法院，双方就两国法官制度、案件审理和案件执行等情况进行了深入交流。

2004 年，意大利审计法院法官访问团访问中国，与中国法官进行了审计司法问题的交流。

2006 年，中国北京市海淀区法院知识产权庭庭长宋鱼水法官应邀出席在意大利博洛尼亚大学举办的“中国知识产权的现状与保护国际研讨会”，以《中国知识产权商业化的问题与思考》为题发表了主旨演讲，并且同与会的意大利法官就知识产权司法保护问题展开讨论。

2014 年，由中国政法大学组织的欧盟环境司法项目“中国西部环境维权能力建设”的中国法官欧洲考察团，在意大利宪法法院、最高行政法院、最高法院和几个上诉法院等机构进行考察活动。该考察团由来自中国最高人民法院以及海南省、云南省、江苏省和北京市等地的高级人民法院、中级人民法院和基层人民法院的 10 名资深法官和 5 位环境法专家教授组成。中国法官和学者听取了意大利法官对意大利法院历史演进、环境纠纷司法审判和司法运行机制等方面的情况介绍。中意两国的法官还就环境司法审判的经验和问题进行了深入探讨。

2017 年，意大利最高司法委员会代表团应邀访问了中国最高人民法院并拜访了时任最高人民法院院长周强首席大法官。① 双方就进一步深化中意两国在司法领域的沟通交流、案例研究、司法判决的协助执行、法官培训以及打击跨国犯罪、网络犯罪等方面的合作达成多项共识。时任意大利最高司法委员会副主席乔瓦尼·莱尼尼（Giovanni Legnini）与中国最高人民法院院长周强首席大法官分别代表意大利和中国签署《中华人民共和国最高人民法院与意大利共和国最高司法委员会及意大利最高法院谅解备忘录》，为加强中意两国司法领域的交流与合作指明了方向。同年，中国最高人民法院派中国法院代表团应邀出席在意大利举行的最高行政审判机构国际协会的会议，② 并分别与意大利最高司法委员会副主席、意大利最高法院院长、意大利总检察长、意大利最高行政法院院长等就两国司法界的深度合作举行会谈。

① 《周强会见意大利最高司法委员会代表团》，《人民日报》2017 年 7 月 1 日，第 11 版。

② 《张述元率团出席最高行政审判机构国际协会全体会议并访问意大利和丹麦》，《人民法院报》2017 年 9 月 30 日，第 1 版。

由上文可知，在最近的20余年中，中意两国司法界开展了相当频繁的专业交流，这为促进两国司法界的相互了解和合作打下了基础。

3. 中意两国法学家加强法学理论研讨的互动

自21世纪以来，根据笔者的不完全统计，截至2024年10月，中意法学界的专家、学者在两国共组织了至少150场以意大利法、中国法和罗马法为主题的学术研讨会，其中影响力最大的是"'罗马法·中国法与民法法典化'国际研讨会"。[①] 自1994年以来，该系列国际研讨会共举办了5届，有至少120人次的意大利、德国、法国、瑞士、匈牙利、俄罗斯、巴西、墨西哥、秘鲁、日本和韩国等欧洲、拉丁美洲和亚洲的学者、法官和律师参加，还有2000多人次的中国学者、法官和律师参加，其中参加中国民法典编纂与论证的全体学者均是研讨会的与会者。该研讨会对提升中国学者的法学理论水平、推动中国民法典立法进程、提高中意法学理论研究水平等起到了十分重要的作用。同时，意大利法学界的学者也在意大利组织了50余场以中国法为主题的学术会议。上述学术会议为提升中意两国学者在中国和意大利的现代法领域的研究水平以及促进罗马法的当代研究提供了很好的平台。

二　中意法学交流合作的主要路径

1988年，时任中国政法大学校长的著名法学家江平教授，应邀访问意大利罗马第二大学，并在意大利国家研究委员会向来自意大利十余所大学的数十位法学教授发表了题为"罗马法在中国"的演讲。时任意大利共和国总统弗朗切斯科·科西加（Francesco Cossiga）为此专门发来贺电："中国政法大学校长江平教授所做的'罗马法在中国'的报告，不仅对意大利国家研究委员会罗马法传播项目很重要，而且最重要的是其清晰地确认了罗马法学在不同文化及其发展中的贡献。罗马法的成果系一千余年发展的结晶。其

① 有关历届"'罗马法·中国法与民法法典化'国际研讨会"的详细情况，可通过中国政法大学罗马法与意大利法研究中心网站了解，http：//lmydlf. cupl. edu. cn，最后访问日期：2024年12月25日。

产生于《奎利亚法》中较窄的领域，其后被拓展至上个世纪的现代法典化中。罗马法不仅是一个始终存在且稳定的法律规则、法律制度和法学方法的共存体，而且在人的自由性、国家的非宗教性、个人的责任性、意愿的自治性、公众的代表性、平等主体间的团体性等一些基本原则基础上，形成了各个国家之间无差别的当代文明。正是基于罗马法的严谨逻辑和合乎逻辑的推理，在当代民主制度和自由国家中，彼此就个人之间和人民之间不应当用暴力方式破坏构建在法律基础上的共同文明之基本原则达成共识。在欧洲国家和接近西方文化的人民之间已经证明了上述事实的存在，现在又被伟大而遥远的具有光辉文明并创造了古老法律经验的国度再次加以证实。因此，我非常荣幸地向这样一位尊敬的演讲者致以热烈的欢迎，并向会议的全体出席者致以问候。”① 在江平教授此次访问期间，中国政法大学与罗马第二大学缔结了有关学术交流和法学人才培养等内容的校际合作协议。

同年夏季，中国政法大学先后派出了3位年轻教师到罗马第二大学进行学术交流，其中2位年轻教师亦开始了在该大学法学院学习罗马法课程和翻译罗马法原始文献的工作。至此，中国与意大利之间在法学交流和法学人才培养领域的合作大门正式打开，在后续的30多年中发展迅速并且呈现繁花似锦的景象。

（一）法学理论交流

在1990~2024年的34年里，中意两国法学交流活动相当频繁，极大地推动了在法学理论研究、立法理论与实践、社会经济生活中的法律问题研讨等诸多方面的交流。归纳起来，两国法学理论研究的交流主要通过以下途径实现。

1. 举办蕴含丰富理论内容的学术讲座

在中意法学理论界的学术交流活动中，最亮眼的是诸多学术讲座活动。根据笔者收集的数据，自1990年至2024年10月，中意两国学者分别在中

① 桑德罗·斯奇巴尼：《法学家的时代：罗马法学共同体在中国——江平先生九十华诞致贺》，载江平先生九十华诞祝贺文集编辑委员会编著《江平先生法学思想论述——九十华诞祝贺文集》，（台北）元照出版公司，2020，第68页。

国和意大利举办的学术讲座超过了 120 个场次。讲座的内容涉及法学基本理论、民法、商法、知识产权法、宪法、刑法、行政法、环境法、国际法、欧盟法、程序法以及大量交叉性法律问题。

此外，意大利政要还被邀请在中国相关大学举办学术讲座。2009 年 12 月，欧盟委员会前主席、意大利前总理、博洛尼亚大学教授罗马诺·普罗迪（Romano Prodi）应邀在中国政法大学以“欧盟：历史的博物馆和未来的实验室”为主题就欧盟历史、发展和展望举办讲座。2015 年 12 月，意大利议长、共和国副总统彼得罗·格拉索（Pietro Grasso）以“西方法律起源和中国法律的法典化”为主题给中国政法大学 200 余位师生做学术报告。①

学术讲座是中意法学理论交流的重要通道之一，其具有主题丰富、视野开阔、受众面广、信息交流迅捷等特点，对中意法学理论交流起到了举足轻重的作用，尤其是在中国民法典编纂过程中，以民法法典化、民法典中各法律制度、民法典编纂的立法技术等为主题的学术讲座，为中国民法典的编纂提供了许多有益的理论引导以及完善立法技术方面的启示。

2. 设立罗马法、中国法和意大利法研究机构

1992 年 5 月，中国政法大学创立了国内第一个“罗马法研究中心”（后更名为“罗马法与意大利法研究中心”）。其后，国内多所大学陆续成立了研究意大利现代法、罗马法和欧洲法的机构，主要包括西南政法学院的罗马法与现代民法研究中心、厦门大学的罗马法研究所、华东政法大学的罗马法与欧洲法研究中心、湖南大学的罗马法系研究中心、北京师范大学的罗马法与当代民法研究中心、中南财经政法大学和意大利罗马第一大学合建的中意学院。2019 年 9 月，中国政法大学设立了中意法与罗马法研究所，这是中国第一个正式在编的专门从事意大利法、罗马法及其比较法研究和教学工作，集学术研究、研究生培养、国际交流与合作于一体并为社会提供相应服务的教学科研机构。

---

① 有关这两场讲座的详细信息，参见中国政法大学罗马法与意大利法研究中心网站，http：//lmydlf. cupl. edu. cn/info/1003/1019. htm，最后访问日期：2024 年 12 月 20 日。

此外，需要特别提及的是，2008 年 6 月，由中国和意大利合作的“罗马法体系下中国法典化与法学人才培养研究中心”（简称“中意法典化与法学人才培养研究中心”）在意大利罗马正式宣告成立。该研究中心由意大利国家研究委员会文化遗产研究部、罗马第一大学、罗马第二大学和中国政法大学共同发起。研究中心主任是桑德罗·斯奇巴尼（Sandro Schipani）教授。根据协议约定，意大利方面负责人是里卡尔多·卡尔迪里（Riccardo Cardilli）教授，后由劳拉·福尔米凯利（Laura Formichelli）博士负责，中国方面负责人是费安玲教授。该研究中心以推进中意两国在法学理论研究和司法实践以及法学人才培养等领域的交流为宗旨，主要通过以下方式推进中意两国的法学交流。（1）意大利大学法学院和中国政法大学分别为中国和意大利培养一定数量的法学博士生。（2）以不同的方式对中国和意大利法学理论人才、法官和律师等法律实践人才进行培训。（3）通过举办不同类型的国际会议来加强中国和意大利在法学理论和法律实务领域的交流。（4）合作出版罗马法原始文献以及中国与意大利现代法作品。根据协议约定，在中国政法大学和意大利罗马第二大学内分别设立“意大利法图书馆”和“中国法图书馆”，迄今为止，已有近万册意大利文和中文的法学作品存入这两所大学的法律资料图书馆。

3. 召开专涉中意法律主题的国际研讨会

根据不完全统计，自 2004 年至 2024 年 10 月底，中意双方分别在中国和意大利举办了至少 60 场专涉法律主题的国际研讨会，参加的中意两国学者、法官、律师等共计 6000 余人次。其主题涉及诸多法律研究领域，例如“中国知识产权的现状与保护”“罗马法与当代中国物权法”“罗马法体系与中国法——中国最新制定的法律与法典化进程：物权法”“罗马法体系和中国新法律：公司法修改之国际研讨会”“中意建交 40 周年：政治、经济、文学，现在是法学家交流的时代”“法学家的时代——法学与法学人才培养：法律概念与法律原则之互通”“罗马法传统与现代中国：回顾与前瞻”“罗马法与现代中国民法”“欧洲民法法典化进程”“法治社会中的人格权保护”“欧洲与中国的基本权利”“全球化时代的民法典——对中国民法典进程的历史与比较的思考”“金砖诸国法律前景”“长安与罗马·东西方文明的对话——罗马法与中国法的传承和发展”“中意行政权力法治化”“环境司法与环境正义”“中意环境行政法”“面向二十一世纪的民法典”“理论和实践：中西方法律文化交流下的法律史研究”“罗马法基础与中国法”“传统与现代：比较法视野下的中西法典编纂”“中意食品质量与安全对话”“面向新的中国民法典：罗马法和现代民事法典化”“意大利和中国的公共服务概念”“法学家与法的形式：从罗马法学家到中国的法典编纂”“全球化视野下的单位（法人）刑事责任暨中意刑事法”“罗马法法学家的生长：从罗马法学家到当代法”“中国民法典：从罗马法基础到现行法”等。其中影响力最大的是已在中国举办 7 届的“‘罗马法·中国法与民法法典化’国际研讨会”，上文对该国际研讨会已有介绍和评价，在此不再赘述。

此外，自 1990 年至 2024 年 10 月底，意大利法学界也在意大利组织了至少 100 场有关中国法律的国际研讨会。

上述国际研讨会对推进中国民法典立法进程、深化中意法学理论研究交流发挥了十分重要的作用。

（二）法学人才培养

1988 年时任中国政法大学校长、著名法学家江平教授访问意大利期间与意大利国家研究委员会“罗马法研究传播组”经讨论达成共识并形成合作框架协议。该合作框架协议的主要内容包括：培养中国年轻的法学人才并承担起罗马法原始文献的翻译；多路径对中意法官、律师等法律人才进行培训；中国政法大学与罗马第二大学达成合作协议，负责落实合作框架协议。据此，中国政法大学与意大利罗马第二大学达成了合作协议，各方共同确定了一个为期 20 年并可延续的法学人才培养和罗马法原始文献翻译合作计划。该协议统筹落实由桑德罗·斯奇巴尼教授负责。自 1988 年至今的 30 多年，该协议得到了认真履行。

1. 开拓进修与攻读法学博士学位并举的培养年轻法律人才之路

中国政法大学自 1989 年至 2024 年，先后派出了 60 余位年轻学者和学生到意大利大学学习，其中大部分人攻读了法学博士学位。此外，自 2005 年开始，在中国国家留学基金委员会和意大利相关大学的大力支持下，国内数所大学陆续派出了更多年轻学子前往意大利学习法律。据不完全统计，截至 2024 年 10 月，中国至少有 6 所大学先后派出至少 140 名年轻学子在意大利 10 所大学法学院以进修和攻读学位的方式学习，其中至少 80 人攻读了法学博士学位。他们的研究领域覆盖了法学的诸多学科方向，例如罗马法、民法、商法、行政法、国际法、知识产权法、刑法、人权法、欧盟法、税法、中世纪法、法与经济学、数据法等。

意大利亦培养出十多位懂中文的年轻法律学者，其中有 2 人在中国政法大学攻读法学博士学位，用中文撰写其博士学位论文。

目前，中意双方法学人才培养取得了丰硕成果。（1）有 76 位获得意大利大学法学博士学位的中国学者分别在中国 28 所知名大学中任教，其中超过一半的年轻人已晋职为教授、副教授。意大利年轻学者司德法（Stefano Porcelli）作为第一位在中国获得法学博士学位的意大利人，已是意大利布雷西亚大学的副教授，在该校讲授中国私法、罗马法等课程。（2）中意双方培养的法律人才强力推进了罗马法、意大利法和中国法的翻译工作。截至 2024 年 6 月，中国学者翻译出版了《拉汉对照优士丁尼国法大全选译》、罗马法《学说汇纂》、优士丁尼的《法学阶梯》以及有关罗马法的经典作品、意大利当代法典和意大利民商法学丛书等，约有 70 部译作已经问世，共计 1500 余万字；发表了 200 余篇涉及罗马法、意大利法的研究文章，出版了涉及相关领域的 80 余部学术著作、教材、年刊和会议文集。与此同时，意大利也有 30 余部有关中国法的翻译作品、研究著作和会议文集以及至少 50 篇有关中国法的学术论文问世。据笔者了解，目前《优士丁尼国法大全选译》、50 卷《优士丁尼学说汇纂》、《意大利民法典》（新译）、“意大利民商法丛书”、“意大利当代法学译丛”等的翻译出版工作均在进行中。

上述大量翻译、研究作品的问世，不仅为研究罗马法、中国法和意大利法提供了第一手文献资料，同时亦为研究欧陆国家现代法和“西学东渐”的法律演进史提供了重要的基础性文献，对进一步推进中国法学理论研究以及指导司法实践具有重要意义。尤其是，法学人才的培养与成长对中国法学事业的发展和推进中国与意大利法学交流弥足珍贵。

2. 共同举办提升法律人素养的法学研究班和研修班

举办法学研究班或者研修班，是中意法学交流和法学人才培养的快速路径之一。自 2000 年至 2019 年的 20 年间，中意双方先后举办了至少 20 个研究班或者研修班，例如“中国法暑期研修班”、“意大利律师中国法高级研究班”、“罗马法高级师资研讨班”、“意大利法和中国法暑期研究班”、“罗马法高级培训班”、中意“‘一带一路’商事服务与商事仲裁国际研修班”、中意“创新、制度变迁和知识产权研修班”等。1200 余名学者、法官、律师和在校法学院的学生受益于此，其中有超过 300 人次的意大利学者、法官、律师和在校学生参加。这些研究班或者研修班为法律界人士深入了解和研究中国与意大利的法律规则、法学理论和罗马法及其当代价值等提供了很好的平台。

特别值得一提的是，2007 年和 2011 年，罗马第二大学和中国政法大学联合在罗马先后举办了两期“中国法学教授罗马法高级研究班”。参加该研究班的 32 名中国学者分别来自国内 20 所大学，全部是研究和讲授民商法和罗马法的教授和副教授，其中有 16 名法学院院长和副院长，大多数人参加过中国《民法典》《合同法》《物权法》《担保法》《侵权责任法》《著作权法》等立法草案的专家论证活动。为这两期高级研究班授课和参与讨论的意大利学者是 26 位知名的意大利罗马法学家和私法学家，他们就罗马法和现代私法中的法与人的概念、物与物权、债法总则、契约外责任、诈欺抗辩、环境保护及欧洲劳动合同共同原则等主题发表了极为精湛的专业见解。这两期高级研究班的中意双方学者还就罗马法的当代价值、现代私法中的纯粹经济损失、民事责任的判断标准、法律对弱势群体的保护、税收的道德性、中国人格权制度体系、中国侵权责任制度与医疗损害责任制度等理论问题进行了深入交流与探讨。这两期研究班的举办，对中国法学尤其是民法学的发展产生了不可忽视的影响。因为参加研究班的学者都是其所在大学中的教学科研骨干，其中有 85%的人在当时或者其后担任了大学的校级领导职务、法学院院长或者副院长。他们把在高级研究班中学习和探讨的罗马法理念、思想和深层次思考带到课堂上，带到其参与的中国民法典立法活动和法学院学生培养的管理工作中。与此同时，这两期高级研究班不仅使中国学者加深了对整个罗马法体系的认识和理解，也使意大利学者深入了解了中国法学理论的发展情况，提升了中国学者对民商法前沿问题的研究水平，将中意两国罗马法与现代民商法学者在相关领域的学术交流推向了更深入的层面，亦对推动中国民法法典化进程发挥了积极作用。

（三）司法领域的合作

在中意两国司法界的交流与合作中，除前述两国法院之间的互访和法官们的专业交流外，在涉意司法审判和两国协助执行领域亦多有值得关注的信息。

1. 2005~2019年中国司法审判中的涉意案件情况

登录中国法院裁判文书网①，以“意大利”为关键词进行检索，可查到2005~2019年在中国法院审理的与意大利相关诉讼纠纷案件的裁判文书。

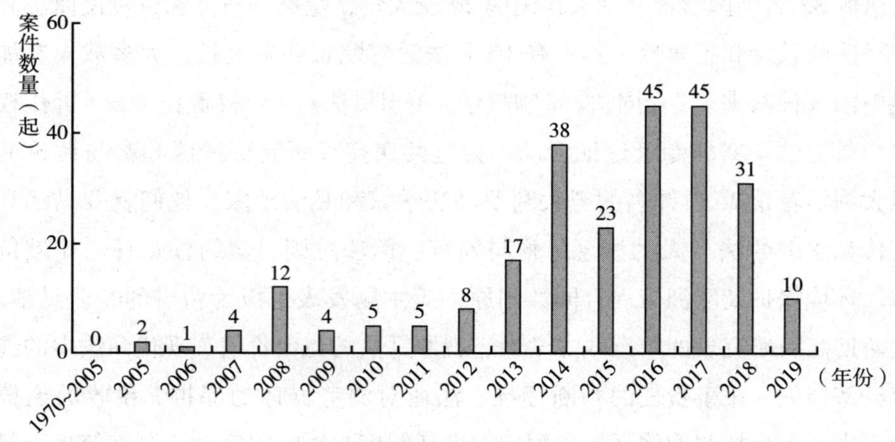

图1　1970~2019年在中国法院判决中涉意案件的年度数量

① 中国法院裁判文书网，https：//wenshu. court. gov. cn，最后访问日期：2024年12月23日。

从图 1 可知，自 1970 年两国建交后至 2005 年，中国法院并无受理与意大利相关案件情况的记载。2005~2012 年，除 2008 年外，相关案件数量均徘徊于低位。2013~2019 年，涉案数量有较为明显的增长，尤其是 2014 年、2016 年和 2017 年最为突出。

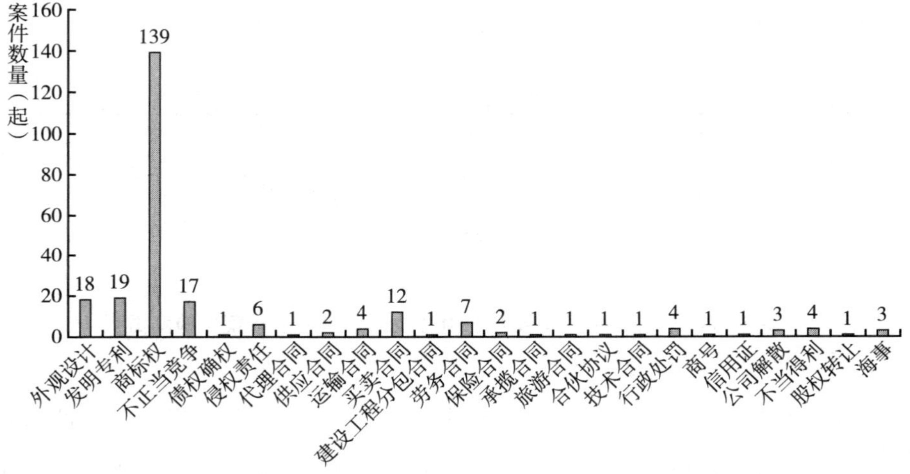

图 2　2005~2019 年中国法院判决中涉意案件的类型

图 2 是 2005~2019 年中国法院审理涉意案件的类型信息。值得注意的是，在这段时期涉及意大利的诉讼案件纠纷中，商标权案占据首位，其次是发明专利、外观设计和不正当竞争，这些案件均在知识产权领域。简言之，在中国司法审判中的涉意案件，主要涉及知识产权纠纷。

2. 2020年1月至2024年6月中国司法审判中的涉意案件情况

2020 年 1 月至 2024 年 6 月，中国司法审判中涉意案件情况出现明显变化。

2020 年中国法院受理了 357 起与涉意案件，案件数量较此前数据呈现爆发式增长，此后直至 2024 年 6 月，相关案件数量又逐渐回落。

从图 3 可知，随着中国司法审判中涉意案件数量的增长，案件类型也呈现出一些变化。2020 年至 2024 年 6 月，中国法院判决中涉意案件涉及刑事、民事和行政案件，其中民事案件最多，涉及的案由也最为广泛，主要包

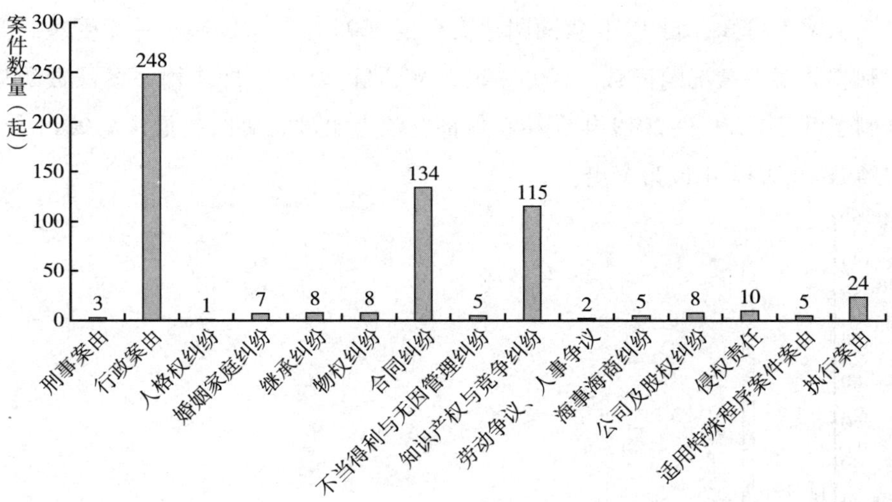

图 3　2020 年至 2024 年 6 月在中国法院判决中涉意案件的案由

括离婚、赡养等婚姻家庭纠纷，以及继承、物权、合同纠纷等，但所涉纠纷最多的还是知识产权案件。值得注意的是，行政案件实际上大多也是关于知识产权行政确权的纠纷。简言之，2020 年至 2024 年 6 月，中国法院司法判决中涉意案件依然以知识产权纠纷为主。

3. 2010年至2024年6月中国法院对意大利法院判决的确认和协助执行情况

在中国，2001 年已出现广东省佛山市中级人民法院受理确认和执行意大利法院发出的意大利公司破产判决诉求的情况。[①] 为了保护该破产公司财产受让人利益，当事人向广东省佛山市中级人民法院提出确认并执行意大利法院判决的诉求得到法院的支持。该案件也是中国法院确认和执行外国法院破产判决的第一案。

根据笔者在中国法院裁判文书网上查阅到的 2010 年至 2024 年 6 月中国法院有关确认和执行意大利法院民事判决的信息，在此期间，请求中国法院确认和执行意大利法院民事判决的案件共 16 起，其中涉及离婚的判决有 9

① 刘建红：《申请承认和执行意大利法院破产裁决案》，《中国法律》2003 年 6 月刊，总第 42 期。

起，涉及离婚后债务、国际货物买卖合同、离婚精神损害补偿、借款等纠纷的案件有 7 起。在这 16 起意大利法院民事判决中，有 14 起得到了中国法院的确认和执行，但是涉及离婚精神损害一案的意大利法院判决被认为与中国立法冲突而未予支持，涉及借款纠纷一案的意大利法院判决因主张确认和执行的申请人无法提供意大利法院民事判决的原始出处而被驳回。[①]

中国法院确认和执行意大利法院判决的依据，一方面源自两国签署的《中华人民共和国和意大利共和国关于民事司法协助的条约》和《中华人民共和国政府和意大利共和国政府关于刑事司法协助的条约》，目前涉及的主要是民事司法协助；另一方面，源自 21 世纪 20 多年两国在司法领域日渐增加的专业交流以及加强司法合作的共同意愿。因此，司法协助合作是中意两国法学交流与合作的重要成果之一。

三　结语与展望

在进入 21 世纪以来的 20 余年间，中意法学交流与合作有了长足的发展，而且取得了诸多令人欣慰的成果。目前中意法学交流与合作又进入了一个新的历史阶段。2024 年 7 月 28 日，在中国国务院总理李强和意大利总理梅洛尼的共同见证下，中意双方政府的代表共同签署了两国地理标志合作与保护谅解备忘录、关于食品安全监管合作的行动计划（2024~2026 年）。根据这两份合作文件，中意将建立双边沟通合作机制，开展信息共享、技术合作及能力建设，以加强地理标志保护，提高打击地理标志侵权假冒行为工作效能，防控食品安全风险，打击食品欺诈。

可以预见，未来中意法学交流将会朝着交流路径进一步多元化、法学人才培养和人才队伍进一步年轻化和梯队化、法学理论研究交流进一步纵深化、司法合作进一步拓展的方向发展。具体而言：其一，未来中意两国将在已建立的持续性法学交流合作的基础上，通过律师界、仲裁界、企业

① 中国法院裁判文书网，https：//wenshu. court. gov. cn，最后访问日期：2024 年 12 月 29 日。

法律顾问界等路径开展更多的合作与交流。其二，鉴于目前在中意两国法学领域内熟悉两国彼此语言的法学人才越来越多，加之中意两国的大学对派至自己校内的对方年轻学子给予倾心培养，年轻人在中意法学人才队伍中占据首位的情况会持续相当长时间。与此同时，伴随着不同年龄段的中意法学人才的逐渐成长，人才队伍的老、中、青阶梯结构趋于稳定。其三，当前中意两国法学界在法学理论交流方面已相当通畅，未来在立法和修法建议领域、案例分析与共享领域以及法治历史的当代研究等领域，也会有更为深入的交流与合作。其四，基于司法界已有合作，未来两国在法官的专业交流和互访、司法裁判协助执行、司法人才深化培养等方面将有更多的合作。

总之，发端于罗马法的民法传统之所以与中国法律传统产生一定的契合，不仅因为两者均以法典化形式彰示其法律传统，还在于“人”这一重要的媒介。因此，在中意法学交流与合作中，法学人才的培养和法律界人士发挥的作用至关重要。当下，网络技术、人工智能技术的飞速发展对人类经济社会生活的方方面面形成重大冲击，中意两国法学交流与合作对两国法治的发展将会产生不可估量的影响。中国与意大利的法学理论研究者、法官、律师等法律界人士不仅积极参与两国的法学交流与合作和法学人才的培养等活动，而且对“共同运用精深（peritia）、审慎（prudential）、科学（scientia）精神”[①] 来推动国际上的法典化国家走上进一步的法治发展之路有着普遍共识，故而不难预见，未来中意法学交流与合作将会取得更加丰硕的成果。

---

① 江平先生九十华诞祝贺文集编辑委员会：《江平先生法学思想述论——九十华诞祝贺文集》，（台北）元照出版公司，2020，第 88 页。

B.15
意大利的人工智能发展战略与中意合作前景

〔意〕安德烈亚·卡利朱里　詹卢卡·桑保罗*

摘　要： 本文主要探讨意大利在人工智能领域的发展与治理政策，及其与中国在人工智能领域的合作前景。本文首先概述欧盟相关政策，着重分析欧盟《人工智能法案》等关键法规条例及其对相关伦理和法律标准的影响，继而讨论了《意大利人工智能战略（2024~2026）》，特别是其在研究、公共管理、商业和教育等领域应用人工智能的发展政策，并基于此探讨了中意两国的合作潜力。从务实的角度看，人工智能的广泛应用可以推动意大利和中国在医疗健康、交通运输、能源和文化遗产领域深化合作。在当前地缘政治因素上升的背景下，意大利和中国加强人工智能发展与治理合作有望为国际社会树立一个榜样，以共同把握新兴技术带来的机遇，应对其带来的挑战。

关键词： 人工智能　意大利　欧盟　中意合作

人工智能（AI）已成为21世纪最具变革性的技术之一，正在全球范围内重塑行业、公共服务甚至社会规范。在机器学习、数据分析和计算能力突破的推动下，人工智能的快速发展使其成为创新和经济增长的关键驱动力。

---

* 安德烈亚·卡利朱里（Andrea Caligiuri），意大利马切拉塔大学国际法副教授，亚得里亚海和地中海研究跨学科中心（CiRAM）主任，中国中心跨学科研究高级研究员，主要研究领域为国际法、中意关系；詹卢卡·桑保罗（Gianluca Sampaolo），意大利马切拉塔大学应用经济学博士后，中国中心跨学科研究高级研究员，主要研究领域为中国经济、中意经贸合作。

当前世界各国都在努力挖掘和利用人工智能的潜力，同时应对其相关风险，如道德问题、安全漏洞和社会经济不平等，等等。

本文主要探讨意大利在人工智能领域的发展与治理路径，及其与中国在人工智能领域的合作前景。本文首先概述欧盟相关政策，着重分析欧盟《人工智能法案》等关键法规条例及其对伦理和法律标准的影响，继而讨论《意大利人工智能战略（2024~2026）》，特别是其在研究、公共管理、企业和教育等领域应用人工智能的发展政策。此外，本文还探讨了意大利与中国人工智能的合作前景，包括共同挖掘人工智能的潜力以促进各自经济增长，同时应对人工智能技术发展与应用带来的共同挑战。

一　欧盟人工智能领域的政策与法律框架

自 2018 年起，欧盟成员国决定共同制定人工智能领域的政策框架，并与欧盟委员会展开战略对话。① 为此，欧盟委员会在 2021 年发布了《欧洲人工智能战略》②，提出以下主要目标：第一，提升欧盟的技术和工业能力以及人工智能在公共和私营经济领域的广泛应用，包括投资相关研究项目以便更好地获取数据；第二，促进教育和培训体系现代化，预测劳动力市场的变化，为人工智能带来的社会经济变革做好准备，特别是为劳动力市场的改革过渡期和社会保障制度调整提供支持；第三，确保建立一个基于欧盟价值观并符合《欧盟基本权利宪章》的人工智能时代的伦理和法律框架。

在发布《欧洲人工智能战略》后，欧盟委员会鼓励成员国制定各自的人工智能战略并进行相关投资。受此推动，意大利首个人工智能发展战略于

① European Commission, “EU Member States sign up to cooperate on Artificial Intelligence”, 10 Aprile 2018, https://digital-strategy.ec.europa.eu/en/news/eu-member-states-sign-cooperate-artificial-intelligence，最后访问日期：2024 年 12 月 20 日。

② European Commission, “Fostering a European Approach to Artificial Intelligence”, COM (2021) 205 final, Brussels, April 21, 2021.

2021 年 11 月发布,[①] 并在 2023 年进行了更新。[②]

在促进和规范人工智能发展的法律框架方面，欧盟根据不同的数字环境制定了不同的法律规定，各项法规对人工智能的关注视角也不尽相同。特别是，欧盟立法者重点关注人工智能相关的风险管理，制定了一套综合法律框架，包括《通用数据保护条例》（GDPR）、[③]《数字服务法案》（DSA）、[④]《数字市场法案》（DMA）,[⑤] 以及最新的《人工智能法案》（AIA）。[⑥] 这一系列法律规定有效避免了欧盟成员国在人工智能立法上各自为政的现象。为全面理解作为欧盟成员国的意大利推进人工智能发展所处的更宏大的政策环境，有必要对上述欧盟立法中涉及人工智能的重要内容进行简要梳理和分析。

在保护数据隐私方面，《通用数据保护条例》包含两条与算法决策过程相关的重要条款：第一，条例规定算法系统不得在没有任何人工监管的情况下做出对法律权利有重大影响的决定；第二，条例规定个人有权获得关于算法系统的“有意义的逻辑信息”,[⑦] 有时这种权利被认为是“解释权”。

---

① Governo Italiano, *Programma Strategico Intelligenza Artificiale 2022–2024*, 24 novembre 2021.

② Governo Italiano, *Strategia Italiana per l'Intelligenza Artificiale 2024–2026*, 22 luglio 2024.

③ European Union, *Regulation* (*EU*) *2016/679 of the European Parliament and of the Council of 27 April 2016 on the protection of natural persons with regard to the processing of personal data and on the free movement of such data, and repealing Directive 95/46/EC* (*General Data Protection Regulation*), OJ L 119, May 4, 2016.

④ European Union, *Regulation* (*EU*) *2022/2065 of the European Parliament and of the Council of 19 October 2022 on a Single Market For Digital Services and amending Directive 2000/31/EC* (*Digital Services Act*), OJ L 277, Oct. 27, 2022.

⑤ European Union, *Regulation* (*EU*) *2022/1925 of the European Parliament and of the Council of 14 September 2022 on contestable and fair markets in the digital sector and amending Directives* (*EU*) *2019/1937 and* (*EU*) *2020/1828* (*Digital Markets Act*), OJ L 265, Oct. 12, 2022.

⑥ European Union, *Regulation* (*EU*) *2024/1689 of the European Parliament and of the Council of 13 June 2024 laying down harmonised rules on artificial intelligence and amending Regulations* (*EC*) *No 300/2008*, (*EU*) *No 167/2013*, (*EU*) *No 168/2013*, (*EU*) *2018/858*, (*EU*) *2018/1139 and* (*EU*) *2019/2144 and Directives 2014/90/EU*, (*EU*) *2016/797 and* (*EU*) *2020/1828* (*Artificial Intelligence Act*), OJ L 2024/1689, July 12, 2024.

⑦ Andrew Selbst and Julia Powles, "Meaningful Information and the Right to Explanation", *International Data Privacy Law*, Volume 7, Issue 4, November 2017.

在数字服务方面，《数字服务法案》将人工智能视为对在线平台和搜索引擎整体监管的一部分，而这创造了对透明性的新要求，需要对大型在线平台进行内容监控和算法审计。此外，《数字服务法案》要求大型平台对其用于内容推荐的人工智能做出解释，还要求大型平台提供一种不基于用户敏感数据的推荐系统进行内容推荐。最后，如果这些推荐系统导致或助长了错误信息的传播，而大型平台未能减轻这种损害，它们就可能会依法案规定受到经济处罚。[①]

在规范数字市场方面，《数字市场法案》旨在促进数字市场的竞争，防止头部平台掌握过大的市场控制权，并对一些与人工智能相关的应用提出了具体要求。例如，被视为“守门人”（gatekeeper）的大型数字平台被禁止在与第三方竞争时优先推广自身的产品和服务，这一规定无疑会对人工智能在搜索引擎以及在电商平台上对商品进行排序的方式产生影响。[②] 此外，根据该法案，欧盟委员会还获得了对“守门人”的数据和人工智能系统进行检查的权力。

尽管《数字市场法案》和《数字服务法案》的主要关注目标并非人工智能，但是这些法规的确表明了欧盟委员会努力在复杂系统中规范人工智能的意图。欧盟在人工智能治理上的真正转折点是2024年通过并生效的《人工智能法案》。该法案旨在通过建立统一的法律框架来保障欧洲内部人工智能市场的可靠运转，特别是针对人工智能系统的开发、市场投放、部署和应用，需要确保其符合欧盟的价值观，促进以人为本且值得信赖的人工智能的发展与创新，同时确保维护公民的健康、安全和基本权利，以防止人工智能系统在欧盟内可能会产生的诸多不良影响。此外，该法案的另一目标是确保

① European Commission, "Disinformation: Commission welcomes the new stronger and more comprehensive Code of Practice on disinformation", Brussels, June 2022. https://ec.europa.eu/commission/presscorner/detail/en/IP_22_3664. 最后访问日期：2024年12月20日。

② Christophe Carugati, "How to Implement the Self-preferencing Ban in the European Union's Digital Markets Act", Bruegel, 2 December 2022. https://www.bruegel.org/policy-brief/how-implement-self-preferencing-ban-european-unions-digital-markets-act. 最后访问日期：2024年12月20日。

人工智能领域的相关产品和服务能够在欧盟内部自由流通，除极个别领域之外，禁止成员国对人工智能系统的开发、推广和应用设置限制。

最后，值得一提的是，目前欧盟正在制定一项旨在调整与人工智能相关的非合同民事责任规则的指令，[①] 其目的是制定一套统一的规范，确保有关人工智能造成损害的信息的可获得性，减轻受害者（无论是个人还是企业）的举证负担，从而为受害者提供更全面的保护，通过增强这类保障措施来推动人工智能行业的健康发展。

二　意大利的人工智能发展战略与中意合作潜力

根据米兰理工大学管理学院人工智能观察站提供的数据，2023 年意大利人工智能的市场价值达到 7.6 亿欧元，与 2022 年相比显著增长 52%，2022 年则较 2021 年增长了 32%。在意大利，人工智能的市场价值中有 90%由大型企业贡献，其余部分则各有一半分别来自中小企业和公共管理部门。[②]

从具体领域看，意大利人工智能的市场价值主要分布如下：29%来源于数据分析和信息提取解决方案（数据探索与预测、决策支持与优化系统），27%来源于语言（书面或口头）分析与理解（如文本分析、文本分类与对话系统），22%来源于个性化内容推荐算法（如推荐系统），10%来源于视频和图像分析，7%来源于流程协调系统，5%来源于生成式人工智能。

根据米兰理工大学管理学院人工智能观察站的数据，在意大利，2023 年有 61%的大型企业已经开展了人工智能项目（至少是在试验阶段），而中小企业的这一比例仅为 18%（虽然较 2022 年增长了 3 个百分点）。与 2022

---

① European Commission, "Proposal for a Directive of the European Parliament and of the Council on adapting non-contractual civil liability rules to artificial intelligence (AI Liability Directive)", COM (2022) 496 final, Brussels, Sept. 28, 2022.

② 参见 https://www.osservatori.net/artificial-intelligence/comunicato-intelligenza-artificiale-italia/，最后访问日期：2024 年 12 月 20 日。

年相比，2023年意大利企业的人工智能应用率基本保持稳定。那些已经开始尝试应用人工智能的企业正在加快进展，而在落后企业中，采用生成式人工智能进行新试验的情况仍很少见。从行业来看，人工智能相关活动在企业平均支出中的占比位居前列的是电信媒体和保险业，其后是能源、资源、公用事业以及银行和金融业。

为促进人工智能技术与市场发展，意大利政府于2019年设立了人工智能、区块链和物联网技术与应用发展基金。① 该基金支持所有规模的企业（须为法人实体），包括从事工业、农业、手工业、运输和服务业的企业，以及为上述企业提供服务且具有法人地位的研究中心。大型企业只有在与中小企业联合开展项目时才能获得资助。符合资助条件的实体可以联合提交项目，每个项目最多可有五个参与方。该基金支持的项目领域包括工业研究、实验开发、组织创新和流程创新，旨在支持以下战略优先领域的人工智能、区块链和物联网技术开发和应用：工业与制造业，教育系统，农食产品，卫生，环境和基础设施，文化和旅游，物流和交通，信息安全与技术以及航空航天业。每个项目可申报的费用须不低于50万欧元但不能超过200万欧元。为监测企业在开发、应用和技术转让等方面的执行情况，意大利政府的企业与“意大利制造”部借助Infratel Italia公司②提供的支持进行监管。

意大利政府于2024年提出了《意大利人工智能战略（2024~2026）》，该战略聚焦研究、公共管理、企业和教育四大领域，给出了推动各领域的人工智能朝着符合伦理且包容性方向发展的具体方法。对每个领域，该战略都设定了具有针对性的行动，以推动创新、提高竞争力并促进人工智能解决方案在意大利社会和经济中的应用。此外，该战略还设立了监测系统和相应的管理框架以确保其高效实施。

---

① 该基金由《2019年预算法》（第1条第226款）设立，拨款总额为4500万欧元。2021年12月6日，意大利政府通过部际法令规定了资金使用的标准和方法。2022年6月24日，意大利政府又通过一项法令规定了申请资助的条件和程序，以及发放资助的标准。

② Infratel Italia公司是一家代表企业与“意大利制造”部在电信领域开展业务的上市公司，其官方网址为https：//www.infratelitalia.it/，最后访问日期：2024年12月20日。

2024 年 4 月 23 日，欧盟通过《人工智能法案》大约一个月后，意大利政府批准了一项《关于进行人工智能相关规定并授权政府制定相关政策的法案》。[①] 通过此法案的目的是在欧盟《人工智能法案》批准后的 12 个月内令意大利的国家立法与欧盟立法协调一致。该法案概述了在从经济到数字安全等各个领域内使用人工智能的指导方针，其目的是保护公民基本权利和民主价值观，通过更负责任的使用方式，在不损害安全和个人权利的前提下，促进人工智能潜力的充分发挥。正如意大利政府在该法案草案的前言中指出的，该法案确定了人工智能管理标准，能够重新平衡新技术带来的风险与机遇，避免不当使用。此外，该法案还提出了一系列原则性规定与针对具体领域的特定要求，旨在推动技术提升对社会福利诸如改善公民生活条件、增强社会凝聚力等方面的贡献，同时为加强风险管理提供解决方案，推动以人为本的人工智能发展……从这个角度来看，该法案并未与欧洲议会于 2024 年 3 月通过的欧盟《人工智能法案》相冲突，而是作为补充，针对属于意大利国内法律范畴的领域给出了更具体的规范。需要注意的是，该法案是基于人工智能使用相关风险的框架结构制定的。

为了更好地理解中意两国在人工智能领域合作的基础和潜力，有必要对当前《意大利人工智能战略（2024～2026）》聚焦的四大领域进行逐一梳理剖析。

首先，在研究方面。意大利以其悠久的科学研究传统和卓越的学术实力著称，这一优势现已成为推动国家人工智能研究能力提升的重要基础。意大利国家研究委员会（CNR）和意大利技术研究院（IIT）等知名研究机构与研究中心在人工智能技术的诸多领域处于国际领先地位，其研究方向涵盖从机器学习到机器人技术的广泛应用，为人工智能发展提供了强有力的支持。在这一背景下，中意两国在人工智能研究方面的合作潜力巨大。以中国科学院自动化研究所为代表的中国卓越的研究机构，在人工智

---

① *Disegno di Legge presentato dal Presidente del Consiglio dei Ministri* (*Meloni*) *e dal Ministro della Giustizia* (*Nordio*) . *Comunicato alla Presidenza il 20 maggio. Disposizioni e delega al Governo in materia di intelligenza artificiale*, Atto Senato n. 1146, XIX Legislatura, 11 giugno 2024.

能视觉、自然语言处理和机器人技术等领域已经拥有了先进的专业能力。此外，双方还可以通过双边协议或欧盟资助项目（如“地平线欧洲”计划）支持的学术交流和联合研究计划，共同推动人工智能领域的创新发展，从而实现互利共赢。

值得一提的是，量子计算是人工智能研究中的一个重要的前沿领域。欧盟、中国和美国在该领域内各有优势。欧盟通过了“欧洲高性能计算联合计划”（EuroHPC JU），[①] 这是由欧盟层面、欧盟成员国以及私营合作伙伴[②]共同发起的倡议，试图在欧盟构建一个处于世界领先地位的能提供超级计算、量子计算和数据服务，并且以联邦化、安全化和高度互联为特点的处于世界领先地位的基础设施生态系统。随着该计划的推进，目前欧洲第一台百万兆级计算机“莱昂纳多 HPC 系统”（Leonardo HPS System）正在意大利博洛尼亚的科技园区加快建设，该系统建立在法国高性能计算公司 Atos 设计和开发的 BullSequana XH2000 的架构之上，由意大利最大的计算中心 Cineca 负责托管。“莱昂纳多 HPC 系统”将为意大利及全欧洲的研究人员提供超大规模的计算能力，标志着欧洲在量子计算和超算能力上的重大进步。对于意大利来说，能够作为这一超级计算机的开发地具有重要意义，因为按照“欧洲高性能计算联合计划”的规划，未来将围绕这一超级计算设备继续开发“人工智能工厂”，从而进一步支持欧洲人工智能生态系统的创新与发展，而这无疑有助于提升意大利在人工智能领域的国际竞争力。

其次，在公共管理方面。随着人工智能在公共领域的应用日益增加，意大利正在努力实现公共服务的数字化转型。意大利国家复苏与韧性计划（PNRR）包括对人工智能等新兴技术领域的大规模投资计划，其目的之一是提升公共服务的质量和效率、减少官僚主义并提高透明度。此外，意大利政府的《公共管理三年信息化计划（2024～2026）》特别设立了一章，专

① “欧洲高性能计算联合计划”的详细情况参见其官方网站：https：//eurohpc-ju. europa. eu/index_en，最后访问日期：2024 年 12 月 20 日。

② 私营合作伙伴指欧洲高性能计算技术平台（ETP4HPC）、大数据价值协会（BDVA）和欧洲量子产业联盟（QuIC）等。

门讨论人工智能在公共管理领域的应用方向，并且提供了实际操作指南、案例分析以及十大基本原则。[①] 该计划还明确了三大优先应用人工智能的公共管理领域：（1）将简单重复的信息检索与分析任务自动化，为劳动者节省更多时间用于更高价值的工作；（2）提升由数据驱动的决策能力和预测能力；（3）支持以用户为中心的个性化服务，通过主动响应机制提高公共服务的效率。这三个优先领域均与《意大利人工智能战略（2024～2026）》的核心内容密切相关。后者将公共管理面临的组织和技术挑战分为三个主要领域——流程、应用和技术，并且试图基于“云优先”原则，从“多中心联邦架构”的角度，应对与单个公共机构的信息系统运作和整个国家的整体公共信息系统运作相关的挑战。

近年来，中国已在利用人工智能提高行政管理水平和公共服务质量方面取得了显著进展。例如，中国在社会信用体系及其数据分析平台上已大范围使用人工智能。然而，中意两国在人工智能的实施方法上存在显著差异，特别是在隐私保护和数字权利方面。尽管如此，双方仍可通过对话交流，在充分考虑各自不同的法律和文化背景的情况下，探讨如何利用人工智能优化公共管理。

再次，在企业方面。意大利以其强大的工业部门，特别是制造业而闻名，而中小企业在制造业中发挥着至关重要的作用。显然，应用人工智能可以显著提升意大利企业的竞争力、优化生产过程、降低成本并提升产品质量。为实现这一目标，意大利于 2021 年提出的《人工智能战略计划（2022～2024）》将人工智能作为支持国家“工业 4.0”转型的核心支柱。目前，人工智能技术，如机器学习和先进机器人技术，正在意大利的多个行业得到广泛应用，特别是在汽车、纺织和农食产品等行业。前述意大利于 2024 年提出的人工智能相关法案强调，国家及其他公共机构应发挥引领作用，推动人工智能的应用，以提高国家经济体系的生产率和竞争力，形成一

① Agenzia per l'Italia Digitale（AGID），*Piano triennale per l'informatica nella Pubblica Amministrazione-Edizione 2024-2026*，dicembre 2023.

个创新、公平、开放和竞争的人工智能市场，提供高质量数据以支持企业开发和应用人工智能系统，并要求公共采购平台选择确保数据本地化和高透明度的人工智能系统供应商。

意大利与中国之间的企业合作可以帮助意大利中小企业接触新技术，有助于其建立更广泛的工业和商业伙伴关系，增强其在国际市场上的竞争力。在这方面，中国提出的一系列工业发展规划旨在推动高端制造业发展，尤其是高度重视广泛使用人工智能和实现自动化的行业，这或许可为意大利提供可借鉴的模式。①

最后，在教育方面。教育体系对建立一个强大的人工智能生态系统至关重要，直接影响到一个国家的创新能力和国际竞争力。然而，在人工智能领域，教育不仅仅局限于技术技能的培养，还包括对人工智能的伦理和社会影响的理解。总体而言，意大利在人工智能相关的知识和技术储备方面处于相对落后状态。②

尽管意大利正在通过大学课程、博士项目和终身学习计划培养新一代人工智能领域的专家，并为高度自动化行业的劳动者提供培训机会，这些教育项目不仅涉及人工智能的技术培训，还包括其伦理和管理方面的影响，但是意大利的人工智能教育普及度在欧盟成员国中仅排在第 7 位，而欧盟的人工智能教育普及度相较于中国、美国和英国也处于较为落后的状态。在经济合作与发展组织（OECD）成员国中，意大利的人工智能相关技术普及度排在第 16 位，较为落后。此外，教育系统的投资不足和持续的人才流失也加剧了这一问题，而意大利的人才往往流向能够提供更具吸引力的职业机会和工作条件的国家。

相比之下，中国已将人工智能的教育和培训作为国家优先事项，并在这

① Gianluca Sampaolo, Marco R. Di Tommaso and Olena Liakh, "Structural Changes and Policies in China: From the New Dream to COVID-19 Era", in Francesca Spigarelli and John R. McIntyre (eds.), *The New Chinese Dream*, Palgrave Macmillan, 2021.

② Istat, "Decennio digitale e capitale umano: il ritardo dell'Italia nelle competenze", 21 giugno 2024, https://www.istat.it/it/files/2024/06/STATISTICA_TODAY_ICT_2023.pdf，最后访问日期：2024 年 12 月 20 日。

一领域取得显著进展，这或许也可为意大利提供借鉴经验。通过两国大学、研究中心和企业间的联合教育项目，中意双方可以实现知识与技术的交流，从而进一步推动两国在人工智能领域的合作发展。

值得注意的是，意大利议会目前正在审议一项由政府提出的关于人工智能的法案。[①] 该法案旨在重新定义人工智能应用的战略领域，明确指出人工智能将在医疗卫生、残障护理、劳动、公共管理、司法和国家网络安全等领域得到应用。此外，该法案还重新界定了人工智能领域的国家治理功能与架构，赋予总理在国家人工智能战略制定和实施中的核心角色，并将实施和执行国内及欧盟人工智能相关法规的责任交给意大利数字局（AGID）和国家网络安全局（ACN）。这一新的治理架构无疑将对意大利人工智能的发展方向及开展国际合作产生影响。

三　中意在人工智能领域的合作前景

近年来，围绕人工智能风险管理的各种手段与举措，包括新兴立法、法律监管、民事责任规则、软法机制以及行业标准，正逐步成为国际治理和一些国家对外贸易政策的关键议题。加强人工智能治理的国际合作不仅有助于促进技术市场的一体化，还能加强监管协调，推广最佳实践的交流，引导国际社会携手应对人工智能带来的共同挑战，确保开发值得信赖的人工智能工具。

然而，不容忽视的是，欧盟与中国在人工智能治理方面采取了截然不同的方式。[②] 具体而言，欧盟对于人工智能的治理十分严格，其《人工智能法案》基于安全性、透明性和伦理原则，为人工智能的应用确定了明确的限

---

① Senato della Repubblica XIX Legislatura, "Disposizioni e delega al Governo in materia di intelligenza artificiale", December 2024, https://www.senato.it/leg/19/BGT/Schede/Ddliter/58262.htm# 最后访问日期：2024 年 12 月 20 日。

② Huw Roberts, et al., "Governing Artificial Intelligence in China and the European Union: Comparing Aims and Promoting Ethical Outcomes", *The Information Society*, Vol. 39, 2022, pp. 79-97.

制性较强的法律框架。相比而言，中国的人工智能治理框架则更多地反映了其政治和社会结构，强调人工智能在国家安全和集体治理中的应用，对隐私和个人权利的保护不如欧盟严格。尽管如此，双方都日益认识到推动人工智能国际治理合作对于促进各国和企业间相互信任的重要性，也有助于为人工智能的健康发展提供保障。

在当前地缘政治因素上升的背景下，意大利通过七国集团（G7）积极推动人工智能领域的国际合作。2023 年的七国集团领导人公报①提到，各国将共同努力推动人工智能治理和互操作性的讨论与发展，以实现符合共享民主价值观的共同愿景，即开发值得信赖的人工智能这一目标。这一愿景在 2024 年 3 月发布的七国集团工业、技术和数字部长会议声明②中得到重申，强调与志同道合的伙伴及发展中国家合作的重要性。目前，七国集团国家在人工智能领域的合作主要基于 2023 年发布的《广岛进程：开发先进人工智能系统组织的国际行为准则》③ 开展。

尽管中意两国在人工智能领域的合作潜力巨大，但是至今尚未形成相对独立的合作空间。考虑到地缘政治因素的上升，未来两国在人工智能领域的合作不可避免地面临巨大挑战。尽管二十国集团（G20）和联合国等多边平台可能会为双方的合作提供机会，但实现这一目标的第一步，应该是中国与意大利在两国全面战略伙伴关系框架下就一些关键问题达成共识。④ 实际上，基于意大利和中国的人工智能发展战略和治理路径不难发现，无论是在技术层

① "G7 Hiroshima Leaders' Communiqué", the White House, 20 May 2024, https://www.whitehouse.gov/briefing-room/statements-releases/2023/05/20/g7-hiroshima-leaders-communique/，最后访问日期：2024 年 12 月 20 日。

② "Ministerial Declaration of G7 Industry, Tecnoloy and Digital Ministerial Meeting", Verona and Trento, 14-15 March 2024, https://www.mimit.gov.it/images/stories/documenti/G7_Industry_Tech_and_Digital_Ministerial_DecFinal_14_03_24.pdf，最后访问日期：2024 年 12 月 20 日。

③ The Group of Seven (G7), "Hiroshima Process International Code of Conduct for Organizations Developing Advanced AI Systems", 2023, https://www.mofa.go.jp/files/100573473.pdf，最后访问日期：2024 年 12 月 20 日。

④ 在《中华人民共和国和意大利共和国关于加强全面战略伙伴关系的行动计划（2024—2027 年）》中，人工智能领域的合作并未被明确提出。然而，可以预见，人工智能技术将会被应用于该行动计划所涉及的多个合作领域并发挥重要作用。

面还是在法律规范层面，双方都可以相互借鉴，存在较大的交流合作空间。意大利可以借鉴中国在人工智能研发及其产业应用方面的先进经验，而中国可以参考意大利和欧盟在规制人工智能方面的法律与制度框架。

具体来看，如果摒弃所谓国家安全的考虑，仅从务实的角度看，人工智能的广泛应用可以推动意大利和中国在以下具体领域深化合作。

第一，医疗健康领域。未来人工智能在医疗健康领域的应用范围非常广泛，包括辅助医生进行高效诊断、制定更可靠的治疗方案、通过高精度预测实现及时干预以及加速科学研究中的数据处理等。中意两国在这些方面加强合作具有重要意义，特别是在新冠疫情后，这一合作的需求更为迫切。

第二，交通运输领域。未来人工智能在交通运输领域的应用将重点关注提升效率、确保安全以及改善用户体验。当前，自动驾驶技术、综合支付系统、物联网和车辆互联技术等已经开始投入使用，但中长期的目标是建设一个全面的、可持续的、多模式的交通运输系统，旨在利用人工智能技术实现更安全的交通环境、持续优化基础设施、确保维护效率、持续提升服务的便捷性和可获得性，为司机、行人以及交通运营商提供更好的支持。在这一领域，中意两国的合作潜力巨大，中国拥有强大的生产制造能力，而意大利在交通和工程设计方面积累了丰富经验，两国通过结合彼此优势，可以共同推动基于人工智能的交通运输系统的创新。

第三，能源领域。在意大利，能源来源的多样化、电气化、分散化在稳步推进，并且能源系统在与其他关键基础设施（如水利、交通网络以及信息技术）的整合上也取得了显著进展。由于新的能源系统的高度复杂性和互联互通性，传统的管理方式已无法满足需求，因此依赖信息技术和人工智能来提供实时监控变得至关重要。此外，人工智能对于推动能源转型的作用也不可或缺，特别是在智能化管理能源资源方面。中意两国在这一领域的合作，无疑将加速清洁能源技术的使用和普及，同时提升两国的环境可持续性。

第四，文化遗产领域。意大利丰富的文化遗产具有多样化的文化背景，并在全国范围内广泛分布，这使得其管理、利用和访问面临诸多挑战。人工智能等创新技术，作为更广泛的数字化转型的一部分，正在成为应对这些挑战的有力工具。例如，在意大利“国家文化遗产数字化计划（2022~2023）”中，[①]“文化遗产数字基础设施与服务”是一个关键项目。这个项目提供了一套先进的数字服务系统，基于云计算技术，帮助管理和丰富数字化的文化资源，其不仅结合了预设的模型和框架结构，还应用了人工智能算法，旨在提升文化遗产的数字化管理效率和公众的可获得性。鉴于中国与意大利分别是世界公认的东方和西方文化大国，而且两国在文化遗产发掘、保护和展示方面已开展了大量合作，预计未来两国应用人工智能开展文化遗产合作的潜力巨大。

四　结语

2024 年是意大利与中国建立全面战略伙伴关系 20 周年，两国为此联合举办了诸多纪念活动。这标志着在快速变化的地缘政治环境中，中意两国关系具有长久性和稳固性。2024 年 11 月，意大利总统马塔雷拉对中国进行国事访问期间，中国国家主席习近平在与其会晤中进一步强调了两国对于实现一个“和谐共处”世界的共同愿景。他指出，中国和意大利作为两大文明古国，应该弘扬开放包容、兼容并蓄的传统，推动国际社会以对话化解分歧、以合作超越冲突，携手构建和合共生的美好世界。[②] 在这一合作理念引领下，人工智能革命一方面给跨越东西方地理和文化边界带来挑战，另一方面为塑造基于普遍价值和相互尊重的共同未来提供了契机，而意大利和中国在人工智能发展与治理方面的合作也有望为国际社会树立一个优秀榜样。

（张凡 译，孙彦红 校）

① Ministero della Cultura, *Piano nazionale di digitalizzazione del patrimonio culturale 2022-2023*, 2022, https://digitallibrary.cultura.gov.it/wp-content/uploads/2023/10/PND_V1_1_2023-1.pdf，最后访问日期：2024 年 12 月 20 日。

② 《习近平同意大利总统马塔雷拉会谈》，中国政府网，2024 年 11 月 8 日，https://www.gov.cn/yaowen/liebiao/202411/content_6985670.htm，最后访问日期：2024 年 12 月 20 日。

B.16
"2024中意智库论坛"综述

石　豆*

摘　要： 2024年是中国与意大利建立全面战略伙伴关系20周年，也是马可·波罗逝世700周年，是中意两国关系发展的重要年份。2024年10月28日，中国社会科学院欧洲研究所成功主办了"2024中意智库论坛"，旨在落实两国领导人会晤共识，探讨未来合作新路径，积极推动中意关系健康发展。论坛主题为"建立全面战略伙伴关系二十年背景下的中国与意大利务实合作"，下设"全球政治经济发展与中意关系""可持续发展与中意合作""中意文化交流与合作"三大议题。在致辞环节，发言人强调了中意双方进一步加强全面战略合作伙伴关系、推动文明交流互鉴、共同维护世界和平稳定与发展繁荣的合作意愿和共同目标。在"全球政治经济发展与中意关系"议题下，与会专家学者强调了在世界百年未有之大变局下，中意两国持续巩固政治互信，推动全方位、各领域务实合作，维护全球产业链供应链稳定，促进中欧、中意健康稳定发展的重要性。在"可持续发展与中意合作"议题下，发言人讨论了中意在生态文明建设、绿色转型、环保合作等方面的进展与合作潜力。"中意文化交流与合作"议题聚焦中意文化交流史、文化外交、高校教育交流与合作等，强调了人文交流在两国关系中的桥梁作用。与会专家学者认为，中意应深化各领域合作，共同应对全球性挑战，推动建设一个更加公正、平衡的全球秩序。论坛还强调了智库合作在提供智力支持、促进政策对话中的重要作用。

关键词： 2024中意智库论坛　中意关系　中意合作　全面战略伙伴关系　文化交流

---

* 石豆，语言学及文学博士，南开大学意大利语系讲师，天津翻译协会理事，主要研究领域为意大利语言文化、意汉-汉意翻译、意大利政治外交。

2024年是中国与意大利建立全面战略伙伴关系20周年，也是中意文化交流的标志性人物马可·波罗逝世700周年，是中意两国关系发展的重要年份。意大利总理焦尔吉娅·梅洛尼于7月27日至31日对中国进行正式访问，其间两国签署了《中华人民共和国和意大利共和国关于加强全面战略伙伴关系的行动计划（2024—2027年）》（以下简称“三年行动计划”）。为落实上述行动计划，积极推动中意关系健康发展，中国社会科学院欧洲研究所于2024年10月28日在北京举办“2024中意智库论坛”。本次论坛以“建立全面战略伙伴关系二十年背景下的中国与意大利务实合作”为主题，邀请了中国和意大利20余位知名专家学者，围绕“全球政治经济发展与中意关系”“可持续发展与中意合作”“中意文化交流与合作”三大议题展开深入研讨，共同回顾中意建立全面战略伙伴关系20年的成就，探讨两国未来合作新路径。

在论坛开幕式上，时任中国社会科学院副院长王昌林，意大利驻华大使安博思（Massimo Ambrosetti），中国前驻意大利大使李瑞宇，意大利政治、经济与社会研究所秘书长马尔科·里切里（Marco Ricceri）出席论坛并发表致辞；意大利国际组织协会主席、意大利前驻华大使赛飒（Ricardo Sessa）发表视频致辞。

王昌林指出，2024年是中意建立全面战略伙伴关系20周年，也是马可·波罗逝世700周年，对中意关系具有里程碑式的意义。2024年7月，意大利总理梅洛尼访华期间，双方签署了三年行动计划，为两国加强全方位合作指明了方向，擘画了蓝图，必将推动双边关系向更高水平发展。中意两国根植悠久的友好交往历史，当前双方政治互信持续巩固、经济合作务实高效、人文交流蓬勃发展，树立了不同文化背景、不同社会制度、不同发展阶段的国家之间开展全方位合作的典范。王昌林提出，面对世界百年未有之大变局，作为有影响力的大国，中意应共同维护世界和平稳定和发展繁荣。中意双方要深化经贸合作，共同维护全球产业链供应链稳定；加强人文交流，促进东西方文明交流互鉴；践行多边主义，推动中欧关系健康稳定发展。

安博思回顾了过去一年中意两国高级别往来，以及两国在经贸投资、绿色转型和文化合作等领域取得的进展。安博思指出，庆祝中意全面战略伙伴关系建立20周年和纪念马可·波罗逝世700周年，为两国深化合作提供了新的机遇。在经贸领域，尽管全球经济面临深刻转型和多重挑战，但中意双方展现了合作的智慧和远见，共同致力于在投资、贸易和市场准入等领域达成更多共识。在绿色转型方面，两国在环境保护、能源转型和循环经济等领域的合作基础好、潜力大。中国是全球范围内能源转型和电动汽车制造的引领者，意大利期待在上述领域吸引中国投资。文化合作是双边关系的重要组成部分，中意作为联合国教科文组织认定的世界遗产最多的两个国家，在文化遗产保护和旅游交流方面取得了显著成果。在此背景下，中意智库学者面对面交流，势必能进一步推动中意全面战略伙伴关系的发展。

李瑞宇指出，中意全面战略伙伴关系建立20年来，两国政治互信不断增强，合作机制日益完善，领导人始终保持密切交往。中意政府委员会、中意经济合作混委会、中意企业家委员会、中意文化合作机制等平台先后建立，为协调促进两国各领域合作发挥了重要作用。尽管中意两国政治制度和意识形态存在差异，发展阶段不同，却能始终秉持相互尊重和平等交流的原则，正确处理双方关系。两国在国际事务中保持沟通协调，就全球治理、气候变化、生物多样性、人工智能等领域开展了卓有成效的合作。李瑞宇表示，中共二十届三中全会提出的改革举措将为中国式现代化提供动力，为中意合作提供新机遇。面向未来，中意应扩大各领域合作，深化人文交流，继续求同存异，相向而行，打造更加牢固和富有活力的全面战略伙伴关系。

赛飒表示，在中意建立全面战略伙伴关系20周年之际，两国致力于开展更广泛的合作具有重大意义。面对复杂国际形势的挑战，中意两国应进一步挖掘在经贸、投资、打击犯罪等领域的合作潜力。赛飒指出，意大利和中国作为文化超级大国，在全球舞台上应共同促进和平与合作。中国在国际舞台上的影响力日益提升，在联合国、金砖国家和二十国集团中都发挥着举足轻重的作用。赛飒期待中国在全球治理中扮演更加积极的角色，尤其是在当前国际形势下，中国的智慧和力量对于应对全球性问题至关重要。

马尔科·里切里指出，在当前全球局势日益复杂及动荡的背景下，中意

两国只有加强对话与合作才能更好地应对共同挑战。而强化中意学界和智库之间的联系，有利于构建起更加稳固且富有成效的科研机构共同体，促进两国相互了解，由中意专家共同编写的“意大利蓝皮书”正是这样一个重要平台。里切里强调，当前人类站在时代转型的岔路口，各国要基于新的治理体系走可持续发展之路，并以联合国“未来契约”为指导采取共同行动，以实现发展路径的深刻变革。在此进程中，要发挥政治、伦理、科学和文化的核心作用，为建设一个更加公正、平衡的全球秩序贡献力量。

一　全球政治经济发展与中意关系

论坛研讨会第一个环节的主题是“全球政治经济发展与中意关系”，由中国社会科学院欧洲研究所副所长赵江林主持。意大利教育部前部长、意大利林琴科学院院士、费拉拉大学教授帕特里齐奥·比安基（Patrizio Bianchi），中国社会科学院欧洲研究所所长冯仲平，意大利国家研究委员会（CNR）人文社科部部长、经济学教授萨尔瓦托雷·卡帕索（Salvatore Capasso），中国社会科学院欧洲研究所研究员罗红波，意大利财政部前首席经济学家、伦敦政治经济学院访问教授洛伦佐·科多尼奥（Lorenzo Codogno），中国社会科学院欧洲研究所研究员、中国欧洲学会意大利研究分会秘书长孙彦红，意大利摩德纳大学经济学教授塞尔焦·帕巴（Sergio Paba）七位嘉宾，就世界政治经济局势、中欧关系以及中意政治、经贸、投资领域合作等议题展开深入研讨。

帕特里齐奥·比安基强调，国际社会的和平并非自动发生，触手可及。和平是需要构建的，而教育和科研是实现和平与可持续发展的关键工具。展望全球经济的未来，人口变化趋势和全球气候变化是两大影响因素，而务实合作是应对全球性挑战的唯一途径。回顾历史，欧洲一体化进程对于欧洲经济增长至关重要，中意合作需要以欧洲的发展作为基础。当前欧洲发展遭遇困境，然而，一个分散、停滞、走向保护主义的欧盟不符合欧洲的利益，也不符合中国的利益。在此背景下，中意关系应为中欧关系的发展发挥建设性作用。例如，在发展对非洲关系上，意大利作为地中海国家，能够发挥桥梁作用，而中国经济的发展对于带动非洲国家发展具有重要意义。最近 30 年，中国政府使贫困人口全面脱贫，为全球南方国家的发展树立了典范。而推动全球南方的发展，需要中国与欧洲共同参与。比安基指出，未来中欧、中意关系发展不仅要关注经贸与投资，更要注重沟通民心，而教育与科研机构应在其中发挥重要作用。

冯仲平在发言中指出，当前欧洲主要面临三大挑战，即经济竞争力下滑、欧洲一体化进程受阻以及安全问题加剧。首先，在经济竞争力方面，冯仲平援引欧洲中央银行前行长德拉吉牵头撰写的《欧洲竞争力的未来》报告，指出欧洲若不增加科研投资，将被美国和中国抛在身后，欧洲长期以来引以为豪的“新技术的领导者”、“气候转型的灯塔”和“世界舞台上的独立参与者”等定位都会遭遇巨大挑战。其次，欧洲政治生态变化，特别是民粹主义、极右翼势力的崛起，对欧洲一体化构成威胁。最后，在安全问题上，俄乌冲突和北约保护承诺的可靠性成为欧洲面临的新挑战。在此背景下，只有加强与中国的务实合作，才能让欧洲、让意大利走出困境。冯仲平指出，当前中欧关系中的竞争性明显增强，寻找符合双方利益的合作领域将是中欧未来面临的重要课题。中国和意大利作为世界上的文化超级大国，应加强在经济、文化、科技等领域的合作。中国近期加快推动全面深化改革、扩大对外开放等重大举措，将为中欧、中意合作创造新机遇。

萨尔瓦托雷·卡帕索从中意两国在人文和社会科学领域的合作切入，详细回顾了以意大利国家研究委员会为代表的意大利科研机构，与中方在社会、历史、文化等多个领域不断深化的合作，例如，福建土楼传统村落的生物气候研究、故宫博物院皇家园林修复项目、利玛窦《坤舆万国图》语言学研究等。卡帕索指出，中意两国可以进一步挖掘合作潜力，在人口老龄化与社会政策、移民与社会融合、可持续发展与绿色经济、文化交流与旅游、贸易政策与全球价值链、教育与科研等双方共同关切的领域加强合作。中意双方应加强机构伙伴关系和学术合作，发展社会科学研究联合资助机制，组织研讨会促进对话和思想交流，为两国合作奠定学术基础，推动实现互利

共赢。

罗红波指出，自2004年中意建立全面战略伙伴关系以来，中意两国关系取得长足发展，合作成果丰富。第一，政治互信不断增强，无论是国家元首还是政府首脑，都从战略高度和长远角度重视两国合作关系的发展。第二，合作模式不断创新，中意政府委员会、中意企业家委员会、中意文化合作机制等先后建立。第三，经贸关系始终是中意关系的"压舱石"和"推进器"，20年间中意贸易额增长显著，特别是在医药、机械等领域的合作不断加强。同时，投资由单向转为双向，显示出两国合作的深度与广度。第四，合作领域不断扩展，交往层次日益丰富。例如，中意关于加强全面战略伙伴关系的三年行动计划涵盖经济、医疗、文化、能源、可持续发展等多个领域。第五，在多边合作领域和开发第三方市场方面也取得不少进展。2018年9月，中国国家发展改革委与意大利经济发展部签署《关于开展第三方市场合作的谅解备忘录》，建立了共同推动两国企业开展第三方市场合作的机制，此后双方已确定两轮中意第三方市场合作重点项目清单，涉及石油、化工、金融等领域。面向未来，中国将进一步推出高水平对外开放的重大举措，意大利在生物技术、云计算、增值电信等领域具有优势，两国合作有望迈上新台阶。

洛伦佐·科多尼奥强调，在当前全球地缘政治背景下，各国经贸往来十分重要。经济相互依赖是积极因素，冲突应通过和平谈判来化解，而非提高关税壁垒。当前，一些国家将经济相互依赖视为安全风险，这种观念亟须转变。中意两国应共同反对保护主义，维护可持续、透明、稳定和基于多边规则的贸易体系，促进公平竞争。科多尼奥指出，意大利对中国的贸易逆差较大，且近年来有所增加。他认为，中国加强内需将有助于减少贸易逆差，促进对意大利和欧盟的进口，这不仅有利于中国经济和消费者，也有助于全球经济稳定。科多尼奥表示，尽管中美之间的紧张关系不会在短期内缓解，但欧盟和意大利有机会主动作为，通过强调自由贸易的重要性，作为第三方在中美之间发挥平衡作用。中意之间的传统友谊和合作不应受到当前地缘政治发展的影响。中意良好的双边关系以及维护全球经济开放、自由贸易的共同利益，对于促进两国经济增长和加强国际合作至关重要。

孙彦红指出，中意两国建交 50 多年来，无论国际形势如何变化，两国始终保持务实合作和互利共赢的关系。过去 20 年来，两国高层领导人频繁互访，发表多项联合声明和行动计划，推动两国合作向全方位、多领域和多层次发展。中意两国自 2010 年以来启动并完善的多年合作行动计划模式，已成为两国务实合作的机制性安排，具有稳定性、连续性和灵活性特点。得益于上述机制，中意双边贸易额显著增长，从 2003 年的 117 亿美元增长到 2023 年的 717 亿美元，其间 2022 年达到 780 亿美元的历史高点。同时，中国努力促进贸易平衡，意大利多次受邀参加中国国际展会，两国签署多项意大利农食产品输华协议。孙彦红指出，当前中欧经贸科技合作和人文交流受到泛安全化、泛政治化影响，中意合作前景面临压力。但两国在绿色转型和数字转型领域合作空间巨大。同时，意大利在医疗、养老、教育、文化等服务业领域具有竞争力，中国推进服务业高水平对外开放将为两国合作创造新空间。最后，作为“意大利蓝皮书”主编，孙彦红指出，本书作为中意社会科学领域合作的新形式，受到两国学界、政府和企业的认可，为两国的友好关系和合作提供了重要支持。

塞尔焦·帕巴深入探讨了中国对意大利直接投资的发展现状及未来前景。他指出，当前中意双边投资存在显著不平衡，意大利在中国的投资价值约为 150 亿欧元，是中国在意大利投资的 3 倍。但针对被中国收购的意大利企业经济表现的研究发现，70%的企业在被收购后实现了营业收入、净资产和总资产的增长，63%的企业实现了就业水平的提升，两项数据均优于意大利企业平均水平。上述数据表明，中国投资促进了意大利经济的发展，并有力驳斥了部分意大利政商界人士对中国投资可能造成负面影响的言论。近年来，中国在欧洲的直接投资总额大幅下降，2020~2023 年减少了 75%，对意大利更是减少了 80%。这主要是中国政府对资本外流的严格控制、国际关系的不确定性以及西方国家对中国投资的审查力度加大三方面因素所致。当前意大利政府正寻求与中国加强经济合作，尤其在绿色能源技术和电动汽车领域。帕巴强调，意大利应减少对中国投资的限制，

促进交流与合作，以实现互利共赢。中国在多个高科技领域的领导地位为中意合作提供了新的机遇，而输出科技、带来就业的国家不应该被孤立。

二　可持续发展与中意合作

论坛研讨会第二个环节的主题是“可持续发展与中意合作”，主持人为意大利财政部前首席经济学家、伦敦政治经济学院访问教授洛伦佐·科多尼奥。中国社会科学院生态文明研究所所长张永生，意大利环境部前部长科拉多·克里尼（Corrado Clini），中国社会科学杂志社副总编辑贺俊，意大利基础设施、交通与航海部前副部长卢卡·达内塞（Luca Danese），复旦大学欧洲研究中心主任、经济学院教授丁纯，意大利米兰商学院高级研究员法布里齐奥·祖卡（Fabrizio Zucca）六位嘉宾，深入探讨了中国生态文明建设、中国工业绿色化转型、意大利交通基础设施的发展、意大利循环经济的发展、中意环保合作以及中欧、中意在绿色经济领域的竞争与合作等主题。

张永生回顾了中国生态文明建设的进展，并强调了中意合作的重要性。自 1983 年环境保护成为中国基本国策以来，中国在环境保护领域取得了显著进展。尤其是在党的十八大之后，生态文明建设被纳入国家发展战略，生态文明理念被写入党章和宪法。近年来，中国在环境保护领域迎来历史性、转折性、全局性的变化，成就斐然。例如，水、土壤、大气和生物多样性得到根本性改善，北京等地雾霾问题显著缓解。同时，中国经济高质量发展成果显著。中国在宣布碳中和目标后，新能源汽车等新兴产业实现了井喷式发展。2024 年 7 月，中国提前 6 年半实现风电和太阳能装机目标，光伏组件产量占全球的 70% 以上。张永生指出，党的二十届三中全会提出，要进一步深化生态文明体制改革，因为现有发展模式和体制主要服务于传统工业时代，而绿色发展需要新的理念和模式。想要深入理解关于生态文明的基础体制，需要从生态环境直接相关的管理制度、相关领域体制、发展的底层逻辑三个层面入手。展望未来，张永生表示，中意共同推进可持续发展的合作前景广阔，特别是在气候变化、生物多样性保护、环境保护、资源利用和可持续发展目标（SDG）等领域。中国在新能源汽车领域取得的成就为两国带来了开展贸易和投资的新机遇，也为全球环境治理体系的重构提供了新思路。

科拉多·克里尼从全球极端天气频发带来的挑战出发，回应了张永生强调的生态文明建设的重要性。他指出，近10年（2014~2023）全球平均气温比工业化前约高出1.2℃，极端气候事件发生的频率和强度显著增加，给意大利及全球许多国家带来了很大的社会和经济压力。欧洲每年由极端气候现象造成的经济损失已超过520亿欧元，预计在不久的将来将达到每年1000亿欧元。以意大利为例，其城市基础设施普遍陈旧，已无法有效应对日益频繁的自然灾害，因此亟须重新设计和改造。克里尼提到，中国的海绵城市模型不仅适用于意大利的城市改造，也为全球城市应对气候变化提供了可借鉴的经验。此外，为减少洪涝、干旱等极端天气对农业生产的影响，无土栽培等农业种植技术也可成为中意可持续发展合作的重点领域。克里尼强调，欧洲在推动绿色转型的过程中，必须加强与中国的合作。欧洲需要中国的技术、稀土和其他关键材料，以实现其绿色转型目标。克里尼驳斥了中欧、中意开展绿色转型合作可能导致对华依赖的担忧，他认为只要基于国际规则开展合作，就不会产生依赖问题。克里尼指出，中欧在电池材料和电动车领域的合作存在很大的互补性。通过加强对华合作，欧洲不仅能够推动自身的绿色转型，还能够在全球市场上与中国形成良性的竞争与合作关系。

贺俊首先介绍了中国工业体系“大”而“全”的特点，之后重点讨论了中国工业的绿色特征。他指出，尽管中国的碳排放总量较高，但50%的工业产品用于出口，意味着中国的碳排放在很大程度上服务于全球消费。数据显示，自20世纪90年代中期以来，中国单位工业增加值能耗显著下降，能源利用效率与发达国家相当。此外，根据国际能源署的数据，2014~2023年，中国在全球非化石能源消费增量中贡献了45.2%。在新能源汽车领域，中国的销量占全球市场的60%以上，成为全球最大的新能源汽车生产国和市场。贺俊强调，中国新能源汽车产业的成功并非依赖政府补贴，而在于早期政策的引导、产业的多元化以及完整的工业体系。无论是中国工业整体绿色效率的提升，还是新能源汽车等一批绿色产业的崛起，其背后起支撑作用

的是一套制度和体系的供给。中意两国在绿色工业领域合作潜力巨大，未来可聚焦工业互联网技术的创新和推广合作。

卢卡・达内塞指出，中国的市场潜力将为中意在环境保护和能源转型等领域的合作提供机遇。根据预测，到 2030 年，中国中等收入群体将超过 7 亿人，零售总额将达到 12 万亿美元以上。意大利在上述领域的技术优势如与中国的市场需求相结合，则预示着未来合作的巨大潜力。例如，在高铁技术及相关领域，意大利许多高科技中小企业在铁路信号和安全系统对华合作方面取得了显著成就。两国不断深化全面战略合作伙伴关系，将为新技术、自动化、航空航天等领域的合作注入新动力。达内塞表示，中意两国经贸与投资关系日益紧密，中国企业在意大利公共、工业和金融领域表现活跃，而意大利在扩大对华出口、平衡贸易赤字方面仍需进一步拓展合作空间。意大利总理和总统先后访华意义重大，有望推动两国在工业和贸易领域的平衡发展。

丁纯指出，中欧在新能源汽车市场的竞争与合作尤为显著，2023 年中国以 63.4%的全球市场份额领先，而欧洲则在技术创新和基础设施建设方面寻求突破。丁纯认为，中国新能源汽车竞争力主要来自四方面。第一，中国拥有技术优势，全球前十大动力电池厂商中六家来自中国。第二，基础设施配套完善，中国充电桩建设速度远超欧洲。中国在城市、乡村都建立了充电桩，分布比较均匀。第三，中国汽车生产和需求规模大，有助于降低成本。第四，中国新能源车注重品牌建设以及在欧洲进行研发、销售布局。丁纯进一步指出，中欧在新能源汽车领域合作前景巨大。中国企业如宁德时代、远景动力等，纷纷在欧洲多国筹建动力电池厂。预计到 2030 年，欧盟 20%的电池产能源于中国的绿地投资。中意之间的绿色经济合作也在不断深化，两国签署的三年行动计划涵盖环境、能源和金融等诸多领域，尤其强调在汽车制造和绿色基础设施建设领域的合作。当前中意在上述领域的合作已取得初步进展，例如中国车企零跑汽车与欧洲车企斯特兰蒂斯（Stellantis）成立合资企业“零跑国际”，以及华晟新能源公司与意大利企业 Bee Solar 在光伏领域进行合作等。丁纯强调，面对环境保护与经济发展的双重挑战，中欧、中意需要加强政策协调和技术转化，促进双边市场准入，并提供良好的融资和投资环境，以实现绿色经济的可持续发展。

法布里齐奥·祖卡深入探讨了全球经济转型的背景下，中意两国在循环经济领域开展合作的重要性。循环经济作为一种新兴的发展模式，旨在通过减少资源消耗和废物产生，实现经济活动的可持续性。意大利在推动循环经济方面已取得显著进展，而中国作为全球最大的资源消费国之一，正积极寻求转型以实现绿色发展。两国在这一领域的合作不仅有助于各自实现可持续发展目标，也为全球环境保护贡献了力量。中意在循环经济领域的合作体现在多个层面。首先，两国在政策层面已达成共识，共同签署了促进循环经济发展的合作协议，聚焦电子废物回收、清洁能源和可持续生产等关键领域。其次，两国在可再生能源和资源管理方面建立了紧密的合作关系，不仅促进了技术交流和经验分享，也为两国企业提供了新的市场机遇。此外，两国在循环经济的实践上也展现出创新合作的潜力，通过推动地区性价值链的构建，加强了在全球价值链中的合作。祖卡强调，循环经济需要一种新的基于创新与合作的竞争形式，即“合作竞争”，在市场竞争与解决全球问题的需求之间找到平衡。此外，各地区应专注于本地优势，同时不牺牲可持续性和社会福祉。为建设一个可持续和有韧性的未来，加强中欧、中意之间的战略伙伴关系至关重要。

三　中意文化交流与合作

论坛研讨会第三个环节的主题是“中意文化交流与合作”，主持人为北京外国语大学欧洲语言文化学院意大利语系教授王军。米兰大学孔子学院意方院长、汉学教授兰珊德（Alessandra Lavagnino），北京外国语大学欧洲语言文化学院意大利语系主任文铮，联合国和平大学欧洲研究中心国际合作部主任、意大利驻上海领事馆前文化参赞倪波路（Paolo Sabbatini），意大利教育中心中国区主任邢建军，意大利罗马第二大学罗马法教授里卡尔多·卡尔迪利（Riccardo Cardilli），中国政法大学罗马法与意大利法研究中心主任费

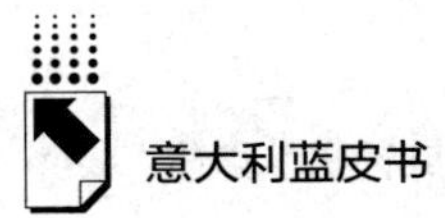

安玲教授六位嘉宾，围绕意大利汉学发展、中意文化交流史、文化外交、中意高校教育交流与合作以及中意法律交流与合作等议题进行了深入交流。

兰珊德指出，汉学不仅是学术研究的领域，更是促进中意文化理解与交流的重要桥梁。汉学是研究中国语言、文学、艺术、思想和哲学的学问，是外国学者研究中国文明的学科。她以自身的学术历程为例，回顾了当代意大利汉学的发展历史。中意两国建交后不久的 1973 年，意大利学生开始赴中国学习，是意大利汉语教学发展史上的里程碑。1979 年，意大利汉学研究协会（AISC）成立，成为培养新一代汉学家的重要基地，推动了汉学研究的专业化和系统化。20 世纪 80 年代，随着中国的改革开放，意大利汉学在人才培养和汉语推广方面取得重要进展。2018 年，意大利已有 48 所大学开设了汉语课程，在意大利大学和高中学习汉语的学生总数超过 3 万人。此外，意大利建立了 12 所孔子学院，为意大利的汉语教学提供了有力支持。当前，意大利汉学研究呈现国际化趋势，显示出世界对中国文化研究的重视。意大利学者与全球大学合作，研究主题日益多元，覆盖历史、法律、经济等多个领域。兰珊德还提到翻译在汉学中的重要性。她指出，当前从中文到意大利语的翻译，尤其是对中国文学作品的翻译工作仍面临挑战。未来意大利汉学家还需要更多与意大利出版界合作，更好地将中国文化介绍给意大利读者。

文铮从更宏观的历史视角出发，指出中意两国文化的交流与融合远比我们想象的更持久、更深刻、更生动、更现实。历史上，意大利人马可·波罗、利玛窦和郎世宁对东西方文化的交流产生了深远影响。《马可·波罗游记》激发了欧洲人对中国的好奇，利玛窦作为首位进入紫禁城的欧洲学者，促进了中西文化的直接对话，郎世宁的艺术作品成为中国艺术史上不可忽视的西方印记。20 世纪初，中意关系进入“蜜月期”，政治和军事合作频繁，文化交流活跃。1934 年，两国外交关系升级，为中国学生赴意留学提供了机遇，意大利学界也对中国表现出浓厚兴趣。然而，这段关系因墨索里尼政府的政治决策而迅速恶化，导致 1941 年中意断交。尽管如此，这段时期中意文化交流的成果仍然显著，例如但丁对中国现代语言和文学革命的影响。

在此期间，胡适等人以但丁的理念为参照，发起了中国的白话文运动和文学改良运动，促进了中国的“文艺复兴”。文铮指出，在东西方文化交流史上，中意文化交流之所以能够取得如此辉煌的成就，是因为二者的接触并非建立在殖民野心、贸易垄断、价值输出和文化自大之上，而是基于个体与个体、国家与国家、民族与民族之间的文学、文化与思想的交流，相互适应，和谐共处。面向未来，中意交流应以史为鉴，学习古人和前辈，赓续他们创造的辉煌。

倪波路从文化外交概念切入，指出两国文化外交实践在促进双边关系中的重要作用。文化外交被视为一种软实力外交，对一国的全球声誉有重要影响。文化外交有助于维护和平，各国通过文化合作，避免冲突和战争。倪波路指出，中意两国历来重视文化外交，且拥有丰富的文化外交实践。例如，意大利通过“意式生活”计划（“Vivere all’italiana”），积极推广其文化产品，包括视觉艺术、电影、音乐和文学等，旨在提升意大利在国际上的文化影响力。同时，中国通过孔子学院等机构，致力于在全球范围内传播汉语和中国文化，这种互补性为两国文化交流提供了广阔平台。当前，中意两国在文化遗产保护、教育交流和艺术展览等领域展开了深入合作。例如，两国在联合国教科文组织框架下开展的遗产地结对项目，拓展了文化合作的深度和广度。他还概述了自己在40多年的外交生涯中从事文化外交的经历，例如将中国少林寺僧人带到意大利，以及通过书法艺术展示中国文化等。他回忆首次访华时，听到北京大学教授田德望在发言中谦逊地将自己视为中意关系中的“工人”而非学者。他认为这种个人层面的交流和合作，同样是两国文化外交成功的关键因素之一。

邢建军在发言中指出，自2004年中意建立全面战略伙伴关系以来，两国高等教育合作进入快速发展阶段。2005年中意签署了互认高等教育学位的协议，2006年意大利推出了针对中国学生的“马可·波罗”计划和“图兰朵”计划。自2008年至今，已有超过6万名中国学生赴意大利学习。邢建军指出，近年来赴意留学的中国学生专业选择呈现多元化趋势，涵盖人文、建筑、设计、工程等多个学科，中外合作办学项目也在不断创新。从两国高等教育体系来看，两国在高等教育资源方面互补性强。意大利拥有 61 所公立大学和 20 所私立大学，而中国有 2003 所能够颁发学士学位及以上学历的大学。意大利在高等艺术教育方面具有独特优势，拥有众多公立音乐学院和美术学院。展望未来，邢建军表示，两国应进一步挖掘高等教育合作潜力，创新合作形式。两国高校在能源转型、数字化转型、人工智能等领域的合作有望不断加强。同时，我们乐见更多意大利学生到中国高校就读，两国留学生将成为促进中意交流的有生力量。

里卡尔多·卡尔迪利指出，中意法律合作是两国关系的重要组成部分。自中国 20 世纪 70 年代末改革开放以来，法律体系的现代化需求日益增强，促使中意两国在法律学术领域展开深入合作。中意法律合作涵盖多个层面，包括法律制度、专业交流和学术研究。尤其在学术领域，双方的合作促进了罗马法文献的翻译与研究，推动了对《法学阶梯》《拉汉对照优士丁尼国法大全选译》等经典法律文献的中文翻译，同时也带动了中国法律文献的意大利语翻译，为两国法律学术交流奠定了坚实基础。罗马法作为现代法律的基础，在中意合作中的作用不容小觑。罗马法不仅为现代法律术语和概念提供了丰富的滋养，还体现了法律的稳定性和动态性，以及对社会变迁的适应性。中国《民法典》在编纂过程中在很大程度上受到了罗马法的影响，同时体现了中国特色，适应了中国的社会、经济目标和利益。卡尔迪利指出，罗马法在东方的传播路径反映了其在不同文化和法律体系中的多样性和适应性，挑战了传统的欧洲中心视角。展望未来，卡尔迪利认为，中意两国在法律领域的合作将继续深化，特别是罗马法和中国法律之间的对话。两国法律合作建立在相互尊重的基础上，能够为深化中意关系和维护世界和平做出贡献。

费安玲在发言中回顾了当代中意法学交流史。她认为，中国尚未形成“法学家时代”，但法学家在法治建设中发挥的作用日益显著，尤其体现在中国《民法典》的编纂过程中。在中意法学交流领域，自 20 世纪 80 年代末以来，特别是国内著名法学家江平教授访问意大利后，两国法学合作显著加强。过去 30 余年间，中意法学界在罗马法和现代法作品的翻译与研究方面取得了显著成就，至少有 70 部相关译作、150 篇涉及罗马法的研究文章以及至少 20 本研究罗马法和意大利法的学术著作或教材出版。这些成果不仅丰富了中国的法学研究，也为意大利学者提供了了解中国法律体系的机会。在法学人才培养方面，自 1990 年至 2023 年，中国至少派出 140 名学子赴意大利深造，其中 76 人获得法学博士学位，多人归国后在国内知名高校任教。在国际会议方面，自 1990 年以来，中意两国法学界组织了至少 180 次学术研讨会，对提升法学理论水平和推进立法进程有重要作用。展望未来，费安玲认为，中意法学交流将更多元化，法学人才培养将更加年轻化、梯队化，研究成果和司法实践合作将更为丰富。尤其在知识产权领域，2024 年中国法院涉及意大利案件的判决数量显著增加，这要求未来中意法学交流不应仅限于学术领域，还应拓展至司法审判活动。

四　结语

在论坛总结环节，中国社会科学院欧洲研究所研究员罗红波，意大利政治、经济与社会研究所秘书长马尔科·里切里分别对研讨会内容进行了点评和总结。

罗红波表示，此次会议发言内容丰富，与会学者从各自领域出发，提出了深刻的见解。发言人不仅从双边视角关注中意关系，更从全球视角出发，探讨了中意合作在当前国际环境中的重要性。这种多层次、多角度的讨论涵盖了政治、经济、社会、可持续发展和文化等多个维度，充分体现了学术交流的广泛性和深度。与会嘉宾均强调，文化交流对于两国关系至关重要。当前国际局势复杂多变，充满不确定性，更加凸显了中意文化和科研交流的价值。与会学者一致认为，相互理解与尊重对方文化，是推动中意合作的关键因素。尽管会议时间有限，仍然激发了与会学者对未来中意合作建言献策的热情。此外，罗红波指出，学者在推动国家政策和智库建设中的责任与作用不可忽视。中国社会科学院是中国政府的思想库、智囊团，意大利学者同样在为本国政府和企业提供智力支持。中意智库之间的合作与对话，为深化中意关系提供了重要的智力支持，意义重大。最后，罗红波对会议的成功举办表示祝贺。

里切里表示，此次论坛不仅是对中意建立全面战略合作伙伴关系 20 年成就的总结，也充分体现了两国智库界对下一个 20 年中意合作的期待。面对复杂的全球性问题，中意两国学界都需要构建跨学科的体系，将经济分析与社会研究的成果融合，形成新的价值判断体系。里切里表示，科学是无国界的。在可持续发展和生态文明的框架下，各国之间的合作至关重要。他提到，现代经济发展必须与社会公正和环境保护同步进行。科技进步和经济发展的目的不仅是让企业获得利润，更应该提升全人类的生活质量。面对未来的挑战，各国应坚持以人为本的“和谐”理念。只有这样，才能在经济增长、社会公正和环境可持续之间取得平衡。有关中意合作的未来，里切里认为有两点至关重要。首先，中意两国都应选择开放的体系，支持开放的政策导向。其次，两国都应反对东西方对话中存在的狭隘叙事，避免短视的对抗思维和文化对立，应通过平等对话沟通共同应对全球性挑战。

附录一
2024年大事记*

王怡雯**

1月

1日 自1日起，意大利第七次担任七国集团（G7）轮值主席国。

16日 意大利国家统计局表示，2023年12月，意大利通胀率继续下降至0.6%，2022年12月为11.6%。通胀放缓的主要原因是受监管的能源产品价格下降。

17日 欧盟委员会主席冯德莱恩访问意大利艾米利亚-罗马涅大区，并与意大利总理梅洛尼举行会谈。其间意大利政府宣布将利用12亿欧元欧盟资金向2023年5月遭受严重水灾的艾米利亚-罗马涅大区灾后重建提供经济援助。

• 意大利能源市场管理局（GME）表示，意大利2023年天然气消费量为630亿立方米，同比下降8.4%，触及2015年以来最低水平。2023年，

---

* 本部分内容主要参考自以下网站：中华人民共和国驻意大利共和国大使馆经济商务处，http://it.mofcom.gov.cn/；新华网，http://www.xinhuanet.com/；欧洲时报网，http://www.oushinet.com/；中国新闻网，http://www.chinanews.com/；央广网，http://www.cnr.cn/；人民网，http://www.people.com.cn/；意大利官方公报，https://www.gazzettaufficiale.it/；意大利安莎社，https://www.ansa.it/；意大利《共和国报》，https://www.repubblica.it；意大利《晚邮报》，https://www.corriere.it；意大利《24小时太阳报》，https://www.ilsole24ore.com/。

** 王怡雯，北京语言大学意大利语系讲师、意大利研究中心秘书，主要研究领域为意大利语语言、意大利文化及中意关系。

意天然气进口量下降近12%至606亿立方米，为2015年来最低值。

18日 意大利主流媒体《信使报》和《晨报》刊登中国驻意大利大使贾桂德署名文章《中意携手前行 共创美好未来》。

• 哈萨克斯坦总统托卡耶夫访问意大利，先后与意大利总统马塔雷拉和意大利总理梅洛尼举行会谈，之后两国发表联合声明。

19日 中国驻意大利大使贾桂德应邀出席“世界之惊奇——马可·波罗的非凡中国之旅”主题研讨会并致辞。

24日 意大利旅游部长桑坦凯表示，2023年该国旅游业表现超过了新冠疫情前的水平。2023年赴意大利游客超过4.45亿人次，比2022年增长8%，也高于2019年的4.326亿人次。

25日 意大利驻华大使馆举行“马可·波罗逝世700周年”系列纪念活动发布会。

29日 意大利作为七国集团轮值主席国，在罗马召开意大利-非洲峰会。意大利总理梅洛尼在峰会上宣布了针对非洲进行援助的“马泰计划”。

• 意大利国家统计局发布的数据显示，2023年全年，意大利对非欧盟国家出口同比增长2.5%，自非欧盟国家进口同比下降20.9%，贸易顺差486.6亿欧元。其中对俄罗斯出口下降19.9%，自俄进口下降85%；对美国出口增长3.4%，自美进口增长1.1%；对中国出口增长16.7%，自中国进口下降17.8%。

30日 意大利国家统计局发布数据，2023年该国工业生产者价格下降5.7%。

31日 意大利国家统计局公布数据，2023年12月，该国就业人数创新高，达2375.4万人，同比增长45.6万人，就业率提高至61.9%；失业率为7.2%，环比下降0.2个百分点，为2008年12月以来最低水平。

2月

1日 意大利企业和“意大利制造”部部长乌尔索在汽车行业圆桌会议

上宣布，2024 年的汽车生态补贴（Ecobonus）额度增至 9.5 亿欧元，以增加对纯电动和插电式混动汽车的购买激励，最高补贴额可达 13750 欧元。

7 日　意大利副总理兼外交与国际合作部部长塔亚尼主持七国集团贸易部长首次会议，外交部副部长特里波迪参会。会议讨论了当前国际地缘政治紧张局势对国际贸易、能源、零部件供应、矿产资源开发以及全球特别是非洲粮食安全的影响。

10 日　当日晚，意大利都灵的地标性建筑安托内利尖塔点亮“中国红”和“福”字，庆祝中国春节。

15 日　意大利农民在首都罗马等多地持续举行游行示威活动，反对欧盟相关环保政策对农业的限制，抗议农业生产成本过高，要求政府对农业经营者提供更多支持。

• 意大利国家统计局公布数据，2023 年，意大利贸易平衡为顺差 345 亿欧元，2022 年为赤字 340 亿欧元。2023 年进口额下降 10.4%，主要原因是能源和中间产品购买量减少。能源进口赤字为 643.39 亿欧元，较 2022 年的赤字 1109.08 亿欧元大幅下降。非能源产品贸易顺差 988 亿欧元，高于 2022 年的 768.54 亿欧元。

21 日　欧盟委员会发布的“下一代欧盟”复苏基金中期评估显示，意大利是实现国家复苏与韧性计划（PNRR）目标和具体目标数量最多的国家，已实现 178 个目标（共计 527 个）。

22 日　意大利欧洲事务部向总理府递交的报告显示，截至 2023 年底，意大利国家复苏与韧性计划已从欧盟获得 1019.3 亿欧元的资金，相当于总额的 53%，而支出仅为 456.5 亿欧元。

24 日　乌克兰与意大利签署安全保障协议。

25 日　意大利国家统计局的数据显示，2023 年意大利全国新生儿的数量约为 38.0 万人，比 2022 年的 39.3 万人进一步下降。

3月

1 日　意大利国家统计局公布数据，2023 年意大利国内生产总值同比增

长0.9%，为2085.367亿欧元。2023年财政赤字率为7.2%，较2022年的8.6%进一步改善。公共债务与GDP的比例为137.3%，较2022年下降3.2个百分点。

1~2日 意大利总理梅洛尼出访北美，分别与美国总统拜登、加拿大总理特鲁多举行会晤。

8日 以"马可·波罗：艺术与发现"为主题的艺术展在意大利北部都灵市的意大利国际艺术博物馆开展。展览汇集了中意两国艺术家和艺术团体创作的绘画、版画、雕塑、摄影等作品。

11日 意大利副总理兼外长塔亚尼在罗马与联合国粮农组织总干事屈冬玉、世界粮食计划署执行干事辛迪·麦凯恩、红十字会与红新月会国际联合会副秘书长卡斯特拉诺斯举行会谈，各方决定共同启动一个向加沙地带提供食品的联合行动。

12日 意大利国家统计局发布数据，2023年意大利南部地区出口增长明显（+16.8%），北部地区出口略有增长（+2.7%），东北部（-1.0%）和中部（-3.4%）则有所下降，西西里岛和撒丁岛地区则明显下降（-21.0%）。

13日 意大利国家统计局发布数据，2023年意大利就业人数继续保持前两年的增长势头，增加48.1万人（+2.1%）。15~64岁人群就业率升至61.5%（+1.3个百分点），失业率降至7.7%（-0.4个百分点）。

19日 针对法国领导人近日提出的"可能向乌克兰派兵"的表态，意大利总理梅洛尼表示不赞成。梅洛尼强调，这有可能造成局势出现危险升级，应不惜一切代价避免。

22日 意大利议会批准多项军备采购计划。同时，意大利国防部提出多项措施，意图推进陆海空三军主战装备的更新换代。

25日 中国-意大利经贸研讨会暨第二届链博会推介会在意大利米兰举行。

• 意大利国家统计局发布数据，2023年，意大利无法购买生活必需品和服务的绝对贫困人口增至575万人，占全国人口的9.8%（2022年为

9.7%），为2014年以来最高。

26~28日　首届中国-意大利生物多样性大会在意大利首都罗马召开，数十名中意专家学者就两国维护生物多样性合作前景展开讨论。

26日　意大利国家统计局发布数据，2023年，意大利向欧洲专利局提交了5053项专利申请，创造了新的纪录，其专利数量在欧洲排名中上升至第五位，次于德国、法国、荷兰和瑞典。2023年，意大利专利申请最多的三个技术领域是装卸、运输和医疗技术。

29日　意大利国家统计局发布数据，2023年，意大利仅有37.9万名新生儿，较2022年减少1.4万人，出生率为6.4‰（2022年为6.7‰）。2023年末意大利常住人口平均年龄为46.6岁，较2023年初略有提高。到2024年初，65岁以上人口总数超过1400万人，占总人口的24.3%，同比提高0.3个百分点。

4月

2日　意大利参议院宪法事务委员会批准政府的一项宪法修正案，对《意大利共和国宪法》第92条的规定进行改革，计划引入总理直接选举制度。根据目前的修正案文本，总理将由选民直接选举产生，但没有规定最低得票门槛。这意味着候选人只需获得30%的选票就可上台。

• 意大利企业与“意大利制造”部部长乌尔索在“意大利制造日”活动上表示，2015~2023年意大利出口额增长48%，已超越韩国成为世界第五大出口国。

7日　意大利副总理兼外长塔亚尼在罗马会见到访的以色列外交部长卡茨，并与联合国粮农组织、世界粮食计划署等机构的代表举行会议，讨论加沙人道主义危机的应对措施。

8日　第六十一届博洛尼亚国际儿童书展在意大利博洛尼亚会展中心开幕，中国是本届书展唯一的“市场焦点国家”。

9日　意大利政府表示，过去4年来鼓励房屋翻新的财政激励措施“超级津贴”计划给公共财政带来毁灭性影响。意大利经济部长焦尔杰蒂表示，这些激励措施已耗资 2190 亿欧元。

10 日　“投资中国”意大利专场推介会在米兰举办。

11 日　中国-意大利经济合作混委会第 15 次会议在维罗纳召开，中国商务部部长王文涛与意大利副总理兼外长塔亚尼共同主持，双方就共同推动中意经贸关系高质量发展深入交换意见。

12 日　中国-意大利商业对话论坛在意大利维罗纳举行，中国商务部部长王文涛与意大利副总理兼外长塔亚尼出席论坛开幕式并做主旨演讲。

15 日　约旦国王阿卜杜拉二世与意总理梅洛尼通电话，讨论中东局势。阿卜杜拉二世表示，中东地区有冲突升级的危险，需要找到结束巴以冲突的政治前景，并赞扬意大利支持在“两国方案”的基础上实现和平的立场。

• 在最新公布的 2024 年 QS 世界大学学科排名中，意大利共有 56 所大学的 577 个专业入榜，名列全球第七。

16 日　意大利副总理兼外交部长塔亚尼在参加由安莎社主办的论坛活动时称，必须谴责伊朗对以色列发动的袭击。同时表示可以考虑派遣军队，以帮助建立巴勒斯坦国。

17 日　第 56 届意大利葡萄酒展（Vinitaly）闭幕，共吸引 9.7 万名采购商参展。其中，外国采购商约 3 万名，占总数的 31%。美国采购商数量居首位，其次是德国、英国、中国和加拿大采购商。

20 日　第 60 届威尼斯国际艺术双年展中国国家馆展览在意大利水城威尼斯开幕，展览将持续至 2024 年 11 月 24 日。其中，中国历代绘画大系内容受到关注。

21 日　根据当日报道，第 62 届米兰国际家具展参观者共计 36.1 万人，恢复至疫情前水平。参展商数量创历史新高，同比增长 26.8%，其中 65% 来自国外。

22 日　意大利第二大财经类媒体《米兰财经报》刊登中国驻意大利大使贾桂德署名文章《中国经济向好是“意大利制造”的绝佳机遇》。

23 日　意大利政府内阁批准通过了该国《人工智能法案》，并要求议会尽快安排审议。该法案包括 26 条规定，设定了人工智能发展的重要界限，明确规定了制定战略、监控、监督以及通报和惩罚的实施主体，避免滥用和相关风险。

24 日　意大利企业与“意大利制造”部当天推出了该国外商投资一站式服务平台“投资意大利”（Invest in Italy）的门户网站。

• 由意大利驻重庆总领事馆主办的首届意大利制造日在重庆举行，主题为“意大利制造 2.0：工艺、设计、可持续性”。

28 日　意大利总理梅洛尼在其所在的意大利兄弟党于佩斯卡拉组织的一次活动中宣布，将作为该党头号候选人带领该党参加 6 月的欧洲议会选举。

5月

2 日　意总理梅洛尼在罗马会见到访的约旦国王阿卜杜拉二世。双方表示，希望在联合国安理会第 2728 号决议的基础上，通过外交努力在加沙地带实现持续停火和释放被扣押人员。

8 日　意大利外交部举办意大利-非洲企业对话论坛，旨在推动建立意非合资企业加强双向投资与贸易，以及在能源、数字化转型、农业和制造业领域创造新的合作机会。

• 贝恩资本意大利公司发布的研究报告显示，2023 年意大利风险投资为 11 亿欧元，同比下降 20%，同期欧洲国家投资平均下降 41%，主要原因是交易数量下降。

9 日　意大利商业联合会（Confcommercio）表示，2024 年 3 月，意大利社会困难指数环比下降 0.6 至 12.0，为 2009 年 1 月以来的最低水平。

• 意大利有机农产品协会发布的数据显示，2023 年，意大利有机农产品出口增长 8%，国外市场总价值 36 亿欧元。有机农产品出口占农产品出口总额的 6%，且比例在不断提高。

10 日　Promo Pa 基金会和罗马第二大学（Tor Vergata）联合公布的研

究数据显示，截至 2023 年 4 月，意大利国家复苏与韧性计划下的 39 项目标中仅实现了 28%。

14 日 Stellantis 集团首席执行官唐唯实（Carlos Tavares）在杭州举行的新闻发布会上表示，集团已经完成了与零跑汽车签订的协议，合资公司零跑国际成立，正加速进入向中国以外全球其他市场出口汽车的阶段。

15 日 意大利国家统计局发布数据，意大利实际 GDP 到 2023 年底才恢复到 2007 年的水平。2014 年至 2023 年，意大利就业人群个人绝对贫困发生率从 4.9%上升到 7.6%，提高了 2.7 个百分点。

22 日 欧盟统计局发布数据，意大利 2024 年 3 月从俄罗斯购买天然气的数量达到了自 2023 年 2 月以来的最大值，并成为欧盟国家中俄天然气的主要购买国。

24 日 “字里行间——汉字中的文明密码”文化互动展览在意大利罗马开幕。

25~28 日 应意大利民主党邀请，中共中央政治局委员、北京市委书记尹力率中共代表团访问意大利，分别会见意大利参议长拉鲁萨、企业与“意大利制造”部部长乌尔索、民主党国际书记普罗文扎诺、罗马市长瓜尔蒂耶里、那不勒斯市长曼弗雷迪等。

30 日 在布鲁塞尔举行的欧盟能源理事会会议期间，意大利、德国和奥地利三国签署了一份意向声明，承诺建设“南方走廊 2”。超过 3000 公里的氢气管道将由北非首先连接到意大利，然后到达德国和奥地利。该项目已被列入最新的欧盟共同利益项目清单（PCI）。

31 日 欧盟委员会发表声明，批准意大利政府为意法半导体提供 20 亿欧元国家援助，在卡塔尼亚建设和运营一家碳化硅功率器件集成芯片制造厂。该项目的总投资额为 50 亿欧元，计划于 2032 年满负荷运行。

6月

3 日 当日起，意大利民众可进入政府设立的购车补贴平台 Ecobonus 官网，预约新能源车辆购买补贴。购买新能源乘用车最高可获 5000 欧元补贴，购买新能源商用车最高可获 6000 欧元补贴。

4 日　意大利国家统计局和旅游部共同发布数据，2023 年，意大利旅游业恢复并超越疫情前水平，游客人数达到历史新高。外国游客达到 52.4%，超过 2019 年的 50.5%。

5 日　意大利反垄断机构竞争与市场管理局宣布，以不正当商业活动为由，对 Meta 公司处以 350 万欧元罚款。

9~10 日　欧洲议会举行选举。意大利总理梅洛尼领导的极右翼政党意大利兄弟党，以及西班牙最大反对党、保守派政党人民党，分别在本国的欧洲议会选举中胜出。意大利选民在此次选举中的投票率约为 49%，首次跌破 50%。

11 日　意中理事基金会和意大利商会联合会共同举办《2024 中国年度报告》发布会。

13~15 日　七国集团峰会在意大利普利亚大区举行。这是意大利第七次主办 G7 峰会。会议日程包括六场工作会议，内容涉及非洲、气候变化与发展、中东、乌克兰、移民、印太地区和经济安全，以及与受邀国家及国际组织就非洲、地中海地区、人工智能和能源问题展开的“扩大”会议。乌克兰总统泽连斯基、土耳其总统埃尔多安等作为特邀嘉宾出席。教宗方济各受邀在 G7 峰会发表演说。

16 日　由意大利乌菲齐美术馆收藏的特别展品《康熙大帝肖像》亮相上海东一美术馆。这件作品在 18 世纪初期由意大利画家杰凡尼·热拉蒂尼（又名聂云龙）绘画完成。

17 日　意大利莱昂纳多集团发表声明称，欧盟委员会决定支持莱昂纳多集团参与的 13 个项目，涉及从太空、防空到人工智能等大多数技术领域。

18 日　意大利参议院批准了梅洛尼政府备受争议的宪法修正案，109 名议员投票支持这项改革，77 名议员投出反对票。

18~20 日　中国教育部部长怀进鹏率团访问意大利。在意期间，怀进鹏分别与意大利教育部部长瓦尔迪塔拉、意大利大学和科研部部长贝尔尼尼举行会谈，就两国全面深化教育务实合作进行交流。

19日 意大利部长会议批准“意大利制造”法案，旨在促进本国制造业发展及完善相关制度，同时为保护知识产权和加强品牌推广制定相应政策。法案还提议将每年的4月15日定为“意大利国家制造日”。

• 零跑汽车已经开始在斯特兰蒂斯（Stellantis）的波兰工厂生产电动汽车，并按计划在9月进行大规模生产。

24日 意大利政府宣布将正式向欧盟委员会申请第六期欧盟复苏资金，总值为85亿欧元。对于第六期资金，意大利需完成37个目标，其中最重要的项目包括天然气管道、铁路、校园体育等基础设施投资。

25日 由中国美术馆、意大利佛罗伦萨艺术学院共同主办的“心意——意大利佛罗伦萨艺术学院院士邀请展”在北京举办开幕式。

7月

1日 意大利官方公布的信息显示，2024年上半年共有25345名移民登陆意大利，相比2023年同期的62364人下降了约60%。

3日 欧盟委员会批准汉莎航空对意大利航空的收购计划。汉莎航空将通过增资3.25亿欧元从意大利财政部手中收购意大利航空41%的股份，到2033年将通过继续增资获得意大利航空100%的股份。

5日 意大利企业与“意大利制造”部部长乌尔索在为期两天的北京之行结束的新闻发布会上表示，中国是意大利企业不可或缺的市场，也是关键合作伙伴。

9日 欧盟委员会向欧盟理事会提交了决定，确定比利时、法国、意大利、匈牙利、马耳他、波兰和斯洛伐克等7个国家存在过度赤字。

11日 法国、德国、意大利和波兰签署了开发远程巡航导弹的协议。

12日 意大利米兰马尔彭萨机场正式命名为马尔彭萨-贝卢斯科尼机场。该决定是由罗马右翼政府通过快速程序执行的。机场更名在意大利引发争议，米兰超过10万人通过网上收集签名的方式抗议该决定。

13 日　意大利海军“多梅尼科·米利雷”号巡逻舰举行下水仪式，标志着耗资 39 亿欧元的多用途近海巡逻舰项目进入尾声。

15 日　意大利央行公布数据显示，5 月底意大利累计公共债务达到创纪录的 29189 亿欧元，逼近 3 万亿欧元大关。

18 日　欧洲议会全体会议以 401 票赞成、284 票反对、15 票弃权的结果，确认冯德莱恩连任欧盟委员会主席。梅洛尼领导的意大利兄弟党代表投了反对票。

● 意大利总理梅洛尼在英国牛津郡参加第四届欧洲政治共同体领导人会议期间会见了英国首相斯塔默，双方深入讨论了打击人口贩运等移民相关问题以及北约峰会聚焦的其他议题。

23 日　中共中央对外联络部部长刘建超在北京分别会见由主席佩鲁弗率领的意大利议会“中国之友”协会代表团，就加强党际交流合作、推动两国关系发展等交换意见。

● 全国人大常委会副委员长铁凝在人民大会堂会见由佩鲁弗主席率领的意大利议会“中国之友”协会代表团。铁凝介绍了中共二十届三中全会有关情况。双方就深化中意关系、加强立法机构交往等交换意见。

24 日　意大利国家统计局发布报告显示，2023 年意大利居民平均年龄为 46.4 岁，到 2050 年将升至 50.8 岁，届时 65 岁及以上人口将占总人口的 34.5%，居民人数减少将超过 400 万人。

25 日　意大利总理梅洛尼在罗马会见了到访的以色列总统赫尔佐格。梅洛尼表示，意大利致力于缓和中东地区局势，应尽快实现停火、释放被扣押人员，致力于实现“两国方案”。

26 日　中国驻意大利大使贾桂德在意大利新闻社发表署名文章《谱写中国式现代化新篇章　共谋世界繁荣进步光明前景》，阐述中共二十届三中全会的中国意义和世界影响。

27 日　在印度新德里召开的联合国教科文组织第 46 届世界遗产大会通过决议，意大利古罗马时期的亚壁古道被列入《世界遗产名录》。

28 日　中国国务院总理李强在北京人民大会堂同意大利总理梅洛尼共

同出席中意企业家委员会第七次会议开幕式并致辞。

28 日 在意大利罗马举行的加沙停火协议各方会谈中，以色列情报与特勤局（摩萨德）局长大卫·巴尔内亚与美国、埃及和卡塔尔相关斡旋方没有就加沙停火和人员交换协议取得突破性进展。

29 日 中国国家主席习近平在北京钓鱼台国宾馆会见来华进行正式访问的意大利总理梅洛尼。两国发表《中华人民共和国和意大利共和国关于加强全面战略伙伴关系的行动计划（2024—2027 年）》。

• 全国人大常委会委员长赵乐际会见意大利总理梅洛尼。

• 意大利总理梅洛尼出席展览“传奇之旅：马可·波罗与丝绸之路上的世界”开幕式并致辞。展览将在北京持续开放至 11 月 24 日，随后还将在中国的其他博物馆展出。

31 日 中共中央政治局委员、上海市委书记陈吉宁会见意大利总理梅洛尼。

8月

5 日 据当日报道，欧盟委员会已向意大利发放第五期国家韧性与复苏计划资金，总额 110 亿欧元。该期资金涵盖 54 个项目目标，包括在竞争法、公共采购、废物和水管理、司法、支出审查框架和教育等领域实施 14 项改革和 22 项投资计划。

7 日 意大利能源部部长吉尔贝托·皮凯托·弗拉廷（Gilberto Pichetto Fratin）表示，已经通过立法简化了可再生能源项目的审批流程，推动绿色电力生产和实现该国脱碳目标。

• 据当日报道，意大利现有超过 20 万家中小企业，其中近 5. 5 万家是出口企业，营业额超过 1. 4 万亿欧元。

• 意大利政府发布“转型 5. 0”实施法令，这是欧洲第一个针对绿色和数字转型以及员工培训提供专项激励的计划，旨在促进意大利企业投资并提高其全球竞争力。根据该法令，企业无须经任何初步调查和评估即可自动享受最高45%的税收抵免优惠，并可与政府其他优惠措施叠加使用。2024～2025年，意大利政府通过该法令为企业转型分配的资金总额达127亿欧元。

9日　美国海军和意大利海军在印太地区举行首次双边军事演习。

10日　意大利企业与“意大利制造”部官网发布公告，该部与中国明阳智能和意大利可再生能源企业Renexia签署谅解备忘录。根据协议内容，明阳智能和Renexia在意大利成立合资公司用于制造风力涡轮机，预计该生产基地的投资额为5亿欧元，将为1100人提供就业机会。

17日　据当日报道，意大利手工业从业者总数持续下降，2012年为186.7万人，2023年则减至接近145.7万人，11年间下降22%。行业企业数量也在减少。

18日　意大利国防部长克罗塞托表示，8月下旬意大利“加富尔”号航空母舰将首次停靠日本，并与日本海上自卫队举行联合训练。

19日　根据欧盟当日发布的报告，在公共管理机构与公民和企业关系的数字化方面，意大利在欧盟范围内仍处于落后的位置，只有41.3%的意大利人通过互联网与公共机构互动，而欧盟的平均比例为54.3%。在为企业提供数字化公共服务方面，意大利在欧盟国家中排第23位。

21日　欧盟委员会宣布，欧盟平均天然气储存水平达90.01%，高于90%的目标门槛。意大利储气率达91.1%，高于欧盟平均水平。

●意大利国家电网公司发布公告称，2024年上半年，意大利可再生能源发电量较2023年同期增长27.3%，这是该国可再生能源发电量首次超过传统化石能源发电量。

22日　意大利“加富尔”号航母抵达日本神奈川县横须贺市的横须贺基地，同行的还有“阿尔皮诺”号护卫舰。

28日　第81届威尼斯国际电影节在意大利威尼斯开幕，本届电影节将于9月7日闭幕。

30日　意大利国家统计局发布数据，2024年7月，意大利就业人数突破2400万人大关，新增9000人，就业率达62.3%，再创历史新高。就业人数环比增长超 5.6 万人，同比增长 49 万人。失业率降至 6.5%（-0.4 个百分点），青年失业率降至 20.8%（-0.6 个百分点）。

9月

5日 意大利政府表示，已与欧盟委员会就意大利海滨浴场特许经营权纠纷达成协议，意大利海滨浴场的国家特许经营权必须再次招标，目前海滨浴场的特许经营权有效期至 2027 年 9 月，新的招标必须在 2027 年 6 月启动。

11日 意大利国家统计局报告显示，2024 年上半年，意大利西北部地区出口额同比下降 3.5%，为全国外贸最困难的地区。全国出口额同比下降 1.1%，中部地区下降 2.3%，东北地区下降 1.4%，南部地区增长 1.9%，两岛地区增长 7.3%。

12日 意大利企业与“意大利制造”部与经济财政部联合通过一条部际法令，拨款 1500 万欧元，为在意大利全国范围内推动纺织、时尚和配饰行业企业进行生态和数字化转型提供支持。意大利投资促进署（Invitalia）负责该资金的管理、发放和审核工作。

13日 2024 年意大利都灵车展开幕。东风、岚图、比亚迪、奇瑞等多家中国汽车企业的多款针对意大利及欧洲市场的新车亮相。本届车展为期 3 天，超过 40 家参展商参加。

14日 西西里大区巴勒莫检察院以非法拘禁罪和拒绝履行公务罪，要求判处意大利副总理兼基础设施与交通部部长萨尔维尼 6 年监禁，原因是萨尔维尼在 2019 年封锁了一艘载有移民的救援船数周。在检方提出要求后，罗马右翼联盟三党立即联合起来阻止有罪判决。

• 中国商务部部长王文涛在意大利都灵会见意大利汽车工业协会主席瓦瓦索里。双方就欧盟对华电动汽车反补贴案、中意电动汽车产业合作等议题进行交流。

16日 中国商务部部长王文涛在罗马会见意大利企业与“意大利制造”

部部长乌尔索。双方就欧盟对华电动汽车反补贴案和中意中小企业合作等议题深入交换意见。

• 中国商务部部长王文涛在罗马会见意大利副总理兼外交与国际合作部部长塔亚尼。双方重点就欧盟对华电动汽车反补贴调查和中小企业合作等议题深入坦诚交换意见。

• 第136届中国进出口商品交易会（广交会）推介会在意大利首都罗马举行。

17日　中国驻意大利使馆与中国常驻联合国粮农机构代表处在罗马联合举办国庆75周年暨中意全面战略伙伴关系20周年招待会并举行大型图片展。

24日　“投资上海·共享未来”海外行系列活动意大利米兰站成功举办，该活动由上海市人民政府主办、上海市商务委员会和中国（上海）自由贸易试验区临港新片区管委会共同承办。

26日　中国西安直飞意大利米兰航线正式开通。中国上海直飞意大利威尼斯航线（中国首条直飞意大利威尼斯客运航线）开通。

27日　以“万花之镜”为主题的意大利生活艺术大展在上海世博文化公园上海意大利中心开幕，展出为期5个月。

10月

2~6日　第四届繁花中国电影节在意大利佛罗伦萨举办，展映了《雪豹》《落凡尘》《不虚此行》《画魂》等15部不同题材的电影作品。

5~6日　意大利海军“加富尔”号航母与印度海军“超日王”号航母在印度洋进行联合演习，其间印度海军舰载机米格-29K与意大利海军舰载机F-35B和“鹞”式战机编队飞行。

6日　日本政府宣布将与意大利政府签署有关在液化天然气（LNG）领域全面合作的备忘录。

7日　美国国务院表示，已批准对意大利的潜在军售项目，主要出售电子攻击战系统，金额为6.8亿美元。

8日　意大利肉类工业协会的数据显示，受到非洲猪瘟疫情的影响，包括农场主、肉制品生产企业在内的多个行业的损失已达5亿欧元。意大利政府和相关部门正在采取措施，包括提供资金扶持以帮助猪肉产业渡过难关。

9日　意大利公布新的国防预算文件，首次公开2024年国防开支细则，以及2025年和2026年国防经费预算。文件内容显示，意大利将斥资70亿欧元（约合78亿美元）增购25架F-35战斗机，使该国F-35战斗机数量增至115架。该文件还称，2024年，意大利向英、意、日三国共同开发的下一代战斗机“全球作战空中计划”项目再投资5.06亿欧元，比2023年提高近1倍。

11日　意大利在阿尔巴尼亚境内建造的两处移民收容中心投入运营。两处移民收容中心分别位于阿尔巴尼亚的港口城市申津（Shëngjin）和内陆地区贾德尔（Gjadër）。意大利对两处收容中心拥有管辖权。若全面投入运作，每年可接收约3.6万名移民。

• 中共中央政治局委员、北京市委书记尹力在北京会见意大利民主党国际书记普罗文扎诺。

12日　中共中央对外联络部部长刘建超在北京会见意大利民主党国际书记普罗文扎诺。双方就密切党际交往，加强政治对话，促进中意、中欧关系发展等交换意见。

17日　中国水利部部长李国英在罗马会见意大利环境与能源部部长弗拉廷。双方重点就加强水资源利用和保护等领域合作交换意见。

21日　意大利政府通过一项法令，推翻法院对其旗舰移民计划的反对裁定，该移民计划旨在将乘船非法越境的移民送到阿尔巴尼亚的收容中心并遣返回原籍国。

22日　在卡塔尔埃米尔（国家元首）塔米姆访问意大利之际，卡意两国发表联合声明，重申两国支持通过“两国方案”解决巴勒斯坦问题，支持建立享有完全主权、独立的、与以色列和平共处的巴勒斯坦国。

23日　意大利众议院举办“纪念马可·波罗逝世700周年：意中文化

交流的重要性”研讨会。

24 日 中国国务委员、公安部部长王小洪在北京会见意大利内政部部长皮安特多西。

25 日 中国意大利青年企业家论坛在上海举办。

28 日 中国社会科学院在北京举办“2024 中意智库论坛：建立全面战略伙伴关系二十年背景下的中国与意大利务实合作”，来自两国高端智库的 20 多位专家学者参加了论坛。

30 日 应意大利参议院邀请，中共中央政治局常委、中央纪委书记李希 10 月 30 日至 11 月 2 日率中共代表团对意大利进行正式友好访问，在罗马分别会见意大利参议长拉鲁萨、意大利政府副总理兼外长塔亚尼。

11月

5 日 意大利里米尼 Ecomondo 博览会发布报告显示，2023 年，意大利新注册的电动汽车约为 66000 辆，占注册总数（1566448 辆）的 4.2%，插电式混合动力汽车为 69000 辆（4.4%）。2023 年，意大利的汽车保有量为 4100 万辆（其中 84%为燃油车）。意大利为人均拥有汽车最多的欧洲国家，每 1000 名居民拥有 694 辆汽车。

8 日 中国国家主席习近平在北京同来华进行国事访问的意大利总统马塔雷拉举行会谈。

• 中国国家主席习近平在北京同意大利总统马塔雷拉共同会见出席中意文化合作机制大会和中意大学校长对话会的双方代表。

• 中国国家主席习近平和夫人彭丽媛在北京人民大会堂同意大利总统马塔雷拉和女儿劳拉共同赏鉴意大利查获并返还中方的中国流失文物。

• 中国国务委员谌贻琴陪同来华进行国事访问的意大利总统马塔雷拉参观“传奇之旅：马可·波罗与丝绸之路上的世界”闭幕展览。

9 日 中国国务院总理李强在北京会见意大利总统马塔雷拉。

• 中国全国人大常委会委员长赵乐际在北京会见意大利总统马塔雷拉。

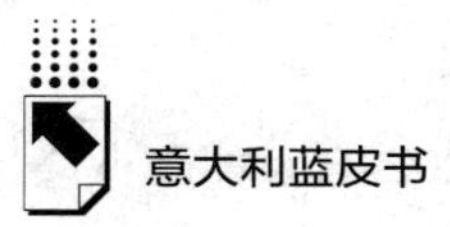

• 中意大学校长对话会在北京大学举办。

14 日　中国电影《中国乒乓之绝地反击》（意大利语名：*Ping Pong*：*Il Ritorno*）在意大利全国各大影城广泛上映，成为首部大规模进入意大利主流商业电影发行渠道的中国大陆影片。

18～24 日　第九届全球意大利美食周（SCIM）在北京举行。

19 日　意大利零售协会（Confesercenti）表示，2014～2024 年，意大利有 14 万家商店关闭，而新开张的商店数量减少了一半（52%），街头商业锐减 76%，餐馆和酒吧数量减少 40%。

22 日　安永对欧洲和意大利吸引力进行的 2024 年度调查显示，与新冠疫情前相比，意大利的外国直接投资项目数量几乎翻番，从每年 100 多个增至 200 多个。意大利的大部分外国直接投资来自欧洲，其次是美国，中国投资开始再次增长，从 2021～2022 年的 2%增至 2023 年的 5%。

25 日　中国科学技术部部长阴和俊与意大利大学与科研部部长贝尔尼尼在那不勒斯举行双边会见并签署联合声明。

25～26 日　七国集团外长会在意大利召开，也是七国集团 2024 年的最后一次部长级会议。轮值主席国意大利副总理兼外长塔亚尼主持工作会议，主要讨论加沙人道主义危机、黎巴嫩局势、巴以冲突等中东问题，以及俄乌冲突问题。

26～28 日　第 13 届中意创新合作周在意大利举办。本届中意创新合作周以“实现科技价值，应对时代挑战”为主题，设那不勒斯主会场和威尼斯分会场，内容涵盖部长级双边会议、开幕式暨中意重要项目签约仪式、7 场平行论坛、科技创新主体“一对一”对接会等环节。

28 日　意大利全国社会保障局（INPS）观察站数据显示，2023 年，在意大利的外国公民人数为 4384044 人，其主要原籍国是罗马尼亚、阿尔巴尼亚、摩洛哥、中国和乌克兰。

29 日　意大利多个工会组织发起全国性大罢工和多场游行示威活动，要求意大利政府增加公共服务投入，提高居民收入水平。

• 意大利国家统计局发布的数据显示，2024 年 10 月，意大利工业生产指数连续第 5 个月出现下滑，为 2022 年 1 月以来最低水平，同月意大利工业产值为 2021 年 2 月以来最低水平。

12月

4 日　意大利参议院通过关于收紧移民管控的法案，旨在进一步加强对非法移民、外籍劳工的管控。意大利工会组织提出批评，认为该法案“充满惩罚性和限制性”，不利于家庭团聚等正常移民需求，还可能助长针对移民劳工的剥削。

• 意大利总理梅洛尼在意大利罗马会见来访的匈牙利总理欧尔班。双方就非法移民、中东局势和俄乌冲突等问题交换了意见，并同意两国将加强协调。

6 日　意大利总理梅洛尼与乌克兰总统泽连斯基通话，重申继续对乌克兰的全方位支持。意大利总理府公告称，梅洛尼和泽连斯基对后续外交斡旋交换了意见。双方还就地区安全局势以及增加防空系统供应进行了商谈。

7 日　意大利总理梅洛尼在法国参加巴黎圣母院重新开放仪式后，与美国候任总统特朗普进行了一次 15 分钟的“私人会晤”。梅洛尼与特朗普的短暂会面引起了意大利媒体广泛关注，并被多方解读为意大利与美国之间“特殊关系”的体现。

11 日　意大利总理焦尔吉娅 · 梅洛尼与加拿大总理贾斯廷 · 特鲁多通话，就七国集团轮值主席国交接进行沟通。

• 意大利国家存贷款银行发布的报告显示，意大利为世界领先的高级时装生产国，2023 年时尚产业为意大利 GDP 贡献了 5%，其产业供应链创造了 750 亿欧元的附加值和 650 亿欧元的出口额。

13 日　意大利总统马塔雷拉和意大利总理梅洛尼在罗马分别会见了到访的巴勒斯坦总统阿巴斯。

• 与意大利 2025 年预算法相关的税收法令以 151 票赞成、111 票反对和 4 票弃权的结果，在议会获得通过，得以立法。

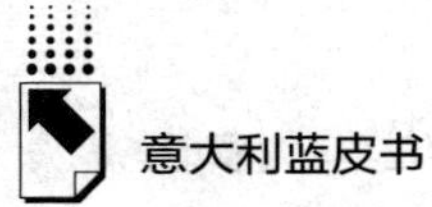

17 日　欧盟委员会批准了意大利政府提出的一项预算为 97 亿欧元的国家援助计划，用于支持建设新的陆上风电厂、太阳能光伏发电厂、水力发电厂和净化工艺废气发电厂。

18 日　欧盟委员会批准了意大利政府提出的一项预算为 13 亿欧元的国家援助计划，以支持新加坡半导体公司 Silicon Box 在诺瓦拉建造一个半导体先进封装和测试工厂。

20 日　意大利巴勒莫地方法院一审判决因在担任内政部长期间拒绝载有难民的非政府组织船只靠岸而涉嫌非法扣留和滥用职权罪的意大利副总理萨尔维尼无罪。意大利总理梅洛尼表示，判决结果说明对萨尔维尼的指控毫无根据，保卫本国边境绝不是犯罪。

• 意大利中国商会在意大利米兰举办首期年度报告《2024 年在意中资企业发展报告》发布会。

25 日　意大利海军多功能两栖攻击舰“的里雅斯特”号正式服役，成为二战结束以来意大利海军装备的最大水面舰艇。

30 日　意大利罢工管理机构的数据显示，2024 年意大利共举行了 622 次罢工，工人罢工的天数创下了新纪录。

附录二

统计数据*

吕成达**

表 1　意大利国内生产总值（2018~2024 年数据）

单位：百万欧元，%

项目	2018 年	2019 年	2020 年	2021 年	2022 年
国内生产总值(现值)	1771566	1794935	1660621	1822345	1997055
实际增长率	0.8	0.3	-8.9	6.7	3.7

项目	2023 年				2024 年			
	1 季度	2 季度	3 季度	4 季度	1 季度	2 季度	3 季度	4 季度
国内生产总值（未调整原始值）	438183	445850	444056	453511	470407	484180	483634	494662
国内生产总值（季节调整值）	446443	444761	445201	448551	481209	481997	481981	483534
增长率（基于前期）	0.6	-0.4	0.0	0.2	0.3	0.2	-0.0	0.0
增长率（基于前四期）	2.1	0.3	0.0	0.5	0.3	0.7	0.4	0.5

* 表 1~表 11 中，除表 4“意大利进出口贸易额”和表 5“中意双边贸易额”外，其余数据均来源于意大利国家统计局（https：//www.istat.it/en/）。

** 吕成达，中国社会科学院大学国际政治经济学院博士研究生。

表 2　意大利公共债务、财政赤字与 GDP 的比例（1995~2024 年年度数据）

单位：%

年份	债务占比	赤字占比	年份	债务占比	赤字占比
1995	122.0	7.8	2010	119.0	4.6
1996	122.0	7.1	2011	120.0	3.5
1997	120.0	2.8	2012	125.0	3.0
1998	117.0	3.0	2013	129.0	2.8
1999	116.0	1.9	2014	131.8	3.0
2000	110.0	0.8	2015	131.6	2.6
2001	108.0	3.1	2016	131.4	2.5
2002	105.7	2.9	2017	131.2	2.4
2003	104.4	3.5	2018	132.2	2.2
2004	103.8	3.5	2019	134.6	1.6
2005	105.8	4.2	2020	155.6	9.5
2006	106.5	3.1	2021	150.4	7.2
2007	103.5	1.5	2022	144.4	8.0
2008	106.1	2.7	2023	137.3	7.2
2009	115.8	5.3	2024	135.3	3.4

表 3　意大利消费者价格指数（2021~2024 年月度数据）

时间		消费者价格指数（2015 年=100）	时间		消费者价格指数（2015 年=100）
2021 年	1 月	103.3	2022 年	1 月	108.3
	2 月	103.4		2 月	109.3
	3 月	103.7		3 月	110.4
	4 月	104.1		4 月	110.3
	5 月	104.1		5 月	111.2
	6 月	104.2		6 月	112.5
	7 月	104.7		7 月	113.0
	8 月	105.1		8 月	113.9
	9 月	104.9		9 月	114.2
	10 月	105.6		10 月	118.1
	11 月	106.2		11 月	118.7
	12 月	106.6		12 月	119.0

续表

时间		消费者价格指数（2015年=100）	时间		消费者价格指数（2015年=100）
2023年	1月	119.1	2024年	1月	120.1
	2月	119.3		2月	120.2
	3月	118.8		3月	120.2
	4月	119.3		4月	120.3
	5月	119.7		5月	120.6
	6月	119.7		6月	120.7
	7月	119.7		7月	121.2
	8月	120.1		8月	121.4
	9月	120.3		9月	121.2
	10月	120.1		10月	121.2
	11月	119.5		11月	121.1
	12月	119.7		12月	121.2

表4 意大利进出口贸易额（2017~2024年年度数据）

单位：亿美元

年份	贸易总额	出口额	进口额	贸易平衡
2017	9608.72	5075.91	4532.81	543.10
2018	10474.18	5466.32	5007.86	458.46
2019	10061.90	5326.71	4735.20	591.51
2020	9173.53	4947.82	4225.71	714.58
2021	11654.38	6084.10	5570.28	513.82
2022	13491.38	6578.96	6912.42	-333.46
2023	13170.24	6770.95	6399.29	371.66
2024	12904.73	6748.74	6155.99	592.75

资料来源：2017~2019年数据来自中华人民共和国商务部网站：https://countryreport.mofcom.gov.cn/，2020~2024年数据来自OECD网站：https://data.oecd.org/，并将原数据换算为“亿美元”为单位。

表 5　中意双边贸易额（2010~2024 年年度数据）

单位：亿美元

年份	中国对意大利出口额	中国自意大利进口额	进出口总额
2010	378. 27	113. 84	492. 11
2011	408. 34	138. 85	547. 19
2012	316. 04	115. 35	431. 39
2013	306. 96	130. 35	437. 31
2014	332. 15	138. 93	471. 08
2015	312. 61	115. 20	427. 81
2016	301. 57	122. 19	423. 76
2017	320. 93	152. 98	473. 91
2018	363. 27	155. 40	518. 67
2019	354. 59	145. 45	500. 04
2020	329. 38	222. 48	551. 85
2021	436. 30	303. 23	739. 53
2022	509. 08	269. 76	778. 84
2023	445. 23	272. 34	717. 58
2024	461. 95	263. 48	725. 42

资料来源：中华人民共和国商务部网站：https：//countryreport. mofcom. gov. cn/。

表 6　意大利单位劳动成本（经过季节调整的 2017~2024 年季度数据，2015 年=100）

时间		工业和服务业	工业	除建筑业外的工业	服务业
2017 年	1 季度	100. 1	100. 1	100. 2	100. 2
	2 季度	99. 6	99. 9	99. 8	99. 3
	3 季度	100. 2	100. 7	100. 7	100. 1
	4 季度	100. 5	101. 0	101. 0	100. 2
2018 年	1 季度	100. 1	100. 3	100. 3	100. 3
	2 季度	101. 3	101. 6	101. 6	101. 4
	3 季度	102. 0	102. 5	102. 3	101. 9
	4 季度	102. 2	102. 5	102. 2	102. 0
2019 年	1 季度	103. 7	104. 0	103. 8	103. 8
	2 季度	103. 7	104. 0	103. 9	103. 6
	3 季度	103. 7	103. 9	103. 7	103. 6
	4 季度	103. 5	103. 9	103. 8	103. 3

续表

时间		工业和服务业	工业	除建筑业外的工业	服务业
2020 年	1 季度	104. 1	103. 9	103. 8	104. 5
	2 季度	109. 6	106. 7	106. 0	111. 9
	3 季度	104. 0	103. 8	103. 5	104. 4
	4 季度	103. 4	102. 5	102. 9	104. 0
2021 年	1 季度	104. 5	103. 8	104. 0	105. 1
	2 季度	104. 7	104. 2	104. 5	105. 3
	3 季度	104. 7	104. 8	105. 4	104. 9
	4 季度	104. 1	104. 3	105. 4	104. 0
2022 年	1 季度	104. 1	104. 7	105. 5	103. 8
	2 季度	105. 0	105. 7	106. 5	104. 6
	3 季度	104. 8	105. 3	106. 0	104. 8
	4 季度	105. 5	106. 0	107. 1	105. 2
2023 年	1 季度	107. 4	107. 5	108. 3	107. 9
	2 季度	107. 8	108. 4	109. 2	107. 3
	3 季度	108. 6	110. 0	110. 7	107. 6
	4 季度	109. 5	110. 4	111. 3	108. 9
2024 年	1 季度	105. 2	107. 0	106. 9	104. 1
	2 季度	107. 0	108. 7	108. 9	105. 8
	3 季度	108. 0	109. 8	109. 9	106. 9
	4 季度	108. 0	110. 2	110. 5	106. 5

表 7　意大利单位劳动力收入（经过季节调整的 2018~2024 年季度数据，2015 年=100）

时间		工业和服务业	工业	除建筑业外的工业	服务业
2018 年	1 季度	100. 4	100. 8	100. 8	100. 3
	2 季度	101. 4	101. 9	101. 9	101. 2
	3 季度	101. 8	102. 5	102. 4	101. 5
	4 季度	101. 8	102. 3	102. 1	101. 5
2019 年	1 季度	103. 0	103. 6	103. 5	102. 8
	2 季度	103. 0	103. 5	103. 5	102. 7
	3 季度	103. 1	103. 4	103. 4	102. 8
	4 季度	102. 9	103. 5	103. 5	102. 6

续表

时间		工业和服务业	工业	除建筑业外的工业	服务业
2020年	1季度	103.3	103.4	103.4	103.4
	2季度	109.1	106.7	106.0	111.1
	3季度	103.3	103.3	103.2	103.4
	4季度	103.8	103.2	103.5	104.2
2021年	1季度	104.5	104.1	104.5	104.8
	2季度	104.8	104.5	105.0	105.1
	3季度	104.8	105.1	105.9	104.8
	4季度	104.4	104.7	105.9	104.1
2022年	1季度	104.3	104.9	106.0	103.8
	2季度	105.1	105.9	107.0	104.6
	3季度	105.0	105.6	106.5	104.8
	4季度	105.6	106.2	107.4	105.3
2023年	1季度	107.1	107.5	108.6	107.0
	2季度	107.6	108.5	109.6	107.0
	3季度	108.7	110.3	111.4	107.7
	4季度	109.4	110.4	111.7	108.8
2024年	1季度	105.1	106.9	106.8	103.9
	2季度	106.8	108.6	108.8	105.5
	3季度	107.9	109.6	109.8	106.7
	4季度	107.9	110.1	110.4	106.3

表8　意大利及其各区域失业人口（2018~2024年数据）

单位：千人

时间	意大利全国	北部	西北地区	东北地区	中部	南部
2018年	2755	847	519	328	517	1391
2019年	2582	790	487	303	473	1319
2020年	2310	740	435	305	427	1143
2021年	2367	749	467	282	449	1169
2022年	2027	642	398	244	367	1018
2023年	1947	592	349	242	330	1024

续表

时间		意大利全国	北部	西北地区	东北地区	中部	南部
2024 年	1 季度	1974	588	—	—	353	1033
	2 季度	1710	495	—	—	296	919
	3 季度	1428	473	—	—	233	723
	4 季度	1541	494	—	—	255	791

注：为提高意大利和欧盟层面数据的一致性，自 2021 年起，意大利劳动力调查（Labour Force Survey）的口径根据欧盟 2019 年新条例（Regulation 2019/1700）做出调整，相关变化涉及表 8 和表 9 中有关意大利 2021~2024 年失业人口和失业率数据。

表 9　意大利及其各区域失业率（2018~2024 年数据）

单位：%

时间		意大利全国	北部	西北地区	东北地区	中部	南部
2018 年		10.6	6.6	7.0	6.0	9.4	18.4
2019 年		10.0	6.1	6.5	5.5	8.7	17.6
2020 年		9.2	5.8	6.0	5.6	8.0	15.9
2021 年		9.5	6.0	6.5	5.3	8.6	16.4
2022 年		8.1	5.1	5.5	4.5	7.0	14.3
2023 年		7.7	4.6	4.8	4.4	6.2	14.0
2024 年	1 季度	7.7	4.6	—	—	6.6	14.1
	2 季度	6.7	3.9	—	—	5.5	12.5
	3 季度	5.6	3.7	—	—	4.3	10.0
	4 季度	6.1	3.8	—	—	4.8	10.8

表 10　意大利各年龄段失业率（经过季节调整的 2018~2024 年季度数据）

单位：%

时间		15~24 岁	25~34 岁	35~49 岁	50 岁及以上	15 岁以上
2018 年	1 季度	32.8	16.3	9.2	6.5	10.9
	2 季度	32.6	15.8	9.0	6.7	10.8
	3 季度	31.9	15.6	8.5	6.2	10.3
	4 季度	32.3	15.9	8.7	6.4	10.5
2019 年	1 季度	31.2	15.3	8.7	6.3	10.3
	2 季度	29.1	15.1	8.5	5.9	9.9
	3 季度	28.3	14.5	8.7	5.8	9.8
	4 季度	28.4	14.3	8.5	6.0	9.7

续表

时间		15~24 岁	25~34 岁	35~49 岁	50 岁及以上	15 岁以上
2020 年	1 季度	28.4	13.4	7.9	5.7	9.2
	2 季度	28.0	12.8	7.4	4.9	8.4
	3 季度	30.7	15.5	8.2	5.8	9.8
	4 季度	29.9	14.4	7.6	5.5	9.2
2021 年	1 季度	32.5	15.6	8.4	6.2	10.1
	2 季度	30.4	14.5	8.0	6.2	9.8
	3 季度	28.0	13.2	7.6	6.0	9.1
	4 季度	27.3	13.2	7.7	5.8	9.1
2022 年	1 季度	25.0	12.2	7.2	5.5	8.5
	2 季度	23.4	11.3	7.1	5.2	8.1
	3 季度	23.5	11.2	6.9	5.1	7.9
	4 季度	23.0	11.2	6.6	5.2	7.8
2023 年	1 季度	23.1	11.6	7.3	5.3	8.3
	2 季度	22.1	9.7	6.6	5.0	7.5
	3 季度	21.7	10.0	6.8	4.3	7.3
	4 季度	24.0	10.0	6.7	4.6	7.5
2024 年	1 季度	22.5	10.3	7.0	5.1	7.7
	2 季度	20.2	9.2	5.8	4.4	6.7
	3 季度	18.0	8.1	4.9	3.3	5.6
	4 季度	20.6	8.8	5.2	3.5	6.1

表 11　意大利人口（2018~2024 年年度数据）

单位：人

时间	男	女	总人口
2018 年 1 月 1 日	29427607	31056366	60483973
2019 年 1 月 1 日	29384766	30974780	60359546
2020 年 1 月 1 日	29050096	30591392	59641488
2021 年 1 月 1 日	28866226	30369987	59236213
2022 年 1 月 1 日	28818956	30211177	59030133
2023 年 1 月 1 日	28814832	30182369	58997201
2024 年 1 月 1 日	28846728	30124502	58971230

后　记

2024 年西方国家政坛持续震荡，而向来以“政府更迭频繁”著称的意大利却在梅洛尼政府领导下保持了政治稳定，并且继续在政治、经济、社会、外交各领域推进一系列重要举措，取得了不少进展。在政治上，梅洛尼政府通过欧洲议会选举在一定程度上巩固了执政基础，得以继续推进“直选总理”改革等重要议程。在经济上，通货膨胀率继续回落，但物价水平仍处于历史高位，诸多不利因素致使经济增长进一步放缓，再次跌回新冠疫情前的低增长轨道。在社会方面，就业率处于历史高位，政府继续调整社会救助措施，尝试更精准扶助困难群体。在外交上，梅洛尼政府重回现实、务实和灵活的外交政策传统，利用七国集团轮值主席国身份积极开展主场外交，还通过推进“马泰计划”尝试与非洲建立新的伙伴关系。

本年度的“意大利蓝皮书”即《意大利发展报告（2024～2025）》的总报告以“在西方政坛震荡中保持稳定的意大利”为题勾勒出了 2024 年度意大利的发展概貌，对意大利国内各领域及中意关系发展进行了梳理、总结与展望。在分报告和专题篇，本书对 2024 年意大利政治形势、经济形势、社会形势和外交关系的进展做了分析，还特别关注了意大利视角下的 2024 年欧洲议会选举、意大利创新体系的演变及近年来的新发展、意大利卫生服务体系的发展历程与改革、意大利大学“第三使命”活动的发展与特点、意大利文化遗产数字化的政策与特点、数字化转型背景下意大利的人工智能治理、意大利政府推出的面向非洲的“马泰计划”等重要问题。

2024 年是中国与意大利建立全面战略伙伴关系 20 周年，也是中意文化交流的先驱者和标志性人物马可·波罗逝世 700 周年。本书的“中国与意大利”篇有三篇报告分别聚焦中意两国马可·波罗研究的学术贡献与时代意义、半个世纪以来中国与意大利的法学交流与合作、意大利的人工智能发展战略与中意合作前景，还有一篇对“2024 中意智库论坛”的学术观点进行了综述。总体而言，2024 年意大利总理梅洛尼和总统马塔雷拉先后访华，两国关系在因意方未续签共同推进“一带一路”建设谅解备忘录而出现波折后再次升温，并且通过签署新的全面合作计划开启了加强务实合作的新阶段。

“意大利蓝皮书”得以立项和如今第六本年度报告即将付梓，要特别感谢中国社会科学院历任领导的关心以及中国社会科学院欧洲研究所和国际合作局的大力支持。在此，一并向给予本书支持的领导和同事致以诚挚的谢意。还要感谢“意大利蓝皮书”顾问罗红波研究员和沈雁南研究员多年来给予的精心指导和无私帮助。值得一提的是，自 2022 年以来，“意大利蓝皮书”成功入选中国社会科学院年度皮书后期资助项目名单。2022 年度和 2023 年度的蓝皮书先后荣获第十四届“优秀皮书奖”三等奖和第十五届优秀皮书奖“皮书国际合作奖”。这些来自国内学界的认可令我们研究团队深感荣幸，备受鼓舞。

“意大利蓝皮书”自启动以来受到国内意大利研究界和意大利学界的高度重视。本年度的蓝皮书延续中意合作研创方式，除中国作者外，还邀请了多位意大利知名专家撰稿。期待蓝皮书这一成果展示平台继续为中国意大利研究的人才队伍培养做出积极贡献，也希望借此开拓中意两国社会科学交流与合作的新模式，未来我们将再接再厉。

最后，衷心感谢社会科学文献出版社文化传媒分社社长祝得彬先生的大力支持，特别要感谢责任编辑王晓卿女士，她一贯的严谨态度和细致入微的工作是本书顺利出版的重要保障。

孙彦红

2025 年 6 月于北京

Abstract

In 2024, many Western countries are grappling with deep political volatility, while Italy, known for its frequent government changes, maintained political stability under the leadership of the Meloni government and continued to carry on a series of important agendas and new policy initiatives in politics, economy, society, and foreign affairs. In terms of politics, the Meloni government has to some extent consolidated its governing foundation through the European Elections, allowing it to continue promoting important agendas such as the "Premierato" reform, differentiated autonomy of regions reform and judicial reform. In terms of the economy, the inflation rate continues to fall, but the price level is still at a historical high. Many adverse factors have led to further slowdown of economic growth, which has fallen back to the low growth track before the COVID-19 pandemic. It is more urgent to accelerate structural reforms and economic transformation. In terms of society, the livelihood situation continues to improve, and the employment rate and number of employed people are at historical highs. The government continues to adjust social assistance measures and try to provide more targeted assistance to disadvantaged groups. In terms of foreign policies, the Meloni government has returned to the realistic, pragmatic, and flexible policy tradition, actively utilizing the rotating presidency of the G7 to engage in home diplomacy and attempting to establish new partnerships with Africa through the promotion of the Mattei Plan. The General Report in the *Annual Development Report of Italy (2024-2025)* takes the "Italy Maintaining Stability amidst Political Volatility in the West" as its subject, aiming at outlining the development of Italy in 2024 from the perspectives of politics, economy, society, foreign policies, China-Italy relations, and so on.

Regarding the situation of Italy in 2024, the *Annual Development Report of Italy (2024－2025)* makes a comprehensive review and analysis from four aspects: politics, economy, society, and foreign relations. Domestically, while maintaining stability, the Meloni government has also made efforts to promote a series of new measures in politics, economy, and society, and has made some progress.

In terms of foreign affairs, the Meloni government further seeks balance among various forces while striving to enhance Italy's influence on the international stage.

The Special Reports focus on 2024 European elections from an Italian perspective, the evolution of the Italian innovation system and its development in recent years, the development and reforms of the Italian health service system, the development and characteristics of the "Third Mission" activities in Italian universities, digitalization of cultural heritage in Italy, artificial intelligence (AI) governance in Italy in the context of digital transformation, and the Italian government's "Mattei Plan" towards Africa. These issues are either related to the major changes currently taking place in Italy or closely related to China-Italy relations and cooperation. The analysis can help us better understand the current situation of various fields in Italy.

2024 marks the 20th anniversary of the establishment of the Comprehensive Strategic Partnership between China and Italy, as well as the 700th anniversary of the death of Marco Polo, a pioneer in cultural exchanges between China and Italy. Italian Prime Minister Meloni and President Mattarella have visited China successively. The bilateral relations have warmed up again after twists and turns due to the Italy not renewing the BRI memorandum, and the signing of a new comprehensive cooperation plan has initiated a new stage of strengthening practical cooperation of the two countries. In the "*China and Italy*" Section in the *Annual Development Report of Italy (2024－2025)*, three reports are presented, the topics respectively involve the academic contributions and contemporary significance of Marco Polo studies in China and Italy, legal exchanges and cooperation between China and Italy over the past half century and Italy's artificial intelligence development strategy and China-Italy cooperation. There's another review article aiming to summarize the academic viewpoints of the "2024 China-Italy Think

Tank Forum" . These reports aim to deepen the understanding of the current situation of China-Italy relations.

Overall, the *Annual Development Report of Italy* (*2024–2025*) reflects Italy's overall situation, major events and progress in important areas in 2024 and tries to make an in-depth analysis of the new development of China-Italy relations and cooperation.

Finally, the *Annual Development Report of Italy* (*2024–2025*) continues to adopt the China-Italy cooperation approach. In addition to Chinese scholars, several Italian experts from well-known Italian think tanks and universities are invited to contribute five reports to this book. It is hoped that this form of cooperation will help the readers understand more comprehensively and more objectively the situation of Italy and the development of China-Italy relations.

Keywords: The Meloni Government; Political Reforms; Economic Growth; Foreign Policy; China-Italy Relations

Contents

I General Report

B.1 Italy Maintaining Stability amidst Political Volatility in the West

Sun Yanhong / 001

Abstract: In 2024, many Western countries are grappling with deep political instability, while Italy, known for its frequent government changes, maintained political stability under the leadership of the Meloni government and continued to carry on a series of important agendas and new policy initiatives in politics, economy, society, and foreign affairs. In terms of politics, the Meloni government has to some extent consolidated its governing foundation through the European Elections, allowing it to continue promoting important agendas such as the "Premierato" reform, differentiated autonomy of regions reform and judicial reform. In terms of the economy, the inflation rate continues to fall, but the price level is still at a historical high. Many adverse factors have led to further slowdown of economic growth, which has fallen back to the low growth track before the COVID-19 pandemic. It is more urgent to accelerate structural reforms and economic transformation. In terms of society, the livelihood situation continues to improve, and the employment rate and number of employed people are at historical highs. The government continues to adjust social assistance measures and try to provide more targeted assistance to disadvantaged groups. In terms of foreign policies, the Meloni government has returned to the realistic, pragmatic, and flexible policy tradition, actively utilizing the rotating presidency of the G7 to engage in home diplomacy and attempting to establish new partnerships with Africa through the promotion of the Mattei Plan. 2024 marks the 20th anniversary of the establishment of the Comprehensive Strategic Partnership between China and Italy, as well as the 700th anniversary of the death of Marco Polo, a pioneer in cultural exchanges between China and Italy. Italian Prime Minister Meloni and President Mattarella visited China successively, and the intensive high-level diplomacy has once again warmed up the relationship between the two countries. Moreover, the signing of a new comprehensive cooperation plan has initiated a new stage of strengthening practical cooperation between the two countries.

Keywords: Meloni Government; Political Reforms; Economic Growth; Social Assistance; China-Italy Relations

Ⅱ Situation Reports

B.2 Italian Politics: Right-wing Government Remains Stable and Bipolar Political Party Structure Strengthens *Shi Dou* / 025

Abstract: The year of 2024 witnessed regional, municipal, and European Parliament elections held in Italy. After these "three elections", the Meloni government maintained strong support rate, while political polarization intensified. At the same time, the "Premierato" Reform, the "Differentiated Autonomy" Law, and Judicial Reforms led by the government further fueled domestic divisions. Regarding party dynamics, Fratelli d'Italia consolidated its position as the largest party, and Forza Italia surpassed Lega in electoral strength, while the latter's prospects continued to decline. On the opposition side, the Partito Democratico saw its support grow, while the Movimento 5 Stelle struggled in most elections, which led it to make significant changes to its party statute during the "Assemblea Costituente" held at the end of the year. Centrist parties like Italia Viva and Azione suffered setbacks amid internal divisions. The Alleanze Verdi e Sinistra emerged as a third force among opposition parties. Looking ahead, the primary challenge to the stability of the Italian right-wing government in the short term may not come from the opposition, but within the ruling coalition. Due to Lega's declining electoral fortunes, Matteo Salvini's leadership could come under pressure. In particular, the 2025 Veneto regional election will be a key variable affecting Lega's future trajectory and the unity of the ruling coalition. Meanwhile, the Partito Democratico will need to forge a more effective alliance with the restructured Movimento 5 Stelle and offer a credible alternative to the right-wing government.

Keywords: European Parliament Election; Regional Elections; Political Polarization; "Premierato" Reform; Judicial Reforms

B.3 Italian Economy: At a Critical Juncture amid Positive Forces and Risks *Lorenzo Codogno* / 051

Abstract: In 2024, the Italian economy is at a critical juncture, not only because of the risky external environment. As for Italian economy, on top of forthcoming PNRR-related acceleration in public spending, the government should make the conditions in place for a gradual improvement in domestic demand. However, the expected improvement in 2024 has somewhat disappointed, and the weakness recorded in the second part of the year risks extending to 2025. The global situation may deteriorate before domestic demand recovers, with a risk of a turn in the labour market. Moreover, a return to Italy's meagre pre-pandemic pace of growth is also a distinct risk, especially from 2027 onwards given that the NRRP will end in 2026. Although there are positive signs in the labour market and the recovery in public investments, the structural reforms process has been unimpressive. It does not appear conducive to more robust and sustainable growth in the medium term.

Keywords: Italy; Economic Growth; Aggregate Productivity; Fiscal Policy; Structural Reforms

B.4 Italian Society: Livelihood Continuing to Improve and Measures to Alleviate Difficulties Being Adjusted

Zang Yu, *Li Wantong* / 068

Abstract: In 2024, Italy's inflation rate further declined, and the living conditions continued to improve. The employment rate and number of employed people were both at historical highs, the unemployment rate has fallen to a new low, and household disposable income and purchasing power have slightly increased. However, a significant portion of the population still lives in poverty, and "hereditary poverty" remains severe. In terms of reducing poverty, promoting employment and preventing social exclusion, the Italian government implemented a significant reform, by replacing RdC with ADI and SFL. Furthermore, a variety of targeted subsidies were introduced to support different vulnerable groups and encourage a green transition of lifestyle. Immigration remains a critical issue for Italian public debates, despite a significant reduction of irregular entries into Italy through the Central Mediterranean Route, due to strengthened prevention and interception efforts by Tunisian and Libyan governments, supported by Italian financial aids. Meanwhile, Italy remained to be highly attractive for economic migrants from less developed countries, especially for Bangladesh migrants. Thanks to the significant economic support provided by PNRR, it is expected that, in 2025, the well-being of Italian people will be better guaranteed.

Keywords: Italy; The People's Livelihood; Social Assistance; Poverty Reduction; Irregular Migrants

B.5 Italian Foreign Policy: A Strategic Hub Navigating Multiple Sides

Zhong Zhun, *Wei Kangting* / 088

Abstract: In 2024, Italy's foreign policy further returned its traditional balancing approach among multiple powers, aiming to position the country as a global hub in international relations. Firstly, Prime Minister Meloni sought to amplify Italy's influence within the EU by benefiting from both sides between center-right and far-right forces, leveraging her party's success in the European Parliament elections. Secondly, Italy utilized NATO's defense spending requirements to try to break through the EU's fiscal austerity constraints. Thirdly, as the G7 rotating presidency, Italy aimed to expand its influence in the Indo-Pacific and the Greater Mediterranean areas. Fourthly, the Meloni government worked to repair ties with China and India, positioning Italy as a "bridge" in Sino-European relations while relying on India to balance China's influence in Asia. Finally, regarding the Global South, Italy used the support of the EU and the US to engage with African and Middle Eastern issues, aspiring to serve as a link between the Global North and Global South. While this balancing foreign policy fully utilizes on the current volatile international landscape, its effectiveness in elevating Italy's international status remains contingent on the stability of the Meloni government.

Keywords: Italy; The EU; NATO; Asia; G7; Global South

Ⅲ Special Reports

B.6 2024 European Elections from an Italian Perspective

Giuseppe Davicino / 106

Abstract: The 2024 European Parliament elections produced political earthquakes in the two largest EU member states, i. e. Germany and France. In the third major member state, Italy, despite a worryingly high abstention rate, the national political system appeared to emerge reinforced, with a stronger government and the opposition more confident of its chances. Overall, the balance of power between the political groups in the European Parliament did not change fundamentally after the last elections, allowing a choice of continuity both in the composition of the majority and in the choice of the President of the European Commission with the reappointment of Ursula von der Leyen. But the new EU leadership faces a general situation that requires decisions that cannot be postponed in the direction of discontinuity. The other players on the global stage have grown to such an extent that the EU can only expect to play a leading role on the international stage if it can present a united front. What the EU needs to be more united in tackling common problems is also what is needed on a global scale. As the President of the Italian Republic Sergio Mattarella has advocated, a global concord is needed to face together the common challenges of humanity.

Keywords: European Parliament Elections; European Commission; Italy; Germany; France

B.7 The Evolution of the Italian Innovation System and its Development in Recent Years *Francesca Spigarelli* / 121

Abstract: In recent decades, Italy has faced complex challenges in adapting its innovation system to European and global standards. The evolution of the national innovation system (NIS) has been characterized by uneven development policies. Recently, the National Recovery and Resilience Plan (PNRR) has defined significant measures to stimulate innovation and relations between industry and the research system. Launched in 2021 as a response to the COVID-19 pandemic, the PNRR aims to address some of the main Italian critical issues, also through support for digital and green transitions. This report analyzes the historical context, the main characteristics and gaps of the Italian innovation system, focusing on the most recent policies and how the PNRR can be considered a catalyst for structural changes. Some successful actors of innovation and recent development are mentioned to demonstrate how Italy is trying to overcome its structural weaknesses and promote competitiveness and sustainability in strategic sectors.

Keywords: National Innovation System; The Universities; Research Centers; National Recovery and Resilience Plan (PNRR)

B.8 Italy's Health Service System: History, Current Situation and Reforms

Li Hao, He Jiaxin / 144

Abstract: Italy is known for its excellent population health status and a service health system that covers the entire population. The health service system can be sourced to the Roman times. After long time evolution the National Health Service system finally came into being in 1978. Since then, Italy has implemented a series of health service system reforms, in response to the changing internal and external environment. The provision of health services in Italy is based on the three-level national health system, and the State, regional, local authorities play their different roles respectively. Health financing in Italy mainly comes from taxation, and health expenditures mainly flow to community health service and hospital service. The main payment methods include capitation, volume-based payment and budget lines. To curb the unreasonable growth of health expenditure and improve the quality of health service, more and more regions in Italy have begun to implement regional healthcare performance evaluation. At present, the Italian health service system faces challenges such as imbalanced regional development, financing difficulties, and aging population. Future reform directions include further strengthening primary health care, constraining healthcare costs, improving its response capabilities to public health emergency, and strengthening international health cooperation.

Keywords: Italy; Health Service System; National Health Service System; Health Service System Reform

B.9 The Development Status, Characteristics, and Inspirations of the "Third Mission" Activities in Italian Universities

Xing Jianjun / 160

Abstract: Since the Bologna Process was put forward, European universities have become opener and opener, and the importance of the third mission which consists of the three major elements of knowledge and technology transfer, continuing education and social engagement, has become more and more prominent as a strategic pivot reflecting the characteristics and advantages of universities. In 2010, Italy formally wrote the third mission into the law on higher education reform, thus defining the position of the third mission in the function of higher education. In recent years, universities have faced challenges such as rapid iteration of new technologies, digitization, and energy transformation, therefore the strategic position of the third mission is becoming increasingly prominent. While strengthening traditional third mission activities such as technology transfer and knowledge commercialization, universities also place greater emphasis on their social and cultural influence, as well as their interaction with the society. This report analyzes the development status of third mission activities of Italian universities and the characteristics of the universities' fulfillment of the third mission from the perspectives of the concept, connotation, classification of activities, management measures, case studies, and so on.

Keywords: Italy; The Universities; Third Mission; Social Engagement; Bologna Process

B.10 Digitalization of Cultural Heritage in Italy: Policies and Innovative Characteristics *Qu Shanshan* / 176

Abstract: As the country with the most UNESCO World Heritage sites, Italy is advancing the digitalization of its cultural heritage through the National Recovery and Resilience Plan (PNRR) and the National Plan for the Digitalization of Cultural Heritage (2022–2023). This shift moves beyond the traditional model of digitizing artifacts and archives, transitioning towards the development, utilization, and reproduction of "digital heritage" to forge new connections between people and cultural heritage in the digital age. Over the past two years, supported by relevant policy instruments, Italy's cultural heritage digitalization process has demonstrated three innovative characteristics: a balance between government coordination and institutional autonomy in project initiation and implementation, the leveraging of resources from various cultural institutions to create multiple national-level cultural heritage digital platforms, and diversified training programs to enhance the digital literacy of cultural sector professionals and the public. However, challenges about potential technical and financial issues in policy implementation remain. Additionally, aging population and increased migration have exacerbated the issue of "digital illiteracy", posing challenges to ensuring equitable access to cultural heritage in the digital context.

Keywords: Italy; Cultural Heritage; Digitalization; National Recovery and Resilience Plan (PNRR)

B.11 Artificial Intelligence Governance in Italy in the Context of Digital Transformation: Evolution, Regulations and Trends

Xu Jianbo / 193

Abstract: In recent years, spurred by the European Union's Artificial Intelligence Act, Italy has formally embarked on legislative activities in the field of artificial intelligence (AI) governance. The development of AI governance in Italy has undergone three distinct phases: from receiving minimal attention, through preliminary governance, to its current proactive and assertive approach. The approval of the Draft Law on Artificial Intelligence Regulations and Delegation of Powers to the Government to Formulate Relevant Policies (hereinafter referred to as the Draft Law) by the Council of Ministers in 2024 marked Italy's first attempt at systematized legislation on AI. The Draft Law establishes a regulatory framework for AI governance, encompassing guiding principles, healthcare and disability protection, labor, public administration, judicial activities, copyright protection, and criminal provisions. Italy's approach to AI governance is characterized by frequent changes in administrative authorities, close alignment with EU legislation, and increasingly comprehensive governance measures. Overall, the governance rules established by the Draft Law contribute to the development of AI in Italy while mitigating the risks posed by AI applications to economic and social life, offering valuable insights for reference.

Keywords: Artificial Intelligence; Digital Transformation; Governance Rules; Italy

B.12 The Mattei Plan: An Italian Strategic Initiative with Partner Countries in Africa

Roberto Ridolfi / 208

Abstract: In 2024, the Italian government launched an ambitious initiative towards Africa, the Mattei Plan, based on a comprehensive consideration of geopolitical factors and EU-Africa interface. It is based on principles of equal and mutual partnership building on economic and development related values of Italy and its strategic position as a bridge between Europe and Africa. It is regulated by an Italian law and has an important steering committee providing guidance and support to the initiative with representatives from state-owned companies and agencies, industrial representatives, as well as education establishments and the civil society. It has started with nine pilot countries and few more projects coming from important Italian companies already active in the geopolitical scenario of Africa and now is moving towards more countries and more initiatives involving the middles and small size private sector as well as the civil society as traditional actors of development action. Structures and systems have still to be fixed as well as criteria and guidelines on how to assess proposals, develop, implement, and monitor actions. However, it is positive sign that, being placed under the authority of the Prime Minister office in Italy, it is well followed by all government departments and well fed by ideas with high participation. To become a success, it will certainly need to mobilize more money and engage deeply with partners countries for defining together, as claimed, priorities and modalities of the programs.

Keywords: The Mattei Plan; Sustainable Development; Geopolitics; Italy-Africa Relations; Partnership

Ⅳ China and Italy

B.13 Academic Contributions and Contemporary Significance of Marco Polo Studies in China and Italy

Wen Zheng, *Xu Yingying* / 221

Abstract: This article discusses the contributions of Italy and China in the field of Marco Polo studies, as well as their cultural value and contemporary significance. Italy has made important contributions to the compilation and interpretation of related documents. Scholars such as Benedetto have laid the foundation for the circulation of versions and interpretation of the content of The Travels of Marco Polo through rigorous philological research. Although Marco Polo studies in China started relatively late, it has gradually formed an academic path characterized by historical textual research and cultural mutual verification. The research of scholars such as Yang Zhijiu has had an important impact internationally. The cultural value of Marco Polo lies in the profound influence of his works on the Western world's understanding of the East, which has promoted the exchanges and fusion of Chinese and Western cultures. In the new era, the spirit of Marco Polo is still of great significance, inspiring China and Italy to continue to deepen cultural exchanges and cooperation and promote mutual understanding and common development of different civilizations.

Keywords: Marco Polo; China; Italy; Academic Contribution; Cultural Exchanges

B.14 The Legal Exchanges and Cooperation between China and Italy in the Past Half Century: History, Characteristics and Prospects

Fei Anling / 239

Abstract: In a broad sense, legal communication includes activities involving law and agreement, legal theory, judicial practice and so on, which are jointly participated by legal theory circle, judicial practice circle and the governments. Since the establishment of diplomatic relations between China and Italy in 1970, especially in the past two decades, legal exchanges and cooperation between the two countries have shown a multidimensional strengthening trend, including the strengthening of legal agreements between the governments of the two countries, the strengthening of legal practice exchanges and cooperation between the judicial institutions of the two countries, and the strengthening of interaction in legal theory research between legal scholars of the two countries. Specifically, both China and Italy have organized academic lectures with rich theoretical content, established research institutions for Roman law, Chinese law, and Italian law, held international seminars specifically related to Chinese and Italian legal topics, explored the path of cultivating young talents through both continuing education and pursuing a doctoral degree in law, organized law research classes to enhance the legal literacy of legal professionals, and promoted judicial assistance between the two countries' judicial institutions. These efforts have led to stable development, solid achievements, and promising prospects for legal exchanges and cooperation between China and Italy. In the future, legal exchanges and cooperation between China and Italy will develop towards further diversification of communication and cooperation paths, further rejuvenation and laddering of legal talent training and talent teams, further deepening of legal theory research exchanges, and further expansion of judicial cooperation.

Keywords: China; Italy; Legal Exchanges; Talent Training; Judicial Assistance

B.15 Italy's Artificial Intelligence Development Strategy and the Prospects for Cooperation with China

Andrea Caligiuri, Gianluca Sampaolo / 257

Abstract: The article explores Italy's evolving approach to artificial intelligence (AI), emphasizing its alignment with the European Union (EU) frameworks and prospects for cooperation with China. It begins with an overview of EU policies, highlighting key regulations like the AI Act (AIA) and their implications for ethical and legal standards. Italy's national strategy, updated for 2024-2026, and focused on ethical AI deployment across sectors such as research, public administration, businesses, and education is then presented. The article also highlights Italy's cooperation with China in the fields of healthcare, transportation system, energy, and cultural heritage, emphasizing shared opportunities and governance challenges. The narrative underscores the broader geopolitical significance of AI, advocating for international cooperation to ensure responsible development and global trust in AI technologies. Strengthening cooperation between Italy and China in the development and governance of AI is expected to set an excellent example for the international community to jointly seize the opportunities and face the challenges brought by emerging technologies.

Keywords: Artificial Intelligence; Italy; The EU; China-Italy Cooperation

B.16 A Summary of the "2024 China-Italy Think Tank Forum"

Shi Dou / 271

Abstract: 2024 marks the 20th anniversary of the establishment of the Comprehensive Strategic Partnership between China and Italy and the 700th anniversary of the death of Marco Polo, making it a significant year in the development of bilateral relations. On October 28, 2024, the Institute of European Studies of Chinese Academy of Social Sciences (CASS), successfully hosted the "2024 China-Italy Think Tank Forum", aimed to implement the consensus reached by the leaders of both countries and explore new space for future cooperation, with a view to promoting sustainable and healthy development of China-Italy relations. The forum, themed "China-Italy Pratical Cooperation in the Context of the 20th Anniversary of the Comprehensive Strategic Partnership", was divided into three panels: "Global Political and Economic Development and China-Italy Cooperation", "Sustainable Development and China-Italy Cooperation", and "China-Italy Cultural Exchanges and Cooperation". At the opening ceremony, speakers emphasized both sides' willingness and shared goal to further strengthen the comprehensive strategic partnership, promote cultural exchanges and mutual learning, and jointly safeguard world peace, stability, and development. Under the theme of "Global Political and Economic Development and China-Italy Cooperation", the speakers highlighted the importance of China and Italy continuing to consolidate political mutual trust, promote all-round and practical cooperation in various fields, maintain the stability of global industrial and supply chains, and build sound and stable China-EU and China-Italy relations amid the profound changes unseen in a century. At the panel on "Sustainable Development and China-Italy Cooperation", the speakers discussed the progress and cooperation potential between the two countries in ecological civilization, green transformation, and environmental protection. The panel on "China-Italy Cultural Exchanges and Cooperation" focused on the history of cultural exchanges, cultural diplomacy, and educational exchanges and cooperation between China and Italy, emphasizing the bridging role of people-to-people exchanges in bilateral relations. Participants believed that China and Italy should deepen cooperation in various fields, jointly address global challenges, and promote the building of a more just and balanced global order. The forum emphasized the important role of think tank cooperation in providing intellectual support and facilitating policy dialogue for the future development of China-Italy relations.

Keywords: 2024 China-Italy Think Tank Forum; China-Italy Relationship; Comprehensive Strategic Partnership; China-Italy Cooperation; Cultural Exchanges

Appendices Ⅰ

Big Events of the Year (Jan. 1-Dec. 31 2024) *Wang Yiwen* / 287

Appendices Ⅱ

Statistics *Lyu Chengda* / 307

Postscript / 315

皮 书

智库成果出版与传播平台

❖ 皮书定义 ❖

皮书是对中国与世界发展状况和热点问题进行年度监测，以专业的角度、专家的视野和实证研究方法，针对某一领域或区域现状与发展态势展开分析和预测，具备前沿性、原创性、实证性、连续性、时效性等特点的公开出版物，由一系列权威研究报告组成。

❖ 皮书作者 ❖

皮书系列报告作者以国内外一流研究机构、知名高校等重点智库的研究人员为主，多为相关领域一流专家学者，他们的观点代表了当下学界对中国与世界的现实和未来最高水平的解读与分析。

❖ 皮书荣誉 ❖

皮书作为中国社会科学院基础理论研究与应用对策研究融合发展的代表性成果，不仅是哲学社会科学工作者服务中国特色社会主义现代化建设的重要成果，更是助力中国特色新型智库建设、构建中国特色哲学社会科学“三大体系”的重要平台。皮书系列先后被列入“十二五”“十三五”“十四五”时期国家重点出版物出版专项规划项目；自 2013 年起，重点皮书被列入中国社会科学院国家哲学社会科学创新工程项目。

法律声明

“皮书系列”（含蓝皮书、绿皮书、黄皮书）之品牌由社会科学文献出版社最早使用并持续至今，现已被中国图书行业所熟知。“皮书系列”的相关商标已在国家商标管理部门商标局注册，包括但不限于LOGO（ ）、皮书、Pishu、经济蓝皮书、社会蓝皮书等。“皮书系列”图书的注册商标专用权及封面设计、版式设计的著作权均为社会科学文献出版社所有。未经社会科学文献出版社书面授权许可，任何使用与“皮书系列”图书注册商标、封面设计、版式设计相同或者近似的文字、图形或其组合的行为均系侵权行为。

经作者授权，本书的专有出版权及信息网络传播权等为社会科学文献出版社享有。未经社会科学文献出版社书面授权许可，任何就本书内容的复制、发行或以数字形式进行网络传播的行为均系侵权行为。

社会科学文献出版社将通过法律途径追究上述侵权行为的法律责任，维护自身合法权益。

欢迎社会各界人士对侵犯社会科学文献出版社上述权利的侵权行为进行举报。电话：010-59367121，电子邮箱：fawubu@ssap.cn。

社会科学文献出版社